普通高等教育"十一五"国家级规划教材
21世纪经济学管理学系列教材

技术经济学

第二版

TECHNOLOGICAL ECONOMICS

■ 主　编　徐　莉
　副主编　陆菊春　张　清

武汉大学出版社

21世纪经济学管理学系列教材

编委会

顾问

谭崇台　郭吴新　李崇淮　许俊千　刘光杰

主任

周茂荣

副主任

谭力文　简新华　黄　宪

委员（按姓氏笔画为序）

王元璋　王永海　甘碧群　张秀生　严清华

何　耀　周茂荣　赵锡斌　郭熙保　徐绪松

黄　宪　简新华　谭力文　熊元斌　廖　洪

颜鹏飞　魏华林

总　　序

　　一个学科的发展,物质条件保障固不可少,但更重要的是软件设施。软件设施体现在三个方面:一是科学合理的学科专业结构,二是能洞悉学科前沿的优秀的师资队伍,三是作为知识载体和传播媒介的优秀教材。一本好的教材,能反映该学科领域的学术水平和科研成就,能引导学生沿着正确的学术方向步入所向往的科学殿堂。作为一名教师,除了要做好教学工作外,另一个重要的职能就是,总结自己钻研专业的心得和教学中积累的经验,以不断了解学科发展动向,提高自己的科研和教学能力。

　　正是从上述思路出发,武汉大学出版社准备组织一批教师在几年内编写出一系列经济学和管理学教材,同时出版一批高质量的学术专著,并已和武汉大学商学院达成共识,签订了出版合作协议,这是一件振奋人心的大事。

　　我相信,这一计划一定会圆满地实现。第一,合院以前的武汉大学经济学院和管理学院已分别出版了不少优秀教材和专著,其中一些已由教育部通过专家评估确定为全国高校通用教材,并多次获得国家级和省部级奖励,在国内外学术界产生了重大影响,对如何编写教材和专著的工作取得了丰富的经验。第二,近几年来,一批优秀中青年教师已脱颖而出,他们不断提高教学质量,勤奋刻苦地从事科研工作,已在全国重要出版社,包括武汉大学出版社,出版了一大批质量较高的专著。第三,这套教材必将受到读者的欢迎。时下,不少国外教材陆续被翻译出版,在传播新知识方面发挥了一定的作用,但在如何联系中国实际,建立清晰体系,贴近我们习惯的思维逻辑,发扬传统的文风等方面,中国学者有自己的优势。

　　这一系列经济学和管理学教材将分期分批问世,武汉大学商学院教师将积极地参与这一具有重大意义的学术事业,精益求精地不断提高著作质量。系列丛书的出版,说明武汉大学出版社的同志们具有远大的目光,认识到,系列教材和专著的问世带来的不止是不小的经济效益,更重要的是巨大的社会效益。作为武汉大学出版社的一位多年的合作者,对这种精神,我感到十分钦佩。

2001 年秋于珞珈山

前　言

技术与经济是人类社会发展不可分割的两个方面，两者相互渗透、相互促进、互为因果，在推动社会进步，促进经济快速、协调、持续发展中起着重要作用。技术经济学是研究技术与经济的相互关系、寻求技术与经济最佳结合的科学，是技术科学与经济科学相结合的边缘学科。

本教材是在吸收国内外著作和教材精华，根据编者多年从事技术经济学的教学、科研工作所积累的经验基础上编写的。全书以技术方案和经济效果的内在联系为基本出发点，结合我国财务制度、税收制度、投资体制和企业体制改革对技术经济学的新要求，以工程项目的技术经济评价为基本内容，形成了技术经济学完整的学科体系。本书主要内容包括绪论，现金流量的构成，资金时间价值与等值计算，经济效果评价方法，不确定性分析，项目的财务评价、国民经济评价和社会评价，公用事业项目经济评价，设备磨损的补偿及技术经济分析，项目后评价，技术方案综合评价及技术创新等。

本教材注重理论与方法的系统性，突出内容的实用性，强调知识的新颖性。本书各章附有思考与练习，并有参考答案，以便读者在学习过程中通过思考和练习掌握、巩固所学知识。

全书共有十三章。第一、二、七、八章由陆菊春编写，第三、四、六、十二章由徐莉编写，第五、九章由徐莉、张清、陆婷婷编写，第十、十一章由陆菊春、周纯、魏萌编写，第十三章由张清、徐莉、魏萌编写。本书的财务评价案例由张清、陆婷婷编写，附表由周纯编制，思考与练习及其解答由陆菊春、魏萌、陆婷婷完成。全书由徐莉、陆菊春总纂，由柳瑞禹主审。

本书的读者既可以是经济、管理类的本科生和研究生，也可以是工程类专业的本科生、研究生，同时可供相关研究人员和从业人员参考。

本书在编著过程中，参阅并吸收了大量国内外相关文献资料和有关人员的研究成果，并得到了中南电力设计院工程经济分公司刘刚总经理的大力支持，在此一并表示衷心的感谢。技术经济学是一门不断发展的学科，其理论、方法有待于进一步完善。此外，由于作者学识及掌握资料所限，本书内容难免有错误或疏漏之处，敬请读者批评指正。

作　者

2007 年 5 月

目　录

第一章　绪论 ··· 1
第一节　技术经济学的含义及研究内容 ··· 1
第二节　技术经济学的产生与发展 ··· 5
第三节　技术经济学研究的目的和意义 ··· 7
小　结 ··· 8
思考与练习 ··· 9

第二章　现金流量的构成 ··· 10
第一节　现金流量概念 ··· 10
第二节　投资及其构成 ··· 11
第三节　成本及其构成 ··· 16
第四节　销售收入、利润和税金 ··· 23
小　结 ··· 29
思考与练习 ··· 29

第三章　资金时间价值与等值计算 ··· 31
第一节　资金时间价值及相关概念 ··· 31
第二节　资金时间价值的普通复利公式 ··· 38
第三节　资金时间价值的其他复利计算 ··· 54
小　结 ··· 62
思考与练习 ··· 62

第四章　经济效果评价方法 ··· 65
第一节　经济效果评价指标 ··· 65
第二节　决策结构与评价方法 ··· 84
小　结 ··· 104
思考与练习 ··· 105

第五章 不确定性分析 ······ 110
- 第一节 盈亏平衡分析 ······ 110
- 第二节 敏感性分析 ······ 117
- 第三节 概率分析与风险决策 ······ 122
- 小 结 ······ 133
- 思考与练习 ······ 134

第六章 项目的财务评价 ······ 137
- 第一节 可行性研究概述 ······ 137
- 第二节 项目财务评价概述 ······ 143
- 第三节 项目资金规划与清偿能力分析 ······ 145
- 第四节 项目财务盈利能力分析及其他分析 ······ 156
- 第五节 财务评价案例 ······ 160
- 小 结 ······ 167
- 思考与练习 ······ 168

第七章 项目的国民经济评价 ······ 171
- 第一节 项目国民经济评价的含义及特点 ······ 171
- 第二节 国民经济评价费用和效益的识别 ······ 173
- 第三节 国民经济评价的影子价格 ······ 175
- 第四节 国民经济评价参数 ······ 187
- 第五节 国民经济效果评价 ······ 191
- 小 结 ······ 197
- 思考与练习 ······ 197

第八章 项目的社会评价 ······ 199
- 第一节 项目社会评价概述 ······ 199
- 第二节 项目社会评价内容 ······ 203
- 第三节 项目社会评价的方法 ······ 204
- 第四节 不同层次与不同阶段的项目社会评价 ······ 211
- 小 结 ······ 213
- 思考与练习 ······ 214

第九章 公用事业项目经济评价 ······ 215
- 第一节 公用事业项目概述 ······ 215

第二节　公用事业项目的收益与成本…………………………………… 218
  第三节　公用事业项目评价方法………………………………………… 222
  小　结……………………………………………………………………… 236
  思考与练习………………………………………………………………… 236

第十章　设备磨损的补偿及技术经济分析 ………………………………… 238
  第一节　设备的磨损……………………………………………………… 238
  第二节　设备的经济寿命………………………………………………… 244
  第三节　设备更新的决策方法…………………………………………… 248
  第四节　设备大修和现代化改装的决策分析…………………………… 255
  第五节　设备租赁的技术经济分析……………………………………… 263
  小　结……………………………………………………………………… 264
  思考与练习………………………………………………………………… 265

第十一章　项目后评价……………………………………………………… 267
  第一节　项目后评价概述………………………………………………… 267
  第二节　项目后评价的基本内容………………………………………… 274
  第三节　项目后评价的程序与方法……………………………………… 278
  小　结……………………………………………………………………… 284
  思考与练习………………………………………………………………… 284

第十二章　技术方案综合评价……………………………………………… 285
  第一节　综合评价概述…………………………………………………… 285
  第二节　综合评价指标体系……………………………………………… 287
  第三节　综合评价方法…………………………………………………… 300
  第四节　综合评价案例…………………………………………………… 305
  小　结……………………………………………………………………… 308
  思考与练习………………………………………………………………… 309

第十三章　技术创新………………………………………………………… 311
  第一节　技术创新的含义及类型………………………………………… 311
  第二节　技术创新的作用及影响因素…………………………………… 314
  第三节　技术创新过程模型及战略选择………………………………… 316
  第四节　技术创新与经济增长质量……………………………………… 319
  小　结……………………………………………………………………… 323

思考与练习……………………………………………………………… 323
附录　思考与练习参考答案 …………………………………………… 324
附录　复利系数表 ……………………………………………………… 344

主要参考文献 …………………………………………………………… 363

第一章 绪 论

技术经济学是应用经济学的一个分支,是当代技术发展与社会经济发展密切结合的产物。本章系统地论述了技术经济学的含义、研究内容、发展过程及研究的目的。

第一节 技术经济学的含义及研究内容

一、技术经济学的含义及特点

技术经济学是为适应市场经济的需要而产生的一门技术科学与经济科学相互渗透的边缘科学,是专门研究技术方案经济效益和经济效率问题的科学。

技术经济学是一门决策性科学,具有以下特点:

1. 综合性。技术经济学既是一门新兴学科,又是与一般专业学科不尽相同的边缘性学科。由于技术经济的研究领域非常广泛,科学方法手段较多,在技术经济的理论中融合了数学、统计学、概率论、运筹学等各种理论基础知识,同时又涉及工程技术、经济、管理、法律等知识,是一门综合性较强的学科。

2. 系统性。技术发展与经济发展的关系及其最佳结合的相关因素非常复杂,涉及到社会、生态、文化等多个方面,而且这些因素都是不断地运动和变化的,它们是一个互相关联、互相制约和互相促进的复杂系统,因此,必须运用系统工程的理论和方法进行全面、系统的分析和论证,将影响其效果的全部因素纳入到一个系统中综合考虑,才能全面揭示出所研究问题的实质,所以它具有系统性的特点。

3. 预测性。技术经济研究的问题,一般是在事情发生之前,或正在决策中,为把握采用技术的效果,判断是否值得采用该项技术而必须进行全面的技术经济论证,涉及到许多内容,需要对市场需求、销售价格、原料供应、风险估计等方面进行预测。由于预测是在事件实际发生之前进行,所以必须有一定的假设条件,或以过去的统计数据为依据,它所提供的结果只能是近似值,而不是实际值,在处理资料数据时,要去粗取精,去伪存真,方法要科学实用。

4. 实践性。技术经济学研究与国民经济直接相关的技术与经济问题,是实实在在的应用科学,从技术经济学的产生,到其飞速发展,无不与社会实践紧密相连,在经济学理论的指导下,主要解决技术与经济结合中的实际问题,既为实践服务又接受实践检验,具有很强的实践性。

5. 选择性。在对技术方案取舍之前,都应找出可类比的方案,而任何一种技术,又可以找出若干不同的采纳方式、采纳条件,因此决定取舍某一方案时,可以综合各方面的因素进行比较,以便选择出最恰当的技术,并给以最适当的条件,保证采用技术的先进性。

二、技术经济学的研究内容

技术经济学的研究任务是正确地认识和处理技术和经济之间的关系,寻找技术经济的客观规律,寻找技术和经济之间的合理关系,包括最佳关系和协调关系。

技术经济学的研究内容主要有以下三个方面:

(一)研究技术方案的经济效果,寻找具有最佳经济效果的方案

随着社会化大生产的发展,技术已从各种生产工具、装备和工艺等物质手段,即物化形态的硬技术发展到广义技术,广义技术是指科学知识、技术能力和物质手段等要素结合起来所形成的一个能够改造自然的动态系统,包括硬技术和软技术。

技术方案的经济效果是指实现技术方案时的产出和投入比。所谓产出是指技术方案实施后的一切效果,包括可以用经济指标度量的和不能用经济指标度量的产品和服务;所谓投入是指各种资源的消耗和占用,任何技术的采用都必须消耗和占用人力、物力和财力。由于资源的有限性,特别是一些自然资源的不可再生性,要求人们有效地利用各种资源,以满足人类社会不断增长的物质生活的需要,技术经济学就是研究在各种技术的使用过程中如何以最小的投入取得最大产出的一门学问,即研究技术的经济效果。投入和产出在技术经济分析中一般被归结为货币量计量的费用和效益,所以也可以说,技术的经济效果是研究技术应用的费用与效益之间关系的科学。

研究技术的经济效果,包括技术方案实施前和技术方案实施后两个方面。在技术方案实施前,通过各种可能方案的分析、比较、完善,选择出最佳的技术方案,保证决策建立在科学分析之上,以减少失误,这是关系到有限资源最佳利用的大事,关系到国家和企业竞争力强弱的重大问题。可行性研究就是在技术方案实施前,在调查研究的基础上,通过对技术方案的市场分析、技术分析、经济效益分析,对技术可行性和经济合理性进行综合评价。

研究技术的经济效果,不仅仅应用在投资项目实施前的科学论证上,还广泛应用于产品设计开发中的经济效果比较和分析,应用于设备更新、原料选择、工艺选择等领域。

在技术方案实施后,通过实际调查分析,得到方案实施后的技术经济效果,为技术方案的更好运行提供相关建议,也为以后决策提供借鉴。

(二)研究技术和经济的相互促进与协调发展

技术和经济是人类社会发展不可或缺的两个方面,技术和经济是相互促进、相互制约的,技术经济的研究就是要从这对矛盾关系中寻找一条协调发展的途径,以求经济快速、持续地发展。

技术和经济的关系体现在两方面。一方面发展经济必须依靠一定的技术手段,技术的进步永远是推动经济发展的强大动力,人类社会的发展历史雄辩地证明了这一点。18世纪末,从英国开始的以蒸汽机的广泛应用为标志的工业革命,使生产效率大大提高;到19世纪中叶,科学技术的进步使生产效率提高到手工劳动的108倍;20世纪40年代以来,科学技术迅猛发展导致的社会生产力的巨大进步更是有目共睹。另一方面,技术总是在一定的经济条件下产生和发展的,经济上的需求是技术发展的直接动力,技术的进步要受到经济条件的制约,只有经济发展到一定的水平,相应的技术才有条件广泛应用和进一步发展。

技术和经济之间这种相互渗透、相互促进又相互制约的紧密联系,使任何技术的发展和应用既是一个技术问题,同时又是一个经济问题,研究技术和经济的关系,探讨如何通过技术进步促进经济发展,在经济发展中推动技术进步,是技术经济学进一步丰富和发展的一个新领域。

技术与经济的协调包含两层含义。第一层是技术选择要视经济实力而行,不能脱离实际。第二层意思是协调的目的是为了发展,所以在处理技术和经济关系时,发展是中心问题。以发展为中心,在发展中协调,在协调中发展,是一种动态的协调发展,处理技术与经济的协调发展的核心问题是技术选择问题,从国家层面上要研究在一定的发展阶段内各行业和经济部门的技术政策、技术路线,要明确鼓励什么、限制什么、淘汰什么,技术选择要符合技术发展的趋势,要符合我国的国情,要符合可持续发展的战略。

(三)研究技术创新,推动技术进步,促进企业发展和国民经济增长

科学技术是第一生产力,技术创新是促进经济增长的根本动力,是技术进步中最活跃的因素,它是生产要素的一种新组合,是创新者将科学知识与技术发明用于工业化生产,并在市场上实现其价值的一系列活动,是科学技术转化为生产力的实际过程。技术创新的这种特殊地位,决定了它是技术经济学的重要研究对象。

20世纪70年代以来,技术创新已成为世界性的热门研究课题,技术创新包括新产品的生产、新生产技术在生产过程中的应用、开辟原材料的新的供应来源、开辟新市场和实现企业的新组织,技术创新强调的是新的技术成果在商业上的第一次运用,强调的是技术对经济增长的作用。

所谓经济增长是指在一国范围内,年生产的商品和劳务总量的增长,通常用国民收入或国民生产总值的增长来表示,经济增长可以通过多种途径取得,既可以通过增加投入要素实现经济增长,也可以通过提高劳动生产率、技术进步来实现经济增长。

这里所说的技术进步并不仅指人们通常理解的技术的发展和进步,而是指在经济增长中,除资金和劳动力两个投入要素增加以外所有使产出增长的因素,即经济增长中去掉资金和劳动力增长外的余值。

学习技术创新的理论就是要树立技术创新意识,掌握技术创新规律和一些基本的实施要领,建立技术创新的机制和环境,推动技术进步,促进企业发展方式的转变和国家经济增长方式的转变。

三、技术经济学研究的程序

任何技术方案在选定之前,都应该进行技术经济分析和评价,以便从中选出较为理想的方案,研究时应遵循科学的程序,技术经济学的研究程序见图1-1。

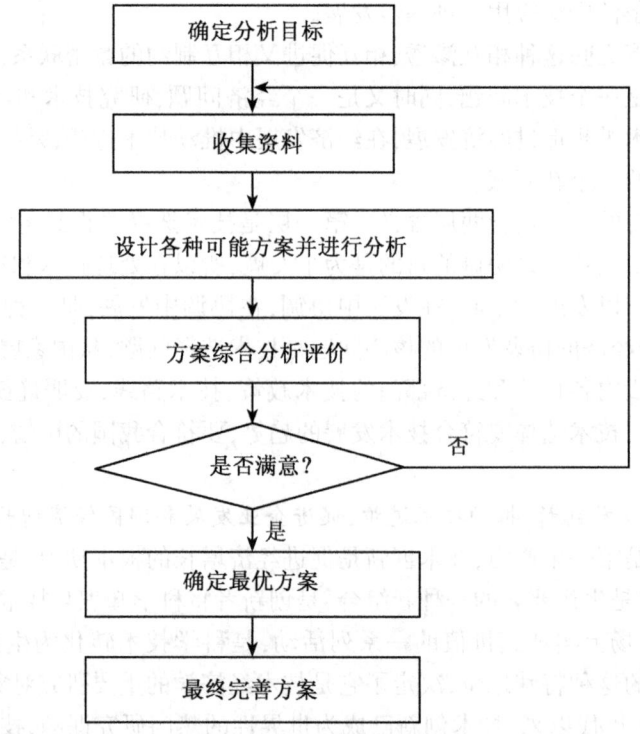

图1-1 技术经济分析程序

(一) 确定分析目标

依照分析对象的不同,确定分析目标。目标可分为国家目标、地区或部门目标、项目或企业目标,目标内容可以是项目规模、设备选择或技术改造等。

(二) 收集资料

根据确定的目标,进行调查研究,收集有关技术、经济、财务、市场、政策法规等资料。

(三) 设计各种可能方案并进行分析

根据目标集思广益,尽可能收集各种可能的方案,从中筛选出所有可能的方案。从国家目标出发,兼顾企业目标,拟定技术经济分析指标,分析各方案的利弊得失以及影响技术经济效果的内外因素。

(四) 方案综合分析评价

除对方案进行定性分析外,根据建立的技术经济指标,建立有关各参数变量之间的函数关系或数学模型,进行定量指标的计算,然后采用定性与定量相结合的方法,对方案进行综合评价。综合评价的正确与否,关键取决于定性分析的正确与否以及所引入的数据是否准确可靠,否则影响评价结果。

(五) 确定最优方案

根据综合评价的结果,优选出技术上先进、经济上合理的最佳方案,若方案满意,则选中最优方案,若不够满意,则检查方案、指标的合理性。

(六) 最终完善方案

第二节 技术经济学的产生与发展

一、国外技术经济学的产生与发展

技术经济学在国外一般被称为工程经济学,源于1887年亚瑟姆·惠灵顿(Arthur M. Wellington)的著作《铁路布局的经济理论》。他首次将成本分析方法应用于铁路的最佳长度或路线的曲线选择中,开创了工程领域中的经济评价工作。

1930年,格兰特(E. L. Grant)在他的《工程经济原理》中指出了古典工程经济的局限性,提出以复利计算为基础,讨论了判别因子和短期投资评价的重要性以及资本长期投资的一般比较,被称为工程经济学之父。所谓工程经济即指采用某些经济上的比较方法,运用数学技巧,采用合理的步骤,从经济观点出发,衡量为达到某一特定目的而采用的各种不同手段的优劣。

20世纪30年代美国在开发西部的田纳西河流域中,就开始推行可行性研究,把技术与项目的经济问题研究提高到了一个新的阶段,通过总结完善,逐步形成了一套比较完整的理论、工作程序和评价方法,此后技术经济学在各国得到了很大发展。

20世纪50年代,在前苏联的工程经济学院,采用统计、分析、对比的方法进行方案优选,在生产工艺学、技术定额学、劳动组织和定额学、统计学的基础上建立了技术经济学。

二、我国技术经济学的产生与发展

我国 20 世纪 60 年代从前苏联引进建设项目技术经济分析方法,在我国经历了开创发展、全面破坏和全面发展三个阶段。

(一)技术经济学的开创发展阶段

技术经济学这门科学是在 1963 年中共中央和国务院批准的我国第二个科学技术发展规划纲要时诞生的。60 年代初是我国国民经济调整时期,当时有了第一个五年计划,比较注意技术和经济相结合的正面经验,深感生产技术和发展必须考虑经济规律,技术和经济必须结合。为此有必要建立一门专门研究技术和经济相结合的科学,研究技术经济问题,这就是我国技术经济学产生的历史背景。随着专业化发展,经济科学产生了许多分支学科,技术经济学就是其中的一个分支。技术经济学不单纯是从经济科学中产生出来的,而是从技术科学和经济科学互相交叉中形成和发展起来的,是科学发展综合化的必然结果,这是技术经济学产生的科学背景。技术经济学从 1963 年开始正式研究,一直到十年动乱前,是第一个发展时期,也是这门新学科的创建时期。在这个时期里,具有中国特色的技术经济学理论方法体系开始形成,而且有着自己的特点,这些特点是:以马克思主义和毛泽东思想的经济理论为指导;以社会主义基本经济规律、国民经济按比例发展规律和价值规律为依据;以多快好省建设社会主义的要求为目标;以定性和定量相结合的方法为手段;以结合中国社会主义现代化建设的具体实际为基础;以认识和正确处理技术同经济之间的实际矛盾关系为目的。

(二)技术经济学的全面破坏阶段

第二个时期是在十年动乱中,技术经济学的研究工作全部停止,而且遭到彻底的批判,这个时期就是全面破坏时期。

(三)技术经济学的全面发展阶段

党的十一届三中全会以后,技术经济学获得了新生,进入了历史上最好的发展时期。1978 年 11 月成立了中国技术经济研究会,现在许多省市和部门也都成立了技术经济研究会;1980 年中国社会科学院成立了全国第一个技术经济研究所,很多部门相继成立了技术经济研究机构;许多理工科大学开设了技术经济课程,不少文科大学也开设了技术经济课。一些大学和研究机构专门培养了技术经济专业博士生、硕士生和本科生。这个时期,技术经济学理论方法体系得到了不断的改进和完善。在社会主义市场经济条件下,技术经济这门学问越来越重要,研究工作正向深度和广度发展。技术经济学在实际中应用愈来愈广,技术经济学分支学科越来越多。

90 年代以来,技术经济分析论证工作在经济建设中普遍展开,技术经济学的研究范围一方面丰富和完善了微观层次的理论和方法,而且将研究领域扩展到中观和宏观的层次,同时借鉴了国外工程经济学、价值工程可行性研究、预测和决策理论方法,丰富了技术经济学的内容,促进了学科的进一步发展。

随着管理科学的发展,运筹学、概率论、计算机的应用,使原来的对比分析方法,发展到随机过程、数学规划、最佳化等方法,使分析评价技术经济效果及选择最佳技术方案的方法有了质的飞跃。过去无法用数学计量的经济因素开始用数学方法计量,一些变化的经济因素、变量可借助于数学模型加以计量,过去用统计、对比、计算选择方案的方法已被大量连续变量计算最佳化的方法所代替。技术经济学超出了原有工程经济学的范畴。

第三节 技术经济学研究的目的和意义

一、技术经济学是实现投资决策科学化的重要手段

技术经济学是一门新兴学科,它是在国民经济发展十分需要的条件下建立和发展起来的,技术必须与经济发展相结合,在方案决策之前确定其先进性和可行性,掌握可能获得的经济效益。随着经济的发展,拟上项目很多,但国家的财力、资源却非常有限,必须从中选出对国家经济发展有重要影响,社会、经济效益好的项目,予以资金、物质的支持,这就要求投资决策建立在科学的基础上,不能以长官意志行事。

随着科学技术的迅猛发展,各种新技术、新设备、新工艺和操作方法以及新材料、新能源层出不穷,使得实现同一目标的方案越来越多,达到同一目标的手段也越来越多,不同的方法经济效果也各不相同,无疑给人们的决策带来了一定的复杂性,这就要求项目的投资决策应建立在科学的技术经济评价基础上。

二、技术经济学是联结技术与经济的桥梁和纽带

由于历史的原因,我国的绝大多数科技人员不懂经济,而懂经济的又不懂技术,这种状况的出现,导致技术、经济两层皮现象的存在,无法保证投资项目决策的科学化。技术经济学正是横跨技术和经济两大学科之间的桥梁,是使技术和经济两者有机结合的直接途径,也是改变技术和经济长期脱离的有效措施。

三、技术经济学是培养优秀工程师和管理者的摇篮

通过学习技术经济学,可以培养优秀的工程师和管理者。

(一)有利于正确了解国家的经济、技术发展战略和有关政策

国家的发展战略和有关政策牵动全局,影响长远,其中国民经济发展战略是在各项具体工作中确定决策目标的依据,没有明确的目标,拟订方案就是盲目的,分析评价就没有正确的标准,也就谈不上决策的科学化。

(二)可以学会预测工作

在复杂的经济和技术工作中,单靠对本部门、本企业所处环境的某种感觉或直觉来进行决策,变得越来越不管用了,而且还会导致很多错误,因此,对经济和技术的未来发展情况作出准确的预测,可以减少决策失误,少犯错误。所谓预测就是对与决策问题有关的各种内外部情况所进行的事先估计和推测,是对事物发展将要导致的结果进行探讨和研究。

(三)学会拟订多种替代方案并从中选择最优方案

事物的好与坏、优与劣都是相互比较而言的,在决策时,只有拟订一定数目的具有一定质量的备选方案,进行对比选择,才能保证决策的科学性。

在当代技术经济条件下,要解决一个问题,总是可以根据不同的经验,从不同的角度构思出多种途径和方法的,在构思多种方案之后,还要进一步确定各个方案的细节,估计各个方案的执行结果,既要考虑方案的直接后果,又要考虑方案的间接后果,既要考虑有形后果,又要考虑无形后果,通过综合比较从中选出最好的方案。

(四)要善于把定性分析和定量分析结合起来

以定性分析为主的传统决策方法是一种在占有一定资料基础上,根据决策人员的经验、直觉、学识、洞察力和逻辑推理能力来进行决策的方法,这种决策方法具有主观性,属于经验型决策。

随着应用数学和计算机的发展,在决策中引入了更多的定量分析方法,使决策不再以感觉为基础,而是以定量分析为基础,使决策更加科学化。

小　结

技术经济学是为适应市场经济的需要而产生的一门技术科学与经济科学相互渗透的边缘科学,是专门研究技术方案经济效益和经济效率问题的科学。

技术经济学具有综合性、系统性、预测性、实践性、选择性的特点,其研究内容主要有三方面:研究技术方案的经济效果,寻找具有最佳经济效果的方案;研究技术和经济相互促进与协调发展;研究技术创新,推动技术进步,促进企业发展和国民经济增长。

国外技术经济学一般称为工程经济学,源于1887年亚瑟姆·惠灵顿的著作《铁路布局的经济理论》。格兰特在他的《工程经济原理》中提出了以复利计算为基础的理论,被称为工程经济学之父。

我国20世纪60年代从前苏联引进建设项目技术经济分析方法,技术经济学经历了开创发展、全面破坏和全面发展三个时期。学习技术经济学既是实现投资决策科学化的重要手段,也是联结技术与经济的桥梁和纽带,又是培养优秀工程师和管理者的摇篮。

思考与练习

1. 简析技术经济学的含义及特点。
2. 分析技术经济学的研究内容及程序。
3. 简析技术经济学的发展过程。

第二章　现金流量的构成

一个项目的建设,其投入的资本、花费的成本、得到的收益,都可以看成是以货币形式体现的现金流出或现金流入。现金流入或现金流出构成现金流量过程,它是项目财务评价和国民经济评价的基础。本章对现金流量构成的各个方面进行了详细分析。

第一节　现金流量概念

一、现金流量

项目建设过程可以从物质形态和货币形态两个方面进行考察。从物质形态来看,项目建设表现为人们使用各种工具、设备,消耗一定量的能源,生产某种产品和提供某种服务;从货币形态来看,项目建设表现为投入一定量的资金,花费一定量的成本,通过产品销售获取一定量的货币收入。

一个项目的建设,其投入的资金,花费的成本,得到的收益,都可以看成是以货币形式体现的现金流出或现金流入,把各个时点上实际发生的现金流入或现金流出称为现金流量,流出系统的资金称为现金流出,流入系统的资金称为现金流入,现金流入与现金流出的差额称为净现金流量。

项目经济评价的目的就是要考察特定经济系统的净现金流量的大小,从而计算出项目各方案的经济效果,选择最佳方案。

对于一个投资项目来说,投资、成本、销售收入、税金和利润等经济量是构成经济系统现金流量的基本要素,是进行项目财务评价和国民经济评价的基础数据。

二、现金流量测算的作用

项目经济评价的主要对象是项目的现金流量,通过对项目方案现金流入和现金流出大小的对比计算,求出方案的净现金流量,从而计算出项目各方案的评价指标,由此判断项目或方案的优劣。因此,现金流量中基础数据的测算非常重要,基础数据测算的准确与否,对项目经济效益的评价结论和最终的投资决策有着决定性的作用,是项目投资决策科学化的基础,是项目经济评价成功与否的关键。

第二节 投资及其构成

一、投资概念及构成

投资(Investment)一词具有双重含义:一是指特定的经济活动,即为了将来获得收益或避免风险而进行的资金投放活动,如产业投资和证券投资;二是指投放的资金,即为了实现生产经营目标而预先垫付的资金,包括固定资产投资和流动资金。技术经济学中的投资着重于后一种含义的阐述。

建设项目总投资是项目的固定资产投资和流动资金投资的总和,其内容构成如图 2-1 所示。

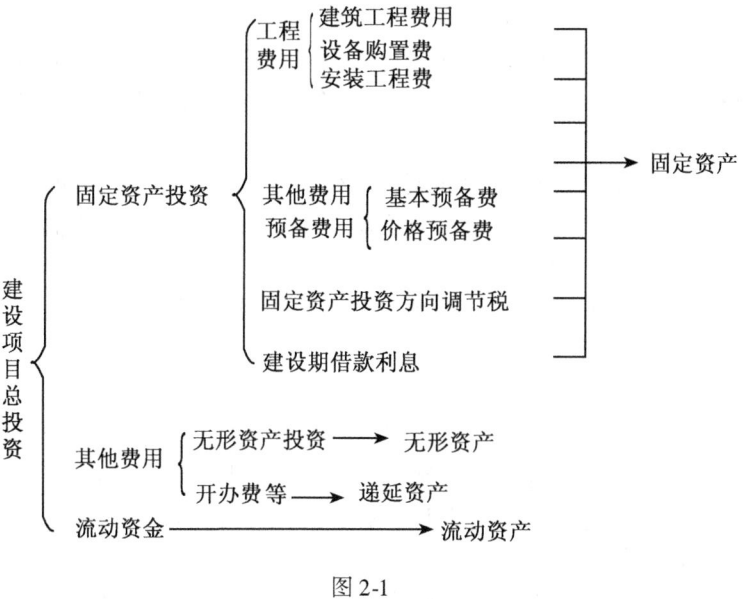

图 2-1

项目总投资所形成的资产,根据资产特性可分为固定资产、无形资产、递延资产和流动资产。

二、固定资产(Fixed Assets)

(一)固定资产有关概念

固定资产与无形资产都属于企业的长期资产,也可以说都是固定资产。前者是有形固定资产,即通常所说的固定资产;后者是无形固定资产,简称无形资产。

固定资产是指使用年限在一年以上，单位价值在规定标准以上，并在使用过程中保持原有物质形态的资产。具体来说，企业的固定资产包括使用一年以上的房屋、建筑物、机械、运输设备和其他与生产经营有关的设备、器具、工具等。不属于生产经营主要设备的物品，单位价值在 2 000 元以上，使用年限超过两年的也作为固定资产。固定资产是项目建设经营和管理过程中不可缺少的物质条件，为了便于管理和核算，通常按照其经济用途、单项价值、使用时间等标准进行划分，凡达到规定标准的，作为固定资产管理和核算，不够规定标准的，作为低值易耗品管理和核算。

在会计核算中，购建固定资产的实际支出(包括建设期借款利息、外币借款汇兑差额及固定资产投资方向调节税)即为固定资产的原始价值，称为固定资产原值。当项目投入运营后，固定资产在使用过程中会逐渐磨损和贬值，其价值逐步转移到产品中去，这种伴随固定资产损耗发生的价值转移称为固定资产折旧。转移的价值以折旧费的形式计入产品成本，并通过产品的销售以货币形式收回到投资者手中。固定资产使用一段时间后，其原值扣除累计的折旧费总额称为当时的固定资产净值。

由于社会经济条件的变化，固定资产净值往往不能反映当时的固定资产的真实价值，根据社会再生产条件和市场情况对固定资产的价值重新进行评估所得到的固定资产价值称为固定资产重估值。

当固定资产寿命期结束时，固定资产的残余价值称为固定资产期末残值，对于某一工程项目，固定资产期末残值是一项在项目寿命期末可回收的现金流入。

(二) 固定资产投资构成

固定资产投资由工程费用、工程建设其他费用、预备费用、固定资产投资方向调节税以及建设期借款利息构成。

1. 工程费用

工程费用是指用于项目各种工程建设的投资费用，包括生产投资、辅助生产投资、"三废"处理工程投资、服务性工程投资、生活福利设施投资以及厂外工程投资等费用。工程费用是固定资产形成的主要投资费用，主要由以下三部分费用构成：

(1) 土建工程费用

土建工程费用是指用于建造各种永久性和临时性的各种建筑物和构筑物的费用，如厂房、设备基础、金属结构、工业窑炉、管线架设以及场地平整等工程费用。

(2) 设备购置费

设备购置费是指购置项目所需要的各种设备的费用。含进口设备的国内费用部分，即关税、进口产品税、国内保险费、国内运输费和外贸及银行手续费。

(3) 安装工程费

安装工程费是指设备及室内外的管线铺设、安装等费用。

2. 工程建设其他费用

工程建设的其他费用是指从工程的开工到竣工投产为止的整个建设期内，除了工程费和预备费以外的其他费用。一般包括国家或地方政府划拨的土地使用费、生产准备费、工程保险费、勘测设计费、研究试验费、工程监理费、项目开工的试运转费和管理费等。

3. 预备费

根据我国现行有关规定,预备费包括基本预备费和价差预备费。基本预备费是指为弥补项目规划设计中难以预料而在项目规划实施中可能增加的工程量的费用;涨价预备费是指项目在建设期内由于投入物市场价格变化等因素导致资金增加而需要备用的费用。预备费用又称未可预见费。

4. 固定资产投资方向调节税

征收固定资产投资方向调节税,是为了贯彻国家产业政策,正确引导投资方向,优化资源配置而采取的一项重要经济措施。税款列入项目总投资内,并计入固定资产原值。

5. 建设期利息

建设期利息是指建设项目建设投资过程中有偿使用的资金在建设期间应偿还的借款利息。除自有资金、国家财政拨款和发行股票外,凡属有偿使用性质的资金,包括国内银行和其他非银行金融机构贷款、出口信贷、外国政府贷款、国际商业贷款、在境内外发行的债券等,均应计算建设期利息。建设期利息可用自有资金支付,但在建设期项目无力支付利息时,以利息资本化的形式转入借款本金,增加借款总额。项目建设期的借款利息应计入项目总投资内,并摊入固定资产。

三、无形资产(Intangible Assets)

(一)无形资产概念

无形资产是指由特定主体控制的不具有独立实体,对生产经营能长期持续地发挥作用,并具有获利能力的资产。无形资产具有以下特点:

1. 无形资产无独立实体,但又依托于实体。例如土地使用权、专利权与机器设备、厂房等各项实物资产相比,最明显的区别是不具有独立实体,但它又往往必须依托于实体而存在。如土地使用权必须依托于土地,商誉蕴含于企业或项目的整体资产组合之中。

2. 无形资产具有排他性。无形资产对生产经营活动能长期持续地发挥作用,具有获利能力,并由一定的主体排他性地占有。如果仅仅是偶尔对经济发挥作用不具有持续性,就不能视为无形资产,即使能持续地发挥作用,但因不能被排他性地占有,如政府发布的经济信息、公有技术、未经技术鉴定和未入贸易市场的技术等,也不是无形资产。

3. 无形资产是一种无形财产权。无形资产与固定资产相比不具有实物形态,但无形资产也属于生产资料或生产条件范畴,不是其他神秘莫测的东西。例如技术专利权、商标权、土地使用权等都是通过企业的生产和经营活动以及土地的使用开发加以体现的,无形资产的存在使有形的资产运营更有效益。

(二)无形资产分类

无形资产可以分为可确指的和不可确指的两大类。

不可确指的无形资产主要指商誉,它是由企业的素质、管理水平以及经营历史等因素综合决定的,并通过超额利润来反映,其价值只能通过企业的整体资产评估的途径来确定。

可确指的无形资产根据内容可分为知识产权、行为权利、对物产权、公共关系等,知识产权指专利权、商标权、版权、服务标志、顾客名单等;对物产权如土地使用权、矿业开发权、优惠融资权等;行为权力,如专营权、许可证、专有技术等;公共关系包括客户关系、销售网络、职工队伍等。

无形资产的分类构成如图 2-2 所示。

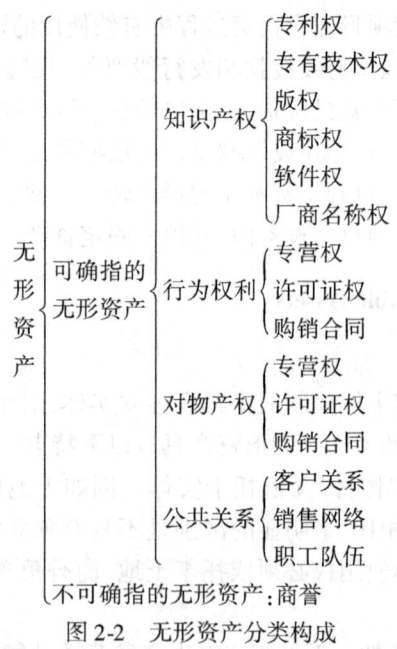

图 2-2　无形资产分类构成

四、递延资产(Deferred Assets)

递延资产是指不能全部计入当年损益,应当在以后年度内分期摊销的各项费用。包括开办费、固定资产改良支出以及摊销期限在一年以上的其他待摊费用。

五、流动资产（Floating Assets）

项目总投资中的流动资金形成项目运营过程中的流动资产。

（一）流动资金构成

项目流动资金是项目建成后保证其生产经营活动得以正常进行所必须的资金。由于这部分资金需要在投产前后集中使用以形成企业的流动资产，在项目整个生产期内长期保持和周转使用，因此流动资金投资是项目投资的重要组成部分。流动资金根据其在再生产过程中的价值形态，有储备资金、生产资金、成品资金、结算资金和货币资金五种价值形态，如图 2-3 所示。

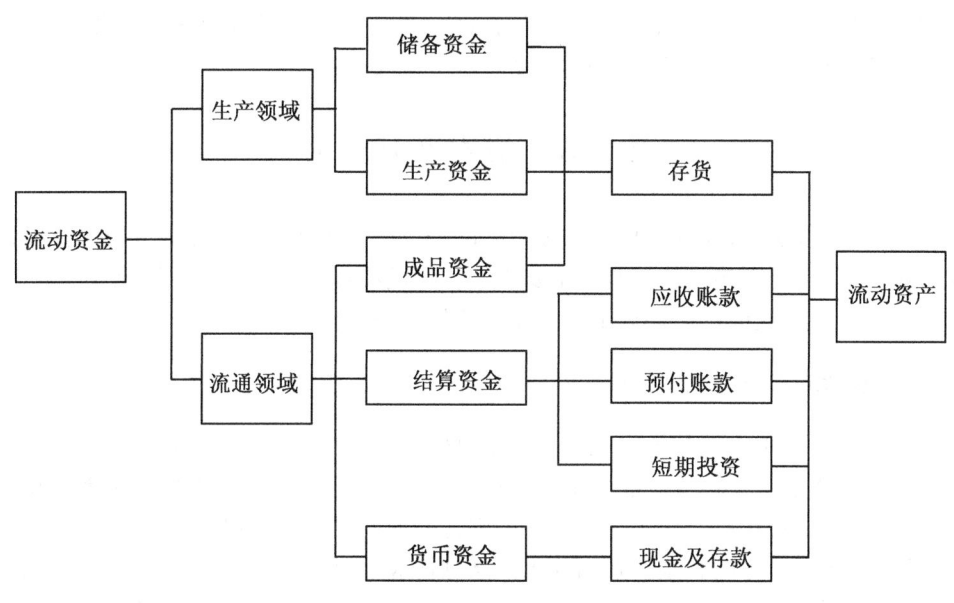

图 2-3　流动资金的价值形态

1. 储备资金，包括生产准备阶段购置各种原材料、辅助材料、燃料、包装物、外购半成品、低值易耗品、修理备件等投入的资金。

2. 生产资金，指生产阶段投入的各项在制品、自制半成品的费用和待摊费用。

3. 成品资金，包括产出后待销售的各种库存产成品及外购商品。

4. 结算资金，指正在结算中的各种款项，如产品的应收账款、预付的购料款以及短期负债等。

5. 货币资金，指库存现金、备用金及银行存款。

（二）流动资产构成

流动资产是指可以在一年内或者超过一年的一个营业周期内变现或者耗用的资

产,包括存货、应收账款、预付账款、短期投资、现金及存款。

存货是指企业在生产经营过程中为销售或者耗用而储存的各种有形资产,如材料、低值易耗品、产成品等,流动资产中存货的价值占有较大的比重,其特点是不断处于销售和重置或耗用和重置中,一般情况下,其价值一次性转移,并随着产品销售的实现,被耗用的价值一次性得到补偿。应收及预付款项是指企业在生产经营过程中,由于销售或购买产品,提供或接受劳务时应收或者预付其他单位或个人的各种款项。应收账款指应收销货款、应收票据及其他应收款。预付款项包括预付购货款、预付备料款等。短期投资指能够随时变现,或者持有时间不超过一年的投资,包括股票、债券、基金等。在流动资产中,现金和各种存款是企业在生产经营过程中停留于货币形态的那部分资产,它具有流动性大的特点。企业要进行生产经营活动,首先必须拥有一定数量的现金和各种存款,以支付劳动对象、劳动手段和活劳动方面的费用,通过生产经营过程,将劳动产品销售出去,又获得了这部分资金。

第三节 成本及其构成

成本是反映项目经营过程中资源消耗的一个主要基础数据,是形成产品价格的重要组成部分,是影响经济效益的重要因素。建设项目产出物成本的构成与计算,既要符合现行财务制度的有关规定又要满足项目经济评价的要求。

一、制造成本法的成本构成

成本是用货币表示的为实现某一既定目标所必须付出或已经付出的代价。

制造成本法是在核算产品成本时,只分配生产经营过程中最直接和关系密切的费用,与生产经营没有直接关系和关系不密切的费用计入当期损益。即直接材料、直接工资、其他直接支出和制造费用计入产品制造成本,也称生产成本,管理费用、财务费用和销售费用则直接计入当期损益。

(一)直接费用

直接费用是指直接为生产商品和提供劳务所发生的各项费用,包括直接材料费、直接燃料、动力费和直接工资及其他直接费用。

1. 直接材料费

直接材料费指企业生产经营过程中实际消耗的原材料、辅助材料、备品配件、外购半成品、包装物以及其他直接材料的费用。

2. 直接燃料、动力费指企业生产经营过程中实际消耗的燃料、动力费用。

3. 直接工资指企业直接从事产品生产人员的工资、奖金、津贴和补贴。

4. 其他直接费指上述直接费用外的直接支出。

(二) 制造费用

制造费用是指企业各生产单位为组织和管理生产活动而发生的费用,包括生产单位管理人员工资及福利费,生产单位房屋建筑物、机械设备等的折旧费,租赁费(不包括融资租赁费),修理费,机物料消耗,低值易耗品,取暖费,水电费,办公费,差旅费,保险费,设计制图费,试验检验费,劳动保护费,季节性、修理期间的停工损失以及其他制造费用。

(三) 期间费用

期间费用包括管理费用、财务费用和销售费用三部分。

1. 管理费用

管理费用是指企业或项目行政管理部门为管理和组织经营活动而发生的各项费用,包括公司经费、工会经费、职工教育经费、劳动保险费、待业保险费、董事会费、咨询费、审计费、资产评估费、诉讼费、排污费、绿化费、税金、土地使用费、土地损失补偿费、技术转让费、技术开发费、无形资产摊销费、递延资产摊销费、业务招待费、坏账损失以及其他管理费用。

2. 财务费用

财务费用是指企业为筹集资金而发生的各项费用,包括企业生产经营期间发生的利息净支出、汇兑净损失、调剂外汇手续费、金融机构手续费以及筹资发生的其他财务费用等。

3. 销售费用

销售费用是指企业在销售产品、自制半成品和提供劳务等过程中发生的各项费用以及专设销售机构的各项经费,包括应由企业负担的运输费、装卸费、包装费、保险费、委托代销手续费、广告费、展览费、租赁费(不含融资租赁费)、销售服务费用和销售部门人员工资、职工福利费、差旅费、办公费、折旧费、修理费、物料消耗、低值易耗品摊销以及其他经费。

制造成本法的成本构成如图2-4所示。

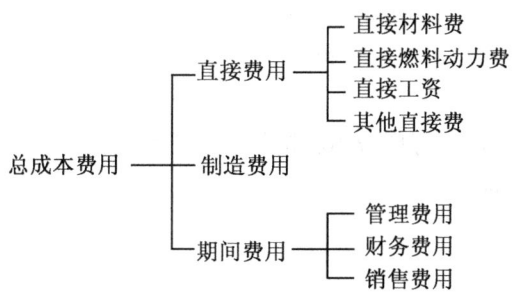

图2-4 制造成本法成本构成

二、按费用要素划分的成本构成

在项目经济评价中，为便于计算，通常按照各费用要素的经济性质和表现形态将总费用分成以下几部分：

1. 外购材料费

外购材料费包括预计消耗的原材料、辅助材料、备品配件、外购半成品、包装物、低值易耗品的费用以及其他材料费用，其计算公式为：

外购材料费＝主要外购材料消耗定额×单价＋辅料及其他材料费

2. 外购燃料及动力费

外购燃料及动力费包括直接材料费中预计消耗的外购燃料及动力费、制造费、管理费以及销售费用中的外购水电费等。其计算公式为：

外购燃料及动力费＝主要外购燃料及动力消耗量×单价＋其他外购燃料及动力费

3. 工资及福利费

工资及福利费包括企业或项目所有人员的工资及福利费。

工资及福利费＝职工总人数×人均年工资指标（含福利费）

4. 折旧费

折旧费指全部固定资产的折旧费。

5. 摊销费

摊销费指无形资产和递延资产的摊销费用。

6. 修理费

修理费是指为恢复固定资产原有生产能力，保持其原有使用效率，对固定资产进行修理或更换零部件而发生的费用，它包括制造费用、管理费用和销售费用中的修理费。固定资产修理费一般按固定资产原值的一定百分比计提，提取比例可根据经验数据、行业规定或参考同类企业的实际数据加以确定。其计算公式为：

修理费＝固定资产原值×计提比率

7. 利息支出指生产经营期间发生的利息净支出、汇兑损失以及相关的金融机构手续费。包括长期借款和短期借款利息。

8. 其他费用

其他费用是制造费用、管理费用和销售费用之和中扣除上述计入各科目的费用后其他所有费用的统称。

三、有关成本概念

（一）经营成本

经营成本指项目总成本中扣除固定资产折旧费、无形资产及递延资产摊销费和利息支出以后的全部费用。

$$经营成本 = 总成本费用 - 折旧费 - 摊销费 - 借款利息支出$$

经营成本是为经济分析方便从总成本费用中分离出来的一部分费用。顾名思义,经营成本是项目运营期间的生产经营费用,属于各年的现金流出。由于投资已在期初作为一次性支出计入现金流出,所以折旧费和摊销费不能再作为现金流出,否则会重复计算。另外,由于全投资现金流量表(见财务评价部分)中不考虑资金来源,不存在利息的问题,自有资金现金流量表中已将利息单独列出,因此经营成本中也要扣除利息支出。

(二) 固定成本和可变成本

成本按其与产量变化的关系可分为固定成本、变动成本和半可变(半固定)成本。

1. 固定成本

固定成本是指在一定生产规模限度内不随产品产量增减而变化的费用,如固定资产折旧费、修理费、管理人员工资及福利费、办公费、差旅费等。这些费用的特点是产品产量增加时,费用总额保持不变,反映在单位产品成本上,则这些费用减少。

2. 变动成本

变动成本是指随产量增减而变化的费用,如直接材料费、直接燃料和动力费等。这些费用的特点是当产品产量变动时,费用总额成比例地变化,反映在单位产品成本中的费用是固定不变的。

3. 半可变(半固定)成本

半可变(半固定)成本是指其费用总额随产量增减而变化,但不是成比例地变化,如制造费用中的运输费用,一般随产量的增加而增加,但在前期递增缓慢,后期增加明显。

(三) 其他成本概念

1. 机会成本

机会成本是将一种具有多种用途的有限资源置于特定用途时所放弃的最大收益。当一种有限资源具有多种用途时,可能有许多获取相应收益的机会,如果将其置于某种特定用途,必然放弃其他投入机会,从而放弃了相应的收益,所放弃的最大收益就是这种资源利用的机会成本。

2. 沉没成本

沉没成本是指以往发生的与当前决策无关的费用。

因为管理决策的制定是针对未来的,不是针对过去,以往发生的费用只是造成当前状态的一个原因,当前状态是决策的出发点,当前决策所要考虑的是未来可能发生的费用及所能带来的收益。例如,考虑某台旧设备是否需要更新这一问题时,该设备几年前的购置费用就是一项沉没成本。设备更新与否只能在新设备的投资与旧设备继续使用所需费用之间比较得出。

3. 环境成本

大多数产品对环境都有副作用,如汽车排放的尾气、机器开动时的噪音,电视机、电冰箱对人体的辐射等。生产项目也会对环境造成轻重不同的污染。某一研究对象对环境的副作用称为它的环境成本。

4. 边际成本

边际成本是指多生产1单位产量所产生的总成本增加额。例如,当产量为1 500吨时,总成本为450 000元;当产量为1 501吨时,总成本为450 310元,则第1 501吨产量的边际成本等于310元。因为边际成本考虑的是单位产量变动所增加的成本,故固定成本可以视为不变,边际成本实际上是生产1单位产品时所增加的变动成本的数额。

四、成本费用中的折旧费与摊销费

(一)固定资产折旧费的计算

折旧费是固定资产在使用过程中逐渐损耗的那部分价值。影响折旧额大小的因素主要有折旧基数、固定资产净残值、使用年限。

企业或项目在经营过程中,固定资产的类型较多。按照我国现行财务制度规定,有些固定资产要提取折旧,有些不提取折旧。计提折旧的范围包括房屋及建筑物、在用固定资产、季节性停用和修理停用的固定资产、以融资方式租入的固定资产、以经营方式租出的固定资产。不计提折旧的固定资产包括:除房屋建筑物外未使用和不需用的固定资产,以经营方式租入的固定资产,已提折旧但继续使用的固定资产,破产、关停企业的固定资产,提前报废的固定资产。

计算折旧费的方法有以下几种:

1. 直线折旧法

直线折旧法也称年限平均法,其特点是同一固定资产每年的折旧额相同,其计算公式为:

$$年折旧额 = \frac{固定资产原值 - 固定资产净残值}{折旧年限}$$

$$年折旧率 = \frac{年折旧额}{固定资产原值} \times 100\% = \frac{1 - 预计净残值率}{折旧年限} \times 100\%$$

$$月折旧率 = \frac{年折旧率}{12}$$

固定资产净残值为固定资产残值减去清理费用后的余额。

例2.1 某固定资产原值100万元,预计固定资产净残值率为3%,预计使用年限10年,求固定资产年折旧率、月折旧率、年折旧额。

解:根据上述计算公式得到:

$$年折旧率 = \frac{1 - 3\%}{10} \times 100\% = 9.7\%$$

月折旧率 = 9.7%/12 = 0.8%

年折旧额 = 100 × 9.7% = 9.7(万元)

2. 工作量法

工作量法是一种特殊的直线折旧法,用于计算某些专业设备和交通运输车辆的折旧费,以固定资产完成的工作量(行驶里程、工作小时、工作台班、生产的产品数量)为单位计算折旧额。计算公式如下:

$$每单位工作量折旧额 = \frac{固定资产原值 \times (1 - 预计净残值率)}{使用年限内预计工作量}$$

月折旧额 = 当月实际完成工作量 × 单位工作量折旧额

年折旧额 = 当年实际完成工作量 × 单位工作量折旧额

例 2.2 某公司有汽车一辆,原值 100 万元,预计净残值率 5%,行驶里程 50 万公里,当月行驶 2 000 公里,求当月固定资产折旧额。

解:根据上述计算公式,得到:

$$单位里程折旧额 = \frac{1\ 000\ 000 \times (1 - 5\%)}{500\ 000} = 1.9(元/公里)$$

当月折旧额 = 2 000 × 1.9 = 3 800(元)

3. 加速折旧法

加速折旧的目的是使固定资产在使用年限内加快得到补偿。加速折旧法的方法很多,使用较多的有年数总和法和双倍余额递减法。

采用加速折旧法,并不意味着固定资产提前报废或多计提折旧,不论采用何种方法计提折旧,在不考虑资金时间价值的条件下,在整个固定资产使用年限内折旧总额都是一样的。采用加速折旧法只是在固定资产使用前期计提折旧较多而使用后期计提折旧较少,一般来说,加速折旧有利于企业进一步发展。

(1)年数总和法

年数总和法的特点是固定资产的折旧率是逐年递减的,各年折旧率的计算公式如下:

$$年折旧率 = \frac{折旧年限 - 固定资产已使用年数}{折旧年限的逐年数字之和} \times 100\%$$

年折旧额 = (固定资产原值 − 固定资产净残值) × 年折旧率

例 2.3 某固定资产原值为 50 000 元,预计使用年限为 5 年,预计净残值 2 000 元,采用年数总和法计算各年折旧额。

解:根据上述公式计算:

逐年数字之和 = 5 + 4 + 3 + 2 + 1 = 15

第一年折旧额 = (50 000 − 2 000) × 5/15 = 16 000(元)

第二年折旧额 = (50 000 − 2 000) × 4/15 = 12 800(元)

第三年折旧额 = (50 000 - 2 000) × 3/15 = 9 600(元)
第四年折旧额 = (50 000 - 2 000) × 2/15 = 6 400(元)
第五年折旧额 = (50 000 - 2 000) × 1/15 = 3 200(元)

(2) 双倍余额递减法

双倍余额递减法计算各年折旧额是在不考虑固定资产净残值的情况下,用年初固定资产净值乘以直线折旧率的2倍计算年折旧额。计算公式为：

$$年折旧率 = \frac{2}{折旧年限} \times 100\%$$

年折旧额 = 当年固定资产净值 × 年折旧率

折旧年限到期前的最后两年,采用直线折旧法计算年折旧额,计算公式为：

$$年折旧额 = \frac{固定资产净值 - 固定资产净残值}{2}$$

例2.4 某固定资产原值30万元,使用年限5年,预计残值5 000元,按双倍余额递减法计算各年折旧额。

解：根据上述公式计算得到：

前3年的年折旧率 = 2/5 = 40%

第一年折旧额 = 300 000 × 40% = 120 000(元)

第二年折旧额 = (300 000 - 120 000) × 40% = 72 000(元)

第三年折旧额 = (180 000 - 72 000) × 40% = 43 200(元)

最后两年的年折旧额采用直线折旧法计算。

第四年折旧额 = (108 000 - 43 200 - 5 000)/2 = 29 900(元)

第五年折旧额 = 29 900(元)

(二) 无形资产、递延资产的摊销费

无形资产从开始使用之日起,按照有关协议或合同在受益期内分期平均摊销,没有规定受益期的按不超过10年的期限平均摊销。

递延资产从项目开始运营之日起,按照有关协议、合同在受益期内分期平均摊销,没有规定受益期的按不少于5年的期限平均摊销。

无形资产、递延资产的摊销价值通过销售收入得到补偿,增加企业盈余资金,可用于还款、周转资金或其他用途。

折旧费和摊销费在会计中被计入产品的总成本,在进行现金流量分析时,折旧费和摊销费既不属于现金流入也不属于现金流出。

五、项目经济评价中的成本费用与财务会计中的成本费用的区别

项目经济评价中对成本费用的理解与财务会计中对成本费用的理解不完全相同。主要区别在以下三个方面：

第一,财务会计中的成本费用是对企业经营活动和产品生产过程中实际发生的各种耗费的真实记录,数据是唯一的;项目经济评价中使用的费用和成本数据是在一定的假定前提下对拟实施投资方案的未来情况预测的结果,带有不确定性。

第二,财务会计中对成本费用的计量分别针对特定会计期间的企业生产经营活动,项目经济评价中对成本费用的计量一般针对某一投资项目的实施结果。

第三,在项目经济评价中,引入了一些财务会计中没有的成本概念,如经营成本、机会成本等。

第四节　销售收入、利润和税金

一、销售收入

销售收入是企业向社会出售商品或提供劳务的货币收入,是企业生产成果的货币表现。

企业的销售收入包括产品销售收入和其他销售收入。产品销售收入包括销售产成品、自制半成品、工业性劳务取得的收入;其他销售收入包括材料销售、技术转让、包装物出租、外购商品销售、承担运输等非工业性劳务所取得的收入。销售收入的计算公式如下:

$$销售收入 = 商品销售量 \times 单价$$

销售收入与总产值是有区别的。总产值是企业生产的成品、半成品和处于加工过程中的在制品的价值总和,可按当前市场价格或不变价格计算;而销售收入是指出售商品的货币收入,是按出售时的市场价格计算的。企业生产的产品只有在市场上出售,才能成为给企业带来收益的有用的劳动成果。因此销售收入才是反映工业项目真实收益的经济参数。

二、利润

利润是企业在一定时期内全部生产经营活动的最终成果。利润的实现表明企业生产耗费得到了补偿,并取得了盈利。企业利润既是国家财政收入的基本来源,又是企业扩大再生产的重要资金来源。

项目投产后所获得的利润可分为销售利润、利润总额和税后利润三个层次。

销售利润 = 销售收入 – 生产成本 – 期间费用 – 销售税金及附加

利润总额 = 销售利润 + 投资净收益 + 营业外收支净额

投资净收益指企业对外投资所取得的投资收益扣除投资损失后的净额。营业外收支净额指营业外收入减去营业外支出后的数额。

$$税后利润 = 利润总额 - 所得税$$

企业的税后利润按国家《企业财务通则》规定,一般采用下列顺序进行分配:
①弥补以前年度亏损;
②提取法定公积金,用于弥补企业亏损及按照国家规定转增资本金等;
③提取公益金,主要用于职工福利设施支出;
④向投资者分配利润。

三、税金

税金是国家依据法律对有纳税义务的单位和个人征收的各种税款,是纳税人为国家提供积累的重要方式,具有强制性、无偿性、固定性的特点。我国目前的工商税制分为流转税、资源税、所得税、财产税、特定行为税五类,其中与项目经济性评价有关的主要税种是:从销售收入中扣除的增值税、营业税、资源税、城市维护建设税和教育费附加;计入总成本费用的房产税、土地使用税、车船使用税、印花税等;计入固定资产总投资的固定资产投资方向调节税以及从利润中扣除的所得税等。现将主要的税种简述如下:

(一)流转税

流转税是以商品生产、商品流通和劳动服务的流转额为征收对象的各种税,包括增值税、消费税和营业税。

1. 增值税

增值税是以商品生产、流通和加工、修理、修配等各种环节的增值额征收的一种流转税,其纳税人是在中国境内销售货物或者提供加工、修理、劳务以及进口货物的单位和个人。

增值税税率设基本税率、低税率和零税率三档。出口货物适用零税率(国务院另有规定的除外);粮食、食用植物油、自来水、暖气、冷气、热水、煤气、石油液化气、天然气、沼气、图书、报纸、杂志、农业生产资料等适用低税率为13%,其他适用基本税率为17%,增值税的计税依据是增值额。计税公式如下:

$$应纳税额 = 当期销项税额 - 当期进项税项$$

销项税额是按照销售额和规定税率计算并向购买方收取的增值税额。

$$销项税额 = 销售额 \times 适用增值税率$$

进项税额是指纳税人购进货物或者应税劳务所支付或负担的增值税额。准予从销售税额中抵扣的进项税额是指从销售方取得的增值税专用发票上注明的增值税额或从海关取得的完税凭证上注明的增值税额。

小规模纳税人销售货物或者应税劳务,采用简易办法计算,按销售收入全额及规定的征税率计算增值税,征税率为6%。

2. 消费税

消费税是对一些特定的消费品或消费行为的流转额或流转量作为课税对象的一

种税,消费税的纳税义务人是在我国境内生产、委托加工和进口某些消费品的单位和个人。根据《中华人民共和国消费税暂行条例》,征收消费税的消费品大体分为五类:第一类是一些过度消费会对人类健康、社会秩序、生态环境等造成危害的特殊消费品,如烟、酒、鞭炮等;第二类是奢侈品、非生活必需品,如化妆品、贵重首饰及珠宝、玉石;第三类是高能耗及高档消费品,如小汽车、摩托车;第四类是不可能再生性稀缺资源消费品,如柴油、汽油;第五类是消费普遍、税基宽广、征税不会明显影响人民生活水平但有一定财政意义的产品,如汽车轮胎、护肤品、护发品。

消费税的计税依据是应税消费品的销售额或者销售量,税率或单位销售量税额依不同消费品类别分若干档次,采用从价定率计税和从量定额计税两种办法。

从价定率计税时,指以应税商品的价值量为计税依据,公式为:

$$应纳税额 = 应税消费品销售额 \times 消费税税率$$

从量定额计税时,指以应税商品的数量为计税依据,公式为:

$$应纳税额 = 应税消费品销售数量 \times 消费税单位税额$$

3. 营业税

营业税是对在我国境内从事交通运输、建筑、金融保险、邮政电讯、文化体育、娱乐、服务、转让无形资产、销售不动产等业务的单位和个人,就其营业收入或转让收入征收的一种税,不同行业采用不同的适用税率。

对于符合国家规定的出口产品,国家免征或退还已征的增值税、消费税及为出口产品支付的各项费用中所含的营业税。

除娱乐业适用5%~20%的税率外,金融保险、服务、转让无形资产、销售不动产的税率均为5%,其余均为3%。营业税可按下式计算:

$$应纳税额 = 营业额 \times 税率$$

(二) 资源税类

资源税类指以被开发或占用的资源为征税对象的各种税,包括资源税、土地使用税等。

1. 资源税

资源税是对在我国境内开采原油、天然气、煤炭、其他非金属矿原矿、黑色金属矿原矿、有色金属矿原矿及生产盐的单位和个人征收的一种税。征收资源税的主要目的在于调节因资源条件差异而形成的资源级差收入,促使资源的合理开采与利用,同时为国家取得一定的财政收入。资源税的应纳税额按照应税产品的课税数量和规定的单位税额计算:

$$应纳税额 = 课税数量 \times 单位税额$$

课税数量是指纳税人开采或者生产应税产品的销售数量或自用数量。单位税额根据开采或生产应税产品的资源状况而定,具体按《资源税税目税额幅度表》执行。如原油:8~30元/吨;有色金属矿原矿:0.4~30元/吨。

国家依照产品类别和不同的资源条件规定相应的单位税额。对于矿产品，征收资源税后不再征收增值税，对于盐，除征收资源税外还要征收增值税。

2. 土地使用税

土地使用税是国家在城市、县城、建制镇、工矿区、农村，对使用土地的单位和个人征收的一种税。土地使用税以纳税人实际占用的土地面积为计税依据，按大、中、小城市和县城、建制镇、工矿区、农村分别规定单位面积年税额。

$$应纳税额 = 使用土地面积 \times 单位面积税额$$

国家规定对农、林、牧、渔业的生产用地，国家机关、人民团体、军队及事业单位的自用土地免征土地使用税。对一些重点发展产业，也有相应的减免税规定。

(三) 所得税类

所得税是以单位、个人在一定时期内的所得额为征收对象的一种税，有企业所得税和个人所得税两种。

1. 企业所得税

企业所得税的纳税人是在我国境内实行独立经济核算的企业(外商投资企业和外国企业除外)，应当就其生产、经营所得和其他所得(包括来源于中国境内、境外的所得)征收的一种税，这里的企业包括国有企业、集体企业、私营企业、联营企业、股份制企业。纳税人每一纳税年度的收入总额减去准予扣除项目的余额为应纳税所得额。收入总额中包括生产经营收入、财产转让收入、利息收入、租赁收入、特许权使用费收入、股息收入及其他收入，准予扣除的项目是指与纳税人取得收入有关的成本、费用和损失，具体包括以下内容：

(1) 纳税人在生产、经营期间，向金融机构借款的利息支出，按照实际发生数扣除；向非金融机构借款的利息支出，在不高于按照金融机构同类、同期贷款利率计算的数额以内，准予扣除。

(2) 纳税人支付给职工的工资，按照计税工资扣除。计税工资是指在计算应纳税所得额时，允许扣除的标准工资。计税工资的具体标准，由省、自治区、直辖市人民政府在财政部规定的范围内规定，并报财政部备案。

(3) 纳税人的职工福利费、工会经费、职工教育经费，分别按计税工资总额的14%、2%、1.5%计算扣除。

(4) 纳税人用于公益、救济性的捐赠，在年应纳税所得额3%以内的部分，准予扣除。

(5) 纳税人按规定支付的与生产、经营有关的业务招待费、保险费、坏账损失、财产清查净损失、上级管理费等，经主管税务机关审核后准予扣除。

(6) 纳税人的国债利息收入扣除。

计税时不得扣除的项目包括以下内容：

(1) 资本性支出。指纳税人购置、建造固定资产和对外投资的支出。

(2) 无形资产受让、开发支出。

(3) 违法经营的罚款和被没收财物的损失。

(4) 各项税收的滞纳金、罚款和罚金。

(5) 自然灾害或意外事故损失有赔偿的部分,指纳税人参加保险之后,因遭受自然灾害或意外事故而由保险公司给予的赔偿。

(6) 超过国家规定允许扣除的公益、救济性捐赠,以及非公益、救济性的捐赠。

(7) 各种赞助支出,指各种非广告性质的赞助支出。

(8) 与取得收入无关的其他各项支出。

对于工业企业来说,应纳税所得额为:

$$应纳税所得额 = 利润总额 \pm 税收调整项目金额$$

税收调整项目是指将会计利润转换为应纳税所得额时按照税法规定应当调整的项目。企业所得税税率一般为25%,应纳所得税额计算公式为:

$$应纳所得税额 = 应纳税所得额 \times 税率$$

2. 个人所得税

个人所得税是指在中国境内有住所,或者虽无住所但在境内居住满一年,以及无住所又不居住或居住不满一年但有从中国境内取得所得的个人。包括中国公民、个体工商户、外籍个人等。

个人所得的征税对象是个人取得的应税所得,包括工资薪金、个体工商户的生产经营所得、劳务费报酬所得、稿酬所得、利息股息所得、财产租赁所得及其他所得。

个人所得税按超额累进税率和比例税率两种方式计税。

(四) 财产税类

财产税类是以企业和个人拥有以转移的财产的价值或增值额为征收对象的各种税,包括车船税、房产税和土地增值税等。

1. 车船税

车船税是对行驶于公共道路的车辆和航行于国内河流、湖泊、领海口岸船舶按其种类、吨位征收的一种税。纳税义务人为拥有车船的单位和个人。

2. 房产税

房产税是以房屋为征收对象的一种税,按照房产的余值或出租房屋的租金收入进行征收,纳税义务人为拥有房屋产权的单位和个人。计算公式为:

$$应纳税额 = 房产原值 \times (1 - 折旧率) \times 税率$$

税率为1% ~ 5%,从租金征收的税率为租金收入的12%。

3. 土地增值税

土地增值税的征收对象为有偿转让国有土地使用权及地上建筑物和其他附着物产权并取得收入的单位和个人。土地增值税的计价依据是转让房地产所取得的增值收益。

计算增值额的扣除项目包括：取得土地使用权所支付的金额；开发土地的成本、费用；新建房及配套设施的成本、费用，或者旧房及建筑物的评估价格；与转让房地产有关的税金以及规定的其他扣除项目。土地增值税实行四级超额累进税率：增值额未超过扣除项目金额50%的部分，税率为30%；增值额超过扣除项目金额50%、未超过扣除项目金额100%的部分，税率为40%；增值额超过扣除项目金额100%、未超过扣除项目金额200%的部分，税率为50%；增值额超过扣除项目金额200%的部分，税率为60%。

(五) 特定目的税类

特定目的税类是指国家为达到某种特定目的而设立的各种税，主要有固定资产投资方向调节税、城乡维护建设税等。

1. 固定资产投资方向调节税

固定资产投资方向调节税(简称投资方向调节税)是以投资行为为征税对象的一种税，国家征收投资方向调节税的目的在于利用经济手段对投资活动进行宏观调控，贯彻产业政策，控制投资规模，引导投资方向，保证重点建设。

固定资产投资方向调节税根据国家产业政策确定的产业发展序列和经济规模的要求，实行差别税率，对基本建设项目投资适用税率的具体规定如下：

国家急需发展的投资项目，如农业、林业、水利、能源、交通、通信、原材料、科教、地质、勘探、矿山开采等基础产业和薄弱环节部门的投资项目，适用零税率。

对国家鼓励发展但受能源、交通等制约的投资项目，如钢铁、化工、石油、水泥等部分重要原材料项目，以及一些重要机械、电子、轻工工业和新型建材的项目，实行5%的税率。

为配合住房制度改革，对城乡个人修建、购买住宅的投资实行零税率；对单位修建、购买一般性住宅投资，实行5%的低税率；对单位用公款修建、购买高标准独门独院、别墅式住宅投资，实行30%的高税率。

对楼堂馆所以及国家严格限制发展的投资项目，课以重税，税率为30%。

对不属于上述四类的其他投资项目，实行中等税负政策，税率为15%。

固定资产投资方向调节税以固定资产投资项目实际完成投资额为计税依据。固定资产投资项目实际完成投资额包括：建筑工程费、设备及工器具购置费、安装工程费、工程建设其他费用及预备费。更新改造项目以建筑工程实际完成的投资额为计税依据。

2. 城乡维护建设税

城乡维护建设税是为保证城乡维护和建设有稳定的资金来源而征收的一种税。凡有经营收入的单位和个人，除另有规定外，都是城乡维护建设税的纳税义务人。城乡维护建设税以纳税人实际缴纳的消费税、增值税、营业税额为计税依据。由各省、市、自治区根据当地经济状况与需要确定不同市县的适用税率。一般来说，市区税率为 7%，县城或镇 5%，农村 1%。

小　　结

项目的建设可以看成是货币形式体现的现金流入或现金流出，投资、成本、销售收入、利润、税金构成现金流量的五个基本要素。

投资具有双重含义，技术经济学中的投资指为了实现生产经营目标而预先垫付的资金。建设项目总投资包括固定资产投资、无形资产投资、递延资产投资及流动资金，这四者分别形成固定资产、无形资产、递延资产及流动资产。

成本是反映项目经营过程中资源消耗的一个主要基础数据，是影响经济效益的重要因素。按照制造成本法成本可分为直接费用、制造费用、期间费用三部分，期间费用包括管理费用、财务费用、销售费用；按照成本费用构成要素总成本可分为外购材料费、外购燃料动力费、工资及福利费、折旧摊销费、修理费、利息支出等。折旧是对固定资产价值损耗的补偿，其计算方法有直线折旧法、工作量法、年数总和法、双倍余额递减法。

销售收入是企业向社会出售商品或提供劳务的货币收入，是企业生产成果的货币表现。利润是企业在一定时期内全部生产经营活动的最终成果。企业利润既是国家财政收入的基本来源又是企业扩大再生产的重要资金来源。项目投产后所获得的利润可分为销售利润、利润总额和税后利润三个层次，税后利润按国家有关规定进行分配。

税金是国家依据法律对有纳税义务的单位和个人征收的各种税款，是纳税人为国家提供积累的重要方式，具有强制性、无偿性、固定性的特点。我国目前的工商税制分为流转税、资源税、所得税、财产税、特定行为税五类，其中与项目经济性评价有关的主要税种是：从销售收入中扣除的增值税、营业税、资源税、城市维护建设税和教育费附加；计入总成本费用的房产税、土地使用税、车船使用税、印花税等；计入固定资产总投资的固定资产投资方向调节税以及从利润中扣除的所得税等。

思考与练习

一、思考

1. 什么是固定资产投资？什么是流动资金？二者有什么区别？
2. 简述无形资产的概念。无形资产包括哪些资产？
3. 产品总成本费用要素包括哪些？何谓生产成本？
4. 何谓经营成本？为什么要在工程经济分析中引入经营成本的概念？
5. 何谓机会成本？何谓沉没成本？
6. 哪些税金可计入成本？哪些税金从利润中扣除？投资方向调节税是否计入

产品成本?

7. 某一固定资产原值为 20 万元,预计使用年限 10 年,固定资产净残值为 1 万元,用直线折旧法计算年折旧额、年折旧率及月折旧额。

8. 某一固定资产原值 6 万元,预计使用年限 5 年,固定资产净残值为 5 000 元,分别用年数总和法和双倍余额递减法计算各年的折旧额。

二、练习

1. 可以相同的物质形态为连续多次的生产过程服务的是(　　)。
   A. 固定资产　　　　　B. 无形资产
   C. 递延资产　　　　　D. 流动资产
2. 经营成本是指总成本费用扣除(　　)以后的全部费用。
   A. 折旧费　　　　　　B. 推销费
   C. 销售税金及附加　　D. 利息支出
3. 在工程项目投资中,流动资产包括(　　)。
   A. 现金　　　　　　　B. 银行存款
   C. 应收账款　　　　　D. 预付账款
   E. 存货
4. 在下述各项中,不构成现金流量的是(　　)。
   A. 折旧　　　　　　　B. 投资
   C. 经营成本　　　　　D. 税金
5. 固定资产净值等于固定资产原值减去折旧额。(　　)
6. 无形资产是指没有物质实体,但却可以为拥有者带来长期收益的资产。(　　)
7. 双倍余额递减法的折旧率随设备役龄递减。(　　)
8. 工程项目在生产经营期间的经常性实际支出称为总成本。(　　)
9. 折旧是成本项目,因而属于现金流出量。(　　)
10. 某一固定资产原值为 20 万元,预计使用年限 10 年,固定资产净残值为 1 万元,用直线折旧法计算年折旧额、年折旧率及月折旧额。
11. 某一固定资产原值 6 万元,预计使用年限 5 年,固定资产净残值为 5 000 元,分别用年数总和法和双倍余额递减法计算各年的折旧额。

第三章 资金时间价值与等值计算

资金时间价值与等值计算是工程项目或方案经济效果动态评价的理论基础。本章重点介绍资金时间价值及相关概念，普通复利计算原理及其他复利计算原理。

第一节 资金时间价值及相关概念

一、资金时间价值

资金的一个重要特征就是它具有时间价值。为什么资金具有时间价值呢？让我们先看下面的例子。

有两个投资方案 A、B，它们的初始投资都为 2 000 万元。在寿命期四年中总收益一样，但每年的收益值不同，具体数据见表 3-1。这两个投资方案哪个方案的经济效果较好呢？虽然两个方案投资额一样，在四年中总收益一样，但方案 A 两年不到就能回收投资额；而方案 B 三年才能回收投资额。通常在直观上我们就会认为方案 A 经济效果比方案 B 好。从此例子我们可以看到：资金的支出与收入的经济效果好坏不仅与资金量的大小有关，而且与发生的时间有关。

表 3-1 　　　　　A、B 方案支出、收入表　　　　　单位：万元

年　末	方案 A	方案 B
0	-2 000	-2 000
1	+1 400	+500
2	+800	+700
3	+600	+800
4	+300	+1 100

现在的一笔资金，投入到生产或流通领域中，即使不考虑通货膨胀因素，也比将

来可获得的同样数额的资金更有价值。因为当前可用的资金能够立即用来投资并带来收益,而将来才可取得的资金则无法用于当前的投资,也无法获取相应的收益。我们把资金在生产和流通过程中,随着时间的推移产生的增值部分称为资金的时间价值。

资金的时间价值是商品经济中的普遍现象,它是社会劳动创造价值的能力的一种表现形式。它表明一定的资金,在不同时点具有不同的价值,也即不同时间发生的等额资金在价值上存在差别。

影响资金时间价值的因素是多方面的,从投资角度分析主要有:
1. 投资盈利率或收益率,即单位投资额所能获得的盈利额或纯收益额。
2. 通货膨胀、货币贬值,即对因通货膨胀及货币贬值引起的损失应给予补偿。
3. 承担风险,即对因风险的存在可能造成的损失应给予补偿。

应当指出,资金有时间价值,是指资金在参与生产流通的运动过程中才能增值。资金如果既不存入银行,也不参加生产流通过程而"闲散"、"呆滞"是不能增值的。换句话说,资金呆滞就会造成一定的经济损失,这是一种不容忽视的机会损失。因此,培养资金时间价值观念,加强对资金利用的动态分析是非常重要的。其重要意义不仅在于缩减一切不必要的开支,节约使用资金,更重要的是要求最大限度的、合理的、充分有效的利用资金,以取得更好的经济效益。评价项目方案,不仅要评价方案的投资是否节省,而且要评价方案的投资运用是否合理,投资经济效益是否良好。这对于提高技术经济评价的科学性,促进全社会重视资金的合理利用和有效利用都具有重要意义。

二、利息与利率

(一)利息

狭义的利息是指占用资金所付出的代价(或放弃使用资金所得到的补偿)。

广义的利息是指资金投入到生产和流通领域中,一定时间后的增值部分。它包括存款(或贷款)所得到(或付出)的报酬额和投资的净收益(或利润)。技术经济中的利息通常指广义的利息。它是衡量资金时间价值大小的绝对尺度。

(二)利率

利率是资金在单位时间内(年、月等)所产生的增值(利息或利润)与投入的资金额(本金)之比。通常以百分数表示。即

$$利率 = \frac{单位时间的利息}{本金} \times 100\%$$

利率是衡量资金时间价值的相对尺度。在实际操作中,一般是根据利率来计算利息。

(三)计息周期

计息周期是计算利息的时间单位。计息周期通常有年、半年、季、月、周等。按计

息周期的长短,利率可以相应地有年利率、半年利率、季利率、月利率和周利率等。技术经济中使用最多的计息周期是以年为时间单位。

(四)单利计息

单利计息指仅对本金计算利息,对所获得的利息不再计息的一种计息方法。

设贷款额(本金)为 P,贷款年利率为 i,贷款年限为 n,本金与利息和用 F 表示,则计算单利的公式推导过程见表3-2。由表3-2可知,n 年末本利和的单利计算公式为:

$$F = P(1 + in) \tag{3-1}$$

表 3-2　　　　　　　　　　单利法计算公式的推导过程

年份	年初欠款	年末欠利息	年末欠本利和
1	P	Pi	$P + Pi = P(1 + i)$
2	$P(1 + i)$	Pi	$P(1 + i) + Pi = P(1 + 2i)$
3	$P(1 + 2i)$	Pi	$P(1 + 2i) + Pi = P(1 + 3i)$
⋮	⋮	⋮	⋮
n	$P[1 + (n-1)i]$	Pi	$P[1 + (n-1)i] + Pi = P(1 + ni)$

例 3.1　某人拟从证券市场购买一年前发行的五年期年利率为 10%(单利)、到期一次还本付息、面额 100 元的国库券,若此人要求在余下的四年中获得 8% 的年利率(单利),问此人应该以什么价格买入?

解:设该人以 P 元买入此国库券,则

$$P(1 + 8\% \times 4) = 100 \times (1 + 10\% \times 5)$$

解得　　　　　　　　　　$P = 113.64$ 元

所以,此人若以不高于113.64元的价格买入此国库券,能保证在余下的四年中获得8%以上的年利率。

单利法虽然考虑了资金的时间价值,但对以前已经产生的利息没有转入计算基数而累计计息,因此,用单利法计算的资金的时间价值是不完善的。

我国目前银行储蓄存款和国库券的利息多是以单利计算利息的。

(五)复利计息

复利计息指不仅本金计算利息,而且先前周期的利息在后继周期中还要计息的一种计息方法。复利的本利和公式为:

$$F = P(1 + i)^n \tag{3-2}$$

公式(3-2)的推导过程见表3-3。

表 3-3　　　　　　　　　　复利法计算公式的推导过程

年份	年初欠款	年末欠利息	年末欠本利和
1	P	Pi	$P+Pi=P(1+i)$
2	$P(1+i)$	$P(1+i)i$	$P(1+i)+P(1+i)i=P(1+i)^2$
3	$P(1+i)^2$	$P(1+i)^2 i$	$P(1+i)^2+P(1+i)^2 i=P(1+i)^3$
⋮	⋮	⋮	⋮
n	$P(1+i)^{n-1}$	$P(1+i)^{n-1}i$	$P(1+i)^{n-1}+P(1+i)^{n-1}i=P(1+i)^n$

在例 3.1 中，如果是以复利计算，则

$$P(1+8\%)^4 = 100 \times (1+10\%)^5$$

解得　　　　　　　　　$P = 118.46$ 元

由于复利计息比较符合资金在社会再生产过程中运动的实际状况，在技术经济分析中，一般采用复利方法计息。

三、名义利率与实际利率

(一) 概念

在技术经济分析中，多数情况下，所给定和采用的利率一般都是年利率，即利率的时间单位是年，如不特别指出，计算利息的计息周期也是以年为单位，即一年计息一次。但是在实际工作中，所给定的利率虽然还是年利率，由于计息周期可能是比年还短的时间单位。比如计息周期可以是半年、一个季度、一个月、一周或者为一天等，因此一年内的计息次数就相应为 2 次、4 次、12 次、52 次或 365 次等。由于一年内计算利息的次数不止一次，在复利条件下每计息一次，都要产生一部分新的利息，因而实际的利率也就不同了。这就引出了所谓名义利率和实际利率的概念。

例如，现有本金 P 为 100 元，给定的年利率 r 为 10%，假定有两种计息周期，一种是以年为单位计算利息，即一年内计息一次；另一种是以半年为单位计算利息，计算周期是半年，即一年内计息两次，现分别计算一年末的利息额及其利率。

第一种情况，计息周期为年，即一年计息一次，$m=1$，故得一年末的本利和为：

$$F_{(一次)} = P(1+r)^m = 100 \times (1+0.1)^1$$
$$= 110(元)$$

根据利率定义实际计算出的利率为：

$$利率 = \frac{利息额}{本金额} = \frac{本利和-本金额}{本金额} = \frac{110-100}{100}$$
$$= 10\%$$

即实际计算出的年利率与给定年利率是相同的。

第二种情况,计息周期为半年,即半年计息一次,一年计息两次,$m=2$,故得一年末的本利和为:

$$F_{(二次)} = P(1+\frac{r}{m})^m = 100 \times (1+\frac{0.1}{2})^2 = 100 \times (1+0.05)^2$$
$$= 100 \times 1.05^2 = 110.25(元)$$

根据利率定义实际计算出的利率为:

$$利率 = \frac{利息额}{本金额} = \frac{本利和-本金额}{本金额} = \frac{110.25-100}{100}$$
$$= 10.25\%$$

即实际计算出的年利率大于给定的年利率。

一般来讲,在通常计算中所给定的利率,如果没有特别指出时,都是名义利率,而且多数情况下都是年名义利率。即当计息周期的时间单位与所给定(设定)的利率的时间单位相同时,则此给定的利率就是该时间单位的名义利率,而且此时名义利率与计算求出的实际利率相等。

那么,当计息周期的时间单位小于所给定利率的时间单位时,则由复利计算而确定的利率,就是该给定利率时间单位的实际利率,并且实际利率要大于所给定的利率,即大于该时间单位的名义利率。

(二)名义利率的确定

1. 当计息周期的时间单位与所给定利率的时间单位相同时,则所给定的利率就是该时间单位的名义利率。

例如,当给定年利率为10%,计息周期也以年为单位,即一年计息一次时,则所给定的年利率10%就是年名义利率。

当给定月利率为1%,计息周期以月为单位,即一个月计息一次时,则所给定的月利率为1%,就是月的名义利率。

2. 当计息周期的时间单位小于所给定利率的时间单位时,则名义利率的确定分两种:

(1)确定计息周期的名义利率

计息周期的名义利率应该等于所给定利率除以计息周期数。例如,所给定的年利率为10%,当计息周期为半年时,则半年计息一次,一年计息两次,所以半年的名义利率为$\frac{10\%}{2} = 5\%$。

(2)确定给定利率的时间单位的名义利率

给定利率时间单位的名义利率应等于计息周期的名义利率乘以计息周期数。例如,计息周期以月为单位,即每月计息一次,而月名义利率为1%,如果以年作为给定利率的时间单位,则一年计息12次,所以年名义利率为$1\% \times 12 = 12\%$。

(三) 实际利率的计算

设名义利率为 r，一年中计息次数为 m，则一个计息周期的利率应为 r/m，一年后本利和为：

$$F = P(1 + r/m)^m$$

按利率定义得年实际利率 i 为

$$i = \frac{P(1+r/m)^m - P}{P} = (1+r/m)^m - 1 \tag{3-3}$$

当 $m=1$ 时，名义利率等于实际利率；当 $m>1$ 时，实际利率大于名义利率。当 $m\to\infty$，即一年之中无限多次计息，称为连续复利计息，连续复利计息的实际利率

$$i = \lim_{m\to\infty}\left[\left(1+\frac{r}{m}\right)^m - 1\right] = \lim_{m\to\infty}\left[\left(1+\frac{r}{m}\right)^{\frac{m}{r}}\right]^r - 1 = e^r - 1 \tag{3-4}$$

表 3-4 给出了名义利率为 6%，而计息周期为年、半年、季度、月、星期、日和连续复利时的实际利率。

表 3-4　　　　　**名义利率 6% 在不同计息周期时的实际利率**

复利期	年复利次数	计息周期利率 (%)	实际年利率 (%)
年	1	6.0000	6.0000
半年	2	3.0000	6.0900
季度	4	1.5000	6.1364
月	12	0.5000	6.1678
星期	52	0.1154	6.1797
日	365	0.0164	6.1799
连续	∞	0.0000	6.1837

从表 3-4 可以看出，随着计息周期的缩短（或一年内计息周期次数增加），实际利率也逐渐增大，且随着计息周期的缩短，其实际利率的增长速率逐渐下降，计息周期为星期和连续复利的实际利率之间的差距已很小了。

四、现金流量图和资金等值概念

(一) 现金流量图

一个项目的实施，往往要延续一段时间，在项目寿命期内，各种现金流入和现金流出的数额和发生的时间都不尽相同，为便于分析，通常采用图的形式表示特定系统在一定时间内发生的现金流量。

现金流量图如图 3-1 所示。横轴表示时间轴，分成若干间隔，每一间隔代表一个

时间单位。时间单位可以是年、季或半年,最常用的时间单位为年。时间轴上的点称为时点,通常表示该年的年末,同时也是下一年的年初。

与横轴相连的垂直线,代表系统的现金流量。箭头向下表示现金流出,箭头向上表示现金流入。箭线的长度代表现金流量的大小,一般要注明每一笔现金流量的金额。

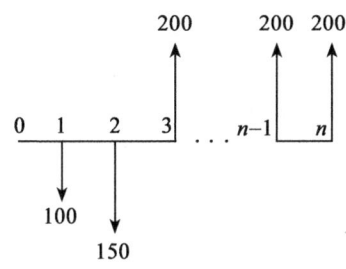

图 3-1 现金流量图

在实际项目的现金流量图中,时间坐标的原点通常取在建设期开始的时点,也可取在投产期开始(即建设期末)的时点,而分析计算的起始时间一般都规定在时间坐标的原点。

此外,为了统一绘制方法和便于比较,通常规定投资发生在各时期的期初,而销售收入、经营成本、税金等发生在各个时期的期末,回收固定资产净残值与回收流动资金则在项目经济寿命周期终了时发生。

(二) 资金等值概念

在日常生活中,我们把两个作用相同的事物称为等值。对资金来说,资金具有时间价值,这一客观事实不仅告诉人们,一定数量的资金,在不同时间,代表着不同的价值,资金必须赋予时间概念,才能显示其真实的意义。而且也提示我们,在不同时间,绝对值不等的若干资金可能具有相等的价值。例如现在的 100 元与一年后的 112 元,其数额并不相等,但如果年利率为 12%,则两者是等值的。因为现在的 100 元,在 12% 的利率下,一年后的本金与资金时间价值两者之和为 112 元。

等值资金是指在特定的利率下,在不同的时间上绝对数额不同,而价值相等的若干资金。

影响资金等值的因素有三个,即资金额大小、资金发生的时间和利率。

利用等值概念,将一个时点发生的资金金额按一定利率换算成另一时点的等值金额,这一过程叫资金等值计算。

资金等值计算是技术经济分析的最基本的方法。在各种资金等值计算中,把某一个时间上的资金值,换算成与之等价的 n 个周期前的资金值的计算叫"贴现"或"折现"。把与某时间上资金值等价的 n 个周期前的资金值称为现值。把与现值等价的未来某时间上的资金值称为未来值或终值,或将来值。这里所说的"现值"或"将来值"是一个相对概念。对第 n 周期上的资金值来说,在确定的利率下,相对于 $n+n'$ 周期上的资金值,它是现值;而对于 $n-n'$ 周期上的资金值来说,它是将来值了。

第二节 资金时间价值的普通复利公式

普通复利,即间断复利,是相对于连续复利而言的。在技术经济分析和评价中,通常是采用间断复利计算利息。因此,本节主要介绍间断复利计息的普通复利计算公式。

为方便起见,在本章中下面符号的意义规定为:

i——每一利息期的利率,通常是年利率。

n——计息周期数,通常是年数。

P——资金的现值,或本金。

F——资金的未来值,或本利和、终值。

A——资金的等年值,表示的是在连续每期期末等额支出或收入中的每一期资金支出或收入额。由于一般一期的时间为一年,故通常称为年金。

G——资金的递增年值,其含义是,当各期的支出或收入是均匀递增或均匀递减时,相邻两期资金支出或收入额的差。

另外我们规定,除非特别说明,各项资金的支出或收入都发生在计息期初或期末。

一、一次支付终值公式

一次支付,又叫整付。一次支付终值公式就是前述求本利和复利的计算公式。它是普通复利计算的基本公式,其他计算公式都可以从此派生出来。

该公式的经济含义是,已知支出本金(现值)P,当利率为 i 时,在复利计息的条件下,求第 n 期期末所取得的本利和,即终值 F。其现金流量图如图 3-2 所示。

一次支付终值公式为:

$$F = P(1+i)^n = P(F/P, i, n) \tag{3-5}$$

式中 $(1+i)^n$ 称为一次支付终值系数,也可以用符号 $(F/P, i, n)$ 表示,其中斜线下的 P 以及 i 和 n 为已知条件,而斜线上的 F 是所求的未知量。系数 $(F/P, i, n)$ 可查复利系数表得到。

例 3.2 某公司现在向银行借款 100 万元,年利率为 10%,借款期 5 年,问 5 年末一次偿还银行的本利和是多少?

解:由公式(3-5)可得:

$$F = P(1+i)^n = 100 \times 1.6105 = 161.05(万元)$$

所以 5 年末一次偿还银行本利和为 161.05 万元。

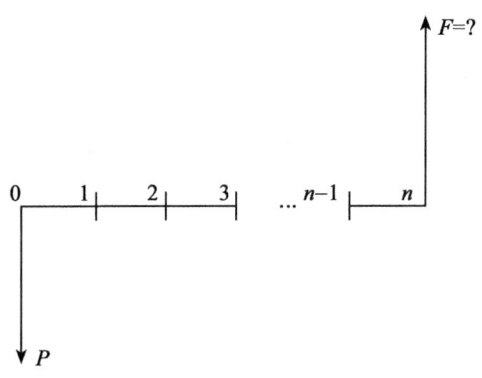

图 3-2 一次支付终值现金流量图

二、一次支付现值公式

这个公式的经济含义是,如果想在未来的第 n 期期末一次收入 F 数额的现金流量,在利率为 i 的复利计息条件下,求现在应一次支出(投入)的本金 P 是多少,即现值 P 是多少? 其现金流量图如图 3-3 所示。

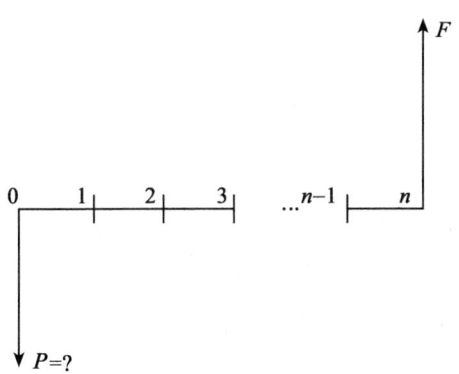

图 3-3 一次支付现值现金流量图

由公式(3-5)可得,一次支付现值公式为:

$$P = F \cdot \frac{1}{(1+i)^n} = F(P/F, i, n) \tag{3-6}$$

式中,$\frac{1}{(1+i)^n}$ 称为一次支付现值系数,或称贴现系数,可用符号 $(P/F, i, n)$ 表示,其系数值可查复利系数表得到。

例 3.3 某人计划 5 年后从银行提取 1 万元,如果银行利率为 12%,问现在应存入银行多少钱?

解: $P = F \cdot \dfrac{1}{(1+i)^n} = \dfrac{1}{(1+12\%)^5} = 0.5674(万元)$

即该人现在需存款 5 674 元。这也就意味着在利率为 12% 时,5 年后的 10 000 元相当于现在的 5 674 元。

三、等额分付终值公式

这个公式的经济含义是,对连续若干期期末等额支付的现金流量 A,按利率 i 复利计息,求其第 n 期期末的终值 F,即本利和。其现金流量图如图 3-4 所示。

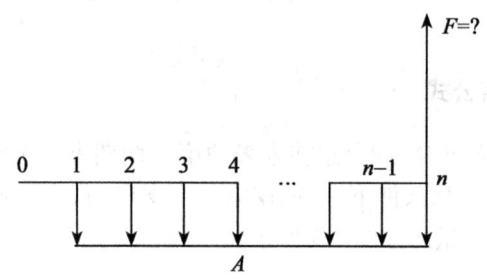

图 3-4 等额分付终值现金流量图

由图 3-4 可看出,第 n 年末资金的终值总额 F 等于各年存入资金 A 的终值总和,即

$$F = A(1+i)^{n-1} + A(1+i)^{n-2} + \cdots + A(1+i) + A$$
$$= A[1 + (1+i) + (1+i)^2 + \cdots + (1+i)^{n-1}]$$

式中,$[1 + (1+i) + (1+i)^2 + \cdots + (1+i)^{n-1}]$ 为一等比级数,其公比为 $(1+i)$,根据等比级数求和公式,它等于 $\dfrac{1-(1+i)^n}{1-(1+i)}$,因此

$$F = A \cdot \left[\dfrac{(1+i)^n - 1}{i}\right] = A(F/A, i, n) \tag{3-7}$$

式中,$\dfrac{(1+i)^n - 1}{i}$ 称为等额分付终值系数,亦可用符号 $(F/A, i, n)$ 表示,其系数值可从复利系数表中查得。

例 3.4 某人从 26 岁起每年末向银行存入 10 000 元,连续 10 年,若银行年利率为 6%,问 10 年后共有多少本利和?

解: 直接应用公式(3-7),计算可得

$$F = A \cdot \frac{(1+i)^n - 1}{i} = 10\,000 \times \frac{(1+6\%)^{10} - 1}{6\%} = 10\,000 \times 13.181 = 131\,810(元)$$

即 10 年后共有 131 810 元。

四、等额分付偿债基金公式

公式的经济含义是,在利率为 i,复利计息的条件下,如果要在 n 期期末能一次收入 F 数额的现金流量,那么,在这 n 期内连续每期期末等额支付(支出)值 A 应是多少? 即已知 F、i、n,求 A。其现金流量图如图 3-5 所示。

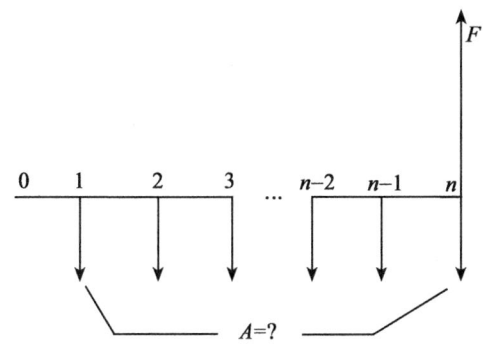

图 3-5 等额分付偿债基金现金流量图

等额分付偿债基金公式是等额分付终值公式的逆运算,因此可由公式(3-7)直接导出,公式为:

$$A = F\left[\frac{i}{(1+i)^n - 1}\right] = F(A/F, i, n) \tag{3-8}$$

式中 $\dfrac{i}{(1+i)^n - 1}$ 称为等额分付偿债基金系数,可用符号 $(A/F, i, n)$ 表示,其系数值可从复利系数表中查得。

例 3.5 某公司计划自筹资金于 5 年后新建一个新产品生产车间,预计需要投资 5 000 万元。若年利率为 5%,在复利计息条件下,从现在起每年年末应等额存入银行多少钱?

解:由公式(3-8)可直接求得:

$$A = F\left[\frac{i}{(1+i)^n - 1}\right] = 5\,000 \times \frac{5\%}{(1+5\%)^5 - 1}$$

$$= 5\,000 \times 0.181 = 905(万元)$$

也可查复利系数表得 $(A/F, 5\%, 5) = 0.181$,故求得:

$$A = F(A/F, i, n) = 5\,000 \times (A/F, 5\%, 5)$$

$$= 5\,000 \times 0.181 = 905(万元)$$

即每年年末应等额存入银行 905 万元。

应当指出,采用公式(3-7)和(3-8)进行复利计算时,现金流量的分布必须符合图 3-4 与图 3-5 的形式,即连续的等额分付值 A 必须发生在第 1 期期末至第 n 期期末,或者说 F 值与最后一个 A 值发生在同一时点,否则必须进行一定的变换后再计算。

五、等额分付现值公式

公式的经济含义是,在利率为 i,复利计息的条件下,求 n 期内每期期末发生的等额分付值 A 的现值 P,即已知 A、i、n,求 P。其现金流量图如图 3-6 所示。

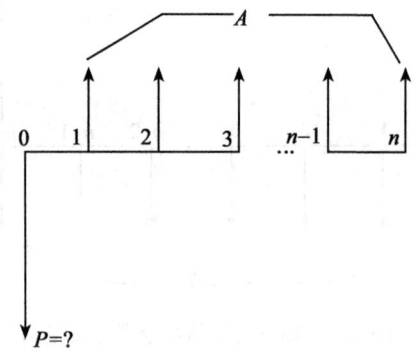

图 3-6　等额分付现值现金流量图

等额分付现值公式,可用公式(3-7)代入公式(3-6)直接得到:

$$\because P = \frac{F}{(1+i)^n},\quad F = A\left[\frac{(1+i)^n - 1}{i}\right]$$

$$\therefore P = A\left[\frac{(1+i)^n - 1}{i}\right]/(1+i)^n$$

即
$$P = A\left[\frac{(1+i)^n - 1}{i(1+i)^n}\right] = A(P/A, i, n) \tag{3-9}$$

式中,$\dfrac{(1+i)^n - 1}{i(1+i)^n}$ 称为等额分付现值系数,可用符号 $(P/A, i, n)$ 表示,其系数值可从复利系数表中查得。

例 3.6　某设备经济寿命为 8 年,预计年净收益 20 万元,残值为 0,若投资者要求的收益率为 20%,问投资者最多愿意出多少钱购买该设备?

解:这一问题等同于在银行的利率为 20% 的条件下,若存款者连续 8 年每年从银行取出 20 万元,则现在应存入银行多少钱?

$$P = A\left[\frac{(1+i)^n - 1}{i(1+i)^n}\right]$$
$$= 20(P/A, 20\%, 8)$$
$$= 76.74(万元)$$

即投资者最多愿意出 76.74 万元购买该设备。

六、等额分付资本回收公式

这个公式的经济含义是,有现金流量现值 P,在报酬率为 i 并复利计息的条件下,在 n 期内与其等值的连续的等额分付值 A 应是多少？这是已知 P、i、n,求 A。其现金流量图如图 3-7 所示。

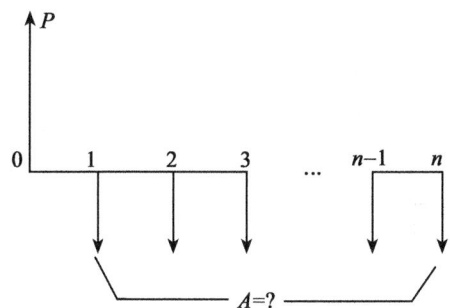

图 3-7　等额分付资本回收现金流量图

等额分付资本回收公式可由公式(3-9)直接得到：

$$A = P\left[\frac{i(1+i)^n}{(1+i)^n - 1}\right] = P(A/P, i, n) \tag{3-10}$$

式中,$\frac{i(1+i)^n}{(1+i)^n - 1}$称为等额支付资本回收系数,可用符号$(A/P, i, n)$表示,其系数值可从复利系数表中查得。

例 3.7　某投资项目贷款 200 万元,银行 4 年内等额收回全部贷款,已知贷款利率为 10%,那么项目每年的净收益应不少于多少万元？

解：根据资金回收公式得

$$A = P \cdot \left[\frac{i(1+i)^n}{(1+i)^n - 1}\right] = 200 \times (A/P, 10\%, 4) = 63.09(万元)$$

即项目每年净收益至少应为 63.09 万元。

七、等差分付复利公式

公式的经济含义是,在利率为 i,复利计息条件下,对 n 期内现金流量呈逐期等差递增变化或等差递减变化的序列,进行资金的时间价值计算。图 3-8 是两种典型等差分付的现金流量图。

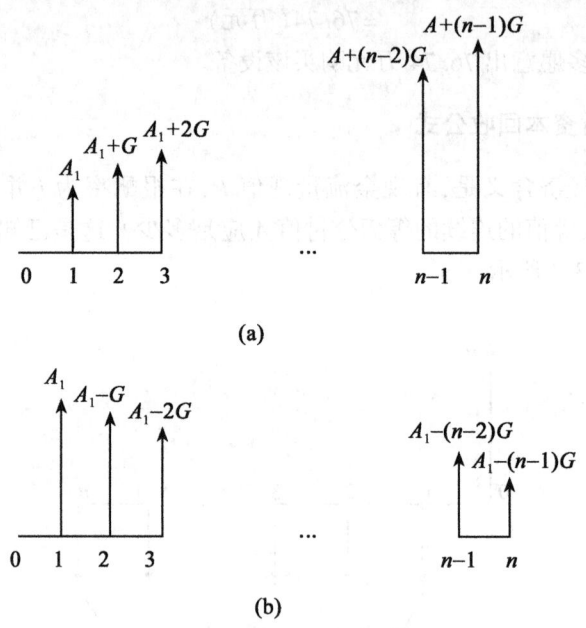

图 3-8 等差分付现金流量图

对等差分付复利计算的办法,可以用一次支付的利息公式对每次支付逐一进行计算。但是当分付的次数很多时,其工作量是相当大的。解决这一问题的办法是将等差分付转换为等额分付。这样,等额分付的利息因子就可以用于等差分付了。

现在的问题是:已知 A_1(第一年年末的分付额)、G、n、i,求与等差分付等值的等额分付的年金 A。我们先令 $A_1 = 0$,则图 3-8(a)可变为图 3-9。设 A_2 为与图 3-9 表示的等差分付相等的等额分付的年金。则由公式(3-8)有

$$A_2 = F\left[\frac{i}{(1+i)^n - 1}\right] \tag{a}$$

这里,F 是图 3-9 的等差分付的总终值。

由于这一分付可以看成 $(n-1)$ 个独立的等额多次分付(年金为 G,期数不等),所以

$$F = G(F/A, i, n-1) + G(F/A, i, n-2) + \cdots$$
$$\quad + G(F/A, i, 2) + G(F/A, i, 1)$$
$$= G\left[\frac{(1+i)^{n-1} - 1}{i} + \frac{(1+i)^{n-2} - 1}{i} + \cdots\right]$$

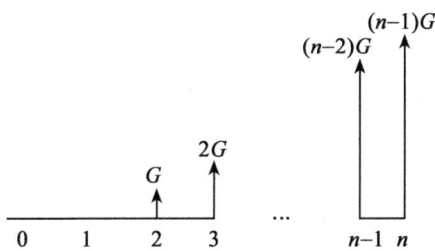

图 3-9 等差分付现金流量图($A_1 = 0$)

$$+ \frac{(1+i)^2 - 1}{i} + \frac{(1+i)^1 - 1}{i}]$$

$$= \frac{G}{i}[(1+i)^{n-1} + (1+i)^{n-2} + \cdots + (1+i)^2$$

$$+ (1+i) - (n-1)]$$

$$= \frac{G}{i}\left[\frac{(1+i)^n - 1}{i}\right] - \frac{nG}{i} \tag{b}$$

将(b)式代入(a)式,得:

$$A_2 = \left\{\frac{G}{i}\left[\frac{(1+i)^n - 1}{i}\right] - \frac{nG}{i}\right\} \cdot \left[\frac{i}{(1+i)^n - 1}\right]$$

$$= \frac{G}{i} - \frac{nG}{(1+i)^n - 1}$$

$$= G\left[\frac{1}{i} - \frac{n}{(1+i)^n - 1}\right] = G(A/G, i, n) \tag{3-11}$$

式中 $\left[\frac{1}{i} - \frac{n}{(1+i)^n - 1}\right]$ 称为等差分付等值系数,可用符号 $(A/G, i, n)$ 表示。公式(3-11)同样适用于图 3-8(b)中的情况,只不过这时的 G 为负值而已。若 $A_1 \neq 0$,则等差分付相应的等额支付年金 A 为:

$$A = A_1 + A_2 = A_1 + G(A/G, i, n) \tag{3-12}$$

由公式(b)知:

$$F = \frac{G}{i}\left[\frac{(1+i)^n - 1}{i} - n\right] = G(F/G, i, n) \tag{3-13}$$

式中 $\frac{1}{i}\left[\frac{(1+i)^n - 1}{i} - n\right]$ 称为等差分付终值系数,可用符号 $(F/G, i, n)$ 表示。

根据公式(3-6)、公式(3-13)可推导出

$$P = \frac{G}{i}\left[\frac{(1+i)^n - 1}{i} - n\right] \cdot \frac{1}{(1+i)^n} = G(P/G, i, n) \tag{3-14}$$

式中 $\dfrac{1}{i}\left[\dfrac{(1+i)^n-1}{i}-n\right]\cdot\dfrac{1}{(1+i)^n}$ 称为等差分付现值系数,可用符号 $(P/G,i,n)$ 表示。

例 3.8 某企业拟购买一台设备,其年收益额第一年为 10 万元,此后直至第 8 年末逐年递减 3 000 元,设年利率为 15%,按复利计息,试求该设备 8 年的收益现值及等额分付收益年金。

解:将现金流量分解为两部分。

第一部分是以第一年收益额 10 万元为等额值 A_1 的等额分付现金流量。
$$P_1 = 100\ 000(P/A,15\%,8) = 448\ 730(元)$$

第二部分是以等差额 $G = 3\ 000$ 元的分付现金流量。
$$P_2 = G \times (A/G,15\%,8)(P/A,15\%,8)$$
$$= 3\ 000 \times 2.78 \times 4.487 = 37\ 422(元)$$

因此 $P = P_1 - P_2 = 488\ 730 - 37\ 422 = 411\ 308(元)$
$$A = P(A/P,15\%,8) = 411\ 308 \times 0.2229 = 19\ 680(元)$$

即 8 年收益现值为 411 308 元;8 年收益的等额分付年金为 91 680 元。

八、等比分付现值公式

在实际问题中,有些现金流量常以一固定的百分比 h 逐期递增或递减,其现金流量图如图 3-10 所示。

图中:A_1——某一定值;

h——某一固定的百分比。

从图 3-10 可知,等比分付的总现值应等于每期支付值的现值之和,即有:
$$P = A_1(P/F,i,1) + A_2(P/F,i,2) + \cdots + A_n(P/F,i,n)$$
$$= A_1(1+i)^{-1} + A_1(1+h)(1+i)^{-2} + \cdots + A_1(1+h)^{n-1}(1+i)^{-n}$$

经整理和变换后现值公式为:
$$P = \begin{cases} \dfrac{A_1\cdot[1-(1+i)^{-n}(1+h)^n]}{i-h}, & i\neq h \\ A_1 n(1+i)^{-1}, & i=h \end{cases} \tag{3-15}$$

通过适当的计算,还可以把等比分付现值公式换算为与其等值的终值公式及等额分付年金(值)公式。

九、普通复利公式小结与应用

(一)小结

为了便于对复利公式的比较、分析和查阅,将主要公式的类型、已知条件、应求的未知量、计算公式、复利系数及其符号等汇总为表 3-5。

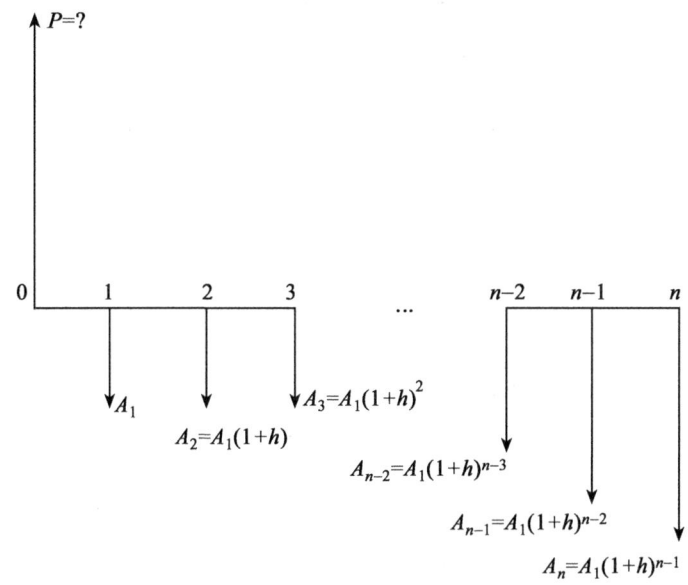

图 3-10 递增等比序列现金流量图

表 3-5　　　　　　　　　　普通复利公式汇总表

类别	已知	求	计算公式	复利系数名称与符号
一次支付	P	F	$F = P(1+i)^n$ $= P(F/P,i,n)$	一次支付终值系数 $(1+i)^n, (F/P,i,n)$
一次支付	F	P	$P = F(1+i)^{-n}$ $= F(P/F,i,n)$	一次支付现值系数 $\dfrac{1}{(1+i)^n}, (P/F,i,n)$
等额分付	A	F	$F = A\left[\dfrac{(1+i)^n-1}{i}\right]$ $= A(F/A,i,n)$	等额分付终值系数 $\dfrac{(1+i)^n-1}{i}, (F/A,i,n)$
等额分付	F	A	$A = F\left[\dfrac{i}{(1+i)^n-1}\right]$ $= F(A/F,i,n)$	等额分付偿债基金系数 $\dfrac{i}{(1+i)^n-1}, (A/F,i,n)$
等额分付	P	A	$A = P\left[\dfrac{i(1+i)^n}{(1+i)^n-1}\right]$ $= P(A/P,i,n)$	等额分付资本回收系数 $\dfrac{i(1+i)^n}{(1+i)^n-1}, (A/P,i,n)$

类别	已知	求	计算公式	复利系数名称与符号
等额分付	现值	A	P	$P = A\left[\dfrac{(1+i)^n - 1}{i(1+i)^n}\right]$ $= A(P/A, i, n)$	等额分付现值系数 $\dfrac{(1+i)^n - 1}{i(1+i)^n}, (P/A, i, n)$
等差分付	终值	G	F	$F = \dfrac{G}{i}\left[\dfrac{(1+i)^n - 1}{i} - n\right]$ $= G(F/G, i, n)$	等差分付终值系数 $\dfrac{1}{i}\left[\dfrac{(1+i)^n - 1}{i} - n\right], (F/G, i, n)$
等差分付	现值	G	P	$P = \dfrac{G}{i}\left[\dfrac{(1+i)^n - 1}{i(1+i)^n} - \dfrac{n}{(1+i)^n}\right]$ $= G(P/G, i, n)$	等差分付现值系数 $\dfrac{1}{i}\left[\dfrac{(1+i)^n - 1}{i(1+i)^n} - \dfrac{n}{(1+i)^n}\right], (P/G, i, n)$
等差分付	等额年金	G	A	$A = \dfrac{G}{i}\left[1 - \dfrac{ni}{(1+i)^n - 1}\right]$ $= G(A/G, i, n)$	等差分付等额年金(值)系数 $\dfrac{1}{i}\left[1 - \dfrac{ni}{(1+i)^n - 1}\right], (A/G, i, n)$
等比交付	等比序列现值	A_1 h	P	$P = \begin{cases} \dfrac{A_1[1 - (1+i)^{-n}(1+h)^n]}{i - h}, & i \neq h \\ A_1 n(1+i)^{-1}, & i = h \end{cases}$	等比序列现值系数 $\begin{cases} [1 - (1+i)^{-n}(1+h)^n]/(i - h), & i \neq h \\ n(1+i)^{-1}, & i = h \end{cases}$ $(P/A_1, i, h, n)$

在以上普通复利计算公式中,前6个公式应用最广泛,且对应的系数有以下关系:

1. 互为倒数关系

从前面公式的推导可知:一次支付终值系数与一次支付现值系数是互为倒数关系;等额分付终值系数与等额分付偿债基金系数是互为倒数关系;等额分付现值系数与等额分付资本回收系数是互为倒数关系。

2. 乘积关系

不难看出

$$(P/A, i, n) = (F/A, i, n)(P/F, i, n)$$
$$(F/A, i, n) = (P/A, i, n)(F/P, i, n)$$

3. 等额分付资本回收公式与等额分付偿债基金公式有以下关系

$$(A/P, i, n) = (A/F, i, n) + i \tag{3-16}$$

(二) 应用

通过以下例题,可以对资金时间价值和资金等值计算的公式有更进一步的理解和更好的掌握。

例 3.9 若年利率为 8%,10 年中每年年初都存入银行 1 000 元,求到第十年末的本利和为多少?

解:方法一

$$F = 1\,000(F/P,8\%,10) + 1\,000(F/A,8\%,10) - 1\,000$$
$$= 15\,646(元)$$

方法二

$$F = 1\,000(F/A,8\%,10)(F/P,8\%,1)$$
$$= 15\,646(元)$$

即第十年末的本利和为 15 646 元。

例 3.10 某项固定资产投资 50 000 元,预计可使用 10 年,届时残值 20 000 元,若年利率为 10%,试计算年等额折旧额为多少?

解:此题是指考虑资金时间价值后,固定资产的投资扣除残值后每年的等额折旧额为多少,实质是已知现值和终值,将其等值换算为等年值(年金)。

方法一:

$$A = 50\,000(A/P,10\%,10) - 20\,000(A/F,10\%,10)$$
$$= 6\,882.5(元)$$

方法二:利用公式(3-16)有

$$A = (50\,000 - 20\,000)(A/P,10\%,10) + 10\% \times 20\,000$$
$$= 6\,882.5(元)$$

即年等额折旧额为 6 882.5 元。

例 3.11 某项目向银行贷款 1 000 万元,年利率为 8%,项目开工前获得贷款,建设期 3 年,项目建成后开始每年年末等额偿还贷款本利,10 年还清,问每年偿还本利多少?

解:方法一

$$A = 1\,000(F/P,8\%,3)(A/P,8\%,10)$$
$$= 187.76(万元)$$

方法二

$$A = 1\,000(F/P,8\%,13)(A/F,8\%,10)$$
$$= 187.76(万元)$$

即每年偿还本利 187.76 万元。

如果此例中,其他条件不变,项目建成后开始每年年初等额偿还贷款本利,10 年还清,则每年偿还本利多少?请读者自己思考。

例 3.12 某企业拟购买大型设备,价值为 500 万元,有两种付款方式可供选择:①一次性付款,优惠 12%;②分期付款,则不享受优惠,首次支付必须达到 40%,第 1 年末付 30%,第 2 年末付 20%,第 3 年末付 10%。假若企业购买设备所用资金是自有资金,自有资金的机会成本为 10%,问应选择哪种付款方式? 又假若企业用借款资金购买设备,借款的利率为 16%,则应选择哪种付款方式?

解:(1)若资金的成本为 10%,则

a. 一次性付款,实际支出 $500 \times 88\% = 440$(万元)

b. 分期付款,相当于一次性付款值

$$P = 500 \times 40\% + \frac{500 \times 30\%}{(1+10\%)} + \frac{500 \times 20\%}{(1+10\%)^2} + \frac{500 \times 10\%}{(1+10\%)^3}$$

$$= 456.57(万元)$$

(2)若资金的成本为 16%,则

a. 一次性付款:$500 \times 88\% = 440$(万元)

b. 分期付款,相当于一次性付款值

$$P = 500 \times 40\% + \frac{500 \times 30\%}{(1+16\%)} + \frac{500 \times 20\%}{(1+16\%)^2} + \frac{500 \times 10\%}{(1+16\%)^3}$$

$$= 435.66(万元)$$

因此,对该企业来说,若企业的投资收益率小于 10%,则应选择一次性付款;若大于 16%,则应选择分期付款。

(三)复利系数表及内插法

进行复利计算时,可以直接利用公式求解,但比较烦琐,所以人们已按不同的利率和周期数将各种系数计算出来,编制成复利系数表,只要 i 与 n 已知就可以找到所需要的复利系数。

但是在复利表中不论利率 i 还是期数 n 都不是连续的,因此要求两个数值区间的某一个确定的值就要使用线性内插法。当然,严格讲系数的变化并不是线性的,但当已知两个相邻系数值相差较小时,可以近似地用线性内插法求解。

采用线性内插法计算时,通常可按图 3-11(a)、(b)的形式列出已知与未知数值。

其几何图形如图 3-12 所示,(a)表示正相关,(b)表示负相关。

图 3-12 表明,当利率从 i_1(或 n_1)变化至 i_2(或 n_2),变化量为 b 时,其对应的复利系数从 f_1 变化至 f_2,变化量为 d。按线性比例关系计算,可得到足够精确的近似值。由上列几何图形可得到如下线性比例关系:

$$\therefore \frac{a}{b} = \frac{c}{d}, \quad \therefore a = \frac{c}{d} \cdot b \text{ 或 } c = \frac{a}{b} \cdot d \tag{3-17}$$

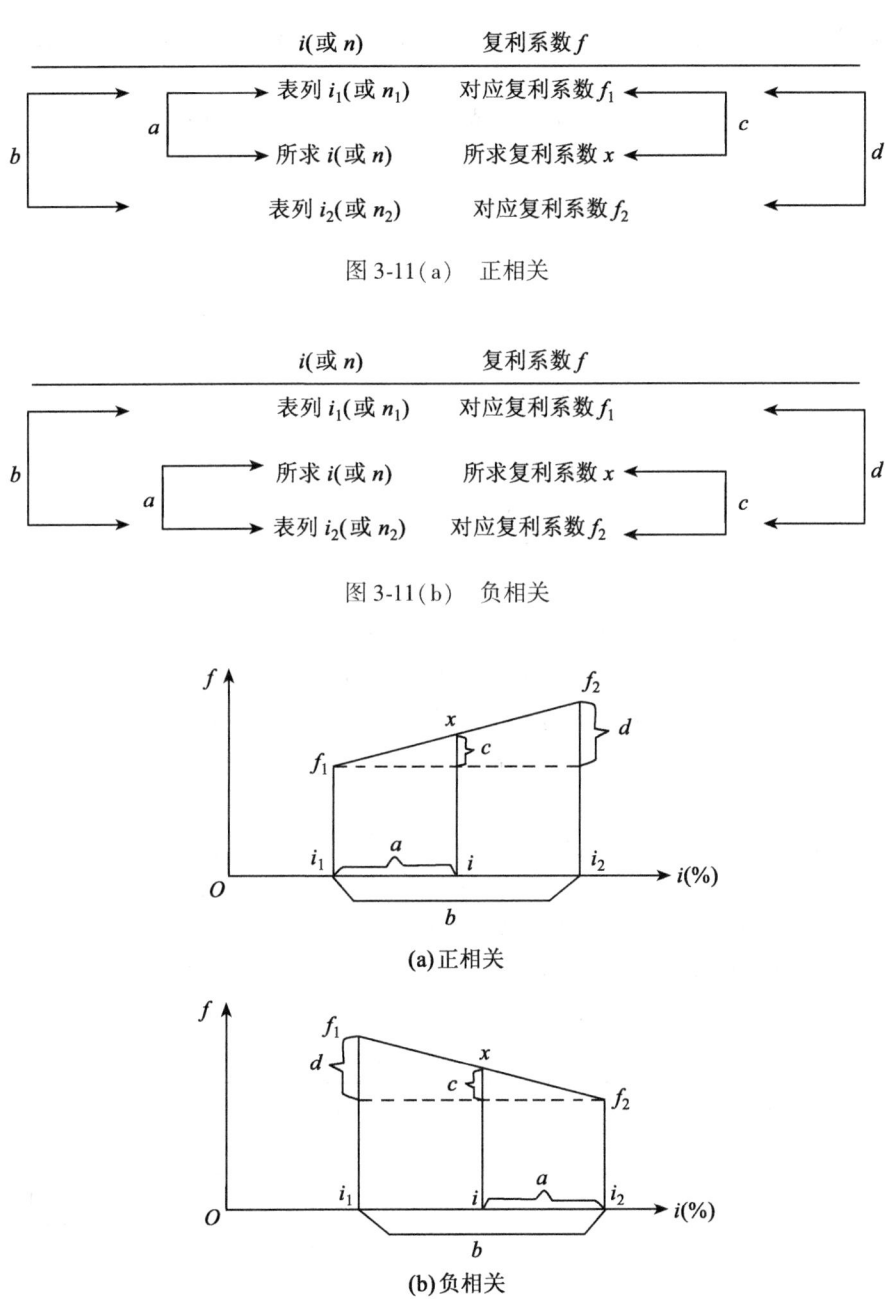

图 3-12 线性内插法几何图形

即表明已知 a、b、d，就可求出 c 值，因而也就可以很容易求得任意 i 或 n 时的复利系数值 x。

例 3.13 试决定 $(A/P,i,n)$ 系数值,若利率为 7.3%, n 为 10 年,亦即求 $(A/P, 7.3\%, 10)$。

解:利率 7% 或 8% 的 $(A/P,i,n)$ 系数值,可查复利系数表获得。

未知数 x 即为所求的系数值,由公式(3-17)得:

$$c = \frac{a}{b} \cdot d$$

$$= \frac{7.3-7}{8-7} \times (0.14903 - 0.14238)$$

$$= 0.00199$$

因为利率从 7% 增加至 8%,系数值亦随之增加,故 c 值应加上 7% 的系数值,故:

$$x = 0.14238 + 0.00199 = 0.14437$$

最后,要检验一下用内插法求出的 x 值,它介于两已知系数值的比例是否"合理"。本例所求出的数值 0.14437 距离 0.14238 与 0.14903 之差距不及 0.005,故答案是合理的。

例 3.14 求 $(A/P,5\%,20.5)$ 时的等额分付资本回收系数。

解:查复利系数表得 $n=20$, $i=5\%$ 时的等额分付资本回收系数为 0.0802;$n=22$, $i=5\%$ 时的等额分付资金回收系数为 0.0760。

列出已知与未知数值关系如下:

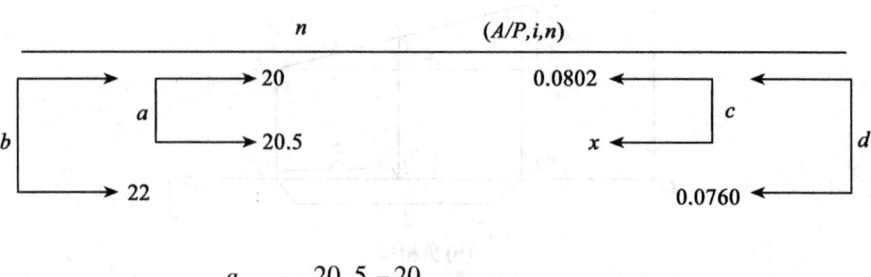

$$c = \frac{a}{b} \cdot d = \frac{20.5-20}{22-20} \times (0.0802 - 0.0760)$$

$$= \frac{0.5}{2} \times 0.0042$$

$$= 0.00105$$

因为 n 从 22 减至 20.5,等额分付资本回收系数是增加的,其增加值 $c = 0.00105$,故可求得

$$(A/P,5\%,20.5) = x = f_2 + c = 0.00760 + 0.00105$$
$$= 0.07705$$

内插法还可以用于预测拟建项目的投资报酬率。

例 3.15 当某项投资计划的报酬率为 10% 时,其现金流量现值的和为 18 万元;报酬率为 12% 时,其现金流量现值的和为 -2 万元,求现值和为零时的投资计划的报酬率。

解:建立如下已知数字未知数的关系,求现值和为零时的报酬率。

其几何图形见图 3-13。

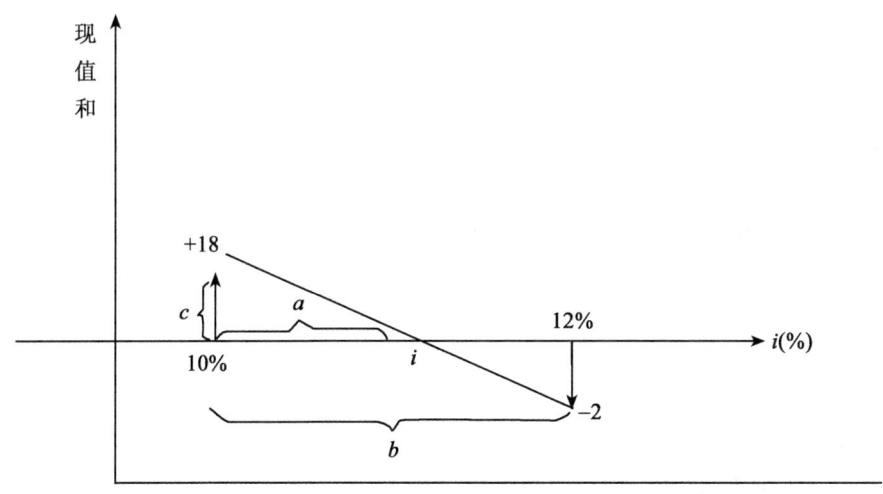

图 3-13 现值和与折现率关系图

$$\therefore a = \frac{c}{d} \cdot b = \frac{18-0}{18-(-2)} \times (12\% - 10\%) = 1.8\%$$

即当现值的和为零时,投资报酬率为 10% + 1.8% = 11.8%。

第三节 资金时间价值的其他复利计算

一、复利周期小于支付周期的计算

第二节中的基本复利关系都是以复利周期与支付周期相等为前提条件的,当复利周期小于支付周期时,复利周期期末不一定有支付,需要进行修改后才能采用相应的复利关系式。

例3.16 设有10笔年终付款,年金为1 000元,求第10年年末付款的等值。年利率为12%,复利期为一季度。如图3-14(a)所示。

解:方法一:采用一次支付的利息公式,将各笔支付折算到第10年年末(季利率=12%/4=3%)。

$$F = 1\,000(F/P,3\%,36) + 1\,000(F/P,3\%,32)$$
$$+ 1\,000(F/P,3\%,28) + \cdots + 1\,000(F/P,3\%,4) + 1\,000$$
$$= 18\,028(元)$$

可见当资金分付的次数较多时,这种方法显得很麻烦。

方法二:将复利期由季度换算为年,使复利期和支付间隔相同,这样就将这种特殊情况变为一般的等额多次分付。

由公式(3-3)可得:$i = \left(1 + \dfrac{12\%}{4}\right)^4 - 1 = 12.55\%$

故 $F = 1\,000(F/A,12.55\%,10) = 18\,028(元)$

方法三:将年末支付转换为等值的每一季度末支付,再用等额多次支付利息公式计算 F 值。

可先求等值的季度付款 A,如图3-14(b)所示。

已知:$F' = 1\,000, n = 4, i = 3\%$,求 $A = ?$

$$A = F'(A/F,3\%,4)$$
$$= 1\,000 \times 0.2390 = 239(元)$$

然后求 F 值。

已知:$A = 239, n = 40, i = 3\%$,求 $F = ?$

$$F = A(F/A,3\%,40) = 239 \times 75.401$$
$$= 18\,021(元)$$

二、复利周期大于支付周期的计算

在经济活动中,经常会遇见类似图3-15所示的问题,即在一个复利期里发生多次资金支付或者资金的支付不是发生在期末或期初,而是在期中。这就需要考虑复利期之间金额的处理方法。通常的方法有：

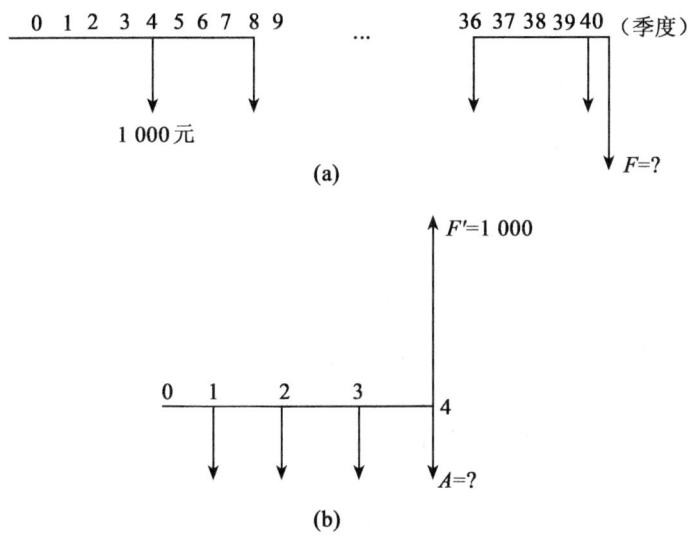

(a)

(b)

图 3-14 复利期换算示意图

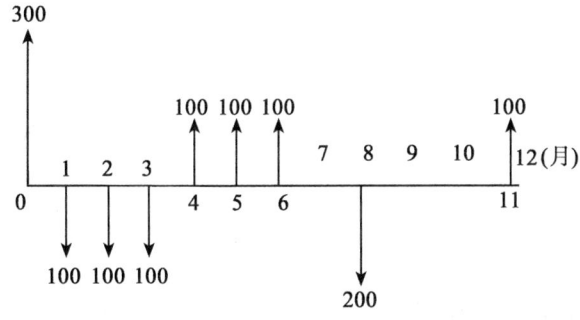

图 3-15 按月支付的资金流（设复利期为一季度）

1. 复利期内的金额不计息

在银行和其他金融机构业务中，复利期中发生的存款在本期不计利息，而从本期末开始计息，而对于贷款业务则将计息期内的所有贷款从本期初开始计算利息。根据这个原则，图 3-15 中的资金流和图 3-16 可以认为是等值的。

2. 复利期内的金额按单利计息

在复利周期内的现金流量（本金），若以单利计息，则本金在该间断复利周期中所得到的利息应为

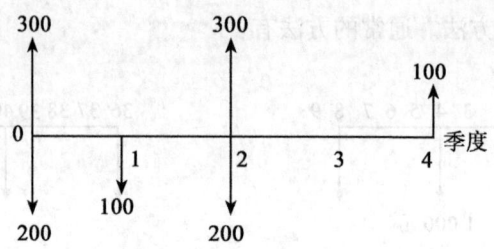

图 3-16 与图 3-15 等值的资金流(季度复利)

$$I = P \cdot \left(\frac{m_1}{N_1}\right) i \qquad (3\text{-}18)$$

式中:P——该间断复利周期内计息的本金;

N_1——复利周期内的支付周期数;

m_1——本金发生时到该复利周期期末所包含的支付周期数;

i——复利周期的利率。

例 3.17 某人在银行存取款的记录如图 3-17 所示,试计算该账户一年后的总金额。已知银行的年利率为 6%,半年复利一次,复利周期的金额(本金)按单利计算。

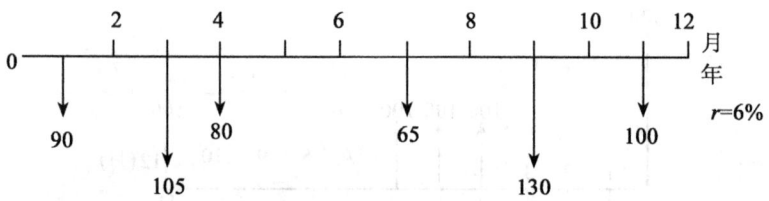

图 3-17 例 3.17 的现金流量图

解:支付周期为月,复利周期是半年,在第一个复利周期期末的总额为 F_1:

$$F_1 = \left[90 + 90 \times \left(\frac{5}{6}\right) \times 0.03\right] + \left[105 + 105 \times \left(\frac{3}{6}\right) \times 0.03\right]$$
$$+ \left[80 + 80 \times \left(\frac{2}{6}\right) \times 0.03\right]$$
$$= 279.63(元)$$

在第二个复利周期内的本金在期末总额为 F_2:

$$F_2 = \left[65 + 65 \times \left(\frac{5}{6}\right) \times 0.03\right] + \left[130 + 130 \times \left(\frac{3}{6}\right) \times 0.03\right]$$
$$+ \left[100 + 100 \times \left(\frac{1}{6}\right) \times 0.03\right]$$
$$= 299.08(元)$$

该账户在一年年末的总金额 F:
$$F = F_1(F/P,3\%,1) + F_2$$
$$= 279.63 \times (1+0.03) + 299.08$$
$$= 587.10(元)$$

3. 复利期内的金额按复利计算

在复利周期内的现金流量 P(本金),若以复利计算,则本金在该间断复利周期末的本利和 F 为

$$F = P(1+i)^{\frac{m_1}{N_1}} \tag{3-19}$$

式中:F——本金 P 在该间断复利周期末的本利和。

其余符号意义同式(3-18)。

三、连续复利计算公式

(一)间断现金流量的连续复利

技术经济学研究的重点是发生在特定时刻的累积形式出现的现金流量。例如,项目盈利和费用往往按一年、一季度,或一个月定期核算一次。因此,间断现金流量在处理具体问题时有现实意义。

间断现金流量的连续复利系数可以根据前面介绍的普通复利计算公式推导出来。具体推导有两种方法:

方法一:将普通复利计算公式中的利率用 $i = \left(1+\dfrac{r}{m}\right)^m - 1$ 代替,然后对各复利系数关系式求极限值。如一次支付连续复利终值系数推导如下:

$$\because (F/P,i,n) = (1+i)^n$$
$$= \left[1 + \left(1+\frac{r}{m}\right)^m - 1\right]^n$$
$$= \left(1+\frac{r}{m}\right)^{mn}$$
$$\lim_{m \to \infty}(F/P,r,n) = \lim_{m \to \infty}\left(1+\frac{r}{m}\right)^{mn} = e^{nr}$$
$$\therefore (F/P,r,n) = e^{rn} \tag{3-20}$$

$(F/P,r,n)$ 称为一次支付连续终值系数。

又如,等额分付连续复利偿债基金系数推导如下:

$$\because (A/F,i,n) = \frac{i}{(1+i)^n - 1}$$
$$= \frac{\left(1+\dfrac{r}{m}\right)^m - 1}{\left[1+\left(1+\dfrac{r}{m}\right)^m - 1\right]^n - 1}$$

$$= \frac{\left(1 + \dfrac{r}{m}\right)^m - 1}{\left(1 + \dfrac{r}{m}\right)^{mn} - 1}$$

$$\lim_{m \to \infty}(A/F,i,n) = \lim_{m \to \infty} \frac{\left(1 + \dfrac{r}{m}\right)^m - 1}{\left(1 + \dfrac{r}{m}\right)^{mn} - 1}$$

$$= \frac{e^r - 1}{e^{rn} - 1}$$

$$\therefore (A/F,r,n) = \frac{e^r - 1}{e^{rn} - 1} \tag{3-21}$$

$(A/F,r,n)$ 称为等额分付连续复利偿债基金系数。

方法二：用连续复利的实际利率公式 $i = e^r - 1$ 代替原普通复利公式中的 i 直接求出连续复利公式，如等额分付连续复利现值系数推导如下：

$$\because (P/A,i,n) = \frac{(1+i)^n - 1}{i(1+i)^n}$$

$$= \frac{(1 + e^r - 1)^n - 1}{(e^r - 1)(1 + e^r - 1)^n}$$

$$= \frac{e^{rn} - 1}{(e^r - 1)e^{rn}}$$

$$= \frac{1 - e^{-rn}}{e^r - 1}$$

$$\therefore (P/A,r,n) = \frac{1 - e^{-rn}}{e^r - 1} \tag{3-22}$$

$(P/A,r,n)$ 称为等额分付连续复利现值系数。

其他间断现金流量的连续复利系数都可以通过上述两种方法求得。

将常用的6个间断现金流量的连续复利系数，列于表3-6中。

表3-6　　　　　　　　间断现金流量连续复利系数表

序号	系数名称	表达式	系数符号
1	连续终值系数（一次支付）	e^{rn}	$(F/P,r,n)$
2	连续现值系数（一次支付）	e^{-rn}	$(P/F,r,n)$

续表

序号	系数名称	表达式	系数符号
3	连续现值系数 （等额分付）	$\dfrac{1-e^{-rn}}{e^r-1}$	$(P/\overline{A},r,n)$
4	连续偿债基金系数 （等额分付）	$\dfrac{e^r-1}{e^{rn}-1}$	$(\overline{A}/F,r,n)$
5	连续资金回收系数 （等额分付）	$\dfrac{e^r-1}{1-e^{-rn}}$	$(\overline{A}/P,r,n)$
6	连续终值系数 （等额分付）	$\dfrac{e^{rn}-1}{e^r-1}$	$(F/\overline{A},r,n)$

应用上述系数时应注意的是：(1) 全部是间断现金流量与连续复利形式；(2) 支付周期有限而复利周期无限；(3) 现金流量发生在支付周期期末；(4) 全部采用名义利率。

（二）连续现金流量的连续复利

项目的收入是每日发生的，并每日再投资，且按日计息。项目的资金活动实际上就是连续现金流量的连续复利过程，这种连续复利的模式最准确、最客观地反映了一般项目现金流量的活动形式。

1. 连续现金流量的连续复利终值系数和现值系数

当一个工程项目的建设或改建持续一年或多年，而投资费用分布在整个建设期时，就出现现值和终值按连续现金流量的连续复利关系换算的问题。

假设现值 $\overline{P}$ 在整个一年中是连续进行的，在这一年中是连续复利的，并在一年年末继续按连续复利计息至 $n-1$ 年，就可以得到连续现金流量的连续复利的终值系，即

$$F = \overline{P}(F/\overline{A},r,1) \cdot (F/P,r,n-1)$$

$$= \overline{P}\left(\dfrac{e^r-1}{r}\right)e^{r(n-1)}]$$

$$= \overline{P}\left(\dfrac{e^{rn}(e^r-1)}{re^r}\right) \tag{3-23}$$

由 $i = e^r - 1$，得 $r = \ln(1+i)$，将式中 r 与 i 关系式代入上式，就可以得到上式按实际利率表达的关系式为

$$F = \bar{P} \frac{i(1+i)^{n-1}}{\ln(1+i)} \tag{3-24}$$

$$\therefore (F/\bar{P}, i, n) = \frac{i(1+i)^{n-1}}{\ln(1+i)} \tag{3-25}$$

$(F/\bar{P}, i, n)$ 称为连续终值系数(仅 $\bar{P}$ 是一个周期的连续现金流量)。

同理,连续现金流量 $\bar{F}$ 与现值 P 的连续复利关系式为:

$$P = \bar{F}(F/\bar{A}, r, 1) \cdot (P/F, r, n)$$

$$= \bar{F}\left(\frac{e^r - 1}{r}\right) \cdot \left(\frac{1}{e^{rn}}\right)$$

$$= \bar{F}\left(\frac{e^r - 1}{re^{rn}}\right) \tag{3-26}$$

同样将 $r = \ln(1+i)$ 代入上式,得到上式的实际利率表达式为

$$P = \frac{i(1+i)^{-n}}{\ln(1+i)} \cdot \bar{F} \tag{3-27}$$

$$\therefore (P/\bar{F}, i, n) = \frac{i(1+i)^{-n}}{\ln(1+i)} \tag{3-28}$$

$(P/\bar{F}, i, n)$ 称为连续现值系数(仅 $\bar{F}$ 是一个周期的连续现金流量)。

在上述公式中,$\bar{P}$ 与 $\bar{F}$ 的含义为:在已知周期中连续等额分布的货币总额(或等效值)。更通俗的解释是仅在一个周期里均匀微量分布的现值或终值的总累积值。

2. 连续现金流量的连续复利的其他复利系数

假设 $\bar{A}$ 是在给定周期数中每个周期里都连续等额分布的货币总额(或等效值),这些复利周期中复利是以连续复利计息的,则 n 年年末的终值 F 有:

$$F = \bar{A} \int_0^n e^{rt} dt$$

$$= \bar{A}\left(\frac{e^{rn} - 1}{r}\right) \tag{3-29}$$

将 $r = \ln(1+i)$ 代入上式,就得按实际利率表达的形式:

$$F = \bar{A}\left[\frac{(1+i)^n - 1}{\ln(1+i)}\right] \tag{3-30}$$

$$\therefore (F/\bar{A}, i, n) = \frac{(1+i)^n - 1}{\ln(1+i)} \tag{3-31}$$

$(F/\bar{A}, i, n)$ 称为连续终值系数(连续等额支付)。

利用倒数关系有

$$(\bar{A}/F, r, n) = \frac{r}{e^{rn} - 1} \tag{3-32}$$

$$(\bar{A}/F, i, n) = \frac{\ln(1+i)}{(1+i)^n - 1} \tag{3-33}$$

$(\bar{A}/F,i,n)$称为连续预付系数(连续等额支付)。

同理,可以得到连续现金流量的连续复利的现值系数为

$$P = \bar{A}\int_0^n e^{-rt}dt$$

$$= \bar{A}\left(\frac{-e^{-rn}+1}{r}\right)$$

$$= \bar{A}\left(\frac{e^{rn}-1}{re^{rn}}\right) \tag{3-34}$$

将 $r=\ln(1+i)$ 代入上式,得到实际利率的表达形式为

$$(P/\bar{A},i,n) = \frac{(1+i)^n - 1}{(1+i)^n \ln(1+i)} \tag{3-35}$$

$(P/\bar{A},i,n)$称为连续现值系数(连续等额支付)。

利用倒数关系,则有

$$(\bar{A}/P,r,n) = \frac{re^{rn}}{e^{rn}-1} \tag{3-36}$$

及

$$(\bar{A}/P,r,n) = \frac{(1+i)^n \ln(1+i)}{(1+i)^n - 1} \tag{3-37}$$

$(\bar{A}/P,i,n)$称为连续资金回收系数(连续等额支付)。

将上述6个连续现金流量的连续复利系数,归纳在表3-7中。

表3-7　　　　　　　连续现金流量的连续复利系数表

序号	系数名称	名义利率		实际利率	
		表达式	符号	表达式	符号
1	连续现值系数(一周期内连续支付)	$\dfrac{e^r-1}{re^{rn}}$	$(P/\bar{F},r,n)$	$\dfrac{i(1+i)^{-n}}{\ln(1+i)}$	$(P/\bar{F},i,n)$
2	连续终值系数(一周期内连续支付)	$\dfrac{e^{rn}(e^r-1)}{re^r}$	$(F/\bar{P},r,n)$	$\dfrac{i(1+i)^{n-1}}{\ln(1+i)}$	$(F/\bar{P},i,n)$
3	连续偿债基金系数(连续等额分付)	$\dfrac{r}{e^{rn}-1}$	$(\bar{A}/F,r,n)$	$\dfrac{\ln(1+i)}{(1+i)^n-1}$	$(\bar{A}/F,i,n)$
4	连续资金回收系数(连续等额分付)	$\dfrac{re^{rn}}{e^{rn}-1}$	$(\bar{A}/P,r,n)$	$\dfrac{(1+i)^n\ln(1+i)}{(1+i)^n-1}$	$(\bar{A}/P,i,n)$

续表

序号	系数名称	名义利率 表达式	名义利率 符号	实际利率 表达式	实际利率 符号
5	连续终值系数(连续等额分付)	$\dfrac{e^{rn}-1}{r}$	$(F/\bar{A},r,n)$	$\dfrac{(1+i)^n-1}{\ln(1+i)}$	$(F/\bar{A},i,n)$
6	连续现值系数(连续等额分付)	$\dfrac{e^{rn}-1}{re^{rn}}$	$(P/\bar{A},r,n)$	$\dfrac{(1+i)^n-1}{(1+i)^n\ln(1+i)}$	$(P/\bar{A},i,n)$

小　结

资金运动的规律是资金的价值随时间的变化而变化,不同时间发生的等额资金在价值上的差别称为资金的时间价值。利息是指资金投入到生产和流通领域中,一定时间后的增值部分。利率是单位时间的利息与本金之比。利息和利率是衡量资金时间价值的绝对尺度和相对尺度。计息周期是计算利息的时间单位,通常以年为时间单位。单利计息指仅对本金计算利息,对所获得的利息不再计息;复利计息指不仅本金计算利息,而且先前周期的利息在后继周期中还要计息。年名义利率是计息周期的利率与年中的计息周期数之乘积;年实际利率 $i=\left(1+\dfrac{r}{m}\right)^m-1$。等值资金是指在特定的利率下,在不同的时间上,绝对数额不同,而价值相等的若干资金。影响资金等值的因素为:资金额大小、资金发生的时间和利率。将一个时点发生的资金金额按一定利率换算成另一时点的等值金额,这一过程叫资金等值计算。应用资金等值计算的普通复利公式时,除了要注意各公式中资金值的大小外,还要注意资金值发生的时间。如在一次支付现值公式和一次支付终值公式中,现值 P 发生在第一年期初,终值发生在第 n 年期末;在等额分付终值公式和等额分付偿债基金公式中,终值与最后一个等年值 A 在一个时间点上;在等额分付现值公式和等额分付资本回收公式中,现值 P 在第一个等年值 A 的前一期,在等差分付复利公式中,第一个 G 发生在第二期期末。资金时间价值的其他复利计算公式可根据普通复利公式及有关原理和方法进行推导得出,不必死记硬背。

思考与练习

1. $(P/F,i,n)(F/A,i,n)(F/P,i,n)(A/F,i,n)=($ 　　$)$。

　　A. $1+i$ 　　　　　　　　　　B. 0

C. 1　　　　　　　　　　D. $1/(1+i)$

2. 公式 $A = P(A/P, i, n)$ 中的 P 应发生在(　　)。
   A. 第一期等额支付的前一期　　B. 与最后一期等额支付相同
   C. 与第一期等额支付时刻相同　　D. 任何时刻

3. 某人储备养老金,每年年末存款 1 000 元,已知银行存款年利率为 3%,20 年后他的养老金总数可以应用(　　)公式计算。
   A. 等额分付终值　　　　　　　B. 等额分付偿债基金
   C. 等额分付现值　　　　　　　D. 等额资本回收系数

4. 决定资金等值的因素有(　　)。
   A. 资金额大小　　　　　　　　B. 资金发生的时间
   C. 利率　　　　　　　　　　　D. 资金的价值
   E. 资金的终值

5. 从投资者的角度看,资金的时间价值表现为资金具有增值特性。从消费者的角度来看,资金的时间价值是对放弃现实消费带来的损失所作的必要补偿。(　　)

6. 资金回收公式中的现值与第一期的等额年值发生在同一时间。(　　)

7. 影响资金等值的因素有资金的流向、流量以及利率。(　　)

8. 在资金的等值计算中,等式 $(A/F, i, n) = (A/P, i, n) + i$ 成立。(　　)

9. 若一年中复利计息的次数大于 1,则年实际利率高于其名义利率。(　　)

10. 考虑资金时间价值后,总现金流出等于总现金流入。试利用各种资金等值计算系数,用已知项表示未知项。
    (1) 已知 A_1, A_2, P_1, i,求 P_2。
    (2) 已知 P_1, P_2, P_1, i,求 A_2。
    (3) 已知 P_1, P_2, A_2, i,求 A_1。

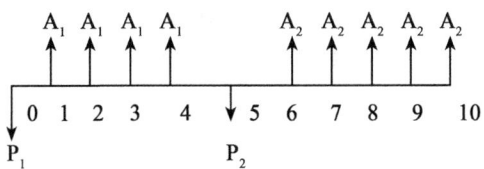

11. 年利率为 8%,现在存入 10 000 元,存期 6 年,复利计算,求到第 6 年后的本利和。

12. 为在 10 年后得到 50 000 元,利率为 8%,按复利计算,则从现在起的 5 年中每年年末应等额存入银行多少钱?

13. 假如年复利利率为 10%,每年计息一次,多少年后本利和可以是本金的 2 倍?

14. 某人从 30 岁参加工作至 59 岁,每年存入养老金 5 000 元,若利率为 6%,则他在 60~70 岁间每年可以领到多少钱?

15. 某债券是一年前发行的,面额为 500 元,年限 5 年,年利率 10%,每年支付利息,到期还本,若投资是要求在余下的 4 年中的年收益率为 8%,问该债券现在的价格低于多少时,投资者才会买入?

16. 从现在起若每年年末存入银行 40 元,连续存 7 次,按年复利利率 6% 计,7 年末可得多少?若是每年年头存入 40 元,7 年末可得多少?

17. 某永久性投资项目,预计建成后净收益 5 600 万元,若期望投资收益率为 12%,求允许的最大投资现值为多少?

18. 某投资者 5 年前以 200 万元价格买入一房产,在过去的 5 年内每年获得现金收益 25 万元,现在该房产能以 250 万元出售。若投资者要求的年收益率为 20%,问此项投资是否合算?

19. 某机器第一年的运转成本为 4 000 元,以后每年增加 500 元,10 年后机器报废,若年利率为 8%,每年的等额运转成本为多少?

20. 当利率为多大时,现在的 300 元等值于第 9 年年末的 525 元?

21. 按年利率 12%,每半年计息一次,从现在起连续 5 年的等额年末存款为 2 000 元,问与其等值的第 5 年年末的存款金额为多少?

22. 每月末存入 50 元,年利率 5%,半年复利一次,间断复利周期内的每期存款以单利计,求一年末该账户的总额。

23. 某房屋建造成本的现值为 1 000 000 元,房屋的建筑周期为 3 年。如果这笔费用连续地发生在该房屋的建设期内,有效利率为每年 20%,求每年年末累积支付额。

24. 年初一次性向银行存款 2 000 元,按 6% 年利率连续复利计算,求第 5 年年末的终值。

25. 某工程项目第一年初从银行贷进 200 万元,在以后的 4 年中,每年多贷 100 万元,借款利率 8%。如果此项目与第一年初及每年的年末均是等额贷款,则每次的借贷额是多少?

第四章 经济效果评价方法

对技术方案进行经济性分析,其核心内容是经济效果的评价。学习和研究经济效果评价的理论和方法,对正确地进行技术方案经济评价,确保技术方案的正确性和科学性是十分必要的。

本章首先介绍经济效果评价指标,包括各种评价指标的含义、计算方法、判别准则和优缺点等。然后根据不同决策结构介绍各种评价指标和方法的应用。

第一节 经济效果评价指标

经济效果评价指标是多种多样的,它们从不同角度反映技术方案的经济性。这些指标可以分为三类:第一类是以货币单位计量的价值型指标,如净现值、净年值、费用现值、费用年值等;第二类是以相对量表示的反映资源利用效率的效率型指标,如投资收益率、内部收益率、差额内部收益率、净现值指数等;第三类是以时间作为计量单位的时间型指标,如投资回收期、贷款偿还期等。如图 4-1 所示,由此构成了三类不同的经济效果评价方法:绝对值法、相对值法和时间性指标法。

此外,按是否考虑资金的时间价值,经济效果评价指标可分为静态评价指标和动态评价指标。不考虑资金时间价值的评价指标称为静态评价指标;考虑资金时间价值的评价指标称为动态评价指标。

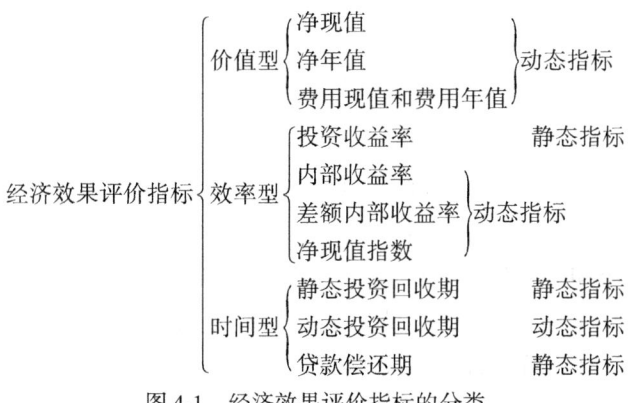

图 4-1 经济效果评价指标的分类

一、价值型指标

(一)净现值(NPV)

净现值(Net Present Value)指标是动态评价最重要的指标之一。它不仅计算了资金的时间价值,而且考察了项目在整个寿命期内的全部现金流入和现金流出。

所谓净现值是指按设定的折现率,将技术方案计算期内各个不同时点的净现金流量折现到计算期初的累计值。计算公式为:

$$NPV = \sum_{t=0}^{n} (CI_t - CO_t)(1 + i_0)^{-t} \tag{4-1}$$

式中:NPV——净现值;

CI_t——第 t 年的现金流入;

CO_t——第 t 年的现金流出;

n——项目寿命年限;

i_0——基准折现率。

判别准则:对单一项目方案而言,

若 $NPV \geq 0$,则项目应接受;若 $NPV < 0$,则项目应拒绝。

多方案比选时,净现值越大的方案越优(净现值最大准则)。

因为当 $NPV > 0$ 时,此时方案的收益率不仅能达到设定的基准折现率水平,而且还能取得超额收益现值;当 $NPV = 0$ 时,方案的收益率恰好达到了设定的基准折现率要求的水平;当 $NPV < 0$ 时,此时方案的收益率未达到设定的基准折现率要求的水平。

例 4.1 一台新机器,初始投资为 10 000 元,寿命期为 6 年,期末残值为零。该机器在前 3 年每年净收益为 2 500 元,后 3 年每年为 3 500 元。已知基准折现率为 10%,求净现值。

解:
$$\begin{aligned}
NPV &= \sum_{t=0}^{6} (CI_t - CO_t)(1 + i_0)^{-t} \\
&= -10\ 000 + 2\ 500(P/A, 10\%, 3) \\
&\quad + 3\ 500(P/A, 10\%, 3)(P/F, 10\%, 3) \\
&= 2\ 757.19(\text{元})
\end{aligned}$$

例 4.2 一个期限 5 年的项目,要求收益率必须达到 12%。现有两种方案可供选择,方案 A 的投资为 9 000 万元,方案 B 的投资为 14 500 万元,两方案每年可带来的净收入见表 4-1,试对这两种方案进行选择。

表 4-1		方案 A、B 净现金流量表			单位:万元	
年份	0	1	2	3	4	5
方案 A	-9 000	3 400	3 400	3 400	3 400	3 400
方案 B	-14 500	5 200	5 200	5 200	5 200	5 200

解:按 12% 的折现率对表 4-1 中各年的净现金流量进行折现求和,得:
$$NPV_A = -9\ 000 + 3\ 400(P/A, 12\%, 5)$$
$$= 3\ 256.24(万元)$$
$$NPV_B = -14\ 500 + 5\ 200(P/A, 12\%, 5)$$
$$= 4\ 244.84(万元)$$

两方案的净现值都是正值,因此都能满足可以接受的最低收益率。但方案 B 的净现值大于方案 A 的净现值,在没有资金限制的情况下,方案 B 优于方案 A。

在净现值指标中有三个问题值得注意:

1. 净现值函数以及 NPV 对 i 的敏感性问题

所谓净现值函数就是 NPV 与折现率 i 之间的函数关系。表 4-2 列出了某项目的净现金流量及其净现值随 i 变化而变化的对应关系。

表 4-2		某项目的净现金流量及其净现值函数	
年份	净现金流量(万元)	$i(\%)$	$NPV(i) = -2\ 000 + 8\ 000$ $(P/A, i, 4)$(万元)
0	-2 000	0	1 200
1	800	10	536
2	800	20	71
3	800	22	0
4	800	30	-267
		40	-521
		50	-716
		∞	-2 000

若以纵坐标表示净现值,横坐标表示折现率 i,上述函数关系如图 4-2 所示。

从图 4-2 中可以发现净现值函数一般有如下特点:

(1)同一净现金流量的净现值随折现率 i 的增大而减小。故基准折现率 i_0 定得

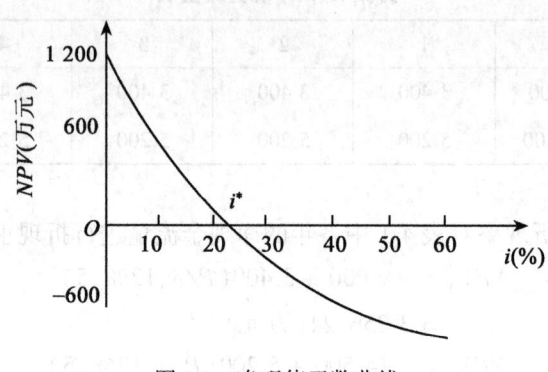

图 4-2 净现值函数曲线

越高,能被接受的方案越少。

(2)在某一个 i^* 值上(本图中 $i^* = 22\%$),曲线与横坐标相交,表示该折现率下的 $NPV = 0$,且当 $i < i^*$ 时,$NPV(i) > 0$;$i > i^*$ 时。$NPV(i) < 0$。i^* 是一个具有重要经济意义的折现率临界值,后面还要对它详细分析。

净现值对折现率 i 的敏感性问题是指,当 i 从某一值变为另一值时,若按净现值最大的原则优选项目方案,可能出现前后结论相悖的情况。表 4-3 列出了两个方案 A 与方案 B 的净现金流量及其在折现率分别为 10% 和 20% 时的净现值。

表 4-3　　　　　　方案 A、B 在基准折现率变动时的净现值　　　　　　单位:万元

方案 \ 每份及NPV	0	1	2	3	4	5	NPV(10%)	NPV(20%)
A	-230	100	100	100	50	50	83.91	24.81
B	-100	30	30	60	60	60	75.40	33.58

由表 4-3 可知,在 i 为 10% 和 20% 时,两方案的净现值均大于零。根据净现值越大越好的原则,当 $i = 10\%$ 时,$NPV_A > NPV_B$,故方案 A 优于方案 B;当 $i = 20\%$ 时,$NPV_B > NPV_A$,则方案 B 优于方案 A。这一现象对投资决策具有重要意义。例如,假设在一定的基准折现率 i_0 和投资总限额 K_0 下,净现值大于零的项目有 5 个,其投资总额恰为 K_0,故上述项目均被接受。按净现值的大小,设其排列顺序为 A、B、C、D、E。但若现在的投资总额必须压缩,减至 K_1 时,新选项目是否仍然会遵循 A、B、C…的原顺序排列直至达到投资总额为止呢? 一般来说是不会的。随着投资限额的减少,为了减少被选取的方案数应当提高基准折现率。但基准折现率由 i_0 提高到 i_1 后,由于各项目方案净现值对基准折现率的敏感性不同,原先净现值小的项目,其净

现值现在可能大于原先净现值大的项目。因此,在基准折现率随着投资总额变动的情况下,按净现值准则选取项目不一定会遵循原有的项目排列顺序。

2. 基准折现率 i_0 的含义及影响因素

基准折现率 i_0 是技术方案经济效果评价中的一个十分重要的参数。

基准折现率是指使投资项目可以被接受的最低期望收益率(Minimum Attractive Rate of Return,MARR),是投资者进行投资时可以接受的一个最低界限标准。

确定一笔投资的基准折现率 i_0 必须对该投资的条件做深入的分析,充分考虑资金的来源、借贷的利息、投资收益、风险大小及投资的机会成本。

对基准折现率的确定,主要从以下几方面考虑:

(1)必须大于以任何方式筹措的资金成本

项目的资金来源无非是两个方面。一是自有资金,包括用于项目投资的资本公积金、提取的折旧与摊销费、未分配的税后利润和发行股票所筹集的资金;二是债务资金,包括向银行和非银行金融机构的贷款及发行债券所筹集的资金。资金成本是项目筹措资金和使用资金所必须付出的代价。一般情况下,基准折现率 i_0 必须大于全部资金的加权平均成本。

(2)必须大于投资的机会成本

投资的机会成本是指投资者可筹集到的有限资金如果不用于拟建项目而用于其他最佳投资机会所能获得的盈利。例如一个投资 1 000 万元的项目,如果这 1 000 万元在其他最佳投资机会中的盈利率为15%,这个15%就是项目所用每一单位资金的机会成本。为了保证资金的有效利用,项目的最低期望收益率不能低于资金的机会成本。

正常情况下,资金机会成本会高于资金成本,否则大量的日常投资活动就会停顿下来。

(3)考虑不同项目的风险水平

不同投资项目的风险大小是不同的。例如,拿在市场稳定的情况下进行技术改造降低生产费用提高产品质量的项目、现有产品扩大生产规模的项目、生产新产品开拓新市场的项目、高新技术项目等来比较,显然风险水平是依次递增的。投资决策的实质是对未来的投资收益与投资风险进行权衡。在确定最低期望收益率时对于风险大的项目应取较高的风险补偿系数。风险补偿系数反映投资者对投资风险要求补偿的主观判断,由于不同的投资者抗风险能力和对风险的态度可能不同,对于同一类项目,他们所取的风险补偿系数也可能不同。

(4)考虑通货膨胀因素

在预计未来存在通货膨胀的情况下,如果项目现金流量是按预计的各年即时价格估算的,据此计算出的项目经济指标中就含有通货膨胀因素。在这种情况下,在确定最低期望收益率时就不能不考虑通货膨胀因素。

要指出的是,如果某单项投资活动是为企业整体发展战略服务的,那这个单项投资决策应服从于企业全局利益和长远利益。出于对全局利益和长远利益的考虑,对于这些有战略意义的单项投资活动(如出于多角化经营战略的考虑对这些项目的投资、为增强竞争优势对先进制造技术项目的投资等)来说,取得直接投资收益只是投资目标的一部分(甚至不是主要目标)。对这类项目,有时应取较低(甚至低于资金成本)的基准折现率。

3. 净现值指标用于多方案比较时要求被比较方案具有相同的计算期

(二)净年值(NAV)

净年值(Net Annual Value)是指按给定的基准折现率,通过等值换算将方案计算期内各个不同时点的净现金流量分摊到计算期内各年的等额年值。

计算公式为:

$$NAV = \left[\sum_{t=0}^{n}(CI_t - CO_t)(1+i_0)^{-t}\right](A/P,i_0,n) \quad (4\text{-}2)$$
$$= NPV(A/P,i_0,n)$$

式中:NAV——净年值;

$(A/P,i_0,n)$——资本回收系数。

其余符号意义同式(4-1)。

判别准则:对单一项目方案而言,若 $NAV \geq 0$,则项目在经济效果上可以接受;若 $NAV < 0$,则项目在经济效果上不可接受;

多方案比选时,净年值越大的方案越优(净年值最大准则)。

将净年值的计算公式及判别准则与净现值的作一比较可知,由于$(A/P,i_0,n) > 0$,故净年值与净现值在项目评价的结论上总是一致的。因此,就项目的评价结论而言,净年值与净现值是等效评价指标。净现值给出的信息是项目在整个寿命期内获取的超出最低期望盈利的超额收益的现值,而净年值给出的信息是寿命期内每年的等额超额收益。由于信息的含义不同,而且由于在某些决策结构形式下,采用净年值比采用净现值更为简便和易于计算(后面再详述),故净年值指标在经济效果评价指标体系中占有相当重要的地位。

例4.3 试用净年值指标对例4.1中的决策问题进行评价。

解:已知 $NPV = 2\,757.19$(元),$i_0 = 10\%$,$n = 6$(年)

由公式(4-2)得

$NAV = NPV(A/P,i_0,n) = 2\,757.19(A/P,10\%,6) = 633.08$(元)

由于 NAV 大于零,所以该方案可行。

(三)费用现值(PC)和费用年值(AC)

在对多个方案比较选优时,如果诸方案产出价值相同,或者诸方案能够满足同样需要但其产出效益难以用价值形态(货币)计量(如环保、教育、保健、国防)时,可以通过对各方案费用现值或费用年值的比较进行选择。

费用现值(Present Cost)是指按基准折现率,将方案计算期内各个不同时点的现金流出折算到计算期初的累计值。

费用年值(Annual Cost)是指按基准折现率,通过等值换算,将方案计算期内各个不同时点的现金流出分摊到计算期内各年的等额年值。

费用现值的计算公式为:

$$PC = \sum_{t=0}^{n} CO_t(P/F, i_0, t) \tag{4-3}$$

费用年值的计算公式为:

$$\begin{aligned} AC &= \left[\sum_{t=0}^{n} CO_t(P/F, i_0, t)\right](A/P, i_0, n) \\ &= PC(A/P, i_0, n) \end{aligned} \tag{4-4}$$

式中:PC——费用现值;

AC——费用年值;

CO_t——第 t 年的费用(包括投资和经营成本等);

其余符号的意义同公式(4-1)。

费用现值和费用年值指标只能用于多个方案的比选,其判别准则是:费用现值或费用年值最小的方案为优。

例 4.4 某项目有两个工艺方案 A、B,均能满足同样的需要。其费用数据如表 4-4 所示。在基准折现率 $i_0 = 10\%$ 的情况下,试用费用现值和费用年值确定最优方案。

表 4-4　　　　　　　　两个工艺方案的费用数据表　　　　　　　单位:万元

方案	总投资(第 0 年末)	年运营费用(第 1 到第 10 年)
A	200	60
B	300	35

解:两方案的费用现值计算如下:

$$PC_A = 200 + 60(P/A, 10\%, 10) = 568.64(万元)$$
$$PC_B = 300 + 35(P/A, 10\%, 10) = 515.04(万元)$$

两方案的费用年值计算如下:

$$AC_A = 200(A/P, 10\%, 10) + 60 = 92.55(万元)$$
$$AC_B = 300(A/P, 10\%, 10) + 35 = 83.82(万元)$$

根据费用最小的选优准则,费用现值和费用年值的计算结果都表明,方案 B 优于方案 A。

费用现值与费用年值的关系,恰如前述净现值和净年值的关系一样,所以就评价结论而言,二者是等效评价指标。二者除了在指标含义上有所不同外,就计算的方便简易而言,在不同的决策结构下,二者各有所长。

应用费用现值和费用年值指标要注意的问题:

(1)被比较方案应具有相同产出价值,或能满足同样的需要;

(2)费用现值和费用年值指标只适合于多方案的优劣排序,而不能决定方案的取舍;

(3)费用现值指标,要求被比较方案具有相同的计算期。

二、效率型指标

(一)内部收益率(IRR)

1. 内部收益率的概念与判别准则

内部收益率(Internal Rate of Return)又称内部报酬率,它是经济评价中重要的动态评价指标之一。

所谓内部收益率是指使方案在寿命期内的净现值为零时的折现率。由净现值函数可知,一个投资方案的净现值与折现率的大小有关。在图 4-2 中,随着折现率的不断增大,净现值不断减小。当折现率增至 22% 时,项目净现值为零。对该项目而言,其内部收益率即为 22%。一般而言,内部收益率是净现值函数曲线与横坐标交点处对应的折现率。

判别准则:设基准折现率为 i_0,若 $IRR \geq i_0$,则项目在经济效果上可以接受;若 $IRR < i_0$,则项目在经济效果上不可接受。

2. 内部收益率的计算方法

按照内部收益率的定义,其表达式为:

$$NPV(IRR) = \sum_{t=0}^{n} (CI_t - CO_t)(1 + IRR)^{-t} = 0 \qquad (4-5)$$

式中:IRR——内部收益率;

其他符号意义同公式(4-1)。

公式(4-5)是一个高次方程,不容易直接求解,通常采用内插法求 IRR 的近似解,其原理如图 4-3 所示。

从图 4-3 可以看出,IRR 在 i_1 与 i_2 之间,用 i^* 近似代替 IRR,当 i_2 与 i_1 的距离控制在一定范围内,可以达到要求的精度。具体计算步骤如下:

(1)设初始折现率值为 i_1',一般可以先取行业的基准收益率 i_0 作为 i_1',并计算对应的净现值 $NPV(i_1')$。

(2)若 $NPV(i_1') \neq 0$,则根据 $NPV(i_1')$ 是否大于零,再设 i_2'。若 $NPV(i_1') > 0$,则设

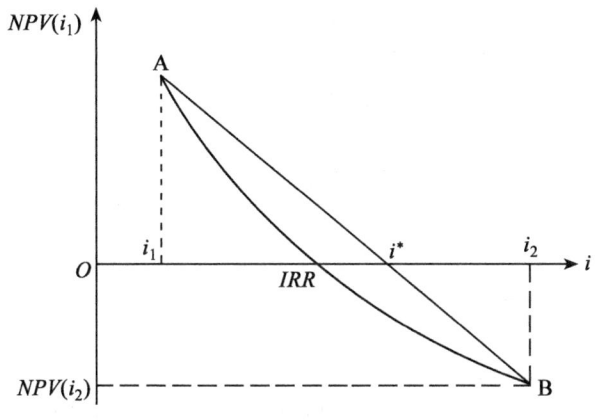

图 4-3 用内插法求 IRR 的示意图

$i_2' > i_1'$。若 $NPV(i_1') < 0$,则设 $i_2' < i_1'$。i_2' 与 i_1' 的差距取决于 $NPV(i_1')$ 绝对值的大小,较大的绝对值可以取较大的差距;反之,取较小的差距。计算对应的 $NPV(i_2')$。

(3)重复步骤(2),直到出现 $NPV(i_1) > 0$,$NPV(i_2) < 0$,用线性内插法求得 IRR 近似值,即

$$IRR \approx i^* = i_1 + \frac{NPV(i_1)}{NPV(i_1) + |NPV(i_2)|}(i_2 - i_1) \tag{4-6}$$

式中:i^*——近似的内部收益率;

i_1——试算用的较低折现率;

i_2——试算用的较高折现率;

$NPV(i_1)$——用较低折现率计算的净现值(应为正值);

$NPV(i_2)$——用较高折现率计算的净现值(应为负值)。

应当指出,用线性内插法计算式(4-6)的误差($i^* - IRR$)与估计选用的两个折现率的差额($i_2 - i_1$)的大小有直接关系。为了控制误差,试算用的两个折现率之差($i_2 - i_1$)一般以等于2%为宜,最大不应超过5%。

式(4-6)可利用图4-3证明如下:

在图4-3中,当 $i_2 - i_1$ 足够小时,可以将曲线段 AB 近似看成直线段 $\overline{AB}$,$\overline{AB}$ 与横坐标交点处的折现率 i^* 即为 IRR 的近似值。因为三角形 Ai^*i_1 相似于三角形 Bi^*i_2,故有:

$$\frac{NPV(i_1)}{|NPV(i_2)|} = \frac{i^* - i_1}{i_2 - i^*}$$

从上式中解得:

$$i^* = i_1 + \frac{NPV(i_1)}{NPV(i_1) + |NPV(i_2)|}(i_2 - i_1)$$

例 4.5 某项工程方案的现金流量如表 4-5 所列,设其行业基准收益率为 10%。试用内部收益率法分析判断该方案是否可行。

表 4-5　　　　　　　　　某项工程方案的现金流量表　　　　　　　　单位:万元

年份(年末)	0	1	2	3	4	5
现金流量	−2 000	300	500	500	500	1 200

解: 该方案的净现值表达式为

$NPV = -2\ 000 + 300(P/F, i, 1) + 500(P/A, i, 3)(P/F, i, 1)$
$\qquad + 1\ 200(P/F, i, 5)$

第一次试算,取 $i_1 = 12\%$ 代入上式求得:

$NPV(i_1) = -2\ 000 + 300(P/F, 12\%, 1) + 500(P/A, 12\%, 3)$
$\qquad (P/F, 12\%, 1) + 1\ 200(P/F, 12\%, 5)$
$\qquad = 21(万元) > 0$

第二次试算,取 $i_2 = 14\%$ 代入上式求得:

$NPV(i_2) = -2\ 000 + 300(P/F, 14\%, 1) + 500(P/A, 14\%, 3)$
$\qquad (P/F, 14\%, 1) + 1\ 200(P/F, 14\%, 5)$
$\qquad = -91(万元) < 0$

可见,内部收益率必然在 12% ~ 14% 之间,代入线性内插法计算式(4-6)可求得:

$$IRR = i_1 + \frac{NPV(i_1)}{NPV(i_1) + |NPV(i_2)|}(i_2 - i_1)$$
$$= 12\% + \frac{21}{21 + 91} \times (14\% - 12\%)$$
$$= 12.4\%$$

∵ $IRR = 12.4\% > i_0 = 10\%$　∴ 该方案可行,可以考虑接受。

3. 内部收益率的经济涵义

一般地讲,内部收益率就是投资(资金)的收益率,它表明了项目对所占用资金的一种恢复(收回)能力,项目的内部收益率越高,其经济性也就越好。因此,内部收益率的经济涵义是,在项目的整个寿命期内,如果按利率 $i = IRR$ 计算各年的净现金流量时,会始终存在着未能收回的投资,只有到了寿命期末时投资才能被全部收回,此时的净现金流量刚好等于零。换句话说,在寿命期内各个时点,项目始终处于"偿还"未被收回的投资的状态,只有到了寿命期结束的时点,才偿还完全部投资。将项目内部收益率的这种投资"偿还"过程和结果按某一折现率折现为净现值时,则项目的净现值必然等于零。

在例4.5中,已经计算出其内部收益率为12.4%,且是惟一的。下面按此利率计算收回全部投资的过程,如表4-6所列。

表4-6　　　　　以 IRR=12.4%收回全部投资过程计算表　　　　　单位:万元

年份	项目	净现金流量（年末）①	年初未收回的投资 ②	年初未收回的投资到年末的金额 ③=②×(1+IRR)	年末尚未收回的投资 ④=③-①
0		-2 000			
1		300	2 000	2 248	1 948
2		500	1 948	2 189	1 689
3		500	1 689	1 897	1 397
4		500	1 397	1 569	1 069
5		1 200	1 069	1 200	0

由表4-6可以明显地看到,从第0年末直到第5年末的整个寿命期内,每年均有尚未收回的投资,只有到了第5年末即寿命期结束时,才全部收回了投资。

为了更清楚、更直观地考察和了解内部收益率的经济涵义,将表4-6收回全部投资过程的现金流量变化状况表示为如图4-4所示。

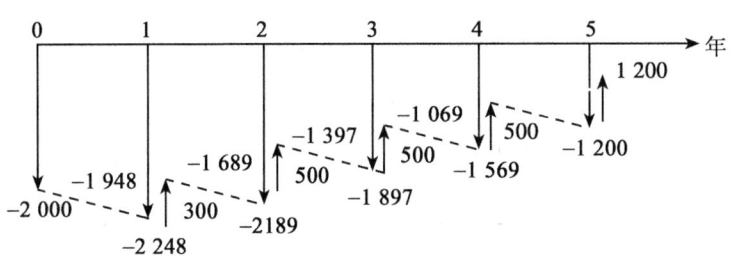

图4-4　以利率 $i=IRR$ 收回全部投资过程的现金流量图

可见用利率 $i=IRR=12.4\%$ 收回全部投资,符合内部收益率的经济涵义。所以12.4%是该项目的内部收益率。

一般地讲,根据内部收益率方程式(4-5)、(4-6)求得的使项目净现值为零的折现率,只有当它符合内部收益率的经济涵义时才是项目的内部收益率,否则将不是项目的内部收益率。

4. 内部收益率方程多解的讨论

内部收益率方程式(4-5)是一元高次(n次)方程。如果令$(1+IRR)^{-1}=\dfrac{1}{(1+IRR)}=X, C_t=(CI_t-CO_t),(t=0,1,2,\cdots,n)$,则内部收益率方程式可改写为如下形式:

$$C_0+C_1X+C_2X^2+\cdots+C_nX^n=0$$

这是一元n次多项式,是n次方程。n次方程应该有n个解,即有n个根(包括重根)。其中正实数根才可能是项目的内部收益率,而负根无经济意义。如果只有一个正实数根,则其应当是该项目的内部收益率;如果有多个正实数根,则须经过检验符合内部收益率的经济涵义的根才是项目的内部收益率。

n次方程式的正实数根的数目可用笛卡尔符号规则进行判断,即正实数根的个数不会超过项目净现金流量序列(多项式系数序列)$C_0,C_1,C_2,\cdots,C_n$的正负号变化的次数(如果有系数为0,可视为无符号);如果少的话,则少偶数个。例如表4-7有四个方案,可用笛卡尔符号规则判断其正实数根的数目。

方案 A:净现金流量序列正负号变化一次,故只有一个正实数根。前面已计算和验证内部收益率有惟一解,即$IRR=12.4\%$。

表4-7　　　　　　　　　　具有不同正实数根的四个方案　　　　　　　　单位:万元

净现金流量 方案	年份 (年末) 0	1	2	3	4	5
A	-2 000	300	500	500	500	1 200
B	-1 000	-500	-500	500	0	2 000
C	-100	60	50	-200	150	100
D	-100	470	-720	360	0	0

方案 B:净现金流量序列正负号变化一次,故只有一个正实数根。

方案 C:净现金流量序列正负号变化三次,故最多只有三个正实数根。经计算证明该方案有三个实数根,即$i_1=0.129\ 7, i_2=-2.30, i_3=-1.42$。作为内部收益率的解,负根无经济意义,故只有$i_1$为内部收益率的有效解。经验证,$i_1=0.129\ 7$符合内部收益率的经济涵义,故$IRR=12.97\%$为方案 C 的内部收益率。

方案 D:净现金流量序列正负号变化三次,故最多只有三个正实数根。经计算求

得 $i_1=0.20, i_2=0.50, i_3=1$ 三个正实数根的解,如图 4-5 所示。但经验证,三个解均不符合内部收益率的经济涵义,故它们都不是方案 D 的内部收益率。

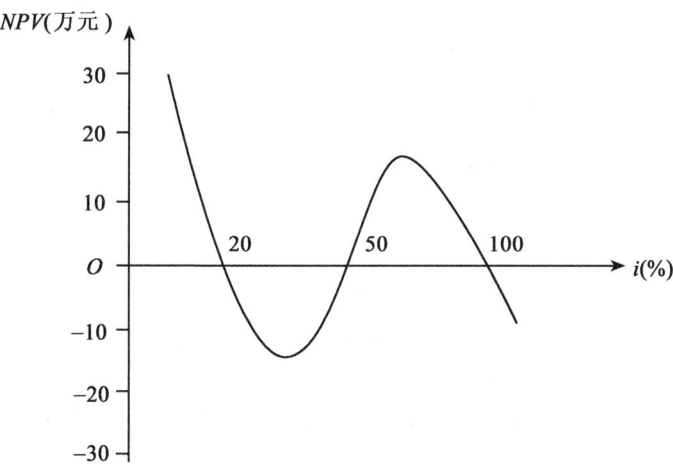

图 4-5 方案 D 的净现值函数曲线

如果项目在整个寿命期内,其净现金流序列的符号由"-"到"+"只变化一次,则称此类项目为常规项目,例如表 4-7 中的方案 A 和 B。对常规投资项目,只要其累计净现金流量大于零,则内部收益率方程的正实数根的解是惟一的,此解就是该项目的内部收益率。大多数投资项目都应该是常规项目。因为一般情况下,项目都是在建设期集中投资,直到投产初期可能还出现入不敷出,净现金流量为负值,但进入正常生产年份或达产年后就能收入大于支出,净现金流量为正值。因而,在整个计算期内净现金流量序列的符号从负值到正值只改变一次,构成常规投资项目,内部收益率得到惟一解。

如果项目在整个寿命期内,其净现金流序列的符号正负变化多次,称此类项目为非常规项目,例如表 4-7 中的方案 C 和 D。一般地讲,如果在生产期大量追加投资,或在某些年份集中偿还债务,或经营费用支出过多等,都有可能导致净现金流量序列的符号正负多次变化,构成非常规项目。非常规投资项目内部收益率方程的解显然不止一个,如果所有实数根都不能满足内部收益率的经济涵义的要求,则它们都不是该项目的内部收益率。

对非常规项目 IRR 解的检验,除可以采用类似于图 4-4 的图示法,也可以采用下面的递推公式法。

令
$$F_0 = (CI_0 - CO_0)$$
$$F_1 = F_0(1+i^*) + (CI_1 - CO_1)$$

$$F_2 = F_1(1 + i^*) + (CI_2 - CO_2)$$
$$\vdots$$
$$F_t = F_{t-1}(1 + i^*) + (CI_t - CO_t) \tag{4-7}$$
$$= \sum_{j=0}^{t}(CI_j - CO_j)(1 + i^*)^{t-j}$$

式中,i^*是根据项目现金流序列试算出的 IRR 的解,F_t是项目 0 年至 t 年的净现金流以 t 年为基准年,以 i^* 为折现率的终值之和。

若 i^* 能满足

$$\begin{cases} F_t < 0 & (t = 0, 1, 2, \cdots, n-1) \\ F_t = 0 & (t = n) \end{cases} \tag{4-8}$$

则 i^* 就是项目惟一的内部收益率,否则就不是项目内部收益率,这个项目也不再有其他的具有经济意义的内部收益率。

例 4.6 某项目的净现金流如表 4-8 所示,试判断这个项目有无内部收益率。

表 4-8　　　　　　　　　　**某项目的净现金流**　　　　　　　　　　单位:万元

年份	0	1	2	3	4	5
净现金流量	−100	60	50	−200	150	100

解:该项目净现金流序列的正负号有多次变化,是一个非常规项目。先试算出内部收益的一个解,$i^* = 12.97\%$,将有关数据代入递推公式(4-7),计算结果见表 4-9。

表 4-9　　　　　　**IRR 解检验的计算结果**($i^* = 12.97\%$)

年份	0	1	2	3	4	5
F_t	−100	−52.97	−9.85	−211.12	−88.52	0

计算结果满足公式(4-8),故 12.97% 就是项目的内部收益率。

5. 内部收益率与净现值的关系及优缺点

按照内部收益率的定义,在一般情况下,它和净现值的关系如图 4-6 所示。

从图 4-6 可以看出,当基准贴现率 i_0 小于内部收益率 IRR 时($i_0 <$ IRR),项目的净现值为正值;而当 $i_0 >$ IRR 时,项目的净现值为负数。因此,在通常情况下,内部收益率与净现值有相一致的评价准则,即当内部收益率大于基准折现率 i_0 时,此时的净现值 $NPV(i_0)$ 必大于零,投资方案是可取的。

在技术经济分析中,人们之所以乐于用 IRR 指标,是因为它有以下优点:

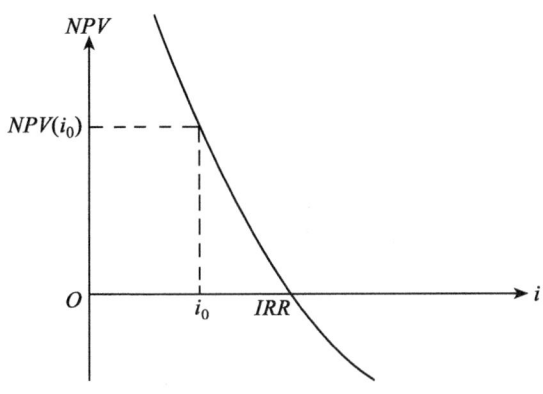

图 4-6 内部收益与净现值的关系

(1)内部收益率是投资经济效果评价的一个基本指标。IRR 指标用百分率表示,直观形象,可明确地说明一项投资或超额投资在整个经济寿命期内的盈利能力。因此,IRR 指标为企业的主管部门提供了一个控制本行业经济效果的内部统一衡量标准。同时,当净收益一定时,投资额大的方案则内部收益率小,所以 IRR 在一定程度上起到控制投资的作用。

(2) IRR 与 NPV 指标比较:在技术经济分析中,不需要事先确定基准折现率,就可计算出项目的 IRR 值,甚为方便;而计算 NPV 时,就要事先确定基准折现率。

IRR 指标的缺点:

(1)计算比较复杂,而且对于非常规投资项目,内部收益率的解可能不是惟一的。当出现多解时,用它直接评价经济效果是不合理的,最好采用 NPV 或其他指标进行评价。

(2) IRR 的大小与项目的投资额有关。对于以追求利润的绝对值最大化的企业而言,收益率大的方案,不一定是最优方案。因为一个投资额很小的方案,纵然收益率很高,其所提供的利润总额要小于投资额大而收益率略低的方案。

(3)一个项目的 IRR 值是该项目所固有的,与其他投资项目毫无关系。因此,IRR 值只能用来与某个标准(如基准收益率)相比,用以说明项目的可行性,但它不能用来比较各种投资项目的优劣。当对多方案进行选优时,不但要确定每个方案的 IRR 值,而且需要确定它们的差额现金流量的收益率,即增额投资收益率。

(二)净现值指数(NPVI)

前面介绍的净现值指标虽然能够直接反映出技术方案的盈利总额,但它没有反映资金的利用效率。换句话说,净现值只是一个绝对经济效益指标,它没有反映方案的相对经济效益,多方案比较时,如果它们的投资额不相等,此时若以各方案净现值的大小来决定方案的取舍,则可能导致相反的结论。这时可以采用净现值指数作为净现值指标的辅助指标来评价方案。

净现值指数(Net Present Value Index)是技术方案的净现值与其投资总额现值之比。其经济涵义是单位投资现值所能带来的净现值。

净现值指数的计算公式为:

$$NPVI = \frac{NPV}{K_P} = \frac{\sum_{t=0}^{n}(CI_t - CO_t)(1+i_0)^{-t}}{\sum_{t=0}^{n}K_t(1+i_0)^{-t}} \quad (4-9)$$

式中:K_P——项目总投资现值;其他符号的意义同公式(4-1)。

判别准则:

对于单一项目而言,若 $NPV \geq 0$,则 $NPVI \geq 0$(因为 $K_P > 0$);若 $NPV < 0$,则 $NPVI < 0$。故用净现值指数评价单一项目经济效果时,判别准则与净现值相同。

多方案比选时,如果被选方案的投资额相近则净现值指数最大的,就表明其投资的收益大,该方案即为最佳方案。

值得注意的是,在进行多方案比选时,以净现值指数最大为准则,有利于投资偏小的项目。所以 NPVI 指标仅适用于投资额相近或者资金总额受限制的多方案比选。

(三)投资收益率(投资效果系数)

投资收益率是投资经济效果的综合评价指标,它一般是指项目达到设计生产能力后的一个正常生产年份的年净收益与项目总投资之比率。对生产期内各年的净收益变化幅度较大的项目,应计算生产期年平均净收益与总投资的比率。其计算公式为:

$$R = \frac{NB}{K} \quad (4-10)$$

式中:K——投资总额,$K = \sum_{t=0}^{m}K_t$,K_t 为第 t 年的投资额,m 为完成投资的年份,根据不同的分析目的,K 可以是全部投资额,也可以是投资者的权益投资额;

NB——正常年份的净收益,根据不同的分析目的,NB 可以是利润,可以是利润税金总额,也可以是年净现金流入等;

R——投资收益率,根据 K 和 NB 的具体含义,R 可以表现为各种不同的具体形态。

投资收益率常见的具体形态有:

$$全部投资收益率 = \frac{年利润 + 折旧与摊销 + 利息支出}{全部投资额}$$

$$权益投资收益率 = \frac{年利润 + 折旧与摊销}{权益投资额}$$

$$投资利税率 = \frac{年利润 + 税金}{全部投资额}$$

$$权益投资利润率 = \frac{年利润}{权益投资额}$$

对于权益投资收益率和权益投资利润率来说,还有所得税前与所得税后之分。

投资收益率指标未考虑资金的时间价值,而且舍弃了项目建设期、寿命期等众多经济数据,故一般仅用于技术经济数据尚不完整的项目初步研究阶段。

用投资收益率指标评价投资方案的经济效果,需要与根据同类项目的历史数据及投资者意愿等确定的基准投资收益率作比较。设基准投资收益率为 R_b,判别准则为:

若 $R \geqslant R_b$,则项目可以考虑接受;

若 $R < R_b$,则项目应予以拒绝。

可见,制定合理的基准投资收益率是一项重要的工作,它直接影响方案的合理评价。然而,国民经济各部门、各地区的具体经济条件千差万别,如果在一切场合下都采用国家的统一标准,就会影响对技术方案选优的正确性。因此有必要按部门的生产特点、实际利润水平和技术政策,分别制定各部门的基准投资收益率。制定基准投资收益率,一般应考虑:(1)各部门在国民经济中的作用。(2)各部门的投资构成比例。(3)各部门技术构成因素和价格因素的影响以及各部门的成本构成比例。比如由于产品成本构成比例变化而使成本降低,利润增加,则投资收益率增加;反之,则会降低。(4)该部门过去的投资收益水平。(5)整个国民经济今后一段时间内投资的可能性等。同时,要注意对所制定的标准要随着技术进步、生产力水平的逐步提高作适时修订。

三、时间型指标

(一)投资回收期

投资回收期(Pay Back Period)亦称返本期,是反映投资项目资金回收的重要指标。它是指通过项目的净收益(包括利润、折旧等)来回收总投资(包括建设投资和流动资金的投资)所需的时间。投资回收期一般从投资开始年算起。

投资回收期分为静态投资回收期和动态投资回收期。两者之间的差别在于是否考虑资金的时间价值。

1. 静态投资回收期

静态投资回收期是指项目从投建之日起,用项目每年所获得的净收益将全部投资收回所需的时间。通常以年来表示。

静态投资回收期的表达式为：

$$K = \sum_{t=0}^{T_P} NB_t \quad (4\text{-}11)$$

式中：K——投资总额；

NB_t——第 t 年的净收益；

T_P——静态投资回收期。

如果投资项目每年的净收益相等，投资回收期可以用下式计算：

$$T_P = \frac{K}{NB} + T_K \quad (4\text{-}12)$$

式中：NB——年净收益；

T_K——项目建设期。

对于各年净收益不等的项目，可根据投资项目财务分析的现金流量表计算投资回收期，其实用公式为：

$$T_P = T + \frac{\text{第 } T \text{ 年的累计净现金流量的绝对值}}{\text{第}(T+1)\text{年的净现金流量}} \quad (4\text{-}13)$$

式中：T——项目各年累积净现金流量最后一个负值的年份。

用静态投资回收期评价投资项目时，需要与根据同类项目的历史数据和投资者意愿确定的基准投资回收期相比较。设基准投资回收期为 T_b，判别准则为：

若 $T_P \leq T_b$，则项目可以考虑接受；

若 $T_P > T_b$，则项目应予以拒绝。

2. 动态投资回收期

为了克服静态投资回收期未考虑资金时间价值的缺点，可采用动态投资回收期。所谓动态投资回收期，是按照给定的基准折算率，用项目的净收益的现值将总投资现值回收所需的时间。其表达公式为：

$$\sum_{t=0}^{m} K_t \frac{1}{(1+i_0)^t} = \sum_{t=1}^{T_P^*} NB_t \frac{1}{(1+i_0)^t} \quad (4\text{-}14)$$

式中：T_P^*——动态投资回收期；

m——完成投资的年数；

K_t——第 t 年的投资额；

NB_t——第 t 年的净收益；其他符号意义同公式(4-13)。

动态投资回收期也可以根据项目财务分析的现金流量表计算，其计算公式为：

$$T_P^* = T^* + \frac{\text{第 } T^* \text{ 年累计净现金流量现值的绝对值}}{\text{第}(T^*+1)\text{年的净现金流量现值}} \quad (4\text{-}15)$$

式中：T^* 为项目各年累计净现金流量现值最后一个负值的年份。

投资回收期指标的优点是直观、简单，尤其是静态投资回收期，表明投资需要多少年才能回收,便于为投资者衡量风险。因为投资者关心的是用较短的时间回收全部投资,减少投资风险。但是,投资回收期指标最大的缺点是没有反映投资回收期以后方案的收益、费用和寿命等情况,因而不能全面反映项目在整个寿命期内真实的经济效果。所以投资回收期一般用于粗略评价,需要和其他指标结合起来使用。

例4.7 某工程项目逐年支出、收入如表4-10所示,已知基准贴现率 $i_0 = 10\%$,求静态、动态投资回收期、净现值、净年值、净现值指数和内部收益率。

表4-10　　　　　　　　　某项目支出、收入表　　　　　　　　单位:万元

年份	0	1	2	3	4~7	8~12
投资	100	800	100			
经营费用				300	450	485
收入				350	700	700

解:用列表方法计算相关指标,见表4-11。

表4-11　　　　　　　　某项目有关指标计算表　　　　　　　　单位:万元

年份①	净现金流②	累计净现金流 ③ = $\sum$ ②	净现金流现值 ④ = ② × $\frac{1}{(1+10\%)^t}$	累计净现金流现值⑤ = $\sum$ ④	净现金流现值 ⑥ = ② × $\frac{1}{(1+15\%)^t}$	累计净现金流现值⑦ = $\sum$ ⑥
0	-100	-100	-100	-100	-100	-100
1	-800	-900	-727.28	-827.28	-695.68	-795.68
2	-100	-1 000	-82.64	-909.92	-75.6	-871.29
3	50	-950	37.565	-872.355	32.875	-838.415
4	250	-700	170.75	-701.605	142.95	-695.45
5	250	-450	155.225	-546.38	124.30	-571.165
6	250	-200	141.125	-405.255	108.075	-463.09
7	250	50	128.30	-276.955	93.975	-369.115
8	215	265	100.296	-176.658	70.283	-298.832
9	215	480	91.182	-85.476	61.124	-237.708
10	215	695	82.383	-2.594	53.148	-184.56
11	215	910	75.356	72.762	46.203	-138.357
12	215	1 125	68.499	141.261	40.183	-98.174

由表4-11,项目的各项指标为:

$$T_P = 6 + \frac{200}{250} = 6.8(年)$$

当 $i_0 = 10\%$ 时,$T_P^* = 10 + \frac{2.594}{75.356} = 10.03(年)$

$$NPV = 141.261(万元)$$

$$NAV = 141.261(A/P,10\%,12) = 20.731(万元)$$

$$NPVI = \frac{141.261}{909.92} = 0.1552$$

$$IRR = 10\% + \frac{141.261}{141.261 + 98.174} \times (15\% - 10\%)$$

$$= 12.95\%$$

(二)贷款偿还期

贷款偿还期是指用项目的净收益总额(包括净利润、折旧等)来偿还贷款本金及利息所需的时间,它是反映项目贷款偿还能力的重要指标,贷款偿还期可表达为公式:

$$I = \sum_{t=1}^{T}(NP_t + D_t + E_t) \tag{4-16}$$

式中:T——贷款偿还期;

I——贷款的本金及利息;

NP_t——第 t 年的利润;

D_t——第 t 年的折旧及摊销费;

E_t——第 t 年的其他收益。

贷款偿还期也可以通过表格计算,其计算方法同投资回收期。

一个项目的贷款偿还期不应超过贷款方限定的偿还期限。

第二节 决策结构与评价方法

如果对于任何投资决策,都能简单地采用前述经济评价指标以决定项目的取舍,投资决策就会变得简单易行。可是,在实践中,由于决策结构的复杂性,如果仅仅掌握几种评价指标,而不掌握正确的评价方法,还不能达到正确决策的目的。因此,本节在划分决策类型的基础上,讨论如何正确运用前面讲过的各种评价指标进行项目评价与选择。

一、独立方案的经济效果评价

所谓独立方案,是指作为评价对象的各个方案的现金流是独立的,不具有相关性,且任一方案的采用与否都不影响其他方案是否采用。从决策角度来看,这些方案是完全独立的。如果决策的对象是单一方案,则可以认为是独立方案的特例。

独立方案的采用与否,只取决于方案自身的经济性,即只需检验它们是否能够通过净现值、净年值或内部收益率指标的评价标准。因此,多个独立方案与单一方案的评价方法是相同的。

用经济效果评价标准(如 $NPV \geq 0, NAV \geq 0, IRR \geq i_0$)检验方案自身的经济性,叫"绝对(经济)效果检验"。凡通过绝对效果检验的方案,就认为它在经济效果上是可以接受的,否则就应予以拒绝。

对于独立方案而言,经济上是否可行的判别依据是其绝对经济效果指标是否达到一定的检验标准。所以,不论采用净现值、净年值和内部收益率当中哪种评价指标,评价结论都是一样的。

例 4.8 两个独立方案 A、B 的现金流如表 4-12 所示,试对其经济效果进行评价 ($i_0 = 10\%$)。

表 4-12　　　　　　　　独立方案 A、B 的净现金流量　　　　　单位:万元

方案 \ 年份	0	1~10
A	−500	100
B	−500	70

解:A、B 方案为独立方案,可首先计算方案自身的绝对效果指标——净现值、净年值或内部收益率,然后根据各指标的判别准则进行绝对效果检验并决定取舍。

(1)用净现值指标评价

$$NPV_A = -500 + 100(P/A, 10\%, 10) = 114.4(万元)$$
$$NPV_B = -500 + 70(P/A, 10\%, 10) = -69.92(万元)$$

由于 $NPV_A > 0, NPV_B < 0$,根据净现值判别准则,A 方案可行,B 方案不可行。

(2)用净年值指标评价

$$NAV_A = -500(A/P, 10\%, 10) + 100 = 18.625(万元)$$
$$NAV_B = -500(A/P, 10\%, 10) + 70 = -11.375(万元)$$

由于 $NAV_A > 0, NAV_B < 0$,根据净年值判别准则,A 方案可行,B 方案不可行。

(3)用内部收益率指标评价

根据方程 $\begin{cases} -500 + 100(P/A, IRR_A, 10) = 0 \\ -500 + 70(P/A, IRR_B, 10) = 0 \end{cases}$

可求得 $IRR_A = 15\%, IRR_B = 6.65\%$,由于 $IRR_A > i_0 = 10\%, IRR_B < i_0 = 10\%$,所以

A方案可行,B方案不可行。

二、互斥方案的经济效果评价

所谓互斥方案是指由于技术的或经济的原因,接受某一方案就必须放弃其他方案,即在多个方案比选时,至多只能选其中之一,从决策角度来看,这些方案是相互排斥的。如厂址方案的选择,特定水力发电站坝高方案的选择等,都是这类方案相互排斥的例子。

互斥方案的经济效果评价包含了两部分内容:一是考察各个方案自身的经济效果,即进行绝对(经济)效果检验;二是要对这些方案进行优劣排序,称"相对(经济)效果检验"。两种检验的目的和作用不同,通常缺一不可,只有在众多互斥方案中必须选择其中之一时才可以只进行相对效果检验。

互斥方案经济效果评价的特点是要进行方案比选。参加比选的方案应具有可比性,主要应注意:考察时间段及计算期的可比性;收益与费用的性质及计算范围的可比性;方案风险水平的可比性和评价所使用假定的合理性。下面讨论互斥方案评价的方法及涉及的主要问题。

(一)绝对效果分析方法

对于互斥方案,我们可以利用上节介绍的净现值、净年值、费用现值和费用年值等指标,首先分别计算各互斥方案的绝对效果,从总量上衡量各自的经济效果。然后根据判别准则进行比较。

下面通过例子来说明绝对效果分析方法。

例 4.9 方案 A、B 是互斥方案,其各年的现金流如表 4-13 所示,试评价选择($i_0 = 10\%$)。

表 4-13　　　　　互斥方案 A、B 现金流量及经济效果评价指标　　　　单位:万元

方案 \ 年份	0	1~10	NPV	NAV
A	-400	80	91.52	14.89
B	-300	56	44.06	7.18
增量净现金流	-100	24	47.46	

解:首先分别计算 A、B 方案的净现值和净年值指标

$$NPV_A = -400 + 80(P/A, 10\%, 10) = 91.52(万元)$$

$$NPV_B = -300 + 56(P/A, 10\%, 10) = 44.06(万元)$$

$$NAV_A = -400(A/P, 10\%, 10) + 80 = 14.89(万元)$$

$$NAV_B = -300(A/P,10\%,10) + 56 = 7.18(万元)$$

因为 $NPV_A > NPV_B$,$NAV_A > NAV_B$ 且均大于零,所以 A、B 两方案均可行,且 A 方案优于 B 方案。

例 4.10 某工厂需购买一台设备,现市场上有两种不同型号、功能相同的设备可供选择,经济数据如表 4-14 所示。若基准收益率为 15%,试对两设备的经济性进行评价。

表 4-14　　两种设备的经济数据

设备	价格(元)	年运转费(元/年)		第六年末残值(元)
		前三年	后三年	
A	10 000	5 000	6 000	4 000
B	7 500	6 000	6 000	0

解:可用费用现值或费用年值指标评价

$PC_A = 10\ 000 + 5\ 000(P/A,15\%,3) + 6\ 000(P/A,15\%,3)(P/F,15\%,3) - 4\ 000(P/F,15\%,6)$

$\quad\ \ = 28\ 693.6(元)$

$PC_B = 7\ 500 + 6\ 000(P/A,15\%,6) = 30\ 205.5(元)$

$AC_A = PC_A(A/P,15\%,6) = 7\ 582(元)$

$AC_B = 7\ 500(A/P,15\%,6) + 6\ 000 = 7\ 981.8(元)$

经上面的分析计算,由于设备 A 的费用现值(或费用年值)小于设备 B 的费用现值(或费用年值),所以,设备 A 优于设备 B。

(二)增量效果分析方法

实际上,投资额不等的互斥方案比选的实质是判断增量投资(或称差额投资)的经济合理性,即投资大的方案相对于投资小的方案多投入的资金能否带来满意的增量收益。显然,若增量投资能够带来满意的增量收益,则投资额大的方案优于投资额小的方案,若增量投资不能带来满意的增量收益,则投资额小的方案优于投资额大的方案。所谓增量效果分析方法就是通过计算增量净现金流量评价增量投资经济效果的方法。净现值、净年值、投资回收期、内部收益率等评价指标都可用于增量分析。

下面就增量投资回收期、增量净现值和增量内部收益率等方法的应用作进一步讨论。

1. 增量投资回收期

增量投资回收期亦称追加投资回收期。所谓增量投资回收期是指一个方案比另一个方案多追加的投资,用年费用的节约额或超额的年收益去补偿增量投资所需要的时间。

假如方案Ⅰ的投资(K_1)大于方案Ⅱ的投资(K_2),但方案Ⅰ的年费用(C_1)小于方案Ⅱ的年费用(C_2)(或者方案Ⅰ的年收益(B_1)比方案Ⅱ的年收益(B_2)要多),且这两个方案具有相同的产出(或成本)和寿命期,那么方案Ⅰ用节约的年费用(或超额的年收益)去补偿增加的投资额所需的时间,即为增量投资回收期。其计算公式为:

$$\Delta T = \frac{K_1 - K_2}{C_2 - C_1}(产出相同) \tag{4-17}$$

或

$$\Delta T = \frac{K_1 - K_2}{B_1 - B_2}(成本相同) \tag{4-18}$$

判别准则:

若 $\Delta T < T_b$(标准投资回收期),则投资大的方案较优;反之,投资小的方案较优。因为 $\Delta T < T_b$,说明投资大的方案,其追加的投资通过年费用的节约(或年收益的增加)在标准的年限内可全部收回,其经济效果好,所以投资大的方案较优;反之,亦然。

如果应用资金时间价值原理对上面的增量投资回收期指标进行修正,就可以得出动态的增量投资回收期(读者自己推导)。

2. 增量净现值(ΔNPV)

所谓增量净现值(亦称差额净现值),是指在给定的基准折现率下,两方案在寿命期内各年净现金流量差额折现的累计值,或者说增量净现值等于两个方案的净现值之差。

设 A、B 为投资额不等的两个互斥方案,A 方案比 B 方案投资大,两方案的增量净现值可由下式求出:

$$\begin{aligned}\Delta NPV &= \sum_{t=0}^{n}[(CI_{tA} - CO_{tA}) - (CI_{tB} - CO_{tB})](1 + i_0)^{-t} \\ &= \sum_{t=0}^{n}(CI_{tA} - CO_{tA})(1 + i_0)^{-t} \\ &\quad - \sum_{t=0}^{n}(CI_{tB} - CO_{tB})(1 + i_0)^{-t} \\ &= NPV_A - NPV_B \end{aligned} \tag{4-19}$$

式中:ΔNPV——增量净现值;

$(CI_{tA} - CO_{tA})$——方案 A 第 t 年的净现金流;

$(CI_{tB} - CO_{tB})$——方案 B 第 t 年的净现金流;

NPV_A、NPV_B——分别为方案 A 与方案 B 的净现值。

用增量分析法进行互斥方案比选时,若 $\Delta NPV>0$,表明增量投资可以接受,投资(现值)大的方案较投资(现值)小的方案优;若 $\Delta NPV<0$,表明增量投资不可接受,投资(现值)小的方案较投资(现值)大的方案优。

值得注意的是,增量净现值指标,只能反映增量现金流的经济性(相对经济效果),不能反映各方案自身的经济性(绝对经济效果)。故增量净现值只能用于方案间的比较(相对效果检验),不能仅根据 ΔNPV 的大小判断方案的取舍。

例 4.11 用增量净现值指标对例 4.9 中的 A、B 互斥方案进行评价选择。

解:A、B 互斥方案的增量净现金流如表 4-13 所示。

$$\Delta NPV_{A-B} = -100 + 24(P/A,10\%,10) = 47.46(万元)$$

或者 $\Delta NPV_{A-B} = NPV_A - NPV_B = 91.52 - 44.06 = 47.46(万元)$

由于 $\Delta NPV_{A-B} > 0$,所以 A 方案优于 B 方案。

显然,用增量分析法计算两方案的增量净现值进行互斥方案比选,与分别计算两方案的净现值根据净现值最大准则进行互斥方案比选结论是一致的。因此,实际工作中应根据具体情况选择比较方便的比选方法。当有多个互斥方案时,直接用净现值最大准则选择最优方案比两两比较的增量分析更为简便。

3. 差额内部收益率(ΔIRR)

所谓差额内部收益率(亦称增量内部收益率),简单地说是两方案增量净现值等于零时的折现值。差额内部收益率的计算表达式为:

$$\Delta NPV(\Delta IRR) = \sum_{t=0}^{n}(\Delta CI_t - \Delta CO_t)(1+\Delta IRR)^{-t} = 0 \quad (4-20)$$

式中:ΔNPV——增量净现值;

ΔIRR——差额内部收益率;

ΔCI_t——方案 A 与方案 B 第 t 年的增量现金流入,即 $\Delta CI_t = CI_{tA} - CI_{tB}$;

ΔCO_t——方案 A 与方案 B 第 t 年的增量现金流出,即 $\Delta CO_t = CO_{tA} - CO_{tB}$。

将式(4-20)变换,即

$$\sum_{t=0}^{n}(CI_{tA} - CO_{tA})(1+\Delta IRR)^{-t} = \sum_{t=0}^{n}(CI_{tB} - CO_{tB})(1+\Delta IRR)^{-t}$$

即 $$NPV_A(\Delta IRR) = NPV_B(\Delta IRR) \quad (4-21)$$

式中:NPV_A——方案 A 的净现值;

NPV_B——方案 B 的净现值。

因此,差额内部收益率的另一种解释是:使两个方案净现值(或净年值)相等时的折现率。

应该指出,采用差额内部收益率法比较和评选方案时,相比较的方案必须寿命期相等或具有相同的计算期。由于差额内部收益率法计算式(4-20)或(4-21)也是高次方程,不易直接求解,故仍采用与求内部收益率相同的方法,即线性内插法求解。

差额内部收益率法的判别准则：

计算求得的差额内部收益率 ΔIRR 与基准收益率 i_0 相比较，当 $\Delta IRR > i_0$ 时，投资大的方案为优；反之，当 $\Delta IRR < i_0$ 时，投资小的方案为优。用差额内部收益率进行方案比较的情形示于图4-7。

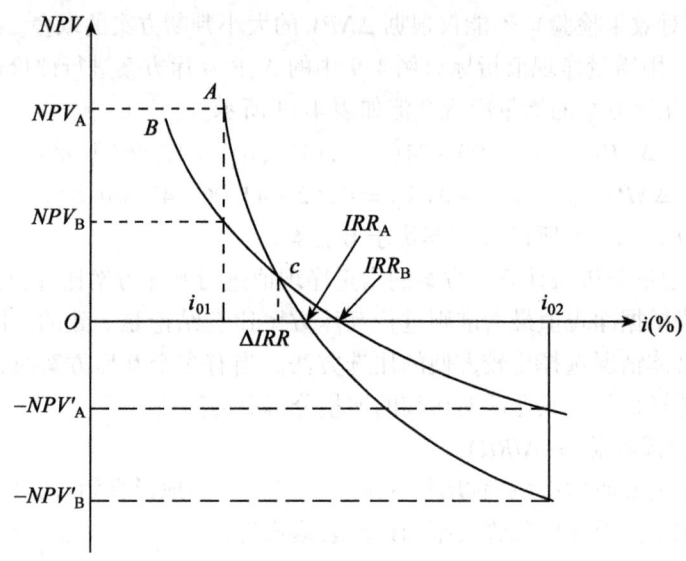

图4-7 净现值、差额投资内部收益率和内部收益率间的关系

在图4-7中C点为两方案净现值函数曲线A与B的交点，在此点两个方案净现值相等。因此，根据差额内部收益率含义，C点对应的折现率应为两方案的差额内部收益率ΔIRR。由图显而易见，用净现值法、差额内部收益率法和内部收益率法评价和比较选择方案时有如下关系：

在图4-7中，当$\Delta IRR > i_{01}$时，按照净现值法判别准则，净现值大的方案A为优；按照差额投资内部收益率法判别准则，投资大的方案A为优；按照内部收益率法判别准则，内部收益率大的方案B为优。由此可见，在$\Delta IRR > i_{01}$的条件下，净现值法和差额内部收益率法评价结论是一致的，但是与内部收益率法评价结论相悖。所以，差额内部收益率法与内部收益率法结论不一致。因此可知，在方案评价中，仅按内部收益率法的判别准则比较和选择互斥的最优可行方案，有时不能保证结论的正确性。

在图4-7中，当$\Delta IRR < i_{02}$时，按照差额内部收益率法判别准则，投资小的方案B为优；按照净现值法判别准则，净现值大的方案B为优；按照内部收益率法判别准则，内部收益率大的方案B为优。由此可见，在$\Delta IRR < i_{02}$的条件下，净现值法、差额内部收益率法以及内部收益率法的评价和比选结论是一致的。

所以,采用差额内部收益率法进行方案比较时,不论设定折现率为 i_{01} 或 i_{02},其评价和比较选择结论均与净现值法结论相同。在方案比较中,一般不直接采用内部收益率指标进行比较,而是采用净现值和差额投资内部收益率作为比较指标。

用差额内部收益率对多个互斥方案比较和选优时,先按投资大小由小到大排列,然后再依次就相邻方案两两比较。计算出相比较的两个方案的差额内部收益率 ΔIRR,若 $\Delta IRR > i_0$,则保留投资大的方案;若 $\Delta IRR < i_0$,则保留投资小的方案。被保留方案再与下一个相邻方案相比较,计算 ΔIRR,取舍判据同前述,以此类推,直到比较完所有方案,选出最优方案。

还应当指出的是,ΔIRR 也只能反映增量现金流的经济性(相对经济效果),不能反映各方案自身的经济性(绝对经济效果)。故差额内部收益率只能用于方案间的比较(相对效果检验),不能仅根据 ΔIRR 数值的大小判定方案的取舍。图 4-8 对此作了说明。

图 4-8 中,在(a)、(b)所示的两种情况下,方案 A 与方案 B 均能通过绝对效果检验($IRR_A > i_0$,$IRR_B > i_0$),可以根据 ΔIRR 与 i_0 的比较判定方案的取舍。(a)情况下,$\Delta IRR > i_0$,投资大的方案 A 优于投资小的方案 B;(b)情况下,$\Delta IRR < i_0$,方案 B 优于方案 A;在(c)所示的情况下,方案 A 与方案 B 均不能通过绝对效果检验($IRR_A < i_0$,$IRR_B < i_0$),故不管 ΔIRR 大小如何,两个方案都不应选取。在(d)所示的情况下,方案 A 通过绝对效果检验($IRR_A > i_0$)且 $\Delta IRR > i_0$,可以判定方案 A 为最优可行方案。

所以用差额内部收益率对多方案进行评价和比选时,其前提是每个方案经评价后都是可行的,或者至少排在最前面的投资最少的方案是可行的,比较到最后所保留的方案一定是最优、可行方案。

例 4.12 设有两个互斥方案,其使用寿命相同,有关资料如表 4-15 所列,折现率 $i_0 = 15\%$。试用净现值和差额内部收益率法比较和选择最优可行方案。

表 4-15 方案 Ⅰ 和 Ⅱ 的有关资料表 单位:万元

方案\项目	投资(K)(0 年末发生)	年收入(CI)	年支出(CO)	净残值(S_V)	使用寿命(年)
方案 Ⅰ	5 000	1 600	400	200	10
方案 Ⅱ	6 000	2 000	600	0	10

解:(1)计算净现值,判别可行性

$NPV(Ⅰ) = -5\ 000 + 1\ 200(P/A,15\%,10) + 200(P/F,15\%,10)$

$\qquad = 1\ 072(万元)$

$NPV(\text{II}) = -6\,000 + 1\,400(P/A, 15\%, 10) = 1\,027(\text{万元})$

∵ $NPV(\text{I}) > NPV(\text{II}) > 0$ ∴ 两方案均可行，方案 I 优于方案 II。

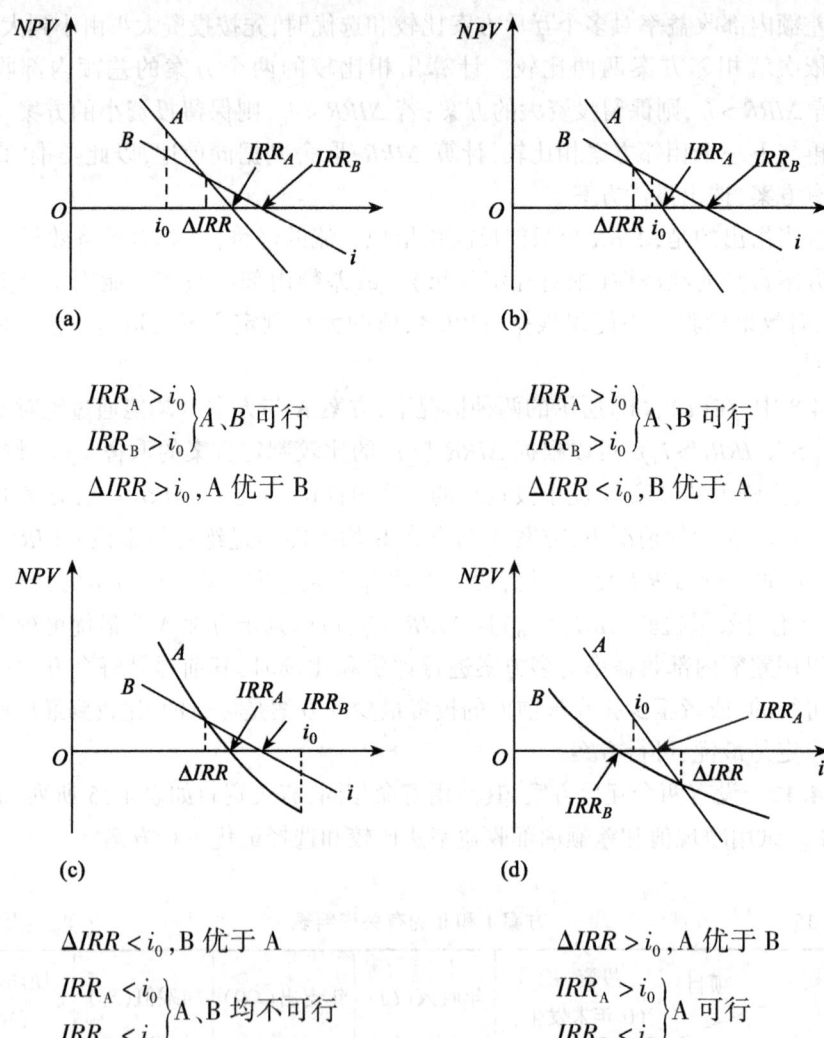

图 4-8 用内部收益率法比选方案示意图

(2) 计算差额投资内部收益率，比较和选择最优可行方案

$$\Delta NPV = -1\,000 + 200(P/A, i, 10) - 200(P/F, i, 10)$$

设 $i_1 = 12\%$，则

$\Delta NPV(i_1) = -1\,000 + 200(P/A, 12\%, 10) - 200(P/F, 12\%, 10)$
$\qquad = 66(\text{万元})$

设 $i_2 = 14\%$,则
$$\Delta NPV(i_2) = -1\,000 + 200(P/A,14\%,10) - 200(P/F,14\%,10)$$
$$= -10(万元)$$

用线性内插法计算求得差额投资内部收益率为:
$$\Delta IRR = i_1 + \frac{\Delta NPV(i_1)}{\Delta NPV(i_1) + |\Delta NPV(i_2)|}(i_2 - i_1)$$
$$= 12\% + \frac{66}{66 + 10}(14\% - 12\%)$$
$$= 13.7\%$$

∵ $\Delta IRR = 13.7\% < i_0 = 15\%$。∴ 投资小的方案Ⅰ为优,此结果与净现值法评价结果一致。

差额内部收益率也可用于仅有费用现金流的互斥方案比选。比选结论与费用现值法和费用年值法一致。在这种情况下,实际上是把增量投资所导致的对其他费用的节约看成是增量收益。计算仅有费用现金流的互斥方案的差额内部收益率的方程,可以按两方案费用现值相等或增量费用现金流现值之和等于零的方式建立。

例4.13 某两个能满足相同需要的互斥方案 A 与 B 的费用现金流如表4-16所示。试用差额内部收益率在两个方案之间做出选择($i_0 = 10\%$)。

表4-16　　　　　　　　　方案 A,B 的费用现金流　　　　　　　　单位:万元

方案 \ 类目 年份	投资 0	其他费用支出 1~15
A	100	11.68
B	150	6.55
增量费用现金流(B - A)	50	-5.13

解: 根据表4-16最末一行的增量费用现金流列出求解 ΔIRR 的方程
$$50 - 5.13(P/A, \Delta IRR, 15) = 0$$

解得 $\Delta IRR = 6\% < \Delta IRR < i_0 = 10\%$,故可判定投资小的方案 A 优于投资大的方案 B。

(三) 寿命不同的互斥方案的评价

以上分析互斥方案的评价方法,都是在各方案寿命期相同的情况下进行的。这样,评价各方案的经济效果在时间上具有可比性。当各方案的寿命不等时,要采用合理的评价指标或办法,使之具有时间上的可比性。

以下介绍几种处理方法。

1. 最小公倍数法(方案重复法)

最小公倍数法是以不同方案使用寿命的最小公倍数作为共同的计算期,并假定每一方案在这一期间内反复实施,以满足不变的需求,据此算出计算期内各方案的净现值(或费用现值),净现值较大(或费用现值最小)的为最佳方案。

设第 i 个方案在自身寿命周期(n_i)内的净现值为 NPV_i,各方案寿命的最小公倍数为 N,基准折现率为 i_0,则第 i 个方案在 N 时间内的净现值 NPV_i^N 与自身寿命周期的净现值 NPV_i 的关系为:

$$NPV_i^N = NPV_i[1 + (1+i_0)^{-n_i} + (1+i_0)^{-2n_i} + \cdots + (1+i_0)^{-mn_i}]$$

$$= NPV_i \sum_{t=0}^{m} (1+i_0)^{-tn_i} \tag{4-22}$$

其中 m 是方案 i 在 N 时间内的重复次数。

例 4.14 A、B 两个互斥方案各年的现金流量如表 4-17 所示,基准收益率 $i_0 = 10\%$,试比选方案。

表 4-17　　　　　　寿命不等的互斥方案的现金流　　　　　　单位:万元

方案	投资	年净现金流量	残值	寿命(年)
A	-10	3	1.5	6
B	-15	4	2	9

解:以 A 与 B 方案寿命的最小公倍数 18 年为计算期,A 方案重复实施 3 次,B 方案 2 次。则各方案在计算期内的净现值为:

$$NPV_A = -10[1 + (P/F,10\%,6) + (P/F,10\%,12)] + 3(P/A,10\%,18)$$
$$+ 1.5[(P/F,10\%,6) + (P/F,10\%,12) + (P/F,10\%,18)]$$
$$= 7.37(万元)$$

$$NPV_B = -15[1 + (P/F,10\%,9)] + 4(P/A,10\%,18)$$
$$+ 2[(P/F,10\%,9) + (P/F,10\%,18)]$$
$$= 12.65(万元)$$

因为 $NPV_B > NPV_A > 0$,故 B 方案较优。

这种方法适合于被比较方案寿命的最小公倍数较小,且各方案在重复过程中现金流量不会发生太大变化的情况,否则就可能得出不正确的结论。因此采用这种方法的关键是对各方案在重复过程中的现金流量作出比较合理的估计和预测,力求评价的正确性。

2. 年值法

在对寿命不同的互斥方案进行比选时,年值法是最为简便的方法,当参加比选的方案数目众多时,尤其是这样。

用年值法进行寿命不同的互斥方案比选,实际上隐含着这样一种假定:各备选方案在其寿命结束时均可按原方案重复实施无限次。因为一个方案无论重复实施多少次,其年值是不变的,在这一假定前提下,年值法以"年"为时间单位比较各方案的经济效果,从而使寿命不同的互斥方案间具有可比性。当被比较方案投资在先,且以后各年现金流相同时,采用年值法最为简便。

对例 4.14,用净年值法进行比选。

A、B 两方案的净年值分别是:

$NAV_A = -10(A/P,10\%,6) + 3 + 1.5(A/F,10\%,6) = 0.898(万元)$

$NAV_B = -15(A/P,10\%,9) + 4 + 2(A/F,10\%,9) = 1.542(万元)$

因为 $NAV_B > NAV_A$,故 B 方案较优,同最小公倍数法所得结论一致。

例 4.15 互斥方案 A、B 具有相同的产出,方案 A 寿命期 $n_1 = 10$ 年,方案 B 寿命期 $n_2 = 15$ 年。两方案的费用现金流如表 4-18 所示,试选优($i_0 = 10\%$)。

表 4-18　　方案 A、B 的费用现金流　　单位:万元

方案\类目年份	投资		经营费用	
	0	1	2~10	11~15
A	100	100	60	—
B	100	140	40	40

解: $AC_A = [100 + 100(P/F,10\%,1) + 60(P/A,10\%,9)(P/F,10\%,1)]$
　　　　$(A/P,10\%,10)$
　　　　$\approx 82.2(万元)$

$AC_B = [100 + 140(P/F,10\%,1) + 40(P/A,10\%,14)(P/F,10\%,1)]$
　　　$(A/P,10\%,15)$
　　　$\approx 65.1(万元)$

由于 $AC_B < AC_A$,故选 B 方案优于 A 方案。

3. 研究期分析法

上述重复法和净年值法,实质上都是以延长投资方案寿命期来达到可比性要求的,一般被认为是合理可行的,但在实际投资项目中,上述重复假设往往不尽合理。像储量有限且不可再生的资源开采问题;遭无形磨损设备的更新换代问题。这些方

案在各自寿命期末不可能重复。对这类寿命不同的互斥方案的评价,需要按实际需要确定一个适宜的分析研究期。显然,以各投资方案中寿命期最短者为分析研究期计算最为简便,而且完全可以避免方案重复假设,但对于寿命较长的投资方案来说,便会遇到研究期末投资方案终端价值的估算与处理的问题,以下着重讨论此问题。

设某投资方案初始投资为 P,寿命为 n,各年的净现金流为 $NB_t(t=1,2,\cdots,n)$,基准折现率为 i_0,研究期为 n^*,且 $n^* \leq n$,研究期末终端价值为 F_{n^*};则投资方案在研究期内的净现值 NPV_{n^*},为:

$$NPV_{n^*} = -P + \sum_{t=1}^{n^*} NB_t(1+i_0)^{-t} + F_{n^*}(1+i_0)^{-n^*} \tag{4-23}$$

可见,投资方案在研究期内的净现值计算的关键是研究期末终端价值 F_{n^*} 的估算与处理。

一般可以采用以下几种处理方法:

方法一:将研究期终端 (n^*+1) 年到寿命期末 (n) 年各年净现金流现值和(以第 n^* 年末为评估点)作为 F_{n^*},即

$$F_{n^*} = \sum_{t=n^*+1}^{n} NB_t(1+i_0)^{-t} \tag{4-24}$$

将式(4-24)代入式(4-23)有:

$$\begin{aligned} NPV_{n^*} &= -P + \sum_{t=1}^{n^*} NB_t + \sum_{t=n^*+1}^{n} NB_t(1+i_0)^{-t} \\ &= -P + \sum_{t=1}^{n} NB_t(1+i_0)^{-t} \\ &= NPV_n \end{aligned} \tag{4-25}$$

式中: NPV_n 即为投资方案在其寿命期内的净现值。

式(4-25)表明,用这种方法得到的投资方案在研究期内的净现值就是它在其寿命期内的净现值。该方法估算投资方案在研究期末终端价值的依据是资产评估中的收益现值法。不难证明,此方法评价结果偏向于寿命期较长的方案,有时可能导致评价结论的不正确,应慎重使用。

方法二:将投资方案未使用价值作为研究期末终端价值。

①静态方法: $$F_{n^*} = P - \frac{P}{n} \cdot n^* = P\left(1 - \frac{n^*}{n}\right) \tag{4-26}$$

②动态方法: $$F_{n^*} = P(A/P, i_0, n)(P/A, i_0, n-n^*) \tag{4-27}$$

这种方法的依据是用投资方案在研究期末固定资产的净值作为研究期末终端价值,静态方法与动态方法的区别是前者未考虑资金的时间价值,后者考虑了资金的时间价值。所以动态方法更为科学合理。

方法三:在经济寿命条件下,研究期末投资方案终端价值的估算。

投资方案或设备的经济寿命是指其年均费用最小或年净收益最大的使用年限。遵循经济寿命的基本含义,可从经济寿命的概念出发,来推导投资方案在研究期末终端价值计算公式。

设某投资方案初始投资为 P,经济寿命为 n,残值为 L_n,各年的运行费用为 C,则投资方案以 n 为经济寿命期的年等值费用为 AC_n。

$$AC_n = P(A/P, i_0, n) - L_n(A/F, i_0, n) + C$$

而投资方案在研究期(n^*)内的年等值费用 AC_{n^*}

$$AC_{n^*} = P(A/P, i_0, n^*) - F_{n^*}(A/F, i_0, n^*) + C$$

F_{n^*} 作为投资方案残值(L_n)在研究期末的转移价值,代表方案在($n - n^*$)期间的经济价值与研究期末 n^* 的经济联系,在数值上,它应等于使 $AC_{n^*} = AC_n$ 成立的资金值,由此令 $AC_{n^*} = AC_n$ 便可求得 F_{n^*},即

$$F_{n^*} = \frac{P(A/P, i_0, n^*) - P(A/F, i_0, n) + L_n(A/F, i_0, n)}{(A/F, i_0, n^*)} \tag{4-28}$$

不难证明,这种方法估算的研究期末投资方案终端价值,往往大于用方法二估算的数值。

用这种方法进行寿命不同投资方案比较优选符合经济学的基本原理,因而是合理的、正确的。

例 4.16 有两种功能相同的设备,A 设备价值 10 000 元,年运行费用 3 000 元,寿命 4 年;B 设备价值 30 000 元,年运行费用 800 元,寿命 8 年。两种设备残值正好抵消其拆卸成本,当 $i_0 = 10\%$ 时,应选用哪台设备?

方法一:利用最小公倍数法,计算两设备费用现值。

设两方案在 8 年内的费用现值分别为 PC_A^8、PC_B^8

则

$$PC_A^8 = [10\,000 + 3\,000(P/A, 10\%, 4)] \cdot \sum_{t=0}^{1}(1 + 10\%)^{-4t}$$

$$= 32\,835(元)$$

$$PC_B^8 = 30\,000 + 800(P/A, 10\%, 8) = 34\,607(元)$$

$\because PC_A^8 < PC_B^8 \quad \therefore$ A 设备较优

方法二:利用年值法,计算两设备费用年值 AC_A、AC_B

$$AC_A = 10\,000(A/P, 10\%, 4) + 3\,000 = 6\,155(元)$$

$$AC_B = 30\,000(A/P, 10\%, 8) + 800 = 6\,422(元)$$

$\because AC_A < AC_B \quad \therefore$ A 设备较优

方法三:利用研究期法,设研究期为 4 年。

1. 将设备未使用价值作为研究期末终端价值,由公式(4-27)得 B 设备第 4 年末的终端价值为

$$F_4(B) = 30\,000(A/P,10\%,8)(P/A,10\%,4) = 17\,822(元)$$

由公式(4-23)得

$$PC_B^4 = 30\,000 + 800(P/A,10\%,4) - 17\,822(P/F,10\%,4) = 20\,364(元)$$

而 $PC_A^4 = 19\,510(元)$

∵ $PC_A^4 < PC_B^4$ ∴ A 设备较优

2. 利用设备经济寿命计算设备 B 在研究期末终端价值,由公式(4-28)得

$$F_4(B) = \frac{30\,000(A/P,10\%,4) - 30\,000(A/P,10\%,8)}{(A/F,10\%,4)}$$

$$= 17\,835(元)$$

由公式(4-23)得

$$PC_B^4 = 30\,000 + 800(P/A,10\%,4) - 17\,835(P/F,10\%,4)$$

$$= 20\,354(元)$$

∵ $PC_A^4 < PC_B^4$ ∴ A 设备较优

三、其他相关方案的经济效果评价

(一)受资金限制方案的选择

在经济建设中,资金短缺往往是一个普遍存在的问题。在资金短缺情况下,如何选择方案,使目标收益或费用达到最优?这就是资金限制下的方案选择问题或称资金预算问题。受资金限制方案有以下特点:

(1)受资金限制的方案的选择,是指待选方案都是独立方案,即选定其中某一方案,并不排斥其他方案的选择。

(2)由于资金有限,所有方案虽不能全部实施,但要求资金能得到充分利用。

(3)选择方案组合的最大目标是使总投资的效益最大。

受资金限制的方案选择主要方法有"净现值指数排序法"和"互斥方案组合法"。

1. 净现值指数排序法

用净现值指数排序法的步骤如下:

(1)首先在相同的计算期内计算出各方案的净现值指数(NPVI),并将净现值指数(NPVI)小于零的方案舍去;

(2)将各方案按净现值指数(NPVI)从大到小依次排列;

(3)从排列好的方案中,依次选择投资方案,直到所选方案的投资总额最大限度地接近或等于资金限额为止。

净现值指数排序法所要达到的目标是在一定的资金限额约束下,使所选方案的净现值最大。

例 4.17 某公司投资预算资金为 500 万元,有 6 个独立方案 A、B、C、D、E、F 可供选择,寿命均为 8 年,各方案的现金流量如表 4-19 所示,基准收益率 $i_0 = 12\%$,判

断其经济性,并选择方案。

解:计算出各方案的 $NPVI$(见表 4-19),淘汰 $NPVI<0$ 的 F 方案。按 $NPVI$ 从大到小顺序选择方案,满足资金限制条件的组合方案为 C、A、B、E。所用资金总额刚好为 500 万元(如图 4-9 所示),总净现值为 332.27 万元。

表 4-19　　　　　　受资金限制各方案的现金流量及相关指标　　　　单位:万元

年份 方案	0	1~8 年	NPV	NPVI	按 NPVI 排序
A	-100	34	81.39	0.8139	2
B	-140	45	100.08	0.7148	3
C	-80	30	80.05	1.0006	1
D	-150	34	31.39	0.2093	5
E	-180	47	70.75	0.3930	4
F	-170	30	-9.95	-0.0585	6(舍去)

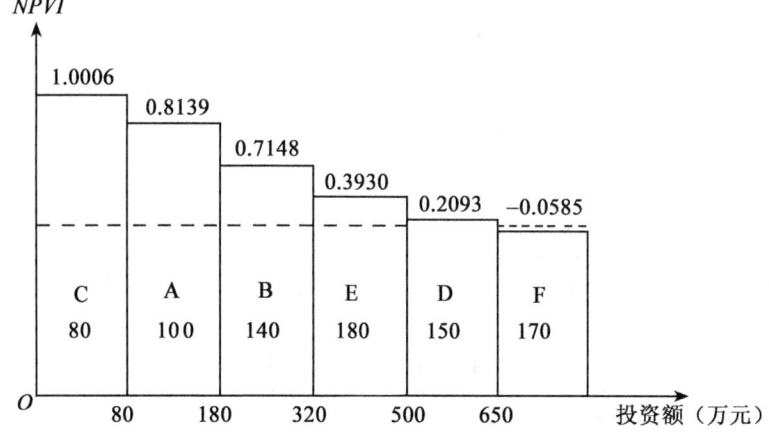

图 4-9　受资金限制的方案排序

按净现值指数排序原则选择项目方案,其基本思想是单位投资的净现值越大,在一定投资限额内所能获得的净现值总额就越大。净现值指数排序法简便易算,这是它的主要特点。但是,由于投资项目的不可分性,净现值指数排序法在许多情况下,不能保证现有资金的充分利用,不能达到净现值最大的目标。比如,独立方案 A、B、C 的投资分别是 K_A、K_B、K_C 且 $K_B = K_A + K_C$,而方案的净现值指数大小依次是:$NPVI_A > NPVI_B > NPVI_C$,如果投资约束不超过 K_B,那么决策只能在 B 和 A+C(即同时选择方案 A 和 C)两个互斥方案之间选择,要么接受 B 而放弃 A+C,要么接受 A+C 而放弃B,而不能按NPV的大小次序,先接受A,再选择部分B,因为B是不可分的。所以,只有在下述情况下,用净现值指数排序法才能使所选方案达到或近于净现值最大的目标:

①各方案投资占投资预算的比例很小;
②或各方案投资额相差无几;
③或各入选方案投资累加额与投资预算限额相差无几。

2. 方案组合法

方案组合法是把受资金限制的独立方案都组合成相互排斥的方案,其中每一个组合方案代表一个相互排斥的组合,这就可以利用前述互斥方案的比较方法,选择最优的组合方案。

方案组合法的步骤:首先,建立所有的互斥的方案组合;其次,计算各互斥方案的效益指标,如内部收益率和净现值等指标;最后,进行各互斥方案组合的比选。

例4.18 已知:A、B、C三个独立方案的投资、年收益及据此计算出来的有关评价指标见表4-20,折现率为12%,投资总额最多不得超过450万元。要求设计投资方案组合。

表4-20　　　　　　　A、B、C方案的现金流量与经济指标

方案	初始投资(万元)	年净收益(万元)	寿命(年)	净现值	净现值率
A	150	35	8	23.87	0.1591
B	230	52	8	28.31	0.1231
C	200	46	8	28.51	0.1426

解:①建立所有的互斥方案组合,并计算净现值指标,见表4-21。

表4-21　　　　　　　A、B、C的互斥组合方案　　　　　　　单位:万元

	方案组合	投资总额	年净收益	净现值
1	0	0	0	0
2	A	150	35	23.87
3	B	230	52	28.31
4	C	200	46	28.51
5	AB	380	87	52.18
6	AC	350	81	52.38
7	BC	430	98	56.83
8	ABC	580	133	超过资金限额

②进行方案比选。根据表4-21,方案组合8的投资总额超过了资金的约束条件(450万元),所以不考虑。满足资金约束条件的前7个方案组合中,第7个方案组合(BC)的净现值最大。

③结论:BC为最优方案组合。

如果按净现值指数排序法,应选择A、C组合方案,净现值总额为52.38万元,小于BC组合方案的净现值(56.83万元),所以按净现值指数排序法有时得不到最优选择。

方案组合法的优点是能保证在各种情况下实现最优选择(净现值最大)。缺点是计算较繁琐,因为方案的组合个数为2^m个(m为被选方案的个数)。

(二)混合投资方案的选择

混合投资方案的选择是指独立方案选择中包含有互斥方案的选择问题。比如某些大企业或多种经营的企业,投资方向很多,这些投资方向就业务内容而言,是互相独立的,而每个投资方向又可能有几个可供选择的方案,这些方案之间是互斥的,只允许在其中选一个最优方案。像这样的方案选择,我们称为混合方案的选择。

例4.19 某公司有三个下属部门分别是A、B、C,各部门提出了若干投资方案,见表4-22。三个部门之间是独立的,但每个部门内的投资方案之间是互斥的,寿命均为10年,$i_0=10\%$。

试问:

(1)资金供应没有限制,如何选择方案;

(2)资金限制在500万元之内,如何选择方案;

(3)假如资金供应渠道不同,其资金成本有差别,现在有三种来源分别是:甲供应方式的资金成本为10%,最多可供应300万元;乙供应方式的资金成本为12%,最多也可供应300万元;丙供应方式的资金成本为15%,最多也可供应300万元,此时如何选择方案;

(4)当B部门的投资方案是与安全有关的设备更新,不管效益如何,B部门必须优先投资,此时如何选择方案(资金供应同(3))。

表4-22　　　　　　　　　　　混合方案的现金流量　　　　　　　　单位:万元

部门	方案	0(年)	1~10(年)	IRR(%)
A	A_1	-100	27.2	24
	A_2	-200	51.1	22.1
B	B_1	-100	12.0	3.5
	B_2	-200	30.1	12
	B_3	-300	45.6	8.5

续表

部门	方案	0(年)	1~10(年)	IRR(%)
C	C_1	−100	50.9	50
	C_2	−200	63.9	28.8
	C_3	−300	87.8	26.2

解:对上述四个问题采用内部收益率指标来分析。

(1) 因为资金供应无限制,A、B、C 部门之间独立,此时实际上是各部门内部互斥方案的比选,分别计算 ΔIRR 如下:

对于 A 部门,由方程:

$$-100 + 27.2(P/A, IRR_{A_1}, 10) = 0$$

$$-100 + (51.1 - 27.2)(P/A, \Delta IRR_{A_2-A_1}, 10) = 0$$

解得:$IRR_{A_1} = 24\% > i_0(10\%)$,$\Delta IRR_{A_2-A_1} = 20\% > i_0(10\%)$,所以,$A_2$ 优于 A_1,应选择 A_2 方案;

对于 B 部门,用同样方法可求得:

$IRR_{B_1} = 3.5\% < i_0$,故 B_1 是无资格方案,$IRR_{B_2} = 12\% > i_0$,$\Delta IRR_{B_3-B_2} = 9.1\% < i_0$,所以,$B_2$ 优于 B_3,应选 B_2 方案;

对于 C 部门,求得 $IRR_{C_1} = 50\% > i_0$,$\Delta IRR_{C_2-C_1} = 5\% < i_0$,故 C_1 优于 C_2;$\Delta IRR_{C_3-C_1} = 13.1\% > i_0$,所以,$C_3$ 优于 C_1,应选 C_3 方案。

因此,资金没有限制时,三个部门应分别选择 A_2、B_2 和 C_3,即 A 与 B 部门分别投资 200 万元,C 部门则投资 300 万元。

(2) 由于存在资金限制,三个部门投资方案的选择过程如图 4-10 所示。

从图 4-10 可见,当资金限制在 500 万元之内时,可接受的方案包括 $C_1 - 0$,$A_1 - 0$,$A_2 - A_1$,$C_3 - C_1$,因为这四个增量投资方案的 ΔIRR 均大于 i_0,且投资额为 500 万元。因此,三个部门应选择的方案为 A 部门的 A_2 和 C 部门的 C_3,即 $A_2 + C_3$(A 部门投资 200 万元,C 部门投资 300 万元,B 部门不投资)。

(3) 由于不同的资金供应存在资金成本的差别,把资金成本低的资金优先投资于效率高的方案,即在图 4-10 上将资金成本从小到大画成点线,当增量投资方案的 ΔIRR 小于资金成本时,该方案不可接受。从图 4-10 可见,投资额在 500 万元之下的增量投资方案(即 $C_1 - 0$,$A_1 - 0$,$A_2 - A_1$,$C_3 - C_1$)的 ΔIRR 均大于所对应资金供应的资金成本(即 10% 和 12%),因此,这些方案均可接受,三个部门的选择方案为 $A_2 + C_3$,而且,应将甲供应方式的资金 200 万元投资于 A_2,甲供应方式的其余 100 万元和乙供应方式的 200 万元投资于 C_3。

(4) B 部门必须投资,即 B_2 必须优先选择(此时图 4-10 变成如图 4-11),同样的

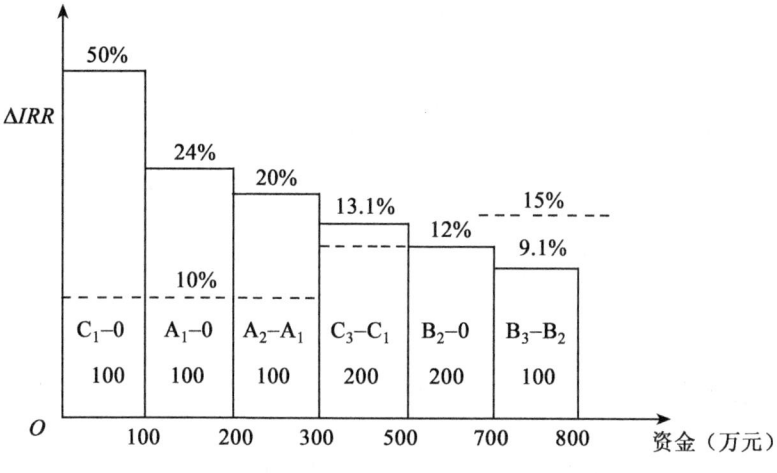

图 4-10　混合方案的 ΔIRR

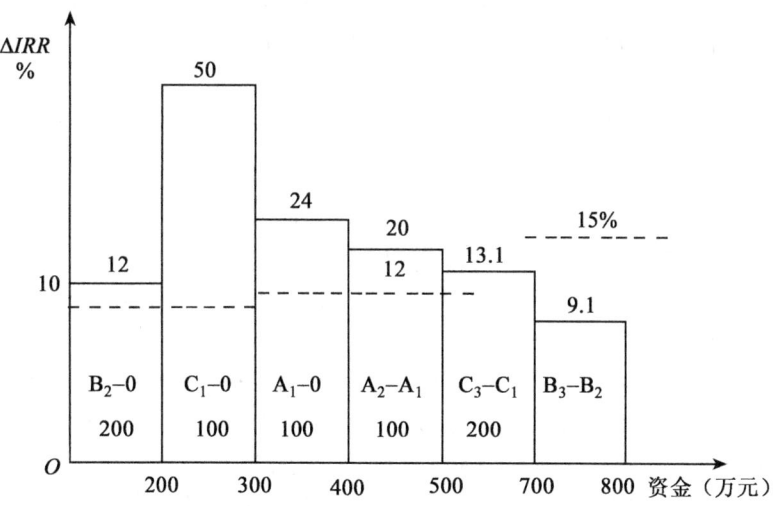

图 4-11　有优先选择的混合方案的 ΔIRR

道理,从图 4-11 可见,三个部门的方案应选择 $B_2 + C_1 + A_2$,即 B 部门投资 200 万元,A 部门投资 200 万元,C 部门投资 100 万元,而且甲供应方式的 300 万元投资于 B 部门 200 万元和 C 部门 100 万元,乙供应方式的 200 万元投资于 A 部门。

小　结

本章介绍了技术方案经济效果评价的三类指标，价值型指标、效率型指标及时间型指标。价值型指标包括净现值、净年值、费用现值和费用年值等；效率型指标包括内部收益率、净现值指数和投资收益率等；时间型指标包括投资回收期、贷款偿还期等。上述指标按是否考虑资金的时间价值可分为静态指标和动态指标。静态指标包括静态投资回收期、投资收益率、贷款偿还期等；动态指标包括净现值、净年值、费用现值和费用年值及内部收益率等。

在价值型指标中，就考察内容而言，费用现值和费用年值指标分别是净现值和净年值的特例；就评价结论而言，净现值与净年值是等效指标，费用现值和费用年值也是等效指标。

一般来讲，内部收益率比较直观，能直接反映项目投资的盈利能力，但当项目在生产期有大量追加投资时，内部收益率方程可能有多个解，而使其失去实际意义。

净现值指标虽然没有内部收益率的缺点，但只能表明项目投资的盈利能力超过、等于或达不到要求的水平，而该项目的盈利能力究竟比要求的水平高多少，则表示不出来。

净现值指数是在净现值基础上发展起来的，可作为净现值的一个补充指标，它反映净现值与投资现值的关系。

投资回收期直观、简单，但其最大的缺点是没有反映投资回收期以后方案的收支情况，因而不能全面反映项目在整个寿命期内的真实的经济效果，一般用于粗略评价。

在独立方案的经济评价中，用净现值、净年值和内部收益率指标来判断项目的可行性，所得出的结论是一致的。

在互斥方案的经济评价中，可采用绝对效果分析方法，或增量效果分析方法。净现值最大准则（以及净年值最大准则、费用现值和费用年值最小准则）是正确的判别准则，而内部收益率最大准则不能保证评价结论的正确性。所以在互斥方案比较中，一般不直接采用内部收益率指标进行比较。增量净现值（净年值）、差额内部收益率及费用现值和费用年值等指标只适合于互斥方案的优劣次序排队而不能决定方案的取舍。

对于寿命不同的互斥方案的比较，可以采用最小公倍数法、年值法和研究期分析法。

在受资金限制方案的选择中，可采用净现值指数排序法和组合方案法。净现值指数排序法在许多情况下，不能保证现有资金的充分利用，不能达到净现值最大的目标。方案组合法能克服这一缺陷。

思考与练习

一、思考

1. 经济效果评价指标可分为几类？它们各包括哪些具体方法？
2. 动态评价指标有哪些？说明各指标的概念、计算公式、判断准则及适用范围。
3. 有资源约束的独立方案有哪些评价方法？如何选择？

二、练习

1. 设 C_1、C_2 为两比较方案的年经营成本，$C_2 < C_1$，K_1、K_2 为两个比较方案的全部投资，且 $K_2 > K_1$，静态差额投资回收期是(　　)。

　　A. $(C_2 - C_1)/(K_2 - K_1)$　　　　B. $(C_2 - C_1)/(K_1 - K_2)$
　　C. $(K_2 - K_1)/(C_1 - C_2)$　　　　D. $(K_2 - K_1)/(C_2 - C_1)$

2. 某建设项目，当 $i_1 = 20\%$ 时，净现值为 78.70 万元；当 $i_2 = 23\%$ 时，净现值为 -60.54 万元，该建设项目的内部收益率为(　　)。

　　A. 14.25%　　　　　　　　B. 21.75%
　　C. 35.65%　　　　　　　　D. 32.42%

3. 有甲乙两方案，其寿命期甲较乙长，在各自的寿命期中，两方案的净现值大于 0 且相等，则(　　)。

　　A. 甲方案较优　　　　　　B. 乙方案较优
　　C. 两方案一样　　　　　　D. 无法评价

4. 互斥方案比选时，用净现值法和增量内部收益率进行项目优选的结论(　　)。

　　A. 相同　　　　　　　　　B. 不相同
　　C. 不一定相同　　　　　　D. 近似

5. 若全部投资的内部收益率增大，则自由资金的内部收益率也同比例增大。(　　)

6. 在常规投资中，只要累计净现金流量大于零，则其内部收益率方程有唯一解，此解就是项目的内部收益率。(　　)

7. 内部收益率的大小主要与项目的初始投资有关。(　　)

8. 采用 NPV 或 IRR 最大准则都能保证互斥方案比选结果的正确性。(　　)

9. 净现值与费用年值是等效评价指标。(　　)

10. 某项目净现金流如表 1 所示。试计算静(动)态投资回收期、净现值、净年值、净现值指数、内部收益率($i = 10\%$)。

表1　　　　　　　　　　　　　　　　　　　　　　　　　　　　单位:万元

年	0	1	2	3	4	5
现金流量	-1 000(投资)	-800(投资)	500	500	500	1 200

11. A、B 两方案为独立方案,净现金流如表2所示,试用净现值和内部收益率准则判断它们的经济性($i=10\%$)。

表2　　　　　　　　　　　　　　　　　　　　　　　　　　　　单位:万元

方案＼年	0	1~10
A	-100	22
B	-60	15

12. 互斥方案A、B、C的净现金流如表3所示,试评价选择($i=12\%$)。

表3　　　　　　　　　　　　　　　　　　　　　　　　　　　　单位:万元

方案＼年	0	1	2	3	4	5
A	-500	200	200	200	200	250
B	-160	-180	180	180	180	180
C	-100	40	40	40	40	60

13. 表4显示了 A、B、C、D 四个方案的净现金流,试判断说明各方案的内部收益率有无解? 有几个? 它们是否为其方案的内部收益率?

表4　　　　　　　　各种不同的现金流量方案　　　　　　　　　　单位:万元

年末	方案A	方案B	方案C	方案D
0	-1 000	-1 000	-1 000	-1 000
1	500	-500	-200	4 700
2	400	-500	-200	-7 200
3	300	-500	-200	3 600
4	200	1 500	-200	0
5	100	2 000	-200	0

14. 某人欲购置一台家用电冰箱,为满足同样的需要,有两种型号可供选择,已知其各项数据如表5所示。若 $i=10\%$,试评价选择。

表5

名称	型号 A	型号 B
购置费	2 500	3 500
年运行费	900	700
残值	200	350
寿命期(年)	5	5

15. 某工程项目有三种可供选择的投资方案,每个方案的已知数据如表6。若基准折现率 $i_0=15\%$,用差额内部收益率法选出最优方案。

表6

名称	方案		
	A1	A2	A3
初始投资	-10 000	-15 000	-8 000
年收益	2 500	1 400	1 900
寿命期	10	10	10

16. 已知:A、B方案的计算期分别为10年和15年,它们的净现金流情况见表7,基准折现率为12%。要求分别用方案重复法和年值法比较这两个项目。

表7

项目 \ 年份	1	2	3	4~9	10	11~14	15
A	-700	-700	480	480	600		
B	-1 500	-1 700	-800	900	900	900	1 400

17. 某企业现有若干互斥方案,有关资料如表8所示。

表8

方案	初始投资	年净收益
A	2 000	500
B	3 000	900
C	5 000	1 380

以上各方案寿命期均为7年,试问:
(1) 当折现率为10%时,资金无限制,哪个方案最佳?
(2) 折现率在什么范围时,B方案最优,且可行?

18. 设有两种可供选择的空气压缩机方案Ⅰ与方案Ⅱ,它们是互斥方案,均能满足同样的工作需要。其有关材料如表9所列,设定收益率为15%,评价和选择最优方案。

表9

方案 \ 项目	投资(寿命期初投入)	年经营费用	净残值	使用年限(年)
方案Ⅰ	3 000	2 000	500	3
方案Ⅱ	4 000	1 600	0	5

19. 非直接互斥方案A、B、C的净现金流如表10所示,已知资金预算600万元,请做出方案选择($i=10\%$)。

表10

方案 \ 年	0(投资)	1~7	8
A	−200	40	50
B	−300	60	70
C	−350	65	70

20. 某厂实施技术改造工程,现有资金80 000元,需要上的项目很多,经过调查继续投资的方向有4个(即4个独立方案),每个投资方向有互斥方案,各方案现金

流量见表11。要求单项投资收益率为12%,寿命期均为5年,试选出最佳的方案组合。

表11　　　　　　　　　　各方案现金流量情况　　　　　　　　（单位:元）

投资方向(独立方案)	互斥方案	投资额(元)(0年)	年净收益(元)1~5年
Ⅰ	A1	10 000	2 505
	B1	20 000	5 548
	C1	30 000	7 904
Ⅱ	A2	20 000	6 399
	B2	40 000	11 700
Ⅲ	A3	20 000	6 266
	B3	30 000	9 321
Ⅳ	A4	10 000	3 200

第五章 不确定性分析

在对项目进行技术经济评价时,一般根据历史的统计数据或经验,对未来的生产状况、经济态势进行预测和判断,但即使采用非常科学的预测方法,也不可避免地存在误差,从而导致预测值与实际值不尽相同,小的误差或许不会带来太多的损失,但是经过若干次放大之后,可能这种误差直接诱发决策错误,并引发整个项目全局性失败。此外,随着项目的投产运行,很多外界环境可能会发生变化,明显不同于预测时比较单纯的外部环境假设条件,因此使得方案经济效果评价中所用的投资、成本、产量、价格等基础数据的估算与实际产生偏差,而这些因素也直接影响方案总体经济指标值,导致最终经济效果实际值偏离预测值,给投资者经营带来风险。由此可见技术经济分析的结论并非绝对的,即存在不确定性。

不确定性分析就是针对上述的不确定性问题所采取的处理方法。它通过运用一定的方法计算出各种不确定性因素对项目经济效益的影响程度来推断项目的抗风险能力,从而为项目决策提供更加准确的依据,同时也有利于对未来可能出现的各种情况有所估计,事先提出改进措施和实施中的控制手段。不确定性分析主要包括盈亏平衡分析、敏感性分析、概率分析和风险决策。

第一节 盈亏平衡分析

20 世纪初,盈亏平衡分析在财务管理中得以运用,随后的半个世纪中,由于企业规模的扩大,固定成本在生产中比重日益增大,该方法得到了经营者的高度重视。因此,盈亏平衡分析作为技术经济分析中常用的基本方法,广泛应用于不确定性分析中。

盈亏平衡分析指在一定市场、生产能力和经营管理条件下,依据项目成本与收益相平衡的原则,确定项目产量、销量、价格等指标的多边界平衡点。

一、量本利关系中基本概念的确立

(一) 销售收入(B)

销售收入等于产品单价与销售量的乘积。一般假定销售收入与销售量呈线性关系,即产品价格是一个常数,不随产品销售量的变化而变化。

用公式表示：
$$B = P \cdot Q \tag{5-1}$$
式中：B——销售收入；
P——单位产品价格；
Q——产品销售量。

但实际中产品销售量明显影响市场价格,随着销售量增多,市场趋于饱和,价格下降,从而使销售收入与产量并非呈严格的线性关系。假定 $P(Q)$ 为价格随产量变化的某种函数关系,则对应于给定销售 Q_t,销售收入为

$$B = \int_0^{Q_t} P(Q) \mathrm{d}Q \tag{5-2}$$

（二）成本（C）

项目投产后,生产和销售产品的总成本费用为 C。按照其是否随产量变动而变动可细分为固定成本、变动成本和半变动成本。

固定成本是指在一定技术水平与生产规模限度内不随产量变动而变动的成本。例如固定资产折旧费、管理人员工资等。变动成本是指在一定技术水平和生产规模限度内随产量变动而变动的成本,如原材料费、燃料费、生产工人的计件工资等。两者的区别如图 5-1 所示。

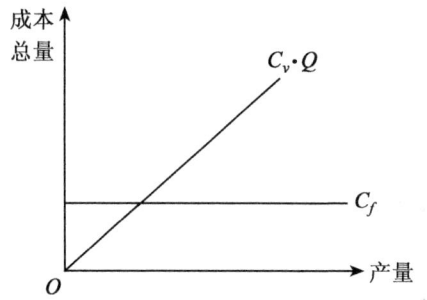
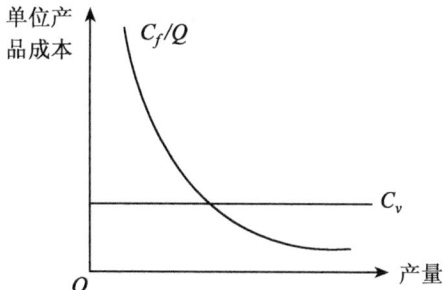

图 5-1 成本与产量关系图

此外,还有一类成本叫半变动成本。这部分成本随产量的变化而有所变动,但不呈严格的正比例关系,而呈阶梯形变化,如运输费、加班工人工资、维修费用等。对这部分成本可按一定的方法将其分解成固定成本和变动成本,因此总成本等于固定成本与变动成本之和。

$$C = C_f + C_v Q \tag{5-3}$$

式中：C——总成本；
C_f——固定成本；
C_v——单位产品变动成本；

Q——产品销售量。

二、独立方案的线性盈亏平衡分析

要使投资项目盈利,则总销售收入必须大于总成本。

又因为 $B = PQ$

$C = C_f + C_v Q$

则项目的利润为

$$R = B - C = PQ - C_f - C_v Q \tag{5-4}$$

对销售量这一因素进行盈亏平衡分析就是要确定销售量的最低值,使工程项目既不盈又不亏,或者说盈利等于零。我们把盈利为零时的销售量称为盈亏平衡点产量(或销售量),设盈亏平衡点销售量为 Q^*,在公式(5-4)中令 $R = 0$,得

$$Q^* = \frac{C_f}{P - C_v} \tag{5-5}$$

若在平面坐标中取销售量(Q)为横坐标,销售收入(B)或总成本(C)为纵坐标,作出 B、C 随 Q 的变化曲线,二者交点所对应的横坐标 Q^* 即盈亏平衡时的销售量,见图 5-2。

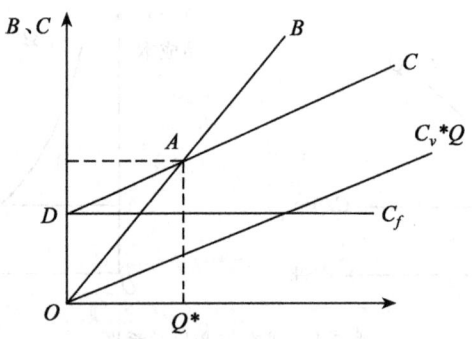

图 5-2 线性盈亏平衡图

可见,当 $Q < Q^*$ 时,$C > B$,$R < 0$,此时项目亏损,亏损额为三角形 DAO 的面积;而当 $Q > Q^*$ 时,$C < B$,$R > 0$,此时项目盈利,盈利额为三角形 BAC 的面积。如果项目设计生产能力为 Q_0,则项目盈亏平衡的生产能力利用率为:

$$E^* = \frac{Q^*}{Q_0} \times 100\% \tag{5-6}$$

若按设计生产能力 Q_0 进行生产和销售,则盈亏平衡价格

$$P^* = \frac{B}{Q_0} = \frac{C}{Q_0} = C_v + \frac{C_f}{Q_0} \tag{5-7}$$

同理若按设计能力进行生产和销售,且销售价格已定,则盈亏平衡时单位产品变动成本为:

$$C_v^* = P - \frac{C_f}{Q_0} \tag{5-8}$$

为了说明经营风险性大小,引入经营安全率(S):

$$S^* = \frac{Q_0 - Q^*}{Q_0} \times 100\% = 1 - \frac{Q^*}{Q} \times 100\% = 1 - E^* \tag{5-9}$$

一般说来,$S^* > 30\%$时,认为项目经营较安全,即盈亏平衡时的销售量$Q^* \leq 70\%$(正常年份销售量),才可认为风险性较小,经营安全。

以上各式对盈亏平衡点的计算没有考虑税金因素。如果考虑税金因素,设T为单位产品的税金,则上述各平衡点的计算公式分别为:

$$Q^* = \frac{C_f}{P - T - C_v} \tag{5-10}$$

$$E^* = \frac{C_f}{(P - T - C_v)Q_0} \times 100\% \tag{5-11}$$

$$P^* = T + C_v + \frac{C_f}{Q_0} \tag{5-12}$$

$$C_v^* = P - T - \frac{C_f}{Q_0} \tag{5-13}$$

从上述盈亏平衡点的计算公式分析可知,盈亏平衡点的产量越高,盈亏平衡点的销售收入越高,盈亏平衡点生产能力利用率越高,盈亏平衡点价格越高和单位产品变动成本越低,项目的风险就越大,安全度越低;反之,则项目安全度越大,项目盈利能力越强,项目承受风险的能力也就越强。

从前面盈亏平衡点的计算公式中还可以看出,固定成本占总成本的比例越高,盈亏平衡点产量就越高,盈亏平衡点单位变动成本就越低。高的盈亏平衡产量和低的盈亏平衡单位产品变动成本意味着项目的经营风险较大,即会导致项目在面临不确定因素的变动时发生亏损的可能性增大。固定成本占总成本的比例一般取决于产品生产的技术要求及工艺设置的选择。通常资金密集型项目的固定成本占总成本的比例较高,因而其风险也较大。

例 5.1 某企业计划生产某种新产品,年设计生产能力为 20 000 件,产品售价为 15 元/件,总成本费用为 230 000 元,其中固定成本 30 000 元,求盈亏平衡时的产量、生产能力利用率、销售价格、单位产品变动成本,并分析其风险性大小。

解:首先计算变动成本:$C_v = \frac{C - C_f}{Q_0} = \frac{230\,000 - 30\,000}{20\,000} = 10$(元/件)

盈亏平衡产量 $Q^* = \frac{C_f}{P - C_v} = \frac{30\,000}{15 - 10} = 6\,000$(件)

盈亏平衡生产能力利率 $E^* = \dfrac{Q^*}{Q_0} \times 100\% = \dfrac{6\,000}{20\,000} \times 100\% = 30\%$

盈亏平衡销售价格 $P^* = C_v + \dfrac{C_f}{Q_c} = 10 + \dfrac{30\,000}{20\,000} = 11.5(元/件)$

盈亏平衡单位产品变动成本 $C_v^* = P - \dfrac{C_f}{Q_c} = 15 - \dfrac{30\,000}{20\,000} = 13.5(元/件)$

经营安全率 $S^* = 1 - E^* = 70\% > 30\%$，经营安全。

因此，通过计算可知，若未来产品销售价格及生产成本与预期值相同，项目不发生亏损的条件是年销售量不低于 6 000 件。生产能力利用率不低于 30%，若生产成本与预期值相同，按设计生产能力进行生产，不亏损的销售价格最少为 11.5 元，而若销售量、产品价格与预期值相同，项目不发生亏损的条件是单位产品变动成本应不高于 13.5 元。

三、多品种产品线性盈亏平衡分析

（一）多品种产品盈亏平衡销售收入计算公式

如果一个工程项目生产多种产品，由于生产中的总固定成本很难分摊到每一种产品上，与此同时，每种产品达到了盈亏平衡，也未必说明整体达到盈亏平衡。因此我们引入综合法和产品分别计算法计算多种产品盈亏平衡销售收入，这两种方法均使用了边际贡献率的概念。所谓边际贡献率(M')即边际贡献(M)与销售收入之比例，或单位贡献与售价之比例。用公式表示为：

$$M' = \dfrac{M}{B} = \dfrac{B - C_v Q}{B} = \dfrac{(P - C_v)Q}{PQ} = \dfrac{P - C_v}{P} \tag{5-14}$$

因此，多品种产品盈亏平衡的销售收入为：

$$B^* = PQ^* = P\dfrac{C_f}{P - C_v} = \dfrac{C_f}{M'} \tag{5-15}$$

式中：B^*——多品种产品盈亏平衡销售收入；

C_f——总固定成本；

M'——边际贡献率。

因此当已知总固定成本，只要求出多品种产品的边际贡献率，就可求出平衡时销售收入。

（二）边际贡献率的计算方法——综合法

该方法首先分别求出总边际贡献与总销售收入，然后求两者的比率，即

$$M' = \dfrac{\sum\limits_{i=1}^{n} Q_i(P_i - C_{vi})}{\sum\limits_{i=1}^{n} Q_i P_i} \tag{5-16}$$

式中:Q_i——第i种产品销售量;
n——产品品种数;
P_i——第i种产品价格;
C_{vi}——第i种产品单位产品变动成本。

(三) *产品分别计算法*

该方法是将各产品生产费用分开计算,对于总固定成本,按一定比例分配到各产品中去,分配方式可按销售收入的比例分配,也可按其他已知成本比例进行分配,计算步骤如下:

各种产品分摊的固定成本:
$$C_{fi} = \frac{B_i}{\sum_{i=1}^{n} B_i} C_f \tag{5-17}$$

式中:C_{fi}——第i种产品分摊的固定成本;
B_i——第i种产品的销售收入。

各种产品盈亏平衡时的销售收入为:
$$B_i^* = \frac{C_{fi}}{M_i} = \frac{C_{fi}}{\frac{P_i - C_{vi}}{P_i}} \tag{5-18}$$

式中:B_i^*——第i种产品盈亏平衡时的销售收入。

则盈亏平衡时的总销售收入为:
$$B^* = \sum_{i=1}^{n} B_i^* \tag{5-19}$$

很明显,两种方法计算出的盈亏平衡总销售额并不相等,原因在于总的边际贡献率并不等于各种产品边际贡献率之和。综合法便于分析全局情况,而分别计算法则有利于分析每种产品盈亏情况。

四、互斥方案盈亏平衡分析

盈亏平衡分析还可以运用在多方案的比选上。若一个共有的不确定性因素影响这些方案的取舍,可以采用盈亏平衡分析方法,帮助正确决策。

设两个方案经济效果(E_1, E_2)受同一个不确定性因素x的影响,且可表示成x的函数,即有

$$E_1 = f_1(x) \text{ 和 } E_2 = f_2(x)$$

当两个方案经济效果相同即$E_1 = E_2$时,有$f_1(x) = f_2(x)$

使其成立的x值,即为两方案的优劣平衡点,结合对不确定因素x未来取值范围的预测,就可以作出相应的决策。

例5.2 建设某项目有三种方案,采用方案一,固定成本600万元,单位可变成本为10元;方案二,固定成本400万元,单位可变成本12元;方案三,固定成本200万元,单位可变成本16元,试分析各方案在各种生产规模下的优劣。

解:设 Q(万件)为产量,则各方案总成本为

$$C_1 = C_{f1} + C_{v1} \cdot Q = 600 + 10Q$$
$$C_2 = C_{f2} + C_{v2} \cdot Q = 400 + 12Q$$
$$C_3 = C_{f3} + C_{v3} \cdot Q = 200 + 16Q$$

各方案总成本曲线见图5-3。

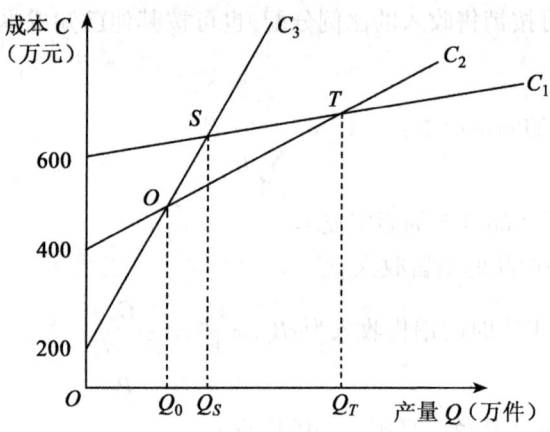

图5-3 各方案总成本与产量关系图

从图5-3可知,三条曲线两两相交于 O、S、T 三个交点。

当 $Q < Q_0$ 时,$\min\{C_1, C_2, C_3\} = C_3$,选择第3个方案;

当 $Q_0 < Q < Q_T$ 时,$\min\{C_1, C_2, C_3\} = C_2$,选择第2个方案;

当 $Q > Q_T$ 时,$\min\{C_1, C_2, C_3\} = C_1$,选择第1个方案。

令 $C_3 = C_2$,求得 $Q_0 = \dfrac{C_{f2} - C_{f3}}{C_{v3} - C_{v2}} = 50$(万件)

令 $C_1 = C_2$,求得 $Q_T = \dfrac{C_{f1} - C_{f2}}{C_{v2} - C_{v1}} = 100$(万件)

例5.3 某企业加工一种产品需用某种设备,现有A、B两种设备可供选择。A设备:初始投资20万元,预期年运行费为15万元;B设备:初始投资40万元,预期年运行费为10万元,使用年限均为8年,问基准折现率为多少时选A设备有利。

解:设基准折现率为 i_0,两种设备费用的现值分别为:

$$PC_A = 20 + 15(P/A, i_0, 8)$$
$$PC_B = 40 + 10(P/A, i_0, 8)$$

令 $PC_A = PC_B$,有 $20 + 15(P/A, i_0, 8) = 40 + 10(P/A, i_0, 8)$

解得 $i_0 = 18.65\%$。

当基准折现率 $i_0 = 18.65\%$ 时,A、B 设备的费用现值相等。当 $i_0 < 18.65\%$ 时,B 设备的费用现值较低,应选用 B 设备。当 $i_0 > 18.65\%$ 时,A 设备的费用现值较低,应选用 A 设备。

第二节 敏感性分析

一、敏感性分析与敏感因素

敏感性分析是项目经济效果评价中常用的一种不确定性分析方法。敏感性分析是通过分析、预测项目的主要不确定因素发生变化对经济评价指标的影响程度,从而对项目承受各种风险的能力作出判断,为项目决策提供可靠依据。

影响项目经济评价指标的不确定性因素很多,一般有产品销售量(产量)、产品售价、主要原材料和动力的价格、固定资产投资、经营成本、建设工期和生产期等。其中有的不确定因素的微小的变化会引起评价指标值发生很大的变化,对项目经济评价的可靠性产生很大的影响,则这些不确定因素称为敏感因素;反之,称为不敏感因素。与不敏感因素相比,敏感因素的变化给项目带来的风险会更大一些,所以,敏感性分析的核心问题,是从众多的不确定因素中找出敏感因素,并提出有针对性的控制措施,为决策项目服务。

二、敏感性分析的步骤

(一)确定分析指标

分析指标是敏感性分析的具体分析对象。评价一个项目经济效果的指标有多个,如净现值、内部收益率、投资回收期等,它们都可以作为敏感性分析指标。但是,对于某一个具体的项目而言,没有必要对所有的指标都作敏感性分析,因为不同的项目有不同的特点和要求,因此,敏感性分析指标的选择应针对实际的需要而定。选择的原则有两点:(1)敏感性分析的指标应与确定性分析的指标相一致,不应超出确定性分析所用指标的范围另立指标;(2)确定性经济分析中所用指标比较多时,应选择最能够反映该项目经济效益、最能够反映该项目经济合理与否的一个或几个最重要的指标作为敏感性分析的对象。一般最常用的敏感性分析的指标是内部收益率和净现值等动态指标,此外还可以将投资回收期和借款偿还期等静态指标作为分析对象。

(二)设定需要分析的不确定因素和其变动范围

影响项目方案经济指标的因素众多,不可能也没有必要对全部不确定因素逐个进行分析。应该根据经济评价的要求和项目的特点,将发生变化的可能性比较大、对项目方案经济效益影响比较大的几个主要因素设定为不确定因素。对于一般的项目而言,常用做敏感性分析的因素有投资额、建设期、产量或销售量、价格、经营成本、折现率等。对于具体的项目来说,还要作具体的选择和考虑,并且根据实际情况设定所选因素可能的变动范围。

(三) 计算设定的不确定因素变动对经济指标的影响数值,找出敏感因素

假定一次变动一个或多个不确定因素,其他因素不变,重复计算各种可能的不确定因素的变化对经济指标影响的具体数值。然后采用敏感性分析计算表或分析图的形式,把不确定因素的变动与经济指标的对应数量关系反映出来。能使经济指标相对变化最大的或分析图中曲线斜率最大的因素,即为敏感因素。

项目对不确定因素的敏感程度还可以表示为经济效果评价指标达到临界点的程度,如内部收益率等于基准收益率、净现值等于 0 时,允许某个不确定因素变化的最大幅度,即极限变化,如果该不确定因素的变化超过了此极限,则该项目不能接受。

(四) 结合确定性分析进行综合评价,并对项目的风险情况作出判断

根据敏感因素对方案评价指标的影响程度及敏感因素的多少,判断项目风险的大小,结合确定性分析的结果作进一步的综合判断,寻求对主要不确定因素变化不敏感的项目,为项目决策进一步提供可靠的依据。

三、敏感性分析应用举例

敏感性分析可以是对单一因素的分析,即假定其他因素不变,只分析一个不确定因素的变化对项目经济效果的影响,称为单因素敏感性分析;也可以是对多个因素的分析,即考察多个因素同时变化时对项目经济效果的影响程度,称为多因素敏感性分析。单因素敏感性分析计算简单,结果明了,但实际上它是一种理想化了的敏感性分析方法。现实中,许多因素的变动都是具有相关性的,一个因素的变动往往会伴随着其他因素的变动,单纯考虑单个不确定因素的变化对经济效果评价指标的影响不能够真实地反映现实的实际情况,因此,具有一定的局限性。弥补这种不足的方法是进行多因素敏感性分析,这样才能更准确地判断项目的风险情况。多因素敏感性分析需要考虑多种不确定因素可能发生的不同变动幅度的多种组合,计算起来比单因素敏感性分析要复杂得多,可编制相应程序,应用电子计算机进行计算。

例 5.4 假设某项目,初始投资为 1 000 万元,当年建成并投产,预计可使用 10 年,每年销售收入 700 万元,年经营费用 400 万元,设基准折现率为 10%。试分别对初始投资和年销售收入、经营成本三个不确定因素作敏感性分析。

解:设初始投资额为 K,年销售收入为 B,年经营成本为 C,用净现值指标评价本项目经济效果,计算公式为

$$NPV = -K + (B - C)(P/A, 10\%, 10)$$

代入相关数据得 $NPV = -1000 + (700 - 400) \times 6.144 = 843.2(万元)$

下面用净现值指标分别对初始投资、年销售收入和年经营成本三个不确定性因素进行单因素敏感性分析。

设投资额变动百分比为 X,分析投资额对方案净现值影响的计算公式为:
$$NPV = -K(1+X) + (B-C)(P/A,10\%,10)$$
设销售收入变动百分比为 Y,分析销售收入对方案净现值影响的计算公式为:
$$NPV = -K + [B(1+Y) - C](P/A,10\%,10)$$
设经营成本变动百分比为 Z,分析经营成本对方案净现值影响的计算公式为:
$$NPV = -K + [B - C(1+Z)](P/A,10\%,10)$$

按照这三个公式,根据原始数据,分别取不同的 X、Y 和 Z 的值,可确定不同幅度下变动的不确定因素所产生的方案净现值,计算结果见表 5-1,并相应绘出敏感性分析图,见图 5-4。

表 5-1　　　　　　净现值指标敏感性分析计算表　　　　　　单位:万元

变动率 因素	-20%	-15%	-10%	-5%	0	5%	10%	15%	20%
投资额	1 043.2	993.2	943.2	893.2	843.2	793.2	743.2	693.2	643.2
年销售收入	-16.96	198.08	413.12	628.16	843.2	1 058.24	1 273.28	1 488.32	1 703.36
年经营成本	1 334.7	1 211.84	1 088.96	966.08	843.2	720.32	597.32	474.56	351.68

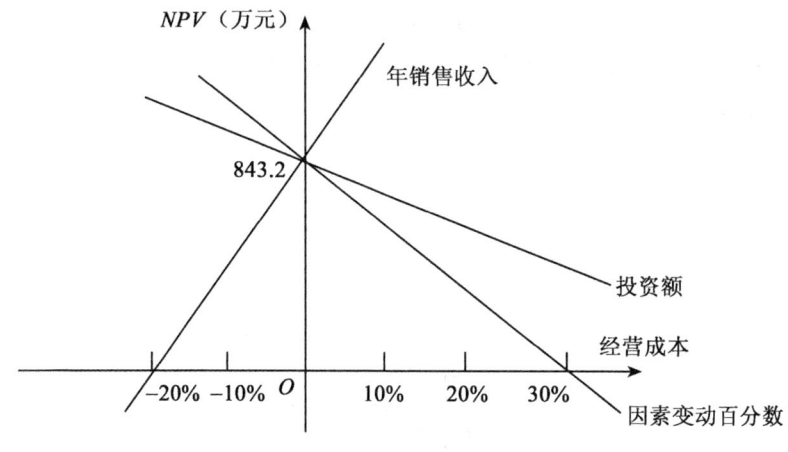

图 5-4　敏感性分析图

由表 5-1 和图 5-4 可看出,在同样的变动率下,年销售收入对方案净现值影响最大,年经营成本影响程度次之,而投资额影响程度最小。

在前面三个公式中,令 $NPV=0$,则有
$$X = 84.32\%, \quad Y = -19.6\%, \quad Z = 34.3\%$$
即,如果年销售收入和经营成本不变,投资额高于预期值 84.32%,方案不可接受。同理,当投资额和年经营成本不变,年销售收入减少 19.6% 以下时方案不可接受;而若投资额和年销售收入不变,年经营成本增加 34.3% 以上,方案不可接受,因此年销售收入是最敏感性因素。因此,在方案选择时,必须对年销售收入进行准确的预测,否则,如果年销售收入低于预测的 19.6%,则会使投资面临较大的风险。同时,这一分析结果也告诉我们如果实施这一方案,还必须严格控制经营成本,因为降低经营成本,也是提高项目经济效益的重要途径。

实际中,影响方案经济效果的许多因素具有相关性,往往一个因素的变化也带动了其他因素的变化,而并不像单因素分析中可以假定其他因素均不发生变化,仅仅认为只有一个因素发生变动。多因素同时变化对经济效果的影响,并不是单因素敏感性的简单叠加,因此不能忽略参数间相互影响。

例 5.5 根据例 5.4 给出的数据进行多因素敏感性分析。

解:如果同时考虑投资额与销售收入的变动,分析这两个因素同时变动时对方案净现值的影响。假设投资额变动比例为 X,销售收入变动比例为 Y,则
$$NPV = -K(1+X) + [B(1+Y) - C](P/A, 10\%, 10)$$
将相关数据代入上式计算得:
$$NPV = 843.2 - 1\,000X + 4\,300.8Y$$
取 NPV 的临界值,即令 $NPV=0$,则有
$$843.2 - 1\,000X + 4\,300.8Y = 0 \quad Y = 0.233X - 0.196$$
这是一个直线方程,可在直角坐标中描绘出来,见图 5-5,此直线为 $NPV=0$ 的临界线,在临界线上,$NPV=0$。

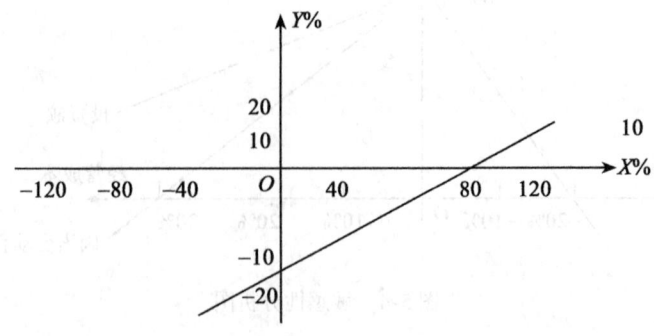

图 5-5 双因素敏感性分析

在临界线左上方区域 $NPV>0$,在右下方区域 $NPV<0$,也就是说,若投资额与销售收入同时变动,只要不超过左上方区域(包括临界线上的点),方案都可接受。

如果分析投资额、经营成本和年销售收入三个因素同时变动对净现值影响,如上例,假设投资额变化率为 X,年销售收入变化率为 Y,经营成本变化率为 Z,则有:

$$NPV = -K(1+X) + [B(1+Y) - C(1+Z)](P/A,10\%,10)$$

代入有关数据:

$$NPV = 843.2 - 1\,000X + 4\,300.8Y - 2\,457.6Z$$

当 $Z = +20\%$ 时,$Y = 0.233X - 0.082$

当 $Z = +10\%$ 时,$Y = 0.233X - 0.139$

当 $Z = -10\%$ 时,$Y = 0.233X - 0.253$

当 $Z = -20\%$ 时,$Y = 0.233X - 0.310$

在坐标图上,这是一组平行线,见图 5-6。

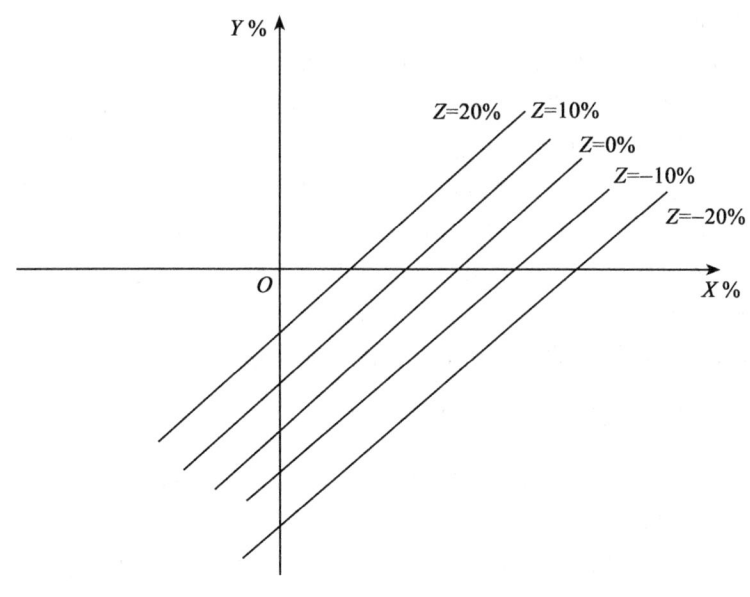

图 5-6 三因素敏感性分析

这一组平行线描述了投资额、经营成本和年销售收入三因素变动对净现值的影响程度,可看出经营成本增大,临界线向左上方移动,可行域变小;而若经营成本减少,临界线向右下方移动,可行域增大。

敏感性分析具有分析指标具体,能与项目方案的经济评价指标紧密结合,分析方法容易掌握,便于决策等优点。有助于找出影响项目经济效益的敏感因素及其影响程度,对于提高项目经济评价的可靠性具有重要意义。但是,敏感性分析也有一定的局限性,它不能明确表示某个因素变动对项目经济评价指标影响的可能性有多大,以及在这种可能性下,对评价指标的影响程度如何。因此,根据评价项目的特点和实际需要,有条件时还应该进行概率分析。此外,在敏感性分析中,项目的不确定因素的变化幅度往往由分析人员主观确定,如果事先未作认真的调查研究,或收集的数据不全、不准,敏感性分析得出的结果很可能带有较大的片面性,甚至导致决策失误。因此,运用敏感性分析方法时,必须注意各种影响因素之间的相互关系,广泛开展调查研究,尽量使收集的数据客观、完整,才能克服预测中的主观片面性,为决策者提供可靠的依据。

第三节 概率分析与风险决策

概率分析是研究不确定因素和风险因素按一定概率变动时,对项目方案经济评价指标的影响的一种定量分析方法。其目的是为在不确定情况下选择投资项目或方案提供科学依据。

概率分析的关键是确定各种不确定因素变动的概率。确定事件概率的方法有客观概率和主观概率两类方法。通常把以客观统计数据为基础确定的概率称为客观概率;把以人为预测和估计为基础确定的概率称为主观概率。由于投资项目很少重复过去的同样模式,所以,对于大多数技术项目来讲,不大可能单纯用客观概率就能完成,尚需要结合主观概率进行分析。但是,确定主观概率时应该十分慎重,否则会对分析结果产生不利影响。无论采用何种方法确定不确定因素变动的概率,都需要作大量的调查研究和数据处理工作。只有掌握的信息量足够时,概率分析的结论才科学可靠。因此,信息、情报的收集和整理工作是概率分析的基础工作。

一、投资方案经济效果的概率描述与决策

在自然界和社会中通常有两大类现象:一类是在一定条件下必然会发生的现象(或必定不发生的现象);另一类是无法事先确知结果的现象,被称为随机现象。我们把对随机现象进行的观察或试验称为随机试验。随机试验在相同条件下可以反复进行,而且每次试验的结果不能事先确定,称随机试验的每一个可能结果为一个随机事件。我们把随机事件与一个变量联系起来,一个变量在随机试验中可以取得不同的数值,这些数值在试验前无法确定,而对于一次具体的试验它的取值又是确定的,则称这样的变量为随机变量。

严格来说,影响项目经济效果的大多数因素(如投资额、成本、产品价格、销售量、项目寿命期等)都是随机变量,即我们可以预测其未来可能的取值范围,估计各种取值的概率,但不能肯定地预知它们确知的取值。项目的经济效果指标是由这些因素的取值决定的,所以,实际上项目的经济效果指标也是随机变量。

描述随机变量的主要参数有期望值、标准差和变异系数,以下分别给出其计算公式及决策原则。

(一)经济效果的期望值

投资方案经济效果的期望值是指在一定概率分布条件下,投资效果所能达到的概率平均值。其一般表达式为:

$$E(x) = \sum_{i=1}^{n} x_i p_i \tag{5-20}$$

式中:$E(x)$——变量的期望值;

x_i——变量 x_i 状态下的取值($i=1,2,\cdots,n$);

p_i——变量 x_i 出现的概率;

n——未来状态的个数。

例5.6 已知某方案的净现值及概率如表5-2所示,试计算该方案净现值的期望值。

表5-2　　　　　　　　　　方案的净现值及其概率

净现值(万元)	23.5	26.2	32.4	38.7	42	46.8
概　率	0.1	0.2	0.3	0.2	0.1	0.1

解:根据期望值计算公式,可得

$E(NPV) = 23.5 \times 0.1 + 26.2 \times 0.2 + 32.4 \times 0.3 + 38.7 \times 0.2 + 42 \times 0.1 + 46.8 \times 0.1 = 33.93(万元)$

即这一方案净现值的概率平均值为33.93万元。

(二)经济效果的标准差

标准差反映了一个随机变量实际值与其期望值偏离的程度。这种偏离程度在一定意义上反映了投资方案风险的大小。标准差的一般计算公式为:

$$\sigma = \sqrt{\sum_{i=1}^{n} P_i [x_i - E(x)]^2} \tag{5-21}$$

式中:σ——变量 x 的标准差;

其他符号意义同公式(5-20)。

例5.7 利用例5.6中的数据,试计算投资方案净现值的标准差。

解:例5.6中已计算出的净现值的期望值 $E(NPV) = 33.93$ 万元,则标准差为:

$\sigma = [0.1 \times (23.5 - 33.93)^2 + 0.2 \times (26.2 - 33.93)^2$
$\quad + 0.3 \times (32.4 - 33.93)^2 + 0.2 \times (38.7 - 33.93)^2$
$\quad + 0.1 \times (42 - 33.93)^2 + 0.1 \times (46.8 - 33.93)^2]^{1/2}$
$\quad = 7.15(万元)$

(三)经济效果的变异系数

标准差虽然可以反映随机变量的离散程度,但它是一个绝对量,其大小与变量的数值及期望值大小有关。一般而言,变量的期望值越大,其标准差也越大。特别是需要对不同方案的风险程度进行比较时,标准差往往不能够准确反映风险程度的差异。为此引入另一个指标,称做变异系数。它是标准差与期望值之比,即:

$$V = \frac{\sigma(x)}{E(x)} \tag{5-22}$$

由于变异系数是一个相对数,不会受变量和期望值绝对值大小的影响,能更好地反映投资方案的风险程度。

当对多个投资方案进行比较时,如果是效益指标,则认为期望值较大的方案较优;如果是费用指标,则认为期望值较小的方案较优。如果期望值相同,则标准差较小的方案风险更低;如果多个方案的期望值与标准差均不相同,则变异系数较小的方案风险更低。

例 5.8 某公司要从三个互斥方案中选择一个方案。

各个方案的净现值及其概率情况如表 5.3 所示,从中选择最优方案。

表 5-3 各方案净现值、自然状态及概率

市场销路	概率	方案净现值(万元)		
		A	B	C
销路差	0.25	2 000	0	1 000
销路一般	0.50	2 500	2 500	2 800
销路好	0.25	3 000	5 000	3 700

解: 1. 计算各方案净现值的期望值和标准差

$$E_A(x) = \sum_{i=1}^{n} x_i P_i = 2\,000 \times 0.25 + 2\,500 \times 0.5 + 3\,000 \times 0.25$$
$$= 2\,500(万元)$$

同理可得

$$E_B(x) = 2\,500(万元)$$
$$E_C(x) = 2\,576(万元)$$
$$\sigma_A = \sqrt{P_i [x_i - E(x)]^2}$$
$$= \sqrt{0.25 \times (2\,000 - 2\,500)^2 + 0.5 \times (2\,500 - 2\,500)^2 + 0.25 \times (3\,000 - 2\,500)^2}$$
$$= 353.55$$

同理可得

$$\sigma_B = 1\,767.77$$

$\sigma_C = 980.75$

2. 根据方案净现值的期望值和标准差评价方案

因为方案 A 与方案 B 净现值的期望值相等,均为 2 500 万元,故需要通过比较它们的标准差来决定方案的优劣取舍。

在前面的计算中有:

$\sigma_A < \sigma_B$,方案 A 风险较小,其经济效益优于方案 B,所以,舍去方案 B 保留方案 A。

对方案 A 与方案 C 进行比较选择。由于它们净现值的期望值不相等,方案 C 净现值的期望值大于方案 A,但是方案 A 净现值的标准差小于方案 C,究竟哪个方案较为经济合理不是那么明显,故必须通过计算它们各自的变异系数,才能进一步确定这两个方案风险的大小和优劣取舍。

3. 计算变异系数

$$V_A = \sigma_A/E_A(x) = 353.55/2\ 500 = 0.141$$
$$V_C = \sigma_C/E_C(x) = 980.75/2\ 575 = 0.381$$

因为 $V_A < V_C$,所以方案 A 的风险比方案 C 小,而两方案的净现值差别不是太大,因此,最后应选择方案 A 为最优投资方案。

二、投资方案风险分析

投资方案风险通常可以用达到检验标准的可能性大小来分析判断。这种分析判断的方法有许多种,这里主要介绍图表法和解析法。

(一)图表法

如果方案经济效果指标的概率分布不明确或者无法用分布描述时,或者经济效果指标服从曲线概率分布的情况,则可运用图表法进行风险判断。它一般通过计算各种状态下经济效果指标和对应发生的概率,再通过图表描述出来。下面举例说明。

例 5.9 某拟建项目初始投资 2 000 万元,销售收入、经营成本主要受产品市场状态和原材料市场状态的影响。产品市场状态分为畅销、一般和滞销,记为 Q_{11}、Q_{12}、Q_{13},而原材料市场状态可分为供大于求、供需平衡和供小于求,记为 Q_{21}、Q_{22}、Q_{23},经调查和预测,各种状态出现的概率和相应的现金流如表 5-4 所示,当基准折现率为 10% 时,试对该项目的风险进行分析。

表 5-4　　　　　　　**不确定性因素及发生概率、现金流量表**

产品市场状态及概率	$Q_{11} = 0.2$	$Q_{12} = 0.7$	$Q_{13} = 0.1$
销售收入(1~6 年)(万元)	820	640	500
原材料市场状态及概率	$Q_{21} = 0.3$	$Q_{22} = 0.3$	$Q_{23} = 0.4$
经营成本(1~6 年)(万元)	150	200	350

解:(1)首先将产品市场状态与原材料市场状态进行组合(假定两种状态相互独立),如表 5-5 所示。

(2)计算每种组合状态下的净现值,如表 5-5 所示。

(3)将净现值从小到大重新排列,并改变其序号,其排序结果如表 5-6 所示。从表 5-6 可知,项目的净现值的期望值为

$$E(NPV) = \sum_{i=1}^{9} NPV_i P_i = -183.84(万元) < 0$$

所以项目不可行。

(4)利用表 5-6 绘制项目风险图,见图 5-7。

表 5-5 各种不同组合状态下净现值的计算

序号	状态组合	发生概率 P_i	现金流量(万元)			净现值 (万元)NPV ($i=10\%$)
			0 年投资	1~6 年销售收入	1~6 年经营成本	
1	$Q_{11} \cap Q_{21}$	0.06	-2 000	820	-150	917.85
2	$Q_{11} \cap Q_{22}$	0.06	-2 000	820	-200	700.1
3	$Q_{11} \cap Q_{23}$	0.08	-2 000	820	-350	46.85
4	$Q_{12} \cap Q_{21}$	0.21	-2 000	640	-150	133.95
5	$Q_{12} \cap Q_{22}$	0.21	-2 000	640	-200	-83.8
6	$Q_{12} \cap Q_{23}$	0.28	-2 000	640	-350	-737.05
7	$Q_{13} \cap Q_{21}$	0.03	-2 000	500	-150	-475.75
8	$Q_{13} \cap Q_{22}$	0.03	-2 000	500	-200	-693.35
9	$Q_{13} \cap Q_{23}$	0.04	-2 000	500	-350	-1 346.75

表 5-6 净现值累计概率表

序号	状态组合	净现值 NPV ($i=10\%$)	发生概率 P_i	累计概率
1	$Q_{13} \cap Q_{23}$	-1 346.75	0.04	0.04
2	$Q_{12} \cap Q_{23}$	-737.05	0.28	0.32
3	$Q_{13} \cap Q_{22}$	-693.35	0.03	0.35

续表

序号	状态组合	净现值 NPV ($i=10\%$)	发生概率 P_i	累计概率
4	$Q_{13} \cap Q_{21}$	-475.75	0.03	0.38
5	$Q_{12} \cap Q_{22}$	-83.8	0.21	0.59
6	$Q_{11} \cap Q_{23}$	46.85	0.08	0.67
7	$Q_{12} \cap Q_{21}$	133.95	0.21	0.88
8	$Q_{11} \cap Q_{22}$	700.1	0.06	0.94
9	$Q_{11} \cap Q_{21}$	917.85	0.06	1

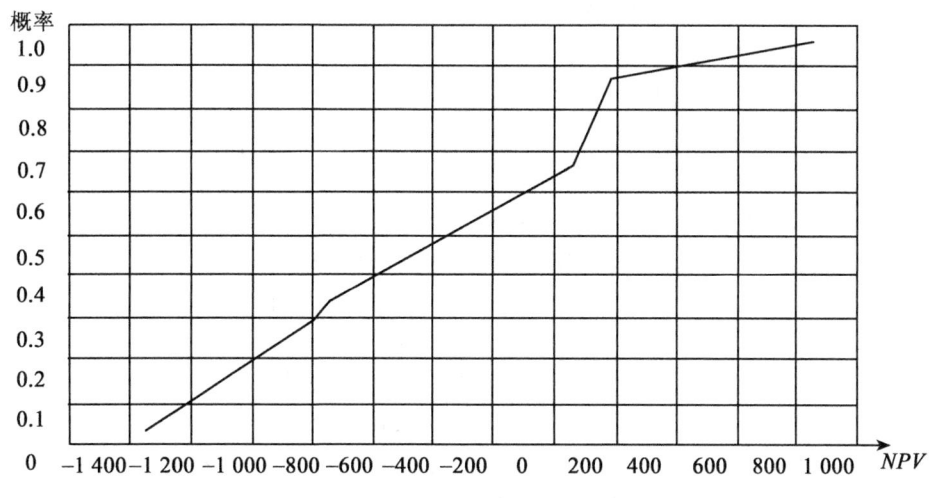

图 5-7　净现值的累计概率图

从图 5-7 可以看出,该项目净现值小于零的概率为 0.62;而净现值大于 0 的概率只为 0.38,由此可见,该项目的风险较大,投资者应该慎重决策。

(二) 解析法

如果状态的分布满足于连续型随机变量的特征,能用分布函数进行描述,我们可以直接用解析法判断风险的大小。一般来说,经济评价指标随机变量倾向于服从正态分布,而这种分布函数能够准确描述不同的净现值所对应发生的概率。通过数值计算,我们可以较合理的测算出方案最可能达到的净现值。

若项目的净现值服从正态分布 $N(\mu,\sigma^2)$,即有分布函数

$$F(x) = \frac{1}{\sqrt{2\pi}\sigma}\int_{-\infty}^{x} e^{-\frac{(t-\mu)^2}{2\sigma^2}} dt \tag{5-23}$$

令 $u = \dfrac{t-\mu}{\sigma}$，上式可转化为标准正态分布函数

$$F(x) = \frac{1}{\sqrt{2\pi}}\int_{-\infty}^{\frac{x-\mu}{\sigma}} e^{-\frac{u^2}{2}} du = \Phi\left(\frac{x-\mu}{\sigma}\right) \tag{5-24}$$

令 $Z = \dfrac{x-\mu}{\sigma}$，由标准正态分布表可以直接查出 $x < x_0$ 的概率值：

$$P(x < x_0) = P\left(Z < \frac{x_0-\mu}{\sigma}\right) = \Phi\left(\frac{x_0-\mu}{\sigma}\right) \tag{5-25}$$

例 5.10 某方案的净现值是连续型随机变量，服从 $N(324, 247^2)$，求
(1) 净现值 $NPV > 0$ 的概率
(2) 净现值 $NPV \leqslant 400$ 的概率

解： 根据公式 (5-25) 知

$$P(x < x_0) = P\left(Z < \frac{x_0-\mu}{\sigma}\right) = \Phi\left(\frac{x_0-\mu}{\sigma}\right)$$

(1) 则净现值 $NPV > 0$ 的概率是：

$$\begin{aligned}P(NPV>0) &= 1 - P(NPV \leqslant 0) \\ &= 1 - P\left(Z \leqslant \frac{0-324}{247}\right) \\ &= 1 - P(Z \leqslant -1.311) \\ &= P(Z \leqslant 1.311)\end{aligned}$$

由标准正态分布表可以得到：$P(Z \leqslant 1.311) = 0.905$，所以：$P(NPV > 0) = 0.905$
说明该项目绝大多数情况下净现值是大于 0 的，亏损的可能性较小，即项目风险较小。

(2) 净现值 $NPV \leqslant 400$ 的概率

$$\begin{aligned}P(NPV \leqslant 400) &= P\left(Z \leqslant \frac{400-324}{247}\right) \\ &= P(Z \leqslant 0.308)\end{aligned}$$

由标准正态分布表可以得到：$P(Z \leqslant 0.308) = 0.622$
所以：$P(NPV \leqslant 400) = 0.622$
说明该项目净现值不超过 400 的可能性还是存在的。

三、概率分析基础上的风险决策

概率分析可以给出方案经济效果指标的期望值、标准差和变异系数以及经济效

果指标的实际值发生在某一区间的概率,这为人们在风险条件下决定方案取舍提供了依据和原则,下面依据这些原则,对风险决策问题的决策方法作一介绍。

(一) 风险决策的条件

风险决策的条件有:

1. 存在着决策人希望达到的目标(如利润最大或损失最小);
2. 存在着两个或两个以上可供决策者选择的行动方案;
3. 存在着两个或两个以上不以决策者的主观意志为转移的自然状态;
4. 可以计算出不同方案在不同自然状态下的损益值(即经济效果指标);
5. 各种自然状态出现的概率可以预测或估计。

(二) 风险决策的矩阵法

假设对于风险决策问题,有 m 个方案 $A_1, A_2, \cdots, A_m$;有 n 个自然状态 $\theta_1, \theta_2, \cdots, \theta_n$;每个自然状态 $\theta_j (j=1,2,\cdots,n)$ 出现的概率为 P_j;各方案 $A_i (i=1,2,\cdots,m)$ 在状态 $\theta_j (j=1,2,\cdots,n)$ 下的损益值矩阵为 $V_{m \times n}$,列示如下:

$$V = \begin{bmatrix} V_{11} & V_{12} & \cdots & V_{1n} \\ \vdots & \vdots & & \vdots \\ V_{m1} & V_{m2} & \cdots & V_{mn} \end{bmatrix}$$

若以 $P = (P_1, P_2, \cdots, P_n)^T$ 表示概率向量;$E = (E_1, E_2, \cdots, E_m)^T$ 表示期望损益值向量,各元素 $E_k (k=1,2,\cdots,m)$ 为方案 A_K 的期望损益值。

则有:$E = VP$ (5-26)

表 5-7 列出了风险决策的矩阵模型。

表 5-7 风险决策的矩阵模型

方案 \ 损益值 \ 自然状态 概率	θ_1	θ_2	$\cdots$	θ_n	E
	P_1	P_2	$\cdots$	P_n	
A_1	V_{11}	V_{12}	$\cdots$	V_{1n}	E_1
A_2	V_{21}	V_{22}	$\cdots$	V_{2n}	E_2
$\vdots$	$\vdots$	$\vdots$	$\cdots$	$\vdots$	$\vdots$
A_m	V_{m1}	V_{m2}	$\cdots$	V_{mn}	E_m

根据期望值原则进行决策:当损益值为费用时,$\min\{E_i | i=1,2,\cdots,m\}$ 对应的方案为最优方案;当损益值为收益时,则 $\max\{E_i | i=1,2,\cdots,m\}$ 对应的方案为最优方案。

例 5.11 某拟建项目,有四种方案(方案 A_1, A_2, A_3, A_4)。据预测,产品上市后可能面临三种前景:

(1) 很受欢迎,售价较高(记为 θ_1),该状态出现的概率 $P(\theta_1) = 0.2$

(2) 销路一般(θ_2),且 $P(\theta_2)=0.5$

(3) 销路较差(θ_3),且 $P(\theta_3)=0.3$

已知四种方案在各状态下的净现值如表 5-8 所示。

表 5-8　　　　　　　　各方案在各状态下的净现值

状态		θ_1	θ_2	θ_3
概率		$P(\theta_1)=0.2$	$P(\theta_2)=0.5$	$P(\theta_3)=0.3$
方案	A_1	50	100	−20
	A_2	40	90	−10
	A_3	30	70	10
	A_4	30	50	20

试进行分析决策。

解:由 $E=VP$,有:

$$\begin{bmatrix} E_1 \\ E_2 \\ E_3 \\ E_4 \end{bmatrix} = \begin{bmatrix} 50 & 100 & -20 \\ 40 & 90 & -10 \\ 30 & 70 & 10 \\ 30 & 50 & 20 \end{bmatrix} \begin{bmatrix} 0.2 \\ 0.5 \\ 0.3 \end{bmatrix} = \begin{bmatrix} 54 \\ 50 \\ 44 \\ 37 \end{bmatrix}$$

$$\max=\{E_i \mid i=1,2,3,4\}=E_1=54(万元)$$

即按最大期望值原则,应选择方案 A_1。

(三)决策树法

风险决策问题可以利用一种树型决策网络描述与求解,这种方法称为决策树法。图 5-8 为用决策树描述的例 5-11 中的风险决策问题。

决策树由不同的节点和分枝组成。符号"□"表示的节点称为决策节点,由决策节点引出的每一分枝表示一个可供选择的方案;符号"○"表示的节点称为状态节点,从状态节点引出的每一分枝表示一种可能发生的状态,每一状态分枝的末端为结果节点,用符号"△"表示。画决策树的顺序是从左至右,决策树画完后,应对每一节点进行编号,以便分析。根据各种状态发生的概率与相应的损益值分别计算每一方案的损益期望值,计算的顺序是从右至左,并将其计算的结果标在相应的节点上,就可以直观地判断出应选择哪个方案,将余下的方案剪掉。

决策树法常用于多级风险决策问题。所谓多级风险决策即需要进行两次或两次以上的决策,才能选出最优方案的决策问题。下面举例说明。

例 5.12　某公司为了适应市场的需要,准备扩大生产能力,有两种方案可供选择。第一方案为建大厂;第二方案是先建小厂,后考虑扩建。如建大厂,需要投资

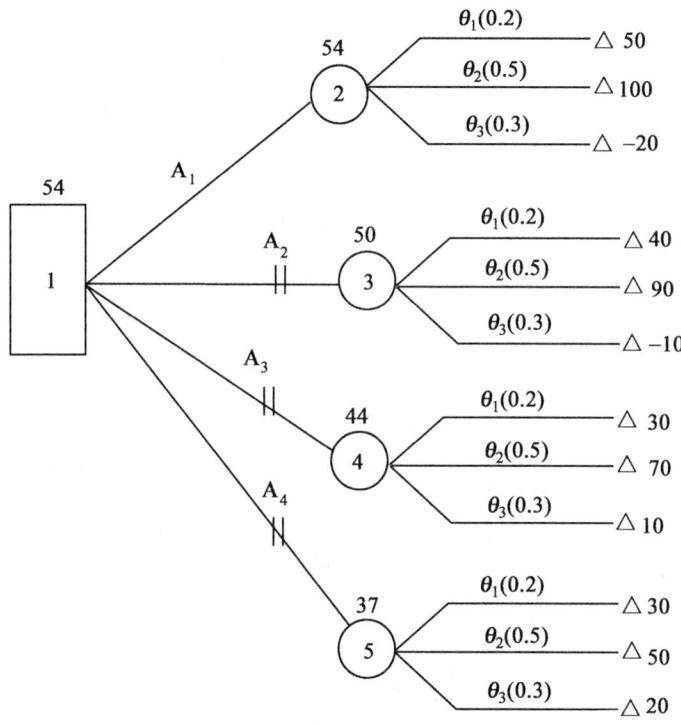

图 5-8 用决策树描述的风险决策问题

700 万元,在市场销路好时,每年收益 210 万元,销路差时,每年亏损 40 万元。在第二方案中,先建小厂,如销路好,3 年后考虑是否进行扩建。建小厂的投资为 300 万元,在市场销路好时,每年收益 90 万元,销路差时,每年收益 60 万元。如果 3 年后扩建,扩建投资为 400 万元,收益情况同第一方案。未来前 3 年市场销路好的概率为 0.7,销路差的概率为 0.3;如果前 3 年销路好,则后 7 年销路好的概率为 0.9,销路差的概率为 0.1。如果前 3 年销路差,则后 7 年必定销路差。无论选用何种方案,使用期均为 10 年。试作出最佳扩建方案决策。

解:① 根据已知资料画出决策树图(见图 5-9)。

② 计算损益期望值。

建大厂 10 年的损益期望值为:$[0.9×210+0.1×(-40)]×7×0.7+1.0$
$×(-40)×7×0.3+0.7×210×3+0.3×$
$(-40)×3-700=527.5(万元)$

建小厂 3 年后扩建、后 7 年的损益期望值为:$0.9×210×7+0.1×(-40)×7$
$-400=895(万元)$

建小厂 3 年后不扩建、后 7 年的损益期望值为:$0.9×90×7+0.1×60×7=609$

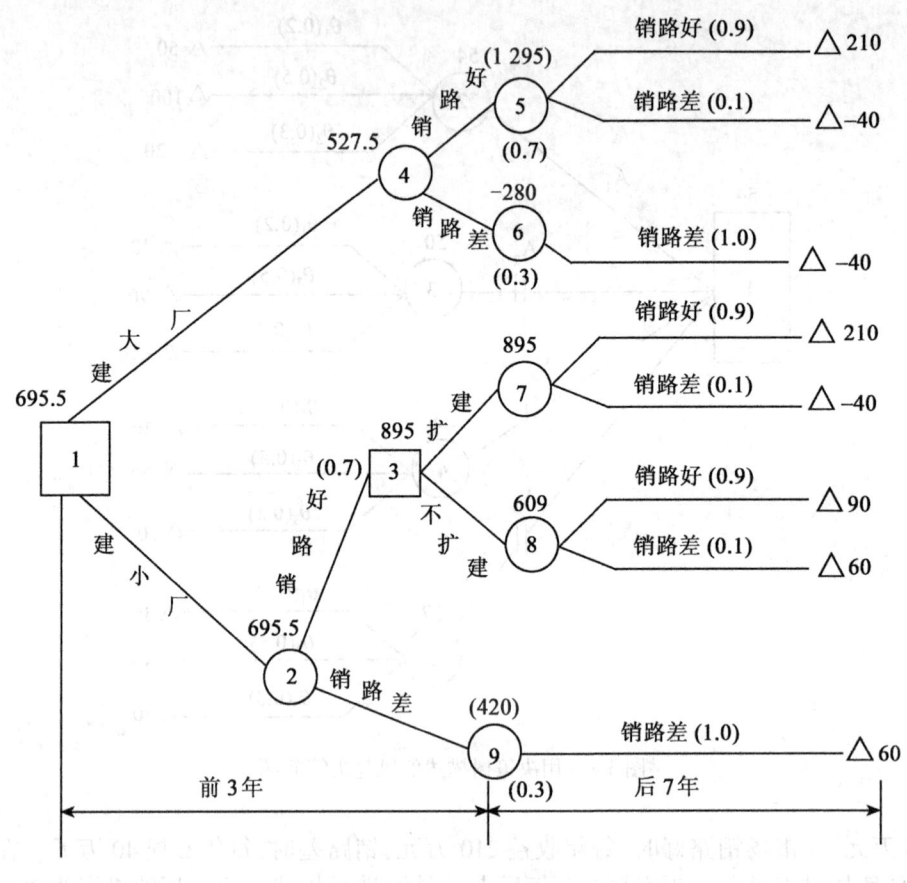

图 5-9 二级决策树

(万元)

比较建小厂 3 年后是否扩建的损益期望值有:max[895,609] = 895(万元)

损益期望值为 895 万元,为扩建方案的损益期望值,因此,剪掉不扩建方案分枝。

建小厂扩建后 10 年的损益期望值为:$0.7 \times (90 \times 3 + 895) + 0.3 \times 60 \times 10 - 300 = 695.5$(万元)

比较建大厂、建小厂的损益期望值有:max[559.9,695.5] = 695.5(万元)

③ 剪枝。各决策点的剪枝从右向左进行。

损益期望值为 695.5 万元,为先建小厂后扩建方案的损益期望值,因此,剪掉建大厂的方案分枝。于是,可以得出结论:该厂采取第二方案为最佳,即先建小厂,如 3 年后销路好再扩建。

小　结

本章所介绍的不确定性分析方法是项目经济评价中常用的方法,它们都有各自的特点,适用的情况不同,反映的问题、揭示的结果也不同。

盈亏平衡分析方法最为简单,无论是从计算上,还是从原理上讲皆如此。仅仅通过对项目的量、本、利之间的平衡关系进行分析计算,找出平衡点就可以了解项目对市场需求变化的适应能力。掌握各种不确定因素的变化对项目盈亏平衡的影响,从而决策者清楚在什么环节上下功夫,才能使一笔投资得到最有效的利用。通过盈亏平衡分析还有助于了解项目可承受的风险程度。

但盈亏平衡分析方法也有其局限性,这种局限性来源于这种方法建立的假定前提条件。因为盈亏平衡点的计算需要假定销售量等于生产量,而且在计算任一平衡点指标时,都要假定其他的因素不变且已知。这些前提约束条件都是理想化的条件,在实际中很难得到满足。因此,尽管盈亏平衡分析方法是一种很实用的不确定性分析方法,但仍只能作为对项目评价检验的辅助手段。

敏感性分析方法是投资决策中进行方案优选和评审项目的不可缺少的决策手段。敏感性分析在一定程度上就各种不确定因素的变动对项目经济效果的影响作了定量描述,有助于决策者更为详细地了解各方面的风险情况,帮助决策者进行正确决策。此外,敏感性分析还有助于确定在决策过程中及实施过程中需要重点研究和控制的因素。

但是敏感性分析方法也有其不足之处。敏感性分析只是指出了项目经济效果评价指标对各种不确定因素的敏感程度,以及项目可行所能允许的不确定因素变化的极限值,却没有考虑各种不确定因素在未来发生各种变化的概率,因此不能够表明不确定因素的变化对经济效果评价指标发生某种影响的可能性,以及在这种可能性下对经济评价指标的影响程度,所以,这种分析的结论难免带有很大的片面性。这种片面性必须借助于概率分析来弥补。

概率分析从某种程度上可以说是敏感性分析的继续和补充。因为它对不确定因素发生变化以及由此带来的风险的可能性大小作了更为详细的定量描述,从而使决策者能够对项目的风险水平作出比较准确的判断。因此,概率分析能给决策者提供一个更加符合实际的风险决策模型。但概率分析中应用到的概率分布大多是靠经验预测出来的,不可避免地带有一定的主观随意性。因此,在实际运用概率分析方法对项目进行审查和决策时,只能是做到尽量使估测接近实际。

思考与练习

一、思考
1. 简述盈亏平衡分析概念和分析方法。
2. 简述敏感性分析的步骤、作用及局限性。

二、练习
1. 某方案实施后有三种可能:情况好时,净现值为 1 200 万元,概率为 0.4;情况一般时,净现值为 400 万元,概率为 0.3;情况差时净现值为 -800 万元。该项目的期望净现值为(   )。

  A. 600 万元   B. 400 万元
  C. 360 万元   D. 500 万元

2. 盈亏平衡点单位产品变动成本是根据(   )设定的。
  A. 固定成本、设计生产能力和确定的价格
  B. 盈亏平衡价格、设计生产能力和确定的成本
  C. 确定的产量、固定成本和确定的价格

3. 某设计方案年产量为 12 万吨,已知每吨产品的销售价格为 675 元,每吨产品缴付的销售税金(含增值税)为 165 元,单位可变成本为 250 元,年总固定成本费用为 1 500 万元。试求产量的盈亏平衡点、盈亏平衡点的生产能力利用率。(   )

  A. 6.77,48.08%   B. 5.77,48.08%
  C. 5.77,58.08%   D. 5.57,48.08%

4. 敏感性分析的目的是从各(   )中找出敏感因素,判断敏感因素发生不利变化时投资方案的承受能力。

  A. 经济评价指标   B. 不确定因素
  C. 现金流量发生时刻   D. 投资方案

5. 盈亏平衡生产能力利用率应该小于或等于设计的生产利用率。(   )
6. 盈亏平衡点产量越大,或盈亏平衡单位产品价格越高,则项目的风险越大。(   )
7. 在概率分析中,不确定因素的概率分布是未知的。(   )
8. 通常把盈亏平衡价格设置为产品的市场价格。(   )
9. 在不确定因素中,发生变化的概率较大的次敏感因素对项目的财务效果的影响有可能大于发生变化的概率较小的最敏感因素产生的影响。(   )
10. 某集团公司准备上一个新项目,生产某产品。设计生产能力为年产 1 000 万件,单位产品售价预计为 20 元/件,每年的固定成本为 4 000 万元,单位产品变动成本为 12 元/件。请分别求出以年产量、生产能力利用率、单位产品售价、单位产品变动成本表示的盈亏平衡点。

11. 某生产工艺固定成本总额为 5 万元,每件产品价格为 30 元。当产量小于或等于 3 000 件时,每件产品的变动成本为 4 元。当产量大于 3 000 件时,需要组织加班生产,超过 3 000 件部分的单位变动成本上升为 4.5 元,税金每件 1 元,求:

(1) 盈亏平衡点的产销量;

(2) 生产 4 000 件的利润额;

(3) 产品价格下降 30%,总固定成本上升 20%,其他各项费用均不变时的盈亏平衡点产销量。

12. 某家具制造厂生产一种书柜,售价 150 元,年固定费用为 19 万元,每生产一个书柜的材料费为 52 元,支付工人工资 20 元,其他变动费用为 8 元。请作出如下决策:(1) 要使工厂不亏本,每年至少要生产多少?(2) 如果工厂第一年内只能生产 2 000 台,按这一产量进行生产,企业能获利吗?如果考虑在第一年允许亏损 3 万元以下进行生产,企业该如何操作?(3) 如果企业要获得 10 万元/年的利润,至少应该生产多少?(4) 如果企业最大生产能力为 5 000 台/年,那么企业最高可得多少利润?

13. 加工某种产品有两种备选工艺,若选用工艺 A 需初始投资 40 万元,加工每件产品的费用为 16 元,若选用工艺 B 需初始投资 60 万元,加工每件产品的费用为 12 元。假定任何一年的残值均为零,试回答下列问题:

(1) 若生产年限为 8 年,基准折现率为 12%,年产量为多少时选用工艺 B 比较有利?

(2) 若生产年限为 8 年,年产量 13 000 件,基准折现率在什么范围内选用工艺 A 比较有利?

(3) 若年产量 15 000 件,基准折现率为 12%,生产年限多长时选用工艺 B 比较有利?

14. 某设备投资方案的有关费用、收入预测如下表所列。试分别分析设备使用寿命、年收入和年支出三个因素变化时,方案净现值的敏感性?

项目	寿命(年)	期初投资(元)	残值(元)	年收入(元)	年支出(元)	贴现率
数值	5	50 000	10 000	25 000	11 000	8%

15. 建设项目年初投资 140 万元,建设期 1 年,生产经营期 9 年,i_0 为 10%。经科学预测,在生产经营期每年销售收入为 80 万元的概率为 0.5,在此基础上年销售收入增加或减少 20% 的概率分别为 0.3 和 0.2;每年经营成本为 50 万元的概率为 0.5,增加或减少 20% 的概率分别为 0.3 和 0.2。假设此项目的投资额不变,其他因素的影响忽略不计。试计算该投资项目净现值的期望值以及净现值大于或等于零的累计概率,判断项目风险程度。

16. 某公司为满足某地区对某一产品的需求设计了三个方案。A_1：新建一个大厂，投资 320 万元；A_2：新建一个小厂，投资 140 万元；A_3：先建一个小厂，投资 140 万元，如果销路好，3 年后再考虑扩建，扩建需投资 200 万元。根据预测，该产品前 3 年销路好的概率为 0.7，销路差的概率为 0.3；如果前 3 年销路好，后 7 年销路好的概率为 0.9，销路差的概率为 0.1。如果前 3 年的销路差，则后 7 年的销路必定差。每个方案的年收益如下表所示，试进行决策。

自然状态	大厂	小厂	先小后大	
销路好	160	80	80	160
销路差	−40	20	20	−40

第六章 项目的财务评价

为了科学地选择投资项目,实现投资活动预期的目标,必须对拟建项目进行可行性研究,而投资项目财务评价是可行性研究的重要内容之一。本章首先介绍可行性研究的含义、作用、内容,然后系统介绍投资项目财务评价的基本概念、评价内容及方法。

第一节 可行性研究概述

一、可行性研究的含义及作用

可行性研究是专门为决定某一特定项目是否合理可行,而在实施前对该项目进行调查研究及全面的技术经济分析论证,为项目决策提供科学依据的一种科学分析方法。由此考察项目经济上的合理性、盈利性,技术上的先进性、适用性,实施上的可能性、风险性。

可行性研究要回答的问题有:为什么要进行这个项目?项目的建设条件是否具备?项目的产品或劳务市场的前景如何?项目的规模多大?项目厂址选在何处?项目所需的各种原材料、燃料及动力供应条件怎样?项目采用的设备和工艺技术是否先进可靠?项目的筹资方式、融资渠道、盈利水平以及风险程度如何等。可行性研究是从项目选择立项、建设到生产经营的全过程来考察分析项目的可行性,为投资者的最终决策提供直接的依据。

可行性研究的作用主要表现在以下几个方面:

(一) 为项目投资决策提供依据

一个项目的成功与否及效益如何,会受到社会的、自然的、经济的、技术的诸多不确定因素的影响,而项目的可行性研究,有助于分析和认识这些因素,并依据分析论证的结果提出可靠的或合理的建议,从而为项目的决策提供科学依据。

(二) 为项目向银行等金融机构申请贷款、筹集资金提供依据

银行是否给一个项目贷款融资,其依据是这个项目能否按期足额归还贷款本息。银行只有在对贷款项目的可行性研究进行全面细致的分析评价之后,才能确认是否给予贷款。例如,世界银行等国际金融组织都视项目的可行性研究报告为项目申请

贷款的先决条件。

(三) 为项目设计、实施提供依据

在可行性研究报告中,对项目的建设方案、产品方案、建设规模、厂址、工艺流程、主要设备和总图布置等作了较为详细的说明,因此,在项目的可行性研究得到审批后,即可以作为项目编制设计的依据。

只有经过项目可行性研究论证,被确定为技术可行、经济合理、效益显著、建设与生产条件具备的投资项目,允许项目单位着手组织原材料、燃料、动力、运输等供应条件和落实各项投资项目的实施条件,才能为投资项目顺利实施作出保证。项目的可行性研究是项目实施的主要依据。

(四) 为项目签订有关合同、协议提供依据

项目的可行性研究是项目投资者与其他单位进行谈判、签订承包合同、设备订货合同、原材料供应合同、销售合同及技术引进合同等的重要依据。

(五) 为项目进行后评价提供依据

要对投资项目进行投资建设、生产活动全过程的事后评价,就必须以项目的可行性研究作为参照物,并以其作为项目后评价的对照标准。尤其是项目可行性研究中有关效益分析的指标,无疑是项目后评价的重要依据。

(六) 为项目组织管理、机构设置、劳动定员提供依据

在项目的可行性研究报告中,一般都需对项目组织机构的设置、项目的组织管理、劳动定员的配备方案及其培训、工程技术及管理人员的素质及数量要求等作出明确的说明,故项目的可行性研究可作为项目组织管理、机构设置及劳动定员的依据。

二、可行性研究的目的

建设项目的可行性研究是项目进行投资决策和建设的先决条件和主要依据。可行性研究的主要目的可概括为以下几点:

(一) 避免错误的项目投资

由于科学技术、经济和管理科学发展很快,市场竞争激烈,客观要求在进行项目投资决策之前做出准确无误的判断,避免错误的项目投资。

(二) 减小项目的风险性

现代化的建设项目规模大、投资额巨大,如轻易做出投资决策,一旦遭到风险,损失太大。

(三) 避免项目方案多变

建设项目方案的可靠性、稳定性是非常重要的。因为项目方案的多变无疑会造成人力、物力、财力的巨大浪费和时间的延误,这将大大影响建设项目的经济效果。

(四) 保证项目不超支、不延误

做到在估算的投资额范围以内和预定的建设期限以内使项目竣工交付使用。

（五）对项目因素的变化心中有数

对项目在建设过程中或项目竣工后,可能出现的有些相关因素的变化后果,做到心中有数。

（六）达到投资的最佳经济效果

投资者往往不满足于一定的资金利润率,要求在多个可能的投资方案中优选最佳方案,力争达到最好的经济效果。

如果不做可行性研究,或者虽然做而深度不够时,则不能达到以上目的,而将带来一系列不良后果。

三、可行性研究阶段及内容

（一）可行性研究阶段

可行性研究工作分为投资机会研究、初步可行性研究、详细可行性研究三个阶段。由于对基础资料的占有程度、研究深度及可靠性程度等要求不同,可行性研究各个研究阶段的目的、任务、要求以及所需费用和时间也不相同,其研究的深度和可靠程度也不同。它们之间的关系具体可见表6-1。

表6-1　　　　项目可行性研究的阶段划分及内容深度比较表

研究阶段	主要任务	研究所需时间	投资估算的精确度（%）	研究费用占总投资的比例（%）
机会研究	寻找投资机会,选择项目	1～3月	±30	0.2～1
初步可行性研究	筛选项目方案,初步估算投资	3～5月	±20	0.25～1.25
详细可行性研究	对项目方案作深入的技术、经济论证,提出结论性建议,确定项目投资的可行性	小项目0.5～1年 大项目1～2年	±10	1～3 0.8～1

（二）可行性研究的内容

可行性研究的内容,随行业不同有所差别,不同行业各有侧重。就一般工业投资项目来说,其可行性研究报告应包括以下几个方面的内容:

1. 项目背景和发展概况

说明项目的发起过程、提出的理由、前期工作的发展过程、投资者的意向、投资的必要性等。

(1) 项目提出的背景

内容包括：国家或地区、行业发展规划，项目发起人以及发起缘由。

(2) 项目发展概况

内容包括在项目可行性研究前所进行的工作情况：已进行的调查研究项目及其成果，试验试制工作(项目)情况，厂址初步勘察和初步测量工作情况，项目建议书的编制、提出过程。

(3) 投资的必要性

2. 市场分析与建设规模

(1) 市场调查

内容包括：拟建项目产出物用途调查，产品现有生产能力调查，产品产量及销售量调查，替代产品调查，产品价格调查，国外市场调查。

(2) 市场预测

内容包括：国内市场需求预测，项目产品消费对象，产品消费条件，产品更新周期特点，可能出现的替代产品，产品使用中可能产生的新用途，产品出口或进口替代分析，价格预测。

(3) 市场销售策略

内容包括：推销方式，包括企业自销、国家收购部分，经销人代销及代销人情况分析；推销措施；促销价格制定；产品销售费用预测。

(4) 产品方案和建设规模

内容包括：产品方案，列出产品名称、规格、标准；建设规模。

(5) 产品销售收入预测

根据确定的产品方案、建设规模和预测的产品价格，估算产品销售收入。

3. 建设条件与厂址选择

按建议的产品方案和规模来研究资源、原料、燃料、动力等需求和供应的可靠性，并对可供选择的厂址进行进一步技术和经济分析，确定厂址方案。

(1) 资源和原材料

内容包括：资源情况，原材料、主要辅助材料的需要量及供应，燃料、动力及生产、生活用水的供应，主要原材料、燃料、动力费用的估算，需要做生产试验的原料等。

(2) 建设地区的选择

选择建厂地区，除需符合行业布局、国土开发整治规划外，还应考虑资源、区域地质、交通运输和环境保护等方面。说明自然条件、基础设施、社会经济条件、其他应考虑的因素。

(3) 厂址选择

内容包括：厂址多方案比较，包括地形、地貌、地质比较，占用土地比较，拆迁情况比较,各项费用比较;厂址推荐方案,包括推荐厂址的位置图,叙述厂址地貌、地理、地形的优缺点和推荐理由,环境条件分析,占用土地种类分析,推荐厂址的主要技术经济数据。

4. 项目技术方案

说明应采用的生产方式,工艺和工艺流程,重要设备及其相应的总平面布置,主要车间组成及建筑物、构筑物形式等技术方案,并在此基础上,估算土建工程量及其他工程量。

(1)项目组成

列出厂内外所有单项工程、配套工程,包括生产设施、后勤、运输、生活福利设施等。

(2)生产技术方案

说明产品生产所采用的工艺技术、生产方法、主要设备、测量自控装备等技术方案。内容包括:主要产品和副产品的质量标准,生产方法,技术参数和工艺流程,主要工艺设备选择,主要原材料、燃料、动力消耗指标,主要生产车间布置方案。

(3)总平面布置和运输

内容包括:总平面布置应根据项目各单项工程、工艺流程、物料投入与产出、废弃物排出及原材料储存、厂内外交通运输等情况,按厂址的自然条件、生产要求与功能以及行业、专业的设计规范进行安排;厂内外运输方案、仓储方案、占地面积及分析。

(4)土建工程

内容包括:主要建筑物、构筑物的建筑特征及结构设计,特殊基础工程设计,建筑材料,土建工程造价估算。

(5)其他工程

内容包括:给排水工程,动力及公用工程,地震设防,生活福利设施。

5. 环境保护与劳动安全

对环境有影响的项目,必须执行环境影响报告的审批制度,并在可行性研究报告中,对环境保护和劳动安全作专门论述。环境保护内容包括:建设地区的环境现状,项目主要污染源和主要污染物,项目拟采用的环境保护标准,治理环境的方案,环境监测制度的建议,环境保护投资估算,环境影响评价结论。

劳动保护与安全卫生,内容包括:生产过程中职业危害因素的分析,职业安全卫生的主要设施,劳动安全与职业卫生机构,消防措施和方案建议。

6. 企业组织与劳动定员

根据项目规模、项目组成和工艺流程,研究提出相应的企业组织机构、劳动定员总额及劳动力来源和相应的人员培训计划。

(1)企业组织

内容包括:企业组织形式,企业工作制度。

(2)劳动定员和人员培训

内容包括:劳动定员,年工资总额和职工年平均工资估算,人员培训和费用估算。

7. 项目实施进度安排

说明项目实施时期对各个阶段的各个工作环节进行统一规划、综合平衡以后的安排。

(1)项目实施阶段

内容包括:建立项目实施管理机构,资金筹集安排,技术获取和转让,勘察设计,设备订货,施工准备,施工生产准备,竣工验收。

(2)项目实施进度表

内容包括:横道图,网络图。

(3)项目实施费用

内容包括:土地征用费,勘察设计费,建设管理费,生产筹备费,生产职工培训费,办公和生活家具购置费,其他支出费用。

8. 投资估算与资金筹措

(1)项目总投资估算

内容包括:固定资产投资总额,无形资产和递延资产投资总额,流动资产投资总额。

(2)资金筹措

说明资金来源和每一种来源资金的筹措方案,并附上必要的计算表格。

(3)投资使用计划和借款偿还计划

9. 财务效益、经济效益和社会效益评价

(1)生产成本和销售收入估算

内容包括:生产总成本,单位成本,销售收入估算。

(2)财务效益评价

从企业微观经济的角度,用现行价格说明项目建成后的获利能力、债务偿还能力及外汇平衡能力等财务状况,判断项目投资在财务上的可行性。

(3)国民经济效益评价

从国民经济宏观角度,用影子价格、影子汇率、影子工资和社会折现率等经济参数,计算、分析该项目需要国家付出的经济代价和对国家的贡献,说明投资行为的经济合理性和宏观可行性。

(4)不确定性分析

用盈亏平衡分析、敏感性分析、概率分析等方法,分析、说明不确定因素对项目投资经济效益指标的影响,以确定项目的可靠性。

(5)社会效益和环境影响的分析

对不能定量分析的社会效益和环境影响进行定性描述。

10. 结论与建议

根据前面各部分的研究分析结果,对项目在技术上、经济上进行全面的评价,对投资建设方案进行总结,提出结论性意见和建议,对推荐的拟建方案的建设条件、产品方案、工艺技术、经济效益、社会效益、环境影响提出结论性意见;对主要的对比方案进行说明;对可行性研究中尚未解决的主要问题提出解决办法和建议;对应修改的主要问题进行说明,提出修改意见;对不可行的项目,说明不可行的理由;对可行性研究中主要争论的问题说明评议结果。

项目可行性研究报告,还应有必要的附图和附表等资料。

第二节 项目财务评价概述

一、财务评价的概念

项目财务评价就是从企业(或项目)角度,根据国家现行价格和各项现行的经济、财政、金融制度的规定,分析测算拟建项目直接发生的财务效益和费用,编制财务报表,计算评价指标,考察项目的获利能力、贷款清偿能力以及外汇效果等财务状况,来判别拟建项目的财务可行性。

各个投资主体、各种投资来源、各种筹资方式兴办的大中型和限额以上的建设项目,均需进行财务评价。对费用效益计算比较简单、建设期和生产期比较短、不涉及进出口平衡的项目,当财务评价的结果能够满足最终决策的需要时,可只进行财务评价,不进行国民经济评价。此时,项目的决策即以项目的财务可行性为依据。

二、财务评价的作用

项目的财务评价无论是对项目投资主体,还是对为项目建设和生产经营提供资金的其他机构或个人,均具有十分重要的作用。主要表现在:

(一) 考察项目的财务盈利能力

项目的财务盈利水平如何,能否达到国家规定的基准收益率,项目投资的主体能否取得预期的投资效益,项目的清偿能力如何,是否低于国家规定的投资回收期,项目债权人权益是否有保障等,是项目投资主体、债权人,以及国家、地方各级决策部门、财政部门共同关心的问题。因此,一个项目是否值得兴建,首先要考察项目的财务盈利能力等各项经济指标,进行财务评价。

(二) 为项目制定适宜的资金规划

确定项目实施所需资金的数额,根据资金的可能来源及资金的使用效益,安排恰当的用款计划及选择适宜的筹资方案,都是财务评价要解决的问题。项目资金的提供者们据此安排各自的出资计划,以保证项目所需资金能及时到位。

(三)为协调企业利益和国家利益提供依据

有些投资项目是国计民生所急需的,其国民经济评价结论好,但财务评价不可行。为了使这些项目具有财务生存能力,国家需要用经济手段予以调节。财务分析可以通过考察有关经济参数(如价格、税收、利率等)变动对分析结果的影响,寻找经济调节的方式和幅度,使企业利益和国家利益趋于一致。

(四)为中外合资项目提供双方合作的基础

对中外合资项目的外方合营者而言,财务评价是作出项目决策的惟一依据。项目的财务可行性是中外双方合作的基础。中方合营者视审批机关的要求,需要时还要进行国民经济评价。

三、财务评价的内容

判断一个项目财务上可行的主要标准是:项目盈利能力、债务清偿能力、外汇平衡能力及承受风险的能力。因此,为判别项目的财务可行性所进行的财务评价应该包括以下基本内容:

(一)识别财务收益和费用

识别收益和费用是项目财务评价的前提。收益和费用是针对特定目标而言的。收益是对目标的贡献;费用则是对目标的反贡献,是负收益。项目的财务目标是获取尽可能大的利润。因此,正确识别项目的财务收益和费用应以项目为界,以项目的直接收入和支出为目标。至于那些由于项目建设和运营所引起的外部费用和收益,只要不是直接由项目开支或获得的,就不是项目的财务费用或收益。项目的财务收益主要表现为生产经营的产品销售(营业)收入;财务费用主要表现为建设项目投资、流动资金投资、经营成本和税金等各项支出。此外,项目得到的各种补贴、项目寿命期末回收的固定资产余值和流动资金等,也是项目得到的收入,在财务评价中视做收益处理。

(二)收集、预测财务评价的基础数据

收集、预测的数据主要包括:预计产品销售量及各年度产量;预计的产品价格,包括近期价格和预计的价格变动幅度;固定资产、无形资产、递延资产和流动资金投资估算;成本及其构成估算。这些数据大部分是预测数,因此这一步骤又称为财务预测。财务预测的质量是决定财务分析成败和质量的关键。财务预测的结果可用若干基础财务报表归纳整理,主要有:投资估算表、折旧表、成本表、利润表等。

(三)编制财务报表

为分析项目的盈利能力需编制的主要报表有:现金流量表、损益表及相应的辅助报表;为分析项目的清偿能力需编制的主要报表有:资产负债表、资金来源与运用表及相应的辅助报表;对于涉及外贸、外资及影响外汇流量的项目为考察项目的外汇平衡情况,尚需编制项目的财务外汇平衡表。

(四)财务评价指标的计算与评价

由上述财务报表,可以比较方便地计算出各项财务评价指标。通过与评价标准或基准值的对比分析,即可对项目的盈利能力、清偿能力及外汇平衡等财务状况做出评价,判别项目的财务可行性。财务评价的盈利能力分析要计算财务内部收益率、净现值、投资回收期等主要评价指标,根据项目的特点及实际需要,也可计算投资利润率、投资利税率、资本金利润率等指标。清偿能力分析要计算资产负债率、借款偿还期、流动比率、速动比率等指标。

第三节 项目资金规划与清偿能力分析

项目资金规划的主要内容是资金筹措与资金的使用安排。资金筹措包括资金来源的开拓和对来源、数量的选择,资金的使用包括资金的投入、贷款偿还、项目运营的计划。下面分别阐述这些问题。

一、项目筹资渠道与特点

项目的各种资金来源从总体上看,可以划分为债务资金和股权资金两类。债务资金包括发行债券、借款、租赁融资等;股权资金包括吸收直接投资、发行股票、企业的保留盈余资金等。

(一)债务资金

1. 发行债券

债券是借款单位为筹集资金而发行的一种信用凭证,它证明持券人有权按期取得固定利息并到期收回本金。我国发行的债券又可分为国家债券、地方政府债券、企业债券和金融债券。

(1)债券筹资的优点

①支出固定。不论企业将来盈利如何,它只需付给持券人固定的债券利息。

②企业控制权不变。债券持有者无权参与企业管理。因此公司原有投资者控制权不因发行债券而受到影响。

③少纳所得税。合理的债券利息可计入成本,实际上等于政府为企业负担了部分债券利息。

④可以提高自有资金利润率。如果企业投资报酬率大于债券的利息率,由于财务杠杆的作用,发行债券可提高股东投资报酬率。

(2)债券筹资的缺点

①固定利息支出会使企业承受一定的风险。特别是在企业盈利波动较大时,按期偿还本息较为困难。

②发行债券会提高企业负债比率,增加企业风险,降低企业的财务信誉。

③债券合约的条款常常对企业的经营管理有较多的限制。如限制企业在偿还期内再向别人借款、未按时支付到期债券利息不得发行新债券、限制发行股票等,所以企业发行债券在一定程度上约束了企业从外部筹资的扩展能力。

一般来说,当企业预测未来市场销售情况良好、盈利稳定、预计未来物价上涨较快,企业负债比率不高时,可以考虑以发行债券的方式进行筹资。

2. 借款筹资

借款是指企业向银行等金融机构以及向其他单位借入的资金,包括信用贷款、抵押贷款和信托贷款等,主要用于固定资产投资和流动资产投资。

3. 租赁筹资

租赁是指出租人以租赁方式将出租物租给承租人,承租人以交纳租金的方式取得租赁物的使用权,在租赁期间出租人仍保持出租物的所有权,并于租赁期满收回出租物的一种经济行为。租赁已成为现代企业筹资的一种重要方式。现代租赁有经营租赁和融资租赁两种形式。

经营租赁又称服务租赁,是指出租人向承租人在短期内提供租赁物,并负责租赁物的维修、保养和保险等服务性业务的租赁。它具有三个特点。其一,租赁时间一般小于租赁物的使用寿命;其二,其租金总额一般不足以弥补出租人的租赁物的资产成本,故租赁期满出租人可以将租赁物收回自用或再次或多次出租,只有这样才能收回成本;其三,租赁契约中一般都含有一个解约条款,该条款赋予承租人在基本租赁协议到期以前停止租赁的权力。这种租赁方式对于承租人来说等于获得了一个试用资产的机会,可以减少资产陈旧过时的风险,以及利用出租人提供的某些低费用服务等好处。

融资租赁又称资本租赁,是一种以融通资金为主要目的的租赁方式。这种租赁指租赁公司按承租人要求出资购买设备,在较长的契约或合同期内提供给承租人使用的信用业务。融资租赁的基本特点有:(1)融资和融物相结合,主要目的是融资。出租方和承租方均需通过资金才能达到各自的目的,出租方筹措资金或利用自有资金为承租方购置设备,承租方则通过出租方融物的形式达到融资的目的。(2)承租人对设备和供货商有选择的权利,对设备的性能、外形、适用性负责,同时承担设备老化、过时的风险。(3)融资租赁是一种不可解约的租赁。在合同有效期内双方均无权单方面撤销合同,且租赁期一般与设备有效寿命期基本相同。(4)有关租赁物的维修、保险、管理等均由承租人负责,同时,承租人将设备视同自己的资产计提折旧,支付租金。(5)融资租赁的租金等于设备的全部成本加上投资收益。(6)租约期满,承租人有权选择降低租金续租,或将设备返还给出租人,或按不低于设备公平市价的价格购进。由此可见,融资租赁可以让承租人既可根据自己的需要选定最合适的设备,又可以解决企业资金上的困难。

无论是经营租赁还是融资租赁,其租金均可计入产品成本。所以,租赁筹资是一种负债筹资方式。

(二)股权资金

1. 吸收直接投资

按经营方式分,吸收直接投资包括两大类:一类是合资经营;另一类是合作投资经营。

合资经营是由出资各方共同组建有限责任公司,其特点是:共同投资、共同经营、共担风险、共负盈亏。出资各方可依法以货币资金、实物、工业产权等向联营企业投资,形成法人资本,投资方对所投入的资本负有限责任,并按资本额分配税后利润,享受所有者权益。

合作投资经营是契约式或合同式的经营。在这种经营方式下,双方的合作不以股权为基础,合作各方的投资或合作条件、收益或产品的分配、风险和亏损的承担、经营管理方式,以及合作期满后的财产归属等合作事项,均由合作各方在签订的合作合同中规定。它是一种比较灵活的直接投资方式。

2. 发行股票

股票是股份公司发给股东作为已投资入股的证书和索取股息的凭证,是可作为买卖对象或质押品的有价证券。

(1)股票的种类

按股东承担风险和享有权益的大小,股票可分为普通股和优先股两大类。

①优先股:在公司利润分配方面较普通股有优先权的股份。优先股的股东按一定的比例取得固定股息;企业倒闭时,能优先于普通股得到剩下的可分配给股东的部分财产。

②普通股:在公司利润分配方面享有普通权利的股份。普通股股东除能分得股息外,还可在公司盈利较多时再分享红利。所以普通股获利水平与公司盈亏息息相关。股票持有人不仅可据此分摊股息和获得股票涨价时的利益,且有选举公司董事、监事的机会,有参与公司管理的权利,股东大会的选举权根据普通股持有份额计票。

(2)发行股票筹资的优点

①以股票筹资是一种有弹性的融资方式。由于股息或红利不像债券利息那样必须按期支付,当公司经营不佳或现金短缺时,董事会有权决定少发或不发股息或红利,因而公司融资风险低。

②股票无到期日。其投资属永久性投资,公司不需为偿还资金而担心。

③发行股票筹集资金可降低公司负债比率,提高公司财务信用,增加公司今后的融资能力。

(3)发行股票筹资的缺点

①资金成本高。购买股票承担的风险比购买债券高,投资者只有在股票的投资

报酬高于债券的利息收入时,才愿意投资于股票。另外债券利息可在税前扣除,而股息和红利须在税后利润中支付,这样就使股票筹资的资金成本大大高于债券筹资的资金成本。

②增发普通股须给新股东投票权和控制权,会降低原有股东的控制权。

3. 企业保留盈余资金

企业保留盈余资金的主要来源是折旧、盈余公积金和税后未分配利润。

二、资金成本

资金成本是企业为筹措和使用资金而付出的代价,包括筹资过程中发生的筹资费用和使用资金支付的利息或股息。为了筹资决策的需要,应测算各种来源的资金成本。

(一)借款资金成本

借款成本主要是利息支出,一般筹资费用较少,可忽略不计。由于利息可列入成本,因此可少交一部分所得税。其资金成本计算公式为

$$K_1 = I_1(1-T) \tag{6-1}$$

式中:K_1——借款资金成本;

I_1——借款利率;

T——所得税税率。

(二)债券资金成本

与借款相类似,企业发行债券所支付的利息可计入成本,这样就可少交一部分所得税。同时企业发行债券的筹资费用较高,在计算其资金成本时应予以考虑。因此,债券成本按下列公式计算

$$K_2 = I_2(1-T)/[B(1-f)] \tag{6-2}$$

式中:K_2——债券资金成本;

I_2——债券每年实际利息;

B——债券发行总额;

f——债券筹资费用率。

(三)优先股资金成本

优先股资金成本包括股利和筹资费,优先股股利一般按固定比率支付,这类似于债券。与债券不同的是,其股利是税后支付的。因此,优先股资金成本计算公式为:

$$K_3 = \frac{D}{Q(1-f)} \tag{6-3}$$

式中:K_3——优先股资金成本;

D——优先股股息总额;

Q——优先股股本;

f——优先股筹资费用率。

(四)普通股资金成本

普通股的资金成本包括筹资费用和使用费用两部分,由于普通股的使用费用即股利的支付与企业的经营状态、利润的增减及企业的股利政策等有关,因此情况较为复杂,从而决定普通股资金成本的计算也相对复杂,主要采用股利折现法和风险收益调整法两种方法。

1. 股利折现法

它是一种将未来的期望股利收益折为现值,以确定其成本的方法。

(1)如果普通股股利每年均按固定数额支付,其资金成本计算公式同式(6-3)。

(2)如果股利具有逐年上升趋势,每年递增率为 G,则普通股资金成本计算公式为:

$$K_4 = \frac{D_1}{Q(1-f)} + G \tag{6-4}$$

式中:K_4——普通股资金成本;

D_1——第一期普通股股息总额;

Q——普通股股本;

G——股息年增长率;

f——普通股筹资费用率。

2. 风险收益调整法

它是从投资者的风险与收益对等观念出发,来确定股票成本的方法,其基本思想是:投资总收益 = 无风险收益 + 风险收益贴水率。

常用的公式为:

$$K_4 = R_f + \beta(R_m - R_f) \tag{6-5}$$

式中:K_4——普通股资金成本;

R_f——无风险证券投资收益率,一般取短期国库券利率;

R_m——资金市场平均投资收益率;

β——公司股票投资风险系数。

(五)保留盈余资金成本

从表面上看,企业保留盈余资金似乎没有成本,实际上股东留在企业里的资金,不仅可以用来追加本企业的投资,而且还可以把资金投放到别的企业,或者存入银行。因此,使用保留盈余资金意味着要承受机会成本。保留盈余资金成本的计算与普通股资金成本计算方法基本相同,区别仅在于保留盈余资金成本没有筹资费用。

(六)资金加权平均成本

为一项投资活动筹措资金,往往不止一种资金来源,所有各种来源资金的资金成本的加权平均值即为全部资金加权平均成本,计算公式为:

$$K = \sum_{i=1}^{n} W_i K_i \tag{6-6}$$

式中：K——资金加权平均成本；

W_i——第 i 种资金占总资金的比重；

K_i——第 i 种资金的成本；

n——资金来源种数。

三、项目筹资决策

(一) 资金结构与财务风险

资金结构是指投资项目所使用资金的来源及数量构成，实质上也就是债务资金与股权资金的数量比例。不同的资金结构给项目带来的财务风险是不同的。财务风险是项目有负债时，由于要支付固定的利息和还本，当项目的收益不确定时，可能使项目自有资金收益率发生变动而给企业带来的风险。所以，选择资金来源与数量不仅与项目所需要的资金量有关，而且与项目的效益和资金成本有关。因此有必要对资金结构加以分析。以下以自有资金与借款的比例结构为例说明资金结构和资金来源选择、使用量的关系。

一般说来，在有借贷资金的情况下，全部投资的效果与自有资金投资的效果是不相同的。拿投资利润率指标来说，全部投资的利润率一般不等于贷款利息率。这两种利率差额的后果将为项目(或企业)所承担，从而使自有资金利润率上升或下降。

设项目全部投资为 K，自有资金为 K_0，借款为 K_L，全部投资利润率为 R，借款资金成本为 R_L，自有资金利润率为 R_0，由资金利润率公式，可有

$$K = K_0 + K_L$$

$$R_0 = \frac{K \cdot R - K_L \cdot R_L}{K_0}$$

$$= \frac{(K_0 + K_L) \cdot R - K_L \cdot R_L}{K_0}$$

$$= R + \frac{K_L}{K_0} \cdot (R - R_L) \tag{6-7}$$

由公式(6-7)可知，当 $R > R_L$ 时，$R_0 > R$；当 $R < R_L$ 时，$R_0 < R$。而且自有资金利润率与全投资利润率的差别被资金构成比 K_L/K_0 所放大。这种放大效应称为财务杠杆效应。贷款与全部投资之比 K_L/K 称为债务比。杠杆效应是向两个方向作用的：项目收益增加对项目有利，反之会对项目不利。带有杠杆作用的项目把两个方向结合在一起，一方面具有取得更高利润的潜力；另一方面使项目更容易遭受意外风险的挫折打击。

例 6.1 某项工程有三种方案，全投资利润率 R 分别为 7%、10%、12%，借款的

资金成本为 10%,试比较债务比为 0(不借债)、0.5 和 0.8 时的自有资金利润率。

解:全部投资由自有资金和贷款构成,因此,若债务比 $K_L/K=0.5$,则 $K_L/K_0=1$,其余的依此类推。利用公式(6-7)计算,结果列于表 6-2。

表6-2　　　　　　　　　　　　**不同债务比下的自有资金利润率**

自有资金利润率 R_0 \ 方案	$K_L/K=0$ ($K_L/K_0=0$)	$K_L/K=0.5$ ($K_L/K_0=1$)	$K_L/K=0.8$ ($K_L/K_0=4$)
$A_1(R=7\%)$	7%	4%	-5%
$A_2(R=10\%)$	10%	10%	10%
$A_3(R=12\%)$	12%	14%	20%

方案 $A_1:R<R_L$,债务比越大,R_0 越低,甚至为负值;方案 $A_2:R=R_L$,R_0 不随债务比改变;方案 $A_3:R>R_L$,债务比越大,R_0 越高。

假设投资在 20 万元至 100 万元的范围内,上述三个方案的投资利润率不变,贷款资金成本率仍为 10%,若有一企业拥有自有资金 20 万元,现在来分析该企业在以上三种情况下如何选择资金构成。

对于方案 A_1,如果全部投资为自有资金(20 万元),则企业每年可得利润 1.4 万元;如果自有资金和贷款各 20 万元,则可得总利润 2.8 万元,在贷款偿还之前,每年要付利息 2 万元,企业获利 0.8 万元;如果除自有资金 20 万元以外又贷款 80 万元,则总利润为 7 万元,每年应付利息 8 万元,企业亏损 1 万元。显然,在这种情况下,企业不宜贷款,贷款越多,损失越大。

对于方案 A_2,贷款多少对企业的利益都没有影响。

对于方案 A_3,如果仅用自有资金投资,企业每年获利 2.4 万元;如果贷款 20 万元,则在偿付利息后,企业可获利 2.8 万元;如果贷款 80 万元,在付利息后企业获利可达 4 万元。在这种情况下,对企业来说,有贷款比无贷款有利,贷款越多越有利。

可见,选择不同的资金结构对企业的利益会产生很大的影响。

(二)项目筹资决策应考虑的因素

1. 合理确定资金需要量,力求提高筹资效果

无论通过什么渠道、采取什么方式筹集资金,都应首先确定资金的需要量。资金不足会影响项目的建设和生产经营;资金过剩不仅是一种浪费,也会影响资金使用的效果。在实际工作中,必须采取科学的方法预测与确定未来资金的需要量,以便选择合适的渠道与方式,筹集所需的资金。这样,可以防止筹资不足或筹资过剩,提高资金的使用效果。

2. 认真选择资金来源,力求降低资金成本

项目筹集资金可以采用的渠道和方式多种多样,不同渠道和方式筹资的难易程度、资金成本和风险各不一样。但任何渠道和方式的筹资都要付出一定的代价,包括资金占用费(利息等)和资金筹集费(发行费等)。因此,在筹资中,必须选择最经济方便的渠道和方式,以使综合的资金成本最低。

3. 适时取得资金,保证资金投放需要

筹集资金也有时间上的安排,这取决于投资的时间。合理安排筹资与投资,使其在时间上互相衔接,避免取得资金过早而造成投放前的闲置或取得资金滞后而耽误投资的有利时机。

4. 适当维持自有资金比例,正确安排举债经营

举债经营即项目通过借债开展生产经营活动。举债经营可以给项目带来一定的好处,因为借款利息可在所得税前列入成本费用,对项目净利润影响较小,能够提高自有资金使用的效果,但负债的多少必须与自有资金和偿债能力的要求相适应。如负债过多,会发生较大的财务风险,甚至会由于丧失偿债能力而面临破产。因此,项目法人既要利用举债经营的积极作用,又要避免可能产生的财务风险。

四、还款方式及还本付息额的计算

还款方式的选择是投资项目财务决策的重要组成部分,还款方式直接影响财务报表的编制和投资者的利益。下面将主要还款方式和还本付息额的计算方法作一简单介绍。

(一) 等额利息法

每期付利息额相同,不还本金,最后一期本利全部还清。每期偿还利息额计算公式为:

$$I_t = L_a \cdot i, \ t = 1, 2, \cdots, n \tag{6-8}$$

偿还本金额计算公式为:

$$CP_t = \begin{cases} 0, \ t = 1, 2, \cdots, n-1 \\ L_a, \ t = n \end{cases} \tag{6-9}$$

式中:I_t——第 t 期付息额;

CP_t——第 t 期还本额;

n——贷款期限;

i——贷款利率;

L_a——贷款总额。

(二) 等额本金法

每期偿还相等的本金和相应的利息。每期偿还利息额计算公式为:

$$I_t = i\left[L_a - \frac{L_a}{n}(t-1)\right], t=1,2,\cdots,n \tag{6-10}$$

每期偿还本金额计算公式为：

$$CP_t = \frac{L_a}{n}, t=1,2,\cdots,n \tag{6-11}$$

公式符号意义同前。

(三) 等额摊还法

每期偿还本利额相等，其计算公式为：

$$I_t + CP_t = A = L_a \frac{i(1+i)^n}{(1+i)^n - 1}, t=1,2,\cdots,n \tag{6-12}$$

公式符号意义同前。

逐年偿还的利息和本金分别用下面两式计算：

$$每年支付利息 = 年初借款累计 \times 年利率 \tag{6-13}$$

$$每年偿还本金 = A - 每年支付利息 \tag{6-14}$$

(四) 气球法

任意偿还本利，到期全部还清。

(五) 一次性偿付法

最后一期偿还本利，是"气球法"的一种。一次性偿付法计算公式为：

$$I_t + CP_t = \begin{cases} 0, & t=1,2,\cdots,n-1 \\ L_a(1+i)^n, & t=n \end{cases} \tag{6-15}$$

公式符号意义同前。

(六) 偿债基金法

每期偿还贷款利息，同时向银行存入一笔等额现金，到期存款正好偿付贷款本金。每期偿还相等的利息额计算公式为：

$$I_t = L_a i, t=1,2,\cdots,n \tag{6-16}$$

每期存入银行的等额现金为：

$$CP_t = L_a \frac{i_a}{(1+i_a)^n - 1}, t=1,2,\cdots,n \tag{6-17}$$

式中：i_a——银行存款利率。
其余符号意义同前。

五、项目清偿能力分析

项目清偿能力分析主要是考察项目计算期内各年的财务状况及偿债能力。需要编制借款还本付息估算表、资金来源与运用表、资产负债表等基本财务报表，计算资产负债率、借款偿还期、流动比率、速动比率等评价指标。

(一)借款还本付息分析

借款还本付息包括固定资产投资借款(或称长期投资借款)还本付息和流动资金借款还本付息。一般通过编制借款还本付息估算表进行测算,其编制格式见表6-7。

(二)资金来源与运用表的编制

资金来源与运用表(见表6-8)反映项目计算期内各年的资金盈余或短缺情况,用此选择资金筹措方案,制定适宜的借款及偿还计划,并为编制资产负债表提供依据。资金来源与运用表能全面反映项目的资金活动全貌。编制该表时,首先要计算项目计算期内各年的资金来源与资金运用,然后通过资金来源与资金运用的差额反映项目各年的资金盈余或短缺情况,项目的资金筹措方案和借款及偿还计划应能使表中各年度的累计盈余金额始终大于或等于零,否则,项目将因资金短缺而不能按计划顺利进行。

(三)资产负债表的编制及评价指标计算

1. 资产负债表的编制

资产负债表(见表6-9)综合反映项目计算期内各年末资产、负债和所有者权益的增减变化及对应关系,用以考察项目资产、负债、所有者权益的结构是否合理,进行清偿能力分析。在表6-9中:

(1)资产由流动资产、在建工程、固定资产净值、无形资产及递延资产净值等组成。其中:流动资产总额为应收账款、存货、现金、累计盈余资金之和;累计盈余资金不包括回收固定资产余值及自有流动资金。在建工程是指投资计划与资金筹措表中的固定资产投资、固定资产投资方向调节税和建设利息的年累计额。

(2)负债包括流动负债和长期负债。流动负债中的应付账款数据可由流动资金估算表直接取得。流动资金借款和其他短期借款两项流动负债及长期借款均指借款余额,需根据资金来源运用表中的对应项及相应的本金偿还项进行计算。

(3)所有者权益包括资本金、资本公积金、累计盈余公积金及累计未分配利润。其中,累计未分配利润可直接来自损益表;累计盈余公积金也可由损益表中盈余公积金项计算各年份的累计值,但应据有无用盈余公积金弥补亏损或转增资本金的情况进行相应调整。资本金为项目投资中累计自有资金(扣除资本溢价),当存在由资本公积金或盈余公积金转增资本金的情况时,应进行相应调整。资产负债表应满足等式:

$$资产 = 负债 + 所有者权益 \tag{6-18}$$

2. 评价指标的计算和分析

由资产负债表可计算项目各年的资产负债率、流动比率及速动比率,分析项目的清偿能力。

(1)资产负债率。资产负债率是反映项目各年所面临的财务风险程度及偿债能力的指标。

$$资产负债率 = \frac{负债合计}{资产合计} \times 100\% \tag{6-19}$$

该指标是衡量项目财务风险的重要标志,它反映了项目的长期偿债能力、资本结构、利用外借资金的程度以及投资者的操纵能力。

从银行(或债权人)的角度看,资产负债率不宜太高。如果资产负债率过高,所有者权益远远低于债务总额,难以保证债权人的权益,风险将被更多地转嫁于债权人身上。另外,由于自有资本的大部分通常都用在建筑物和设备上,而这些资产难以转为现款,或即使能变现但其价值将大打折扣,一旦企业破产,债权人的权益难以保证。

从项目(或债务人)的角度分析,只要举债不致引起偿债困难,举债的收益大于举债成本,则资产负债率越高,企业赚取的超过资本成本的超额利润越多,自有资本利润率越高,效益也越好。因此,自有资本所有者喜欢较高的资产负债率。同时,这种高比率也使自有资本者取得操纵能力,他甚至只用少量资本就可控制项目。

资产负债率一般在50%左右较好,但也不是普遍的标准。企业应根据宏观经济、政策、法律及行业特点和项目自身因素,权衡效益与风险之间的关系,合理控制资产负债率。

(2)流动比率。流动比率是流动资产总额与流动负债总额之比,即

$$流动比率 = \frac{流动资产总额}{流动负债总额} \times 100\% \tag{6-20}$$

由于流动负债是要在短期内偿还的债务,而流动资产是短期内可变现的资产,因此流动资产是偿还流动负债的基础,流动比率反映了项目的短期偿债能力,同时也反映了项目的变现能力。流动比率越高,短期偿债能力与变现能力越强;但过高的流动比率同时也表明流动资金占用过多,可能意味着产品滞销、库存材料积压或货币资金使用效率不高等问题。一般认为流动比率在200%左右较合适。

(3)速动比率。速动比率是速动资产与流动负债之比。速动资产是指可以在短期内变现的资产,是具有直接支付能力的资产。在流动资产中,存货必须经过销售才能变现,而销售则要受市场许多不确定因素的制约。所以,如果流动资产中存货占有较大的比重,尽管流动比率高,但其流动性却差,而如果容易变现的流动资产,如货币资产、应收账款、应收票据等速动资产所占比重大,尽管流动比率不高,其流动性却好。因此,为了真实反映流动资产的流动性及偿债能力,应用速动资产与流动负债相比较,作为辅助流动比率的指标,表示立即偿还的能力。对于速动比率的标准,通常认为在100%左右较合适。速动比率的计算公式为:

$$速动比率 = \frac{速动资产总额}{流动负债总额} \times 100\% = \frac{流动资产总额 - 存货}{流动负债总额} \times 100\% \tag{6-21}$$

第四节　项目财务盈利能力分析及其他分析

项目财务盈利能力分析主要是考察项目投资的财务效果。

进行盈利能力分析，一般分两步进行。

第一步，全投资财务效果评价。通过全投资现金流量表，分析假如项目全部资金都为自有资金的情况下，项目本身的盈利能力。它排除了财务条件（筹资成本）对项目盈利能力的影响，客观地反映项目本身的盈利能力。如果由此得出的项目财务效果达到检验标准，则有继续进行财务分析的必要，反之，即可考虑否定此项目。

第二步，自有资金财务效果评价，通过自有资金现金流量表，考察企业自有资金的获利性，反映企业自身可得到的利益。为此目的，需编制自有资金现金流量表，计算财务内部收益率、投资回收期、财务净现值、投资利润率、投资利税率、资本金利润率等指标。

一、全投资财务效果评价

（一）全投资现金流量表的编制

全投资现金流量表是站在项目全部投资的角度，将全部资金视为自有资金来考察项目的现金流入和现金流出。项目全投资现金流量表的格式见表6-10。

1. 现金流入：产品销售（营业）收入、回收固定资产余值、回收流动资金及其他。如果国家对项目有补贴，则补贴也应作为现金流入。

其中，产品销售（营业）收入的各年数据取自损益表。固定资产余值和流动资金均在计算期最后一年回收，流动资金回收额为项目全部流动资金。

2. 现金流出：建设投资、流动资产投资、经营成本及税金。其中建设投资（含投资方向调节税）和流动资金的数额取自投资计划与资金筹措表，经营成本取自总成本费用估算表。销售税金、附加、所得税来自损益表。

3. 项目计算期各年的净现金流量为各年现金流入量减对应年份的现金流出量，各年累计净现金流量为本年及以前各年净现金流量之和。

（二）指标的计算与评价

根据全部投资现金流量表，可以计算全部投资所得税前及所得税后财务内部收益率、财务净现值及投资回收期等评价指标，以此考察项目全部投资的盈利能力，为各个投资方案（不论其资金来源及利息多少）进行比较建立共同基础。

1. 财务内部收益率（$FIRR$）。指标计算可根据现金流量表中净现金流量，用第四章介绍的方法进行。将求出的财务内部收益率与行业的基准收益率或设定的折现率（i_0）比较，当 $FIRR \geq i_0$ 时，表明项目达到最低标准，具有财务可行性。

2. 静、动态投资回收期(T_P、T_P^*)。可根据现金流量表中有关数据计算得出。求出的静、动态投资回收期(T_P、T_P^*)与行业的基准投资回收期(T_b)比较,当T_P、$T_P^* \leqslant T_b$时,表示项目投资能在规定的时间内收回,具有财务可行性。

3. 财务净现值($FNPV$)。项目全部投资财务净现值可由表中现金流量系列求得。$FNPV \geqslant 0$时,即认为从全部投资角度看,项目盈利能力已满足最低要求,在财务上值得进一步研究。

二、自有资金财务效果评价

(一)自有资金现金流量表的编制

自有资金现金流量表是站在项目投资主体角度考察项目的现金流入、现金流出情况,其报表格式见表6-11,该表与"全投资现金流量表"的主要区别在于对借贷资金的处理上,其编制原则是:从项目投资主体的角度看,取得贷款是现金流入,但又同时将贷款用于项目投资,则构成同一时点相同数额的现金流出,两者相抵对净现金流量的计算无实际影响。因此,表中投资只计自有资金。另一方面,现金流入又是因项目全部投资所获得,故应将借款本金的偿还及利息支付计入现金流出。从表6-11可知:

1. 现金流入各项的数据来源基本与全部投资现金流量表相同,但流动资金的回收只考虑自有流动资金。

2. 现金流出项中,自有资金数额取自投资计划与资金筹措表。借款本金偿还额、利息的支付额与贷款偿还的方式有关,数据来源于借款还本付息计算表。现金流出中其他各项与全投资现金流量表中相同。

3. 项目计算期各年的净现金流量为各年现金流入量减对应年份的现金流出量。

(二)指标的计算与评价

由自有资金现金流量表,可以计算自有资金财务内部收益率,财务净现值等评价指标,考察项目自有资金的盈利能力。指标的计算方法与上述计算全部投资财务内部收益率及财务净现值的方法相同。

需要注意的是,贷款还款方式不同,自有资金现金流量表不同,因而自有资金的财务效果指标也不同。当全投资内部收益率大于借款资金成本时,晚还款的内部收益率比早还款的内部收益率大。自有资金财务盈利指标与全投资财务盈利指标的区别表现在:当全投资内部收益率大于借款资金成本时,自有资金内部收益率大于全投资内部收益率;且若贷款比例越高,则自有资金内部收益率越高;当全投资内部收益率大于基准折现率,且基准折现率大于借款资金成本时,自有资金净现值大于全投资净现值。

三、其他盈利指标的计算

（一）投资利润率

投资利润率是指项目达到设计生产能力后的一个正常生产年份的年利润总额与项目总投资的比率，它是考察项目单位投资盈利能力的静态指标。对生产期内各年的利润总额变化幅度较大的项目，应计算生产期年平均利润总额与项目总投资的比率。其计算公式为：

$$投资利润率 = \frac{年利润总额或平均利润总额}{项目总投资} \times 100\% \qquad (6-22)$$

在财务评价中，将投资利润率与行业平均投资利润率相比，以判别项目单位投资盈利能力是否达到本行业的平均水平。

（二）投资利税率

投资利税率是指项目达到设计生产能力后的一个正常生产年份的年利税总额或项目生产期内的年平均利税总额与项目总投资的比率。其计算公式为：

$$投资利税率 = \frac{年利税总额或平均利税总额}{项目总投资} \times 100\% \qquad (6-23)$$

$$年利税总额 = 年产品销售（营业）收入 - 年总成本费用 \qquad (6-24)$$

或 $$年利税总额 = 年利润总额 + 年销售税金及附加 \qquad (6-25)$$

在财务评价中，将投资利税率与行业平均投资利税率对比，以判别项目单位投资对国家积累的贡献水平是否达到本行业的平均水平。

（三）资本金利润率

资本金利润率是指项目达到设计生产能力后的一个正常生产年份的年利润总额或项目生产期内的年平均利润总额与资本金的比率，它反映投资项目的资本金的盈利能力。其计算公式为：

$$资本金利润率 = \frac{年利润总额或年平均利润总额}{资本金} \times 100\% \qquad (6-26)$$

四、创汇、节汇能力及外汇平衡分析

创汇、节汇项目应进行外汇效果分析，计算财务外汇净现值、换汇成本及节汇成本等，进行外汇平衡分析。

（一）财务外汇净现值（NPVF）

NPVF 指标可以通过外汇流量表直接求得，该指标衡量项目对国家创汇的净贡献（创汇）或净消耗（用汇）。NPVF 的计算式如下：

$$NPVF = \sum_{t=0}^{n} (FI - FO)_t (1+i)^{-t} \qquad (6-27)$$

式中：FI——外汇流入量；

FO——外汇流出量；

$(FI-FO)_t$——第 t 年的净外汇流量；

i——折现率，一般可取外汇贷款利率；

n——计算期。

当项目有产品替代进口时，可按净外汇效果计算外汇净现值。

(二) 财务换汇成本及财务节汇成本

财务换汇成本是指换取 1 美元外汇所需要的人民币金额，以项目计算期内生产出口产品所投入的国内资源的现值与出口产品的外汇净现值之比表示，其计算公式为：

$$财务换汇成本 = \frac{\sum_{t=0}^{n} DR_t(1+i)^{-t}}{\sum_{t=0}^{n}(FI-FO)_t(1+i)^{-t}} \qquad (6\text{-}28)$$

式中：DR_t——第 t 年生产出口产品投入的国内资源（包括投资、原材料、工资及其他投入）。

当项目产品内销属于替代进口时，也应计算财务节汇成本，即节约 1 美元外汇所需要的人民币金额。它等于项目计算期内生产替代进口产品所投入的国内资源现值与生产替代进口产品的外汇净现值之比。

(三) 外汇平衡分析

项目外汇平衡分析主要是考察涉及外汇收支的项目在计算期内各年的外汇余缺程度，需编制财务外汇平衡表。

外汇平衡表主要由"外汇来源"项和"外汇运用"项组成。其中"外汇来源"项包括产品销售外汇收入、外汇借款、其他外汇收入；"外汇运用"项包括固定资产投资中外汇支出、进口原材料、进口零部件、技术转让费、偿付外汇借款利息、其他外汇支出和外汇余缺。

"外汇余缺"项可直接反映项目计算期内各年外汇余缺程度，进行外汇平衡分析。对外汇不能平衡的项目，即"外汇余缺"出现负值的项目应根据其外汇短缺程度，提出切实可行的具体解决方案。

五、不确定性分析

不确定性分析用于估计项目可能承担的风险及项目的抗风险能力，进行项目在不确定情况下的财务可靠性分析。

财务评价的不确定性分析通常包括盈亏平衡分析和敏感性分析，根据项目特点和需要，有条件时还应进行概率分析。有关不确定性分析的详细论述参见本书第五章。

第五节 财务评价案例

本案例为中外合资(2×600MW)超临界燃煤发电机组扩建工程。

一、项目基本数据

(一)投资估算

本发电工程动态投资总额为 469 922 万元,其中静态投资 439 793 万元,价差预备费 206 万元,建设期贷款利息 21 454 万元。生产铺底流动资金 2 540 万元。各类投资费用见表 6-3。

表 6-3　　　　　　　　　　工程投资估算表　　　　　　　　　　单位:万元

序号	工程或费用名称	概算价值				
		建筑费	设备费	安装费	其他费用	合计
一	主辅生产系统					
1	热力系统	19 248	162 114	37 522		218 884
2	燃料供应系统	8 300	8 539	929		17 768
3	除灰系统	860	3 075	1 100		5 035
4	化学处理系统	427	3 471	707		4 605
5	供水系统	10 941	2 210	5 200		18 351
6	电气系统	445	17 007	12 878		30 330
7	热工控制系统		11 591	7 451		19 042
8	附属生产系统	7 065	1 174	159		8 398
	小计	47 286	209 181	65 946		322 413
二	与厂址有关的单项工程					
1	交通运输工程	5 838				5 838
2	地基处理	5 520				5 520
3	厂区、施工区土石方工程	6 141				6 141
4	厂内外临时工程	405		428		833

续表

序号	工程或费用名称	概算价值				
		建筑费	设备费	安装费	其他费用	合计
5	脱硫工程	2 635	15 785	6 820	1 760	27 000
	小计	20 539	15 785	7 248	1 760	45 332
三	其他					
1	其他费用				26 102	26 102
2	编制年价差	6 183		16 179		22 362
	小计	6 183		16 179	26 102	48 464
四	基本预备费				23 584	23 584
	工程静态投资	74 008	224 966	89 373	51 446	439 793
五	价差预备费			70	136	206
六	建设期贷款利息				21 454	21 454
	工程动态投资	74 008	224 966	89 443	73 036	461 453
七	生产铺底流动资金				8 469	8 469
	建设项目计划总资金	74 008	224 966	89 443	81 505	469 922

(二) 项目合作期限及工程建设进度

项目合作经营的最后期限为最后一台机组商业运行20周年,到该年的会计年度终结日为止。

二期工程进度为42个月,施工准备、主厂房开工至第一台机组投产36个月,间隔6个月第二台机组投入商业运行。

(三) 资金筹措及使用

本工程为中外合资项目,投资方为中方A集团、外方B公司和中方C公司。发电工程注册资金占建设投资(含价差预备费)的25%,各方投资比例分别占50%、49%和1%,其余资金在境内融资,长期贷款年利率为6.84%,贷款期限为15年。

资金分别以15%、40%、30%、15%的比例分4年投入,其中注册资本金以50%、50%按第一年、第二年分两年先期投入。

生产流动资金总计8 469万元,由自有和借贷两部分构成。其中30%为自有流动资金,其余70%为流动资金借款,流动资金借款年利率为6.12%。投资计划与资金筹措见表6-4。

表6-4　　　　　　　　　　投资计划与资金筹措表　　　　　　　　　　单位:万元

序号	项目名称	合计	2007年	2008年	2009年	2010年
			1	2	3	4
1	总投资	469 922	66 376	180 916	152 366	70 264
1.1	建设投资	439 999	66 000	176 000	131 999	66 000
1.2	建设期利息	21 454	376	4 916	13 905	2 257
1.3	流动资金	8 469			6 462	2 007
2	资金筹措	469 922	66 376	180 916	152 366	70 264
2.1	自有资金	112 540	55 000	55 000	1 938	602
2.1.1	用于建设投资	110 000	55 000	55 000		
2.1.2	用于流动资金	2 540			1 938	602
2.2	借款	357 382	11 376	125 916	150 428	69 662
2.2.1	长期借款	351 453	11 376	125 916	145 904	68 257
	其中:					
	用于建设投资	329 999	11 000	121 000	131 999	66 000
	用于建设期利息	21 454	376	4 916	13 905	2 257
2.2.2	流动资金借款	5 929			4 524	1 405
2.2.3	其他短期借款					
2.3	其他					

(四)借款偿还

项目长期借款按等额本金法偿还,本工程15年(不含建设期)还清本息。还贷资金包括折旧费、摊销费、还贷利润和财务费用。流动资金按等额利息法偿还。

逐年还款计算见表6-5《借款还本付息计算表》。

表 6-5　　借款还本付息计算表

单位：万元

序号	项目名称	合计	2007 1	2008 2	2009 3	2010 4	2011 5	2012 6	2013 7	2014 8	2015 9	2016 10	2017 11	2018 12	2019 13	2020 14	2021 15	2022 16	2023 17	2024 18
1	应还本金利息					38 251	47 221	46 855	43 253	41 628	40 003	38 378	36 753	35 128	33 503	31 878	30 253	28 628	27 003	25 383
1.1	融资					38 251	46 503	44 878	43 253	41 628	40 003	38 378	36 753	35 128	33 503	31 878	30 253	28 628	27 003	25 383
1.2	短期贷款						718	1 977												
2	应还本金					18 880	24 324	25 618	23 755	23 755	23 755	23 755	23 755	23 755	23 755	23 755	23 755	23 755	23 755	23 755
2.1	融资					18 880	23 755	23 755	23 755	23 755	23 755	23 755	23 755	23 755	23 755	23 755	23 755	23 755	23 755	23 755
2.2	短期贷款						569	1 863												
3	应付利息					19 371	22 897	21 237	19 488	17 873	16 248	14 623	12 998	11 373	9 748	8 123	6 498	4 873	3 248	1 625
3.1	融资					19 371	22 748	21 123	19 488	17 873	16 248	14 623	12 998	11 373	9 748	8 123	6 498	4 873	3 248	1 625
3.2	短期贷款	263					149	114												
4	汇兑损益																			
5	偿还长期借款本金的资金未源					21 919	29 225	29 225	29 225	29 225	29 225	29 225	29 225	29 225	29 225	29 225	29 225	29 225	29 225	29 225
5.1	折旧摊销					21 919	29 225	29 225	29 225	29 225	29 225	29 225	29 225	29 225	29 225	29 225	29 225	29 225	29 225	29 225
5.2	未分配利润	0				-2 432	569	1 863												
5.3	折旧垫付利润分配利润					2 432	-569	-1 863												
5.4	当年发生短期贷款	0					1 863	0												
6	累计短期贷款余额																			
6.1	计入固定资产部分融资利息	21 454	376	4 916	13 905	2 257														
6.2	计入财务费用部分		376	4 916	13 905	19 371	22 748	21 123	19 488	17 873	16 248	14 623	12 998	11 373	9 748	8 123	6 498	4 873	3 248	1 625

(五)成本费用主要参数

1. 机组达产年运行小时数　　　　4 500 小时(根据接入系统确定)
2. 厂用电率　　　　　　　　　　5.8%(含脱硫部分)
3. 生产经营期　　　　　　　　　20 年(自第一台机组投产开始)
4. 大修理费率　　　　　　　　　2%(占固定资产总额的比例)
5. 发电标准煤耗　　　　　　　　285.207g/(kW·h)(考虑运行因素)
6. 标准煤价　　　　　　　　　　500 元/吨(含税价)
7. 水费　　　　　　　　　　　　1 元/(MW·h)
8. 脱硫石灰石耗量　　　　　　　8.8kg/(MW·h)
9. 石灰石粉价　　　　　　　　　200 元/吨(含税价)
10. 平均材料费　　　　　　　　　1 元/(MW·h)
11. 其他费用　　　　　　　　　　12 元/(MW·h)
12. 大气污染物排污费　　　　　　703 万元/年
13. 定员　　　　　　　　　　　　180 人
14. 人均工资　　　　　　　　　　60 000 元/人年
15. 与工资有关的福利系数　　　　60%
16. 营运期保险费(占固定资产净值的比例,包括财产险、机损险、营业中断险)
　　　　　　　　　　　　　　　　0.35%
17. 所得税　　　　　　　　　　　16.5%(二免三减半)
18. 还贷条件　　　　　　　　　　15 年等额本金(不含宽限期)
19. 折旧(直线折旧)　　　　　　15 年
20. 还贷折旧率　　　　　　　　　100%
21. 残值率　　　　　　　　　　　5%
22. 固定资产形成率　　　　　　　100%
23. 增值税率　　　　　　　　　　17%
24. 基准收益率　　　　　　　　　7%

折旧采用直线折旧法,折旧年限按 15 年计,残值率为 5%。借贷部分的利息在每台机组达到预定使用状态前计入固定资产,在达到预定使用状态后计入财务费用。

上网电量总成本费用包括燃料费、脱硫剂费、用水费、材料费、折旧费、修理费、工资及福利、其他费、保险费(逐年递减)、排污费、财务费用。

成本计算见表 6-6《总成本费用估算表》。

(六)销售收入、税金和利润

销售税金为增值税、城市维护建设税和教育费附加。

由于增值税属价外税,所以在计算过程中不含增值税,也不考虑物价上涨因素对电价的影响。按反算电价模式进行经济效益分析,即按照注册资本金内部收益率为

8%测算项目的上网电价,并据此测算上网电价计算各项经济指标。本工程测算的不含税上网电价为289.10元/MW·h,含税上网电价为338.25元/MW·h。

增值税=销项税额-进项税额,其中销项税额按不含增值税的销售收入的17%计算。

城市维护建设税和教育费附加(两项附加)属价内税,以增值税为基数计算,税率合计为10%。

所得税为应纳税额的16.5%,本项目申请享受投产后前两年免征、此后三年减半征收的优惠。

盈余公积按税后利润的15%提取。

职工奖励福利基金按盈余公积的1/3提取。

资本公积金按盈余公积的2/3提取。

二、财务评价

(一)财务报表汇总

利用已经给定的资料和估算数据,进行财务评价,编制相关财务报表,汇总如下:

1. 表6-3《工程投资估算表》
2. 表6-4《投资计划与资金筹措表》
3. 表6-5《借款还本付息计算表》
4. 表6-6《总成本费用估算表》
5. 表6-7《损益表》
6. 表6-8《资金来源与运用表》
7. 表6-9《资产负债表》
8. 表6-10《现金流量表(全部投资)》
9. 表6-11《现金流量表(自有资金)》

(二)财务分析

1. 盈利能力分析

根据表6-10《现金流量表(全部投资)》、表6-11《现金流量表(自有资金)》分别计算出全部投资和自有资金的所得税后财务内部收益率($FIRR$)、财务净现值($i_0=7\%$)投资回收期。

根据表6-3《工程投资估算表》、表6-7《损益表》计算项目的投资利润率、投资利税率和资本金利润率。

$$投资利润率 = \frac{年利润总额}{总投资} \times 100\% = \frac{54\ 123}{469\ 922} \times 100\% = 11.52\%$$

$$投资利税率 = \frac{年利税总额}{总投资} \times 100\% = \frac{54\ 123 + 15\ 542}{469\ 922} \times 100\% = 14.82\%$$

$$\text{资本金利润率} = \frac{\text{年利润总额}}{\text{资本金总额}} \times 100\% = \frac{54\ 123}{112\ 540} \times 100\% = 48.1\%$$

项目财务净现值均大于零,且各项财务指标均大于行业基准水平,盈利能力满足行业要求。

2. 清偿能力分析

根据表6-5《借款还本付息计算表》、表6-8《资金来源与运用表》、表6-9《资产负债表》计算项目建设投资借款偿还期内各年的财务状况及偿债能力,计算资产负债率、流动比率和速动比率。计算结果表明,项目具有良好的偿债能力。

3. 不确定性分析(略)

(三) 结论

从以上财务计算及财务报表指标计算得出财务评价经济指标如表6-12所示。

表6-12 财务评价经济指标

序号	项目	指标
1	机组容量	2×600MW
2	项目总投资(动态)	21 454 万元
3	建设期利息	8 469 万元
4	达产年生产流动资金	8 469 万元
5	财务内部收益率 其中:全部投资 自有资金	 8.63% 10.25%
6	财务净现值 其中:全部投资 自有资金	 53 771 万元 49 599 万元
7	投资回收期 其中:全部投资 自有资金	 11.8 年 13.2 年
8	投资利润率	11.52%
9	投资利税率	14.82%
10	资本金利润率	48.10%

本项目是生产能源紧缺产品——电能,不仅有利于缓和电力紧张局面,而且有一定财务盈利能力。全部投资内部收益率为 8.63%,投资回收期为 11.8 年,当内部收益率为 7% 时,财务净现值为 53 771 万元。自有资金内部收益率为 10.25%,投资回收期为 13.2 年,当内部收益率为 7% 时,财务净现值为 49 599 万元。各项财务指标良好,股东具有较好的回报,电价水平市场可以接受。从财务角度看,项目可行。

小 结

可行性研究是专门为决定某一特定项目是否可行,而在实施前对该项目进行调查研究及全面的技术经济分析论证,为项目决策提供科学依据的一种科学分析方法。可行性研究工作可分为机会研究、初步可行性研究、详细可行性研究三个阶段。由于对基础资料的占有程度、研究深度及可行性程度等要求不同,可行性研究各阶段的工作任务、投资成本估算精度、工作时间与费用也各不相同。

项目财务评价是可行性研究的重要内容之一。财务评价是从企业(或项目)的角度,根据国家现行价格和各项现行的经济、财政、金融制度的规定,分析测算拟建项目直接发生的财务效益和费用,编制财务报表,计算评价指标,考察项目的获利能力、贷款清偿能力以及外汇效果等财务状况,来判别拟建项目的财务可行性。

为便于学习,现将项目财务评价的评价内容、基本报表、评价指标及相互之间的联系归纳在下表中。

财务评价内容、基本报表及评价指标

评价内容	基本报表	财务评价指标	
		静态指标	动态指标
清偿能力分析	借款还本付息估算表		
	资金来源与运用表	借款偿还期	
	资产负债表	资产负债率 流动比率 速动比率	
盈利能力分析	全部投资现金流量表	全部投资回收期	财务内部收益率 财务净现值
	自有资金现金流量表		财务内部收益率 财务净现值

续表

评价内容	基本报表	财务评价指标	
		静态指标	动态指标
盈利能力分析	损益表	投资利润率 投资利税率 资本金利润率	
创汇、节汇能力及 外汇平衡分析	外汇流量表 外汇平衡表		
不确定性分析	盈亏平衡分析	平衡点生产能力利 用率、平衡点产量	
	敏感性分析		财务内部收益率 财务净现值
	概率分析		净现值期望值大于或等于 零的累计概率

思考与练习

一、思考

1. 可行性研究的概念和作用是什么？
2. 可行性研究的主要内容有哪些？
3. 项目筹资渠道有哪些？各有何特点？
4. 什么是资金结构、财务风险、债务比？
5. 贷款还款方式有哪些？还本付息额怎样计算？

二、练习

1. 当项目的全部投资收益率大于贷款利率时，增加负债，自有资金的收益率(　　)。
   A. 增加　　　B. 减少　　　C. 不变　　　D. 可能增加也可能减少
2. 速动比率指标是用于反映项目(　　)的。
   A. 财务风险程度　　　B. 偿付流动负债的能力
   C. 偿债能力　　　D. 快速偿付流动负债能力
3. (　　)可以作为项目偿还国内借款的资金来源。
   A. 销售利润　　　B. 税后利润
   C. 折旧费　　　D. 摊销费　　　E. 营业外净收入
4. 在期末回收的流动资金是自有资金的流动资金。(　　)

5. 工程项目的贷款越多,自有资金的投资效果就越好。(　　)

6. 项目的全部投资财务效果基本与项目投资的资金来源与构成无关(所得税除外)。(　　)

7. 某企业计划年初的资金结构如表1所示。普通股股票每股面值为200元,今年期望股息为20元,预计以后每年股息增加5%。该企业所得税税率为33%。

表1　　　　　　　　　　　某企业资金结构表

各种资金来源	金额(万元)
长期债券,年利率9%	600
优先股,年股息率7%	200
普通股,年股息率10%,年增长率5%	600
保留盈余	200
合计	1 600

现在,该企业拟增资400万元,有两个备选方案。

甲方案:发行长期债券400万元,年利率10%,筹资费率为3%。同时,普通股股息增加到25元,以后每年还要增加6%。

乙方案:发行长期债券200万元,年利率10%,筹资费率为4%,另发行普通股200万元,筹资费率为5%,普通股股息增加到25元,以后每年增加5%。

试根据资金加权平均成本选择筹资方案。

8. 某公司有三个独立方案A、B、C可供选择,A、B、C的投资额均为500万元,寿命均为20年,各方案的年净收益不同,A方案的年净收益为80万元,B为70万元,C为60万元。问题是三个方案由于所处的投资环境及投资内容不同,各方案融资的成本(资金成本)不一样,其中A方案为新建工厂,融资无优惠;B方案为环保项目,可以得到250万元的无息贷款,借款期20年,到期只需还本;C方案为新兴扶植产业,当地政府可以给予400万元的低息贷款(年利率4%)。还款方式为等额摊还法,偿还年限为20年。问在这种情况下,如何选择独立方案(基准收益率 $i_0=12\%$)。

9. 假定企业投入资金总额600万元,全投资利润100万元,试求下列三种情况下,自有资金的利润、自有资金利润率。

(1)全部投资均为自有资金;

(2)借入资金与自有资金比例为1:3,借款的资金成本率为10%;

(3)借入资金与自有资金比例为1:1,借款的资金成本率为17%。

10. 原始资料:

(1)某项目建设期2年,生产期8年,营业税以销售收入的5%计,所得税税率33%,基准折现率12%。

(2) 投资估算及资金来源：

建筑工程费600万元，设备费2 400万元，综合折旧率12%，固定资产残值为固定资产投资的4%，无形资产及开办费500万元(第1年投入)，生产期内均匀摊入成本费用。资金投入计划及收益、成本预测见表2。

表2 单位：万元

序号	年份 项目	1	2	3	4	5～10
1	建设投资 自有 借款	1 200	300 2 000			
2	流动资金 自有 借款			180 300	180 300	
3	年产(销)量(万件)			60	90	120
4	经营成本			1 682	2 360	3 230

注：①产品价格40元/件；②流动资金按年初发生额计算；销售收入、经营成本、税金按年末发生额计算。

(3) 还款方式

建设投资借款利率10%，借款当年计半年利息，还款当年计全年利息，投产后（即第3年至第10年）按等额本金法偿还，建设期利息用自有资金偿还。流动资金借款利率8%，每年付息，借款当年和还款当年均计全年利息，项目期末还本。

要求：①作借款还本付息表；
② 作成本表；
③ 作损益表；
④ 作全投资现金流量表，计算 T_P、T_P^*、NPV、IRR；
⑤ 作自有资金现金流量表，计算 $NPV_自$、$IRR_自$；
⑥ 分别就产品价格、经营成本、建设投资在±20%范围内，对项目全投资净现值作敏感性分析。

第七章 项目的国民经济评价

第一节 项目国民经济评价的含义及特点

一、项目国民经济评价的含义

项目的经济评价包括国民经济评价和财务评价两个层次。国民经济评价是从全社会和国民经济的角度出发,运用国家规定的影子价格、影子汇率、影子工资和社会折现率等经济参数,分析计算项目所投入的费用、可获得的效益及经济指标,以此判别项目的经济合理性和宏观可行性。

国民经济评价实质上是一个以整个国家作为系统,以国民经济净收益为目标函数,以国家有用资源的合理利用为约束条件的最优化问题。在国民经济评价中,不仅要计算项目的直接收益和费用,而且还要计算项目的间接收益和费用。项目的转移支付必须从项目的收益和费用中扣除。

二、项目国民经济评价的意义

项目国民经济评价从形式上看与财务评价相类似,都是对项目盈利状况的评价,但财务评价是站在项目经营者角度进行分析,国民经济评价是站在国家和全社会的角度,考察项目对整个国民经济的贡献。项目国民经济评价的意义体现在以下几方面:

首先,国民经济评价能够客观地估算出投资项目为社会作出的贡献和社会为项目付出的代价。我国和大多数发展中国家一样,不少商品的价格不能反映价值,也不能反映供求关系,在商品价格严重失真的情况下,按现行价格计算项目的投入或产出,不能确切地反映项目建设给国民经济带来的效益与费用。国民经济评价运用反映项目投入物和产出物真实值的影子价格计算建设项目的费用和效益,可以真实地反映项目对国民经济的贡献以及社会为项目付出的代价。在国民经济评价中除了计算项目盈利大小以外,还要考虑就业、环境保护、生态平衡、资源合理配置等多方面的因素,相对财务评价而言,更客观,层次更高。

其次,国民经济评价能够对资源和投资的合理流动起到导向的作用。国民经济评价中采用的影子价格和社会折现率,不仅能起市场信号反馈的作用,而且能够反映资源最优分配状态下的边际产出价值,通过项目国民经济评价能够对资源合理分配加以引导,达到宏观调控的目的。

最后,国民经济评价可以达到统一标准的目的。由于国民经济评价中采用统一的评价参数,包括影子价格、社会折现率、影子汇率、影子工资、贸易费用率等,这些参数的运用,就使不同地区、不同行业的投资项目,在经济评价中都站在同一"起跑线"上,使效益费用具有可比性。

三、项目国民经济评价与财务评价的关系

项目的国民经济评价和财务评价是相互联系的,既有相同的地方,也有不同的地方,相同点表现在以下几方面:

两者的评价目的相同,都是寻求以最小的投入获得最大的产出;

两者的评价基础相同,都是在完成市场需求预测、工程技术方案、资金筹备基础上进行的;

两者的计算期相同,包括项目的建设期、生产期全过程。

由于这两类评价所代表的利益主体不同,因而国民经济评价与财务评价相比存在以下区别:

第一,两者评价的出发点不同。财务评价是站在企业或项目自身的角度,衡量投资项目的盈利状况,评价项目财务上是否有利可图;国民经济评价是站在国家整体的角度,分析投资项目为国民经济创造的效益和作出的贡献,评价项目经济上的合理性。前者主要为企业或项目的投资决策提供依据,后者则是为政府宏观的投资决策提供依据。

第二,两者计算费用和收益的范围不同。在财务评价中,根据企业的实际收支情况确定项目的财务收益和费用,收益和费用中要考虑通货膨胀、税金、利息、国家给予的补贴等。在国民经济评价中,根据所耗费的有用资源和项目对社会提供的有用产品及服务来考察项目的费用和收益,一般不考虑通货膨胀、税金、折旧等转移支付,但要考虑间接收益和间接费用。由于费用和收益范围的不同,同一个投资项目,财务评价和国民经济评价的计算结果有差异,在某些情况下结论也会有差异。

第三,两者评价中采用的价格不同。在财务评价中,要求评价结果反映投资项目实际发生情况,其计算使用的价格需要对市场进行调查和预测,确定未来市场上可能产生的价格或市场上已经产生的价格,采用的是市场价格;国民经济评价不仅要客观地评价项目,而且要求不同地区、不同行业的投资项目具有可比性,采用市场价格,往往因不同地区价格水平不同而影响项目的横向可比性,因此在国民经济评价中,必须采用一个统一的价格标准,以影子价格作为国民经济评价的价格体系。

第四,两者评价中使用的参数不同。所谓评价参数,主要指汇率、贸易费用率、工资及折现率。在财务评价中,上述各参数需根据不同行业的不同项目以及企业条件、企业环境自行选定。在国民经济评价中,同样为了达到投资项目横向可比的目的,采用国家统一测定的影子汇率、影子工资和社会折现率。

第五,两者评价中采用的核心指标不同。国民经济评价的指标是经济净现值和经济内部收益率,财务评价的主要指标是财务净现值和财务内部收益率。国民经济评价的结论和财务评价的结论有时不一致,在西方私有制的经济体制下,以财务评价是否可行作为项目选取条件。在我国以国民经济评价结果作为项目选取条件,对经济上可行、财务上可行的方案予以接受;对经济上可行而财务上不可行的方案,国家应该通过价格补贴或减免税收等措施使方案在财务上也变为可行,或重新修改方案。对经济上不可行的项目,不论其财务评价可行与否都应该予以拒绝。

第二节 国民经济评价费用和效益的识别

一、费用和效益的识别

确定项目经济合理性的基本途径是将项目的费用与效益进行比较,计算项目对国民经济的净贡献,因此,正确地识别费用与效益,是保证国民经济评价正确性的重要条件和必要前提。

费用和收益是相对目标而言的。收益是对目标的贡献,费用是对目标的负贡献。财务评价是以项目净收入最大化为目标,因此凡是增加项目收入的就是财务收益,凡是减少项目收入的就是财务费用。国民经济评价是以国民经济增长为目标,因此,项目国民经济评价中的费用应是国民经济为项目建设投入的全部代价,项目的效益应是项目为国民经济作出的全部贡献。在国民经济评价中,要衡量项目的实际效果,不仅要计算项目的直接费用和直接效益,还要计算项目的间接费用和间接效益,费用和效益中属于国民经济内部转移支付的部分不计为项目的费用或效益。

在辨识和分析计算项目的费用和效益时应按"有"投资和"无"投资两种情况的费用和效益计算其增量,按效益与费用计算口径对应的原则确定费用与效益的计算范围。

二、费用和效益的分类

在国民经济评价中,项目的效益和费用有直接和间接之分,计算时应注意费用和效益计算范围的一致性与可比性。

(一)直接费用和直接效益

直接费用与直接效益是项目费用与效益计算的主体部分。

项目的直接费用主要是指国家为满足项目投入的需要而付出的代价。一般表现为其他部门供应本项目投入物而扩大生产规模所耗费的资源费用,减少出口增加进口所耗用的外汇,减少对其他项目投入物的供应而放弃的效益等。如电厂项目建设中投入的材料、人工、资金、技术等费用。

项目的直接效益主要指项目的产出物在项目计算范围内的经济价值。一般包括为增加该产出物数量满足国内需求的效益,替代其他相同或类似企业的产出物从而减少国家有用资源耗费的效益;减少进口或增加出口所节支或增收的国家外汇等。如电厂建设项目建成后得到的发电收益,运输项目提供的运输服务所获得的收益等。

(二)间接费用和间接效益

间接费用又称外部费用,是指国民经济为项目付出了代价,而项目本身并不实际支付的费用,如项目建设造成的环境污染和生态破坏。间接效益又称外部效益,是指项目对社会作了贡献,而项目本身并未得益的那部分效益。

在项目评价中,只有同时符合以下两个条件的费用或效益才能称为间接费用或间接效益:

(1)项目将对无直接关联的其他项目产生影响(产生费用或效益);

(2)产生的费用或效益在项目财务报表(如财务现金流量表)中并没有得到反映,或者没有将其价值量化。

间接费用和间接效益通常较难计量,为了减少计量上的困难,在考虑间接效益和间接费用时,应力求明确项目的"边界"。一般情况下可扩大项目的范围,特别是一些相互关联的项目可以合在一起视为同一项目进行评价,这样可使外部费用和效益转化为直接费用和直接效益。

间接效益和间接费用通常包括以下几方面:

(1)项目对环境的影响:有些项目对自然资源和生态环境产生污染和破坏,这是一种间接费用,可近似地按恢复环境质量所需要的费用计算;项目含有环境治理工程,会对环境产生好的影响,评价时应计算相应的间接效益。

(2)技术扩散效益:项目先进技术的实施,技术人员的流动,技术的扩散和推广使整个社会受益,这类间接效益只能定性描述。

(3)乘数效应:乘数效应是指新建项目的实施,刺激了项目投入物的国内需求,可以使原来闲置的资源得到利用,从而产生的一种连锁性的外部效果,刺激某一地区或全国的经济发展,如劳动力产生剩余,项目的实施利用了原来闲散的劳动力,引起劳动力消费的增加,导致服务行业的发展,引起一系列的连锁效果。

三、转移支付

项目财务评价中的税金、补贴、国内贷款利息,是国民经济内部各部门之间的转移支付,不造成资源的实际耗费或增加,因此,在国民经济评价中不能计入项目的费用或效益,属于转移支付。

(一)税金

在项目财务评价中,项目上缴税金后减少其净收益,税金是一项财务支出,但项目纳税并未减少国民收入,也未产生社会资源的变动,只是将项目的这笔货币收入转移到政府手中。由于国民经济评价是从社会资源增减的角度来考察项目的费用和收益的,税金并不反映资源的变动,因此税金在国民经济评价中不能作为项目的费用。

(二)补贴

补贴是一种与税金流动方向相反的转移支付,国家如果对某些产品实行价格补贴,这种补贴使国家财政收入减少,使项目净收益增加,但国民收入并没有因此而增减,仅仅是货币在项目和政府间的转移,所以补贴不是项目国民经济评价中的收益。

(三)国内贷款及其还本付息

项目的国内贷款及其还本付息也是一种转移支付。在项目财务评价中,从银行得到贷款就是货币流入,在自有资金的现金流量表中,贷款作为流入项,还本付息被作为支出项。在国民经济评价中,贷款并没有增加国民收入,还本付息也没有减少国民收入,这种货币流动过程仅仅是资源支配权力的转移,社会的实际资源并未发生变化,因而是一种转移支付。

(四)国外贷款及其还本付息

在项目的全投资国民经济评价中,国外贷款的还本付息同国内贷款一样,既不作为收益也不作为费用,属于转移支付。如果项目的国民经济评价是以项目所在国的经济利益为出发点,进行国内投资的国民经济评价,则必须考虑国外贷款及其还本付息对项目举办国的实际影响,国外贷款及其还本付息分别作为收益和费用。

第三节　国民经济评价的影子价格

在项目国民经济评价中,为了正确反映项目的经济合理性,需要采用一种更为合理的价格体系即影子价格进行项目评价。

一、影子价格的概念及特点

(一)影子价格的概念

影子价格的概念是20世纪30年代末、40年代初由荷兰数理经济学、计量经济学创始人之一詹恩·丁伯根和前苏联数学家、经济学家、诺贝尔经济学奖获得者康特罗维奇分别提出来的。

影子价格是指当社会经济处于某种最优状态时,能够反映社会劳动的消耗、资源稀缺程度和对最终产品需求情况的价格。同一产品或资源在不同经济条件下有着不同的影子价格。

影子价格是一种虚拟的、比交换价格更为合理的价格。其合理的标志是：从定价原则来看，它能更好地反映产品的价值，反映市场供需情况，反映资源稀缺程度；从价格产生的效果来看，它能够使资源配置向优化的方向发展。

影子价格在国外又称预测价格或计算价格，它不是用于交换的价格，而是用于预测、计划、项目评价的价格，是向决策人提供信息、选择最优方案、制定经营方针和改善经营管理的工具。

（二）影子价格的特点

影子价格具有以下特点：

1. 影子价格反映各种生产资源的稀缺程度

某种资源的影子价格越高，就表明该种资源短缺程度越严重，通常短线产品的影子价格较高，长线产品的影子价格趋于零。

2. 影子价格与市场自由竞争的均衡价格相一致

按照市场的竞争理论，在完全自由竞争条件下，供求因素的自发调节可使生产资源得到合理配置，从而形成均衡价格，在此条件下，各种资源的市场价格就是它们的影子价格。

3. 资源的影子价格反映该资源的边际生产力

在其他资源投入量保持不变的条件下，该资源投入量每增加一个单位所带来的总收益的增加量就是资源的影子价格。由于各种资源的稀缺程度是不同的，随着生产力的发展，各种资源的增加量或消耗量也不同。较稀缺的资源，每增加一个单位，可增加较多的收益，其影子价格就高，稀缺性较小的资源，增加投入量所增加的收益较少，当资源过剩时，其影子价格为零，意味着再增加投入，收益也不增加，资源的影子价格反映了该资源的边际生产力。

4. 影子价格与机会成本的含义一致

一般而言，项目投入物的影子价格就是它的机会成本，即该资源用于该项目而不能用于其他用途时所放弃的边际收益。

二、国民经济评价中采用影子价格的必要性

对项目进行国民经济评价，主要目的是要考察项目对国民经济所作的贡献以及国民经济为项目付出的代价。如果价格是合理的，或者说对效益和费用的衡量是真实的，那么项目经济评价结果就能够正确指导投资决策，指导有限资源的合理配置，从而使国民经济获得高效益。反之，如果价格扭曲，对效益和费用的衡量失实，就必然导致错误的投资决策，浪费国家有限资源，延误国民经济的发展。因此，价格是否真实,决定了国民经济评价的可信度,决定了资源配置是否合理优化。

一般来说,发展中国家由于通货膨胀、外汇短缺、劳动力过剩、产业结构不合理等原因,其价格存在着既不反映价值也不反映供求状况的问题,依靠市场价格体系,就不可能正确衡量项目的费用和效益。同一资源在不同状态下其影子价格也不同,例如某项目占用的是高级技术人才,对国民经济带来的损失就可能很大,其影子价格就高;如果占用的是农村剩余劳动力和城市的待业人员,不会使社会的产出有任何减少的,其影子价格就小。为了使项目评价能够真正反映项目对国民经济造成的得失,在项目评价中就必须测算和应用影子价格。

三、确定影子价格的基本方法

确定影子价格的方法有以下几种:

(一)市场均衡价格法

在完善的市场条件下,任何货物的市场价格就等于影子价格,此时消费者多购买一个单位的某种货物所付的价格——货物的边际产品价格,恰好等于生产者多生产这一个单位的该种货物的生产成本——货物的边际生产成本,达到了图7-1所示的均衡状态。

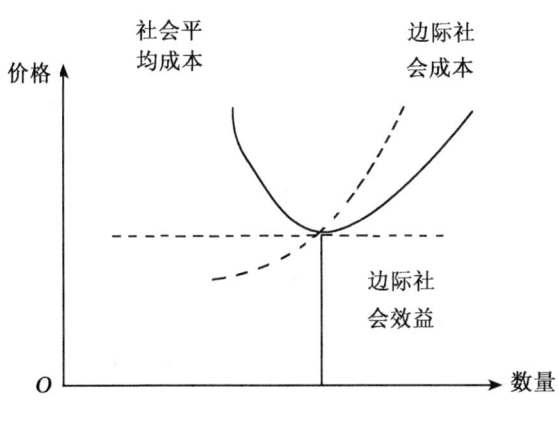

图7-1 理想的完全竞争状态

这种均衡状态是理想的完全竞争市场下形成的,它必须满足以下几个条件:
(1)所有企业生产的同种货物具有相同的质量;
(2)有大量的卖者和买者,任何一个卖者和买者都不能影响这种商品的价格;
(3)各种生产资源可以完全自由流动;
(4)生产者和消耗者对市场情况有充分的认识,也就是说,市场信息是流通的,生产者和消耗者对它们是充分掌握的。

在完善的市场条件下,边际社会效益、边际社会成本、边际企业收益和边际企业成本都等于市场价格,因此,项目的投入物和产出物的市场价格就等于影子价格,这种情况下,国民经济评价和财务评价的价格相一致。

在现实经济活动中,特别是在许多发展中国家,市场机制很不完善,存在着供需不平衡,存在着价格控制和人为干预,市场价格常常不能反映各种货物的真实价格,即市场价格与影子价格偏离。事实上完善的市场条件是不存在的,即使在市场经济发达的国家,由于垄断、倾销、优惠、保护等因素也不具备完善的市场条件。一般来说市场机制比较充分的国家,其市场价格可以近似地看做均衡价格。

(二)总体均衡分析法

总体均衡分析法是利用线性规划模型来确定影子价格。

国民经济发展所追求的目标是国家收益最大化。假定国家能生产 n 种产品,其中第 j 种单位产品可提供 C_j 数量的收益,那么国民经济的目标函数就是:

$$\max Z = C_1 X_1 + C_2 X_2 + \cdots + C_j X_j + \cdots + C_n X_n \tag{7-1}$$

这里 X_j 是第 j 种产品的生产数量。如果没有任何限制,那么每种产品生产得越多,国家的收益就越大,但是由于每种产品消耗都要受到资源的限制,产品数量不可能达到无限多。假定有 m 种资源,第 i 种资源的可用量为 b_i,第 j 种单位产品消耗第 i 种资源的数量为 a_{ij},则资源约束条件就是:

$$\begin{cases} a_{11} X_1 + a_{12} X_2 + \cdots + a_{1j} X_j + \cdots + a_{1n} X_n \leq b_1 \\ a_{21} X_1 + a_{22} X_2 + \cdots + a_{2j} X_j + \cdots + a_{2n} X_n \leq b_2 \\ \quad \vdots \\ a_{i1} X_1 + a_{i2} X_2 + \cdots + a_{ij} X_j + \cdots + a_{in} X_n \leq b_i \\ \quad \vdots \\ a_{m1} X_1 + a_{m2} X_2 + \cdots + a_{mj} X_j + \cdots + a_{mn} X_n \leq b_m \\ x_j \geq 0 (j = 1, 2, \cdots, n) \end{cases} \tag{7-2}$$

以上目标函数和约束条件构成了一个线性规划,称为规划Ⅰ。这个规划模型的含义就是如何规划各种产品的产量,才能更好地利用有限的资源,以获得最大限度的收益,这就是资源配置的优化问题。模型有许多个可行解,一般情况下会有一个最优解。

对于企业或项目来说,所追求的目标应该是总成本最低,也就是以最低的价格获得各种资源。设第 i 种资源的价格为 Y_i,b_i 为资源限量,那么企业或项目的目标函数就是:

$$\min W = b_1 Y_1 + b_2 Y_2 + \cdots + b_j Y_j + \cdots + b_m Y_m \tag{7-3}$$

如果没有任何限制,显然所有资源的价格均为零时对企业或项目最有利,但是国家付出了这些资源作为代价,必然要求从资源价格得到补偿,补偿的数量不能高于从

产品可能得到的收益,即效益约束条件为:

$$\begin{cases} a_{11}Y_1 + a_{21}Y_2 + \cdots + a_{i1}Y_i + \cdots + a_{m1}Y_m \leq C_1 \\ a_{12}Y_1 + a_{22}Y_2 + \cdots + a_{i2}Y_i + \cdots + a_{m2}Y_m \leq C_2 \\ \quad\quad\quad\quad\quad\quad \vdots \\ a_{1j}Y_1 + a_{2j}Y_2 + \cdots + a_{ij}Y_i + \cdots + a_{mj}Y_m \leq C_j \\ \quad\quad\quad\quad\quad\quad \vdots \\ a_{1n}Y_1 + a_{2n}Y_2 + \cdots + a_{in}Y_i + \cdots + a_{mn}Y_m \leq C_n \\ Y_i \geq 0 \, (i=1,2,\cdots,m) \end{cases} \quad (7\text{-}4)$$

新的目标函数和新的约束条件构成了线性规划Ⅱ。这里收益向量 C 和消耗矩阵 A 的含义都和规划Ⅰ中一样。模型的含义就是如何确定各种资源的价格,才能使产出达到更高水平,而总成本降低到最低点。

规划Ⅰ和规划Ⅱ中一个称为原始规划,另一个称为对偶规划。从数学上可以证明,当原始规划存在最优解时,对偶规划也一定存在最优解。

规划Ⅰ从优化资源配置出发,本身并不含资源的价格,但由于对偶规划的存在,一旦实现了资源的最优配置,各种资源的最优计划价格也就如影随形地产生了。这就是"影子价格"这一用语的由来,也就是通常所说的"影子价格是线性规划对偶解"的含义。

这种方法在理论上比较严密,但计算起来十分复杂,如果用线性规划方法建立国民经济最优计划模型来求解最优计划价格,可能涉及到几百种资源、几万种产品,以及更大数量级的消耗关系。无论从计划水平还是技术水平来看,在目前都是很难办到的,所以这一方法只有理论上的意义,很难在项目评价中实际应用。

(三) 局部均衡分析法

在总体均衡分析中,资源的价格和产品的价格被庞大的数学规划联系在一起,牵一发而动全身。在实际项目评价中,常用局部均衡分析方法来确定影子价格。局部均衡分析法也就是个别地考察某一产品或某一资源的影子价格,不与其他产品或其他资源联系起来,最常用的方法是机会成本和消费者支付意愿法。

1. 机会成本法

机会成本是指用于本项目的某种资源若用于其他替代机会所能获得的最大效益,即由于本项目使用了某种资源,就可能使这种资源被迫放弃其他最好的效益,这被迫放弃的最好效益就是本项目使用这种资源的机会成本。一个国家的各种资源在得到最优配置的情况下,机会成本就是资源的影子价格。

资金是一种社会资源,它的机会成本就是为项目放弃的其他获利中的最大效益。资金的长期贷款利率可用来表示资金的机会成本。

土地也是一种社会资源,项目占用土地的机会成本等于该土地的替代用途中所能获得的最大净效益。如果该项土地原来用于种植农作物,那么其机会成本即为种植农作物的净效益。如果该土地原来是荒地,那么其机会成本就为零。

劳动力也是一种社会资源,项目使用劳动力的机会成本的大小取决于劳动力用于本项目前所能创造的最大社会净效益。如果劳动力来自失业者,一般可以认为其机会成本为零;如果劳动力来自其他企业,那么由于劳动力的转移而使原企业损失的效益,即为该劳动力的机会成本。

2. 消费者支付意愿

消费者支付意愿是指消费者愿意为商品或劳务支付的价格,这种愿意支付的价格可以看做影子价格。假设项目的产出物是满足国内市场供应,那么衡量消费者对货物支付意愿的最好尺度是市场价格,因为当消费者以一定的价格购买某种货物时,他从该货物所获得的满足至少应等于他为货物付出的代价,否则他就不会买了。在完善的市场条件下,需求曲线表示的价格就代表消费者的支付意愿,如果不是完善的市场条件,只能根据市场价格波动情况及对消费者的调查,来确定消费者支付意愿。

对项目进行国民经济评价时,不可能一一给出各种货物的需求曲线,得到各货物的消费者支付意愿。由于拟建项目产出物数量相对于整个市场供应量来说很小,不致引起价格的降低,因此可以粗略地认为原来的市场价格能够表示消费者支付意愿。

四、一般货物的影子价格

国民经济评价中项目投入物和产出物的影子价格按其类型可分为:一般货物、特殊投入物(包括劳动力、土地)、资金等。特殊投入物、资金的影子价格在下一节分析,这里主要分析一般货物的影子价格。

一般货物可以分为外贸货物和非外贸货物,在确定某种货物的影子价格之前,首先要区分该货物是外贸货物还是非外贸货物。如果货物的投入或产出,主要影响国家的进出口水平,则为外贸货物;如果货物的投入或产出主要影响国内供求关系,则属于非外贸货物。只有明确了是外贸货物还是非外贸货物,才能针对货物的不同类型,采取不同的影子价格确定方法。

(一)外贸货物的影子价格

外贸货物是指其生产或使用将直接或间接影响国家进口或出口的货物,包括项目产出物中直接出口、间接出口、替代进口的货物,项目投入物中直接进口、减少出口、间接进口的货物。

外贸货物中的进口品应满足:国内生产成本大于到岸价格,否则就不应进口。

外贸货物中的出口品应满足:国内生产成本小于离岸价格,否则就不应出口。

到岸价格与离岸价格统称口岸价格,到岸价格(Cost Insurance Freight)是指进口货物到达本国口岸的价格,包括国外的离境交货价格及运到本国口岸的运输及保险费用,到岸价格简称 CIF。

离岸价格(Free On Board)是指出口货物的离境交货价格,如在海港交货,则指"船上交货价格",离岸价格简称 FOB。

1. 项目投入物影子价格的确定

项目投入物影子价格的确定分以下三种情形:

(1)直接进口

由于国内生产不足、产品质量不过关或其他原因,项目的投入物靠进口解决。货物到项目所在地的影子价格为:

影子价格 = 到岸价格 × 影子汇率 + (国内运输费用 + 贸易费用)

(2)减少出口

原生产厂家生产的某种货物可以出口,项目上马后要投入这种货物(或减少了生产量),使出口减少。货物到项目所在地的影子价格为:

影子价格 = 离岸价格 × 影子汇率 − 供应厂到港口的运输费用和贸易费用 + 供应厂到拟建项目的运输费用和贸易费用

为简化计算,也可按直接进口考虑。

(3)间接进口

国内生产厂家向原有用户提供某种货物,由于项目上马后要投入这种货物须由国内生产厂提供,迫使原有用户靠进口来满足需求,此种情况下货物到项目所在地影子价格为:

影子价格 = 到岸价格 × 影子汇率 + 港口到原用户的运输费用和贸易费用 − 供应厂到原用户的运输费用和贸易费用 + 供应厂到拟建项目的运输费用和贸易费用

当缺少资料难以计算时,也可按直接进口考虑。

2. 项目产出物影子价格的确定

项目产出物影子价格的确定也有以下三种情形:

(1)直接出口

项目的产出物在质量、销售服务等方面都不劣于国内已有的该种出口货物,有把握参加国际市场竞争或已有确定的向国外用户供货合同。货物从项目所在地出发的影子价格为:

影子价格 = 离岸价格 × 影子汇率 − 国内运输费用 − 贸易费用

(2)间接出口

项目的产出物确定为内销,用于满足国内需求,但可替代其他货物,使其他货物增加出口,从而影响国家的进出口水平。此种情况下货物从项目所在地出发的影子价格为:

影子价格 = 离岸价格 × 影子汇率 − 原供应厂到港口的运输费用和贸易费用 + 原供应厂到用户的运输费用和贸易费用 − 拟建项目到用户的运输费用和贸易费用

当缺乏资料难以计算时,也可按直接出口考虑。

(3) 替代进口

项目的产出物为内销,由于质量过关,可以顶替原来依靠进口的货物从而减少进口。货物从项目所在地出发的影子价格为：

影子价格 = 到岸价格 × 影子汇率 + 港口到用户的运输费用和贸易费用 − 拟建项目到用户的运输费用和贸易费用

当缺少资料时,也可按直接进口考虑。

(二) 非外贸货物的影子价格

非外贸货物是指生产或使用不影响国家出口或进口的货物。非外贸货物可分为天然非外贸货物和非天然非外贸货物两类。

天然非外贸货物指其使用和服务天然地限于国内,包括国内商业、工程、施工、运输和其他国内服务。非天然非外贸货物是指由于经济或政策原因而不能外贸的货物,包括由于国家贸易政策和法令限制不能外贸的货物以及由于生产成本等原因而不能出口的货物。

非外贸货物的影子价格按下面方法确定：

1. 项目投入物中非外贸货物的影子价格

(1) 若项目的投入物直接或间接来自国内新增生产能力的,按新增生产能力的边际生产成本定价。边际生产成本的确定有两种形式：

①若生产成本的费用要素中不包含外贸货物,或包含外贸货物的价值量在总成本中所占比例很小,则可认为交换价格就是对边际生产成本的估值,在一物多价的情况下,取其较高者。

②若生产成本要素中包含了不容忽视的外贸货物,则应采用成本分解法计算边际成本,即把成本要素分为外贸货物、非外贸货物和生产要素(土地、资金和劳务)三部分,其中的外贸货物按口岸价格计算,非外贸货物按国内交换价格计算,生产要素按其影子价格计算,然后汇总得到边际生产成本。

(2) 项目投入物直接或间接来自现有企业挖潜或闲置生产能力的利用,则此投入物也按边际生产成本定价,这时的边际生产成本不包含固定成本,仅包含为生产这些投入所增加的变动成本,故应按变动成本要素的分解成本计算。

(3) 项目投入物来自于减少对国内其他用户的供应,则这种投入物的影子价格就是其他用户的边际产出价值。这种减少供应导致的其他用户放弃的边际产出价值就是该投入物的机会成本。在缺乏有关其他用户边际产出价格数据的情况下,取这种投入物的交换价格作为边际产出价值的估计值。

2. 项目产出物的非外贸货物的影子价格

项目产出物的非外贸货物的影子价格的确定有以下几种情况：

(1) 项目产出物增加国内消费。国内供需均衡的,用国内各种交换价格中低者定价;供不应求的,用国内各种交换价格中高者定价;若供求状况不明确,用各种交换价格中低者定价。

(2)如果项目产出物占全国供应量的份额较大,项目投产后会使该产品市场价格下降,则用无项目时的价格和有项目时的价格的平均值作为影子价格的近似值。

(3)项目产出物导致其他生产厂家减少该种产品生产的,在二者产品质量相同时,项目产出品的经济价值,就是其他厂家少生产这种产品所节省下来的资源的价值,其影子价格按分解成本法确定。

分解成本法是确定非外贸货物影子价格的一个重要方法,原则上应按边际成本进行分解,当资料缺乏时,也可按平均成本进行分解。

成本分解的步骤如下:

第一步:按费用要素列出某非外贸货物的财务成本、单位货物的固定资产额及流动资金,并列出该货物生产厂的建设期限、建设期各年投资比例。

第二步:剔除上述数据中包括的税金。

第三步:对外购原材料、燃料和动力等投入物的费用进行调整,其中一些可直接使用给定的影子价格或换算系数。对重要的外贸货物应自行测算其影子价格,重要的非外贸货物可留待第二轮分解。有条件时,也应对投资中某些占比例大的费用项目进行调整。

第四步:工资及福利费和其他费用原则上不予调整。

第五步:计算单位货物总投资(包括固定资产投资和流动资金)的资金回收费用(M),对折旧和流动资金利息进行调整。资金回收费用的计算公式为:

$$M = (I - S_v - W)(A/P, i_s, n_2) + (W + S_v) i_s \qquad (7-5)$$

因 $\qquad I = I_F + W$

故 $\qquad M = (I_F - S_v)(A/P, i_s, n_2) + (W + S_v) i_s$

当 $S_v = 0$ 时

$$M = I_F(A/P, i_s, n_2) + W \cdot i_s$$

式中:I——换算为生产期初的全部投资;

I_F——换算为生产期初的固定资产投资,按可变成本分解时,I_F为零;

W——流动资金占用额;

S_v——计算期末回收的固定资产余值;

i_s——社会折现率;

n_2——生产期。

I_F可由下式求得:

$$I_F = \sum_{t=0}^{n_1} I_t (1 + i_s)^{n_1 - t} \qquad (7-6)$$

式中:I_t——建设期第t年调整后的固定资产投资;

n_1——建设期。

第六步:必要时对上述分解成本中涉及到的非外贸货物进行第二轮分解。
综合以上各步之后,即可得到该货物的分解成本。

单位货物的分解成本与财务价格的比值,称为该货物的价格换算系数,将非外贸货物的财务价格乘以换算系数即为其影子价格。故在分解成本过程中,如果事先已知换算系数,就可直接用其财务价格乘以换算系数求得影子价格。

例 7.1 非外贸货物 X 为某拟建项目的主要投入物,为保证对拟建项目的供应,需新增投资扩大货物 X 的生产量。货物 X 的影子价格拟按该货物的全部成本分解定价。由于缺乏边际成本资料,现采用平均成本进行分解,其财务成本见表 7-1。经调查,得知生产每吨该种货物的固定资产投资为 1 225 元,占用流动资金 180 元。求该货物 X 的影子价格。

解: 采用分解成本计算如下:

①投资调整。固定资产投资中建筑费用占 20%,建筑工程影子价格换算系数取 1.1,设备、安装工程及其他工程费用的影子价格换算系数取 1.0,调整固定资产投资为:

$$1\ 225 \times (0.8 + 0.2 \times 1.1) = 1\ 250(元)$$

生产货物 X 的项目建设期为 2 年,各年投资比例为 1∶1,社会折现率为 12%,换算为生产期初的固定资产投资为:

$$I_F = \frac{1\ 250}{2}(1 + 0.12) + \frac{1\ 250}{2} = 1\ 325(元)$$

表 7-1　　货物 X 单位产品财务成本表(按生产费用要素)

项目	耗用量	耗用金额(元/t)
一、外购原材料、燃料和动力	1.25(t)	667.30
原料 A	0.25(t)	344.50
原料 B	1.40(t)	21.64
燃料 C	0.07(t)	65.82
燃料 D	0.33(kW·h)	43.68
电力		28.74
其他		94.31
铁路货运		59.24
汽车货运		9.37
二、工资及福利费		43.81
三、折旧费		58.20
四、修理费		23.24
五、利息支出		7.24
六、其他费用		26.48
单位成本		826.27

②资金回收费用的计算。生产货物 X 的项目计算生产期为 20 年,不考虑固定资产余值回收,查复利表和资金回收系数为 0.133 8。

年资金回收费用(M) = 1 325 × 0.133 8 + 180 × 0.12 = 198.89(元/t)

③购原料 A 为外贸货物,直接进口,到岸价 50 美元/t,影子汇率为 5.8 元/美元,项目位于港口附近。贸易费率 6%。该项目费用调整为:

$$50 \times 5.8 \times 1.25 \times (1 + 6\%) = 384.25(元/t)$$

④外购燃料 D 为外贸货物,可以出口,出口离岸价扣减运费和贸易费用后为 120 美元/吨,该项费用调整为:

$$120 \times 5.8 \times 0.07 = 48.72(元/t)$$

⑤外购燃料 C 为非外贸货物,取影子价格 144.8 元/吨,贸易费率 6%,该项费用调整为:

$$144.8 \times (1 + 6\%) \times 1.40 = 214.88(元/t)$$

⑥生产货物 X 的项目地在华东,电力影子价格取华东电网平均电力影子价格 0.238 9元/千瓦时,该项费用调整为:

$$0.238\ 9 \times 0.33 \times 1\ 000 = 78.84(元/t)$$

⑦铁路货运影子价格换算系数为 2.60,该项费用调整为:

$$59.24 \times 2.6 = 154.02(元/t)$$

⑧汽车货运影子价格换算系数为 1.26,该项费用调整为:

$$9.37 \times 1.26 = 11.81(元/t)$$

⑨原料 B 为非外贸货物,可通过老企业挖潜增加供应,按可变成本(见表7-2)进行第二轮分解。步骤如下:

表 7-2　　　原料 B 的单位产品财务成本表(可变成本部分)

项　目	耗用量	耗用金额(元/t)
a	0.01 (t)	2.75
b	0.002(t)	1.59
c	0.01(t)	0.44
d	0.12(t)	0.78
电力	0.06(kW·h)	3.79
铁路货运		0.16
汽车货运		0.08
其他		8.57
可变成本合计		18.16

a 为外贸货物,到岸价格为 50 美元/m³,贸易费率 6%,该项费用调整为:

$$50 \times 5.8 \times (1+6\%) \times 0.01 = 3.07 (元/t)$$

b 为非外贸货物,已知影子价格换算系数为 1.65(影子价格与财务价格之比),该项费用调整为:

$$1.59 \times 1.65 = 2.62 (元/t)$$

c 为非外贸货物,影子价格为 105.54 元/t,该项费用调整为:

$$105.54 \times (1+6\%) \times 0.01 = 1.12 (元/t)$$

d 为非外贸货物,影子价格为 10.47 元/t,该项费用调整为:

$$10.47 \times (1+6\%) \times 0.12 = 1.33 (元/t)$$

生产原料 B 的老企业地处华北,电力影子价格取 0.2181 元/kW·h,该项费用调整为:

$$0.2181 \times 0.06 \times 1000 = 13.09 (元/t)$$

铁路货运费调整为:

$$0.16 \times 2.60 = 0.42 (元/t)$$

汽车货运费调整为:

$$0.08 \times 1.26 = 0.10 (元/t)$$

其他费用不予调整,为 8.57 元/t。

以上原料 B 分解可变成本为 30.32 元/t,作为影子价格还应考虑 6% 的贸易费用。

原料 B 的影子价格 = $30.32 \times (1+6\%) = 32.14 (元/t)$

货物 X 中原料 B 的费用调整为:

$$32.14 \times 0.25 = 8.04 (元/t)$$

其他如工资及福利费、修理费、其他费用等不予调整。

综合以上 10 项,将成本分解计算结果列于表 7-3。

表 7-3　　　　　　　　货物 X 成本分解计算表

项目	耗用量	财务成本 (元/t)	分解成本影子价格(元/t)
1. 外购原材料、燃料和动力		667.30	994.87
原料 A	1.25(t)	344.50	384.25
原料 B	0.25(t)	21.64	8.04
燃料 C	1.40(t)	65.82	214.88
燃料 D	0.07(t)	43.68	48.72
电力	0.33(kW·h)	28.74	78.84
其他		94.31	94.31
铁路货运		59.24	154.02
汽车货运		9.37	11.81

续表

项　　目	耗用量	财务成本 （元/t）	分解成本影子 价格（元/t）
2. 工资及福利费		43.81	43.81
3. 折旧费		58.20	-
4. 修理费		23.24	23.24
5. 利息支出		7.24	-
6. 其他费用		26.48	26.48
7. 资金回收费用		-	198.89
单位成本		826.27	1 287.29

表 7-3 中成本分解结果为 1 287.29 元/t，可作为货物 X 的影子出厂价格，作为拟建项目投入物的影子价格（到厂价）时，还应加影子运输费用和贸易费用。

第四节　国民经济评价参数

国民经济评价中常用的参数主要有社会折现率、贸易费用率、影子汇率、特殊投入物的影子价格。

一、社会折现率

（一）社会折现率的含义

社会折现率反映社会对资金时间价值的估量，通过确定资金的机会成本来确定社会折现率。在国民经济评价中，用社会折现率计算经济净现值和内部收益率。

社会折现率是国家调节、控制投资活动的主要手段之一，是投资项目应达到的最低投资收益率标准。社会折现率低，能够满足经济性要求的项目多，投资规模就大，社会折现率高，能够满足经济性要求的项目少，投资规模就小，因此制定适当的社会折现率有利于正确引导投资，控制建设规模，调节资金的供求平衡。

据有关资料介绍，世界银行经济专家对我国社会折现率测算估计值为 10% ~ 16% 之间。

（二）社会折现率的确定方法

社会折现率是资金的边际投资收益率，社会折现率的确定涉及多种因素，如国家对资金的宏观调控意图、国家对资金的需求状况以及资金的边际收益率等，一般可以通过具体项目的经济分析及国家的资金供给需求分析来确定。社会折现率的确定方法有以下几种：

1. 资金利润率法

资金利润率是利润与资金的比值,实际中一般以资金利益的边际值来定义,即:
$$i = \Delta m/\Delta k$$
式中：Δm 为新增资金的获利；Δk 为新增的资金。

以资金利润率作为社会折现率的参考数据。

2. 长期贷款利率法

国际金融市场上的长期贷款利率,反映了资金的机会成本,可以作为社会对资金时间价值的估值,作为社会折现率的参考数据。

3. 平均投资收益率法

设平均投资收益率为 i,则 i 由下式决定：

$$(B+D)(P/A,i,n) = \frac{K}{m}(F/A,i,m)$$

即
$$\frac{B}{K} + \frac{K}{n} = \frac{[(1+i)^m - 1](1+i)^n}{m[(1+i)^n - 1]} \tag{7-7}$$

式中：B 表示年税利总和,D 表示年折旧总额,K 表示项目总投资额,m 表示项目建设期,n 表示项目的经济寿命期。

以平均投资收益率作为社会折现率的参考数。

二、影子汇率

(一) 影子汇率的含义

影子汇率是一个单位外汇折合成本国货币表示的实际经济价值,也称为外汇的影子价格。在国民经济评价中,用来进行外汇与人民币之间的换算。影子汇率不同于市场汇率,市场汇率是在币种兑换中实际发生的比价,而影子汇率并不表示实际交换汇率的高低,仅用于国民经济评价,影子汇率直接影响项目评价中的进出口抉择,影响采用进出口设备还是国产设备的选择,影响产品进口替代型项目和产品出口型项目的决策。

(二) 影子汇率的计算方法

影子汇率的计算方法很多,不同的评价体系,对影子汇率的计算方法都不一样。下面就各种方法加以简单介绍。

1. 加权平均关税率法

加权平均关税率法以各种贸易货物的进口需求和出口供应弹性为权重,对进出口关税加权平均,从而得到影子汇率。

计算公式为:

$$SER = \frac{\sum_i e_i X_i(1+S_i) + \sum_i n_m M_i(1+t_i)}{\sum_i e_i X_i + \sum_i n_m M_i} OER \tag{7-8}$$

式中：SER 表示影子汇率，OER 表示官方汇率，e_i 表示外汇供应弹性，n_m 表示对进口货物的需求弹性，X_i 表示第 i 种出口货物用外汇(美元)表示的离岸价值总额，M_i 表示第 i 种进口货物用外汇(美元)表示的到岸价值总额，S_i 表示第 i 种出口货物的补贴率，如果对出口货物征收关税，则 S_i 为负数(负补贴)，t_i 表示第 i 种进口货物的征税率。

这种方法中所用到的两组弹性值 e_i 和 n_m 很难测算，所以此种方法目前难以应用。

2. 外汇贴水法

外汇贴水是外贸货物的实际价值超过按官方汇率计算价值的百分比，也称做外汇溢价。外汇贴水 FP 由下式求得：

$$FP = \frac{\sum_i X_i \cdot S_i + \sum_i M_i \cdot t_i}{\sum_i X_i + \sum_i M_i} \tag{7-9}$$

式中符号意义同上。

3. 逆差/收入法

逆差/收入法，其含义是当外汇出现收支逆差，即出现外汇超量需求时，外汇的影子汇率将高于官方汇率。

计算公式为：

$$SER = \left(1 + \frac{M-B}{B}\right)OER = \frac{M}{B} \times OER$$
$$CF = \frac{SER}{OER} = \frac{M}{B} \tag{7-10}$$

式中：CF 表示汇率换算系数，M 表示货物进口总额，B 表示货物出口总额。

4. 出口换汇成本法

所谓出口换汇成本是指边际出口换汇成本，现有的统计资料一般是指出口换汇成本的平均值，用它来作为影子汇率将会低估外汇的价格。

5. 市场估计法

市场估计法主要是采用市场调查来确定影子汇率。由于外汇稀缺，国家对外汇实行管制，因此外汇的市场价格高于影子汇率，用黑市汇率和官方汇率的加权平均值近似地作为影子汇率，这种方法一般会高估外汇的价值。

影子汇率作为一个国家级参数，确定影子汇率应该根据外汇的机会成本以及外汇的稀缺情况来确定。

三、贸易费用率

贸易费用是指各物资部门、商贸部门在生产资料流通领域中，为实现其贸易流通所花费的各种支出,包括货物的经手、存储、再包装、保险、检验等费用。在财务评价中,流通环节的费用有些包含在货物价格中,有些在财务评价中不计入。在国民经济评价中由于一般货物和特殊投入物都用影子价格计算,没有考虑贸易费用,但项目所涉及到的投入物或产出物进入流通领域时要发生贸易费用,因此在国民经济评价中进入流通领域的货物要计算贸易费用,不进入流通领域的货物不计贸易费用。

贸易费用率是反映贸易费用相对于货物影子价格的一个综合比率。计算贸易费用是以贸易费用率的形式,在原有的价值上增加一定比例的贸易费用。例如,某一种钢材,若影子价格为 3 500 元/吨,贸易费用率为 6%,则这种钢材的总价格应为:

$$3\ 500\ 元/吨 \times (1+6\%) = 3\ 710\ 元/吨$$

贸易费用率的大小与物资流通的效率、生产资料价格水平、人民币与外汇的比价等因素有关。目前我国确定的一般货物的贸易费用率为 6%,如果项目涉及到的货物价值较高,重量轻,体积小,可以将贸易费用率适当下调。

四、特殊投入物的影子价格

(一)劳动力的影子价格——影子工资

劳动力影子工资实质是劳动力的机会成本,反映该劳动力用于拟建项目而使社会为此放弃的原有效益以及社会为此而增加的资源消耗。劳动力的影子工资与付给职工的实际工资是两个完全不同的概念,职工的实际工资作为职工的收入是国民收入的一部分,劳动力影子工资是该项目使用劳动力后使国民经济其他部门付出的代价,视做国民经济评价费用项。影子工资包括两部分:一是劳动力从别处转移到某一项目中来而使别处放弃的劳动力边际产出价值;二是因劳动力转移而增加的社会资源消耗,如交通运输费、城市管理费、搬迁费、教育费等。影子工资的大小与国家的社会经济状况、劳动力富裕程度、项目劳动力的来源以及项目评价方法的体系结构等因素有关。影子工资采用工资标准乘以影子工资换算系数求得,一般建设项目的影子工资换算系数为1,有些特殊项目可适当提高或降低影子工资换算系数,如果项目使用的多数为非熟练劳动力,可取小于 1 的换算系数,若劳动力缺乏,或使用的为熟练工人,可取大于 1 的换算系数。

影子工资既是一个国家级参数,反映国家对劳动密集型项目和资金密集型项目的选择判断,影子工资越低,对劳动密集型项目越有利;影子工资越高,对资金密集型项目越有利;又是项目级参数,受地区、项目类别、劳动力来源等因素的影响。

(二)土地的影子价格——土地影子费用

土地是一种特殊投入物,一个项目使用了某一块土地,其他项目就不能再使用。土地的影子价格是指投资项目所占用的土地,如果不是用于此项目,而是用于别的用途对国民经济所作的贡献,土地的影子价格包括土地的机会成本以及占用而引起的新增资源消耗两部分。

土地的机会成本按照项目占用土地而使国家为此损失的该土地最大的净效益计算,不同地区、不同地块、不同用途的土地的机会成本差别很大。如果项目占用的是农村土地,土地机会成本的计算公式为:

$$C_{L0} = \sum_{t=0}^{n} C_{Lt}(1 + i_s)^{-t} \tag{7-11}$$

式中:C_{L0}表示土地的机会成本,i_s表示社会折现率,C_{Lt}表示第t年的土地净收益,n表示项目使用寿命。

如果项目占用城市用地,应以项目以外的其他单位愿意支付的最高财务价格作为土地机会成本的估计值。如果无法获得这种数据,可以参照附近或类似地区的土地财务价格确定。

若项目占用的是没有其他用途的偏僻荒山野地,可认为其影子价格为零。

项目占用的土地除了机会成本以外,还要考虑新增的资源消耗,如土地上原有建筑物的拆迁费、劳动力安置费等。

第五节 国民经济效果评价

一、国民经济评价步骤

国民经济评价有两种情形,一种是直接对项目进行国民经济评价,另一种是在项目财务评价基础上进行国民经济评价,它们的评价步骤也不同。

(一)直接进行项目国民经济评价的步骤

直接对项目进行国民经济评价的步骤如下:

1. 识别项目的直接效益。按照项目产出物的种类、数量和产出物的影子价格确定项目的直接效益。

2. 估算投资费用。用货物的影子价格、土地的影子价格、影子工资、影子汇率等参数直接进行项目的投资估算和流动资金估算,根据生产经营的实物消耗,计算经营费用。

3. 识别项目的间接效益和间接费用,对能定量的进行定量计算,不能定量的进行定性分析。

4. 计算相应指标,编制报表,进行成果分析。

(二)项目财务评价基础上的国民经济评价步骤

在项目财务评价基础上,再进行国民经济评价,这类项目的国民经济评价步骤如下:

1. 效益和费用范围的调整:分析效益和费用中的转移支付,识别间接效益和间接费用,对能定量的进行定量计算,不能定量的进行定性分析。

2. 效益和费用数值的调整:固定资产投资的调整:剔除投资中的关税及增值税,用影子价格、影子运费和贸易费用进行调整。

经营费用的调整:先用货物的影子价格、影子工资等参数调整人工、材料等费用,然后再汇总得到调整后的经营费用。

销售收入调整:先确定项目产出物的影子价格,然后调整销售收入。

项目涉及外汇时,应用影子汇率计算外汇借款的成本。

3. 编制项目的效益费用流量表,计算经济指标,如果涉及进出口问题,计算外汇节汇成本。

二、国民经济评价指标体系

国民经济效果的评价是指通过对项目的投入费用和产出效益的分析,评价项目对国民经济的贡献。

国民经济评价指标包括以下两方面:

(一)反映经济盈利能力指标

1. 经济净现值(ENPVI)和经济净现值率(ENPVI)

经济净现值是在社会折现率 i_s 下计算项目在整个寿命期内的全部净收益现值。当经济净现值大于零时,表明在整个寿命期内,项目投资对国民经济的净贡献不仅达到了社会折现率的水平,还带来了一定的额外净贡献;当经济净现值等于零时,说明项目投资后的净贡献刚好满足社会折现率的要求;当经济净现值小于零时,说明项目投资的净贡献还达不到社会折现率的要求。

经济净现值率(ENPVI)是经济净现值与项目投资总额现值之比,其经济含义是单位投资现值对国民经济的超额净贡献。经济净现值与经济净现值率的计算公式如下:

$$ENPV = \sum_{t=0}^{n} (CI - CO)_t (1 + i_s)^{-t} \quad (7\text{-}12)$$

$$ENPVI = \frac{ENPV}{K_p} = \frac{\sum_{t=0}^{n} (CI - CO)_t (1 + i_s)^{-t}}{\sum_{t=0}^{n} K_t (1 + i_s)^{-t}} \quad (7\text{-}13)$$

式中: ENPV 表示经济净现值,ENPVI 表示经济净现值率,CI 表示用影子价格计量的现金流入,CO 表示用影子价格计量的现金流出,n 表示项目寿命年限,i_s 表示社会折现率,K_p 表示项目总投资现值。

判别准则：若 $ENPV$ 或 $ENPVI \geq 0$，项目可行；否则项目不可行。

进行多方案比较时，如果是寿命相同的互斥方案比较，要先利用绝对效果指标经济净现值（或经济净现值率）判断各方案自身的经济性，淘汰不可行的方案，再将通过绝对效果检验的各方案进行相对效果检验，经济净现值（或经济净现值率）最大的方案就是最优方案。如果是寿命不同的互斥方案比较时，要先进行绝对效果检验——计算各方案在各自寿命期内的经济净现值（或经济净现值率），通过绝对效果检验的方案可进入相对效果检验。由于各方案寿命不同，其各自寿命期内的经济净现值（或经济净现值率）不具有可比性，要确定一个共同计算期，然后分别计算各方案在同一计算期内的经济净现值（或经济净现值率），其中最大者为优。

2. 经济内部收益率（$EIRR$）

经济内部收益率是项目在计算期内经济净现值等于零时的折现率，是反映项目对国民经济净贡献的相对指标，是进行项目国民经济评价的主要指标。其经济含义是项目占用投资对国民经济的净贡献能力，经济内部收益率大于或等于社会折现率时，说明项目投资对国民经济净贡献能力达到或超过了社会要求的水平，方案可以接受；反之，则没有达到社会要求水平，应予以拒绝。经济内部收益率公式如下：

$$\sum_{t=0}^{n} (CI - CO)_t (1 + EIRR)^{-t} = 0 \qquad (7\text{-}14)$$

式中其他符号意义同上。

对寿命相同的互斥方案进行比较时，先进行绝对检验，凡 $EIRR \geq i_s$ 的方案可行，其余方案应予以淘汰。对通过绝对经济效果检验的各方案不能简单地认为 $EIRR$ 最大的方案就是最优方案，要利用差额内部收益率进行相对效果检验，将各方案按投资从大到小的顺序排列，先进行头两个方案比较，计算这两个方案的差额内部收益率，然后将二者之中优者与下一方案进行比较，直至比选完毕以确定最优方案。

设两互斥方案 A、B，则差额经济内部收益率的求解方程为：

$$\sum_{t=0}^{n} (CI_A - CO_A)_t (1 + \Delta EIRR)^{-t} - \sum_{t=0}^{n} (CI_B - CO_B)_t (1 + EIRR)^{-t} = 0$$

或写为：

$$\sum_{t=0}^{n} (CI_{A-B} - CO_{A-B})_t (1 + \Delta EIRR)^{-t} = 0 \qquad (7\text{-}15)$$

式中：$\Delta EIRR$——差额经济内部收益率；

CI_{A-B}——方案 A 与方案 B 的差额现金流入；

CO_{A-B}——方案 A 与方案 B 的差额现金流出。

其他符号意义同前。

判别准则：若 $\Delta EIRR > i_s$，说明多投资部分的投资净贡献能力大于社会对投资的要求水平,则投资大的方案为优;反之,若 $\Delta EIRR < i_s$,则投资小的方案为优。

对于寿命不同的互斥方案评价时,先计算各方案在各自寿命期内的经济内部收益率(或经济净现值),凡 $EIRR > i_s$(或 $ENPV \geq 0$)的方案均通过绝对效果检验,可进入下一步方案的相对选优,其余方案应予以淘汰。然后,利用差额经济内部收益率法进行相对选优,其程序与寿命相同的互斥方案相同。求解差额经济内部收益率的方程为:

$$\sum_{t=0}^{n_A}(CI_A - CO_A)_t(1+\Delta EIRR)^{-t}(A/P,\Delta EIRR,n_A) -$$

$$\sum_{t=0}^{n_B}(CI_B - CO_B)_t(1+\Delta EIRR)^{-t}(A/P,\Delta EIRR,n_B) = 0 \qquad (7-16)$$

式中:n_A、n_B 分别为方案 A、B 的寿命年限。

判别准则:若 $\Delta EIRR > i_s$,则投资大的方案为优;若 $\Delta EIRR < i_s$,则投资小的方案为优。适用条件是投资大的方案年均净现金流大。

(二)反映国民经济外汇效果的指标

1. 经济换汇成本(EFC)

经济换汇成本是指用货物的影子价格、影子工资和社会折现率等参数计算项目生产出口产品及替代进口产品所耗费的国内资源价值的现值与外汇(美元)经济现值之比,即获取 1 美元净外汇收入或节省 1 美元耗费所需消耗的国内资源价值(人民币元),其计算公式为:

$$EFC = \frac{\sum_{t=0}^{n} DR_t(1+i_s)^{-t}}{\sum_{t=0}^{n}(FI - FO)_t(1+i_s)^{-t}} \qquad (7-17)$$

式中:DR_t——项目在第 t 年为生产出口品和(或)替代进口品所投入的本国资源价值(按影子价格计算);

FI_t——第 t 年的外汇流入量(美元);

FO_t——第 t 年的外汇流出量(美元)。

当经济换汇成本小于影子汇率时,表明项目生产出口品和(或)替代进口品的经济效益好;若经济换汇成本大于影子汇率,则经济效益不好。

当项目产出只有部分为外贸品时,应将生产外贸品部分所耗费的国内资源价值从国内资源总生产耗费中划分出来,然后用上式计算经济换汇成本。

2. 经济节汇成本

有些项目的产品虽然属于内销,但可按替代进口产品对待时,可以节约外汇。节汇成本是项目计算期内生产替代进口产品所投入的国内资源现值与生产替代进口产

品的经济外汇现值之比,计算公式为:

$$\text{经济节汇成本} = \frac{\sum_{t=0}^{n} DR'_t (1+i_s)^{-t}}{\sum_{t=0}^{n} (FI' - FO')_t (1+i_s)^{-t}} \tag{7-18}$$

式中:DR'——项目在第 t 年为生产替代进口产品投入的国内资源(元);

FI'——生产替代进口产品所节约的外汇(美元);

FO'——生产替代进口产品的外汇流出(美元)。

经济节汇成本小于等于影子汇率时,表明该项目产品出口或替代进口都有利,项目可以考虑接受。

三、国民经济评价报表

一般国内投资项目进行国民经济评价时,要编制全投资的国民经济费用流量表,见表7-4。

表7-4　　　　　　　**国民经济效益费用流量表(全部投资)**

序号	项目	年份			合计
		建设期	运行初期	正常运行期	
1	效益流量 CI				
1.1	产品销售收入				
1.2	回收固定资产余值				
1.3	回收流动资金				
1.4	项目间接效益				
2	费用流量 CO				
2.1	固定资产投资				
2.2	流动资金				
2.3	经营费用				
2.4	项目间接费用				
3	净效益流量(CI−CO)				
4	累计净效益流量				

　　　　评价指标:　经济内部收益率 =
　　　　　　　　　经济净现值 =

对于利用外资项目,除了编制全投资经济效益费用流量表以外,还须编制国内投资的国民经济效益费用流量表,见表7-5所示。

表7-5　　　　　　　　国民经济效益费用流量表(国内投资)

序号	项目	年份			合计
		建设期	运行初期	正常运行期	
1	效益流量 CI				
1.1	产品销售收入				
1.2	回收固定资产余值				
1.3	回收流动资金				
1.4	项目间接效益				
2	费用流量 CO				
2.1	固定资产投资中国内资金				
2.2	流动资金中国内资金				
2.3	经营费用				
2.4	流至国外的资金				
	(1)国外借款本金偿还				
	(2)国外借款利息支付				
2.5	项目间接费用				
3	净效益流量($CI-CO$)				
4	累计净效益流量				
	评价指标: 经济内部收益率 =				
	经济净现值 =				

对于涉及产品出口及替代进口节汇的项目,还应编制经济外汇流量表,见表7-6所示。

表7-6　　　　　　　　经济外汇流量表

序号	项目	年份			合计
		建设期	运行初期	正常运行期	
1	外汇流入				
1.1	产品外销收入				
1.2	外汇贷款				
1.3	其他外汇收入				
2	外汇流出				
2.1	固定资产投资中外汇流出				

续表

序号	项 目	年 份			合 计
		建设期	运行初期	正常运行期	
2.2	进口原材料				
2.3	进口零部件				
2.4	技术转让费				
2.5	偿还外汇借款本息				
2.6	其他外汇支出				
3	净外汇流量(1−2)				
4	累计净外汇流量				

评价指标： 经济内部收益率＝
经济净现值＝

小　结

国民经济评价是从全社会和国民经济的角度出发,运用国家规定的影子价格、影子汇率、影子工资和社会折现率等经济参数,分析计算项目所投入的费用、可获得的效益及经济指标,以此判别项目的经济合理性和宏观可行性。

项目的国民经济评价和财务评价是项目经济评价的两个层次,两者的评价目的、评价基础及计算期相同,但两者的出发点、效益费用的范围、价格、评价参数及评价指标不同。国民经济评价的关键是费用和效益的识别,费用和效益中既包括直接费用和直接效益,也包括间接费用和间接效益,在效益费用流量中不包括税金、补贴、国内贷款还本付息等转移支付。

国民经济评价中要采用影子价格计算费用和效益,确定影子价格的方法有市场均衡价格、总体均衡价格、局部均衡分析以及一般货物影子价格的确定方法。在国民经济评价时还要采用社会折现率、贸易费用率、影子汇率、影子工资、土地的影子价格等参数。

国民经济评价的指标体系包括反映经济盈利能力的指标和反映外汇效果的指标两大类,反映经济盈利能力的指标有经济净现值、经济内部收益率,反映国民经济外汇效果的指标有外汇换汇成本、外汇节汇成本。

思考与练习

一、思考

1. 分析项目国民经济评价与财务评价的关系。

2. 投资项目国民经济评价中,如何识别费用和效益?与财务评价的费用和效益有什么不同?
3. 什么是社会折现率?如何确定社会折现率?
4. 什么是影子汇率?如何确定影子汇率?
5. 什么是影子价格的含义?在国民经济评价中为什么要采用影子价格?
6. 怎样确定项目投入物和产出物的影子价格?
7. 国民经济评价的指标有哪些?
8. 分析国民经济评价的基本步骤。

二、练习

1. 销售税金在国民经济评价中属于(　　)。
   A. 直接费用　　　　　　　　B. 间接费用
   C. 转移支付　　　　　　　　D. 间接效益

2. 在国民经济分析中不应考虑为费用或收益的资金项目有(　　)。
   A. 税金　　　　　　　　　　B. 国内银行借款利息
   C. 国外银行借款利息　　　　D. 土地费

3. 某项目投入物 A 为进口货物,其到岸价格(CIF)为 100 美元/m^3,影子汇率 7.80 元/美元,项目位于港口附近,贸易费率为 6%,则 A 的影子价格为(　　)。
   A. 106 元/m^3　　　　　　　B. 780 元/m^3
   C. 817.8 元/m^3　　　　　　D. 826.8 元/m^3

4. 国民经济评价中,直接效益和费用采用财务价格计量,间接效益和费用采用影子价格计量。(　　)

5. 国民经济分析采用影子价格体系是因为要考虑项目的外部效果和无形效果。(　　)

6. 项目投入物的影子价格反映投入物的机会成本。(　　)

7. 某投资项目,第 4 年产品外销收入 6 210 万美元,进口原料用汇 2 543 万美元,进口备品备件用汇 35 万美元,偿还出口信贷利息 82 万美元,商贷利息 42 万美元,外汇短贷利息 16 万美元。试问净外汇流量是多少?

8. 某项目全部投资国民经济评价的各年份实际净现金流量如下表所示,试计算经济净现值和经济内部收益率。(社会折现率取 12%)

单位:万元

年份	1	2	3	4~10	11
净现金流量	−400	−180	100	200	300

第八章 项目的社会评价

项目的社会评价是项目评价的重要组成部分。随着社会评价理论方法的不断发展,我国对项目社会评价也越来越重视。本章对项目社会评价的特点、内容、方法进行了详细的探讨。

第一节 项目社会评价概述

一、项目社会评价的含义

项目社会评价的概念国内外尚无统一的认识,名称上既不统一,内容、方法上也差别较大。如美国推行环境影响评价和社会影响评价;英国及欧盟推行环境评价,包括自然环境影响与社会环境影响评价,加拿大的社会评价,除分配效果外,还包括环境质量与国防能力等方面的影响分析。

社会评价源于对社会发展过程的不断认识与理解,源于各国经济发展中克服项目带来的种种社会问题的需要。因此社会评价受各国社会科学理论发展、经济制度及社会发展水平的制约。

归纳起来,当今的社会评价主要包括四种:
(1)包含在国民经济评价中的社会效益分析;
(2)经济评价加收入分配分析;
(3)项目的宏观经济分析;
(4)引入社会学家参与评价的社会影响评价。

随着社会评价理论方法的不断发展,我国对项目社会评价也越来越重视。从广义角度来说,社会的含义十分广泛,包罗万象,因此项目经济评价和环境评价都应包括在社会评价的范畴内,但由于经济评价已制定了比较完善的方法参数,已有一套比较成熟的评价方法,环境评价也有了评价规范和具体的评价方法,因此社会评价中不包括经济评价和环境评价的内容,是指项目为实现社会发展目标所作的贡献和影响的一种评价方法。

二、项目社会评价的重要性

由于项目投资建设对一个地区乃至一个国家的社会发展与布局、资源的配置等产生较大的影响,因此项目社会评价越来越引起人们的重视。

(一)通过项目社会评价,提高投资项目的经济效益

任何投资项目都存在于一定的社会环境中,与整个社会生产生活领域有着千丝万缕的联系,社会环境对项目的费用、效益及项目未来的生存与发展,必然产生或多或少的影响。因此,不仅应对投资项目进行财务评价和国民经济评价,还应从整个社会的各项发展目标来衡量项目的利弊得失,选择经济可行并与社会环境相协调的项目,以保证项目顺利实施,从而提高经济效益。

(二)通过项目社会评价,保证国家社会发展目标顺利实现

投资建设项目除财务、国民经济效益外,客观上还存在着社会效益与环境效益。通过项目社会评价,全面地反映项目建成后对社会各方面的实际影响,有利于整个社会发展目标的实现。

(三)通过项目社会评价,加强投资的宏观管理与调控

项目社会评价是一种宏观评价,认真做好项目社会评价工作,可以克服项目决策中急功近利的单纯财务观点与局部观点,重视全面实现投资项目对经济与社会发展目标的贡献,有利于减少投资的短期行为和盲目建设,建立健全正常的投资建设秩序。

(四)通过项目社会评价,进一步吸引外资

世界各国越来越重视项目社会评价,世界银行、亚洲开发银行等国际金融机构组织的贷款项目,已要求不仅进行项目的经济评价,而且要求进行项目的社会评价,因此,进行项目的社会评价有利于利用外资,加快我国经济的发展。

(五)通过项目社会评价,促进人类可持续发展

人类赖以生存的土地、水资源、能源等自然资源是有限的,投资项目的建设,一方面创造出丰富的物质财富和高效的生产率,另一方面也排出大量的废气、废液、废渣及噪音,使人类生存环境恶化,给人们的身心造成极大的危害,给国民经济造成巨大损失。开展项目社会评价,有利于合理利用有限的资源,保护自然与生态环境,满足人类可持续发展的要求。

三、项目社会评价特点

项目社会评价与经济评价、环境评价相比,具有自己的特点。

(一)多人文性

项目经济评价研究项目的财务、经济状况,而项目社会评价以人为中心,研究项目与人的关系,项目引起的社会人口统计特征、收入分配、文化、教育、卫生保健、人民

的道德规范、宗教信仰、风俗习惯以及人的价值观、心态、人际关系等社会人文因素的变化,以及人民对这些变化的反应。通过这些分析以达到在投资项目全过程中,项目与项目有关的群体相互协调,促进项目的持续性,从而促进社会经济协调和人类社会不断进步。

(二) 多层次性

投资项目社会评价是针对国家、地方与当地社区各层次的社会发展目标以及各层次的社会政策为基础展开的,研究项目的社会效益与产生的影响。因此社会评价需分别从国家、地方、社区三个不同层次进行分析。也就是说,社会评价可以有国家层次的宏观分析,有针对地方发展目标的中观分析,还有针对社区发展目标的微观分析。项目的财务评价一般是项目层次的微观分析,项目的国民经济评价则属国家层次的宏观分析,项目的社会评价与项目财务、国民经济评价相比,具有多层次分析的特点。

(三) 多目标性

项目财务评价与国民经济评价主要是财务盈利与经济增长分析,目标比较单一。项目社会评价的内容涉及国家、地方、社区各层次社会生活各个领域的发展目标,必须分析多个社会发展目标、多个有关的社会政策效用、多种与项目有关的人的观点、心态等,属于多目标分析。

(四) 难量化性

项目的社会因素多种多样,比较复杂,有的可以定量计算,如就业、收入分配等,有的难以量化计算,如项目对社区文化的影响,对社会稳定安全的影响,人们对参与项目的看法、态度,项目的持续性等,常常不能以一定的公式进行定量计算。相对于财务评价、国民经济评价来说,项目社会评价显然存在难量化的特点。

(五) 多样性

不同行业、不同类型项目对国家各层次社会发展目标的贡献与影响有很大差异,如农业、林业、水利项目,社会因素都比较复杂,影响面广,评价指标差异很大。同一行业不同类型的项目社会因素也各不相同,如大型项目一般涉及国家各项社会发展目标的社会因素多,中型项目可能涉及省、市社会发展目标多,小型项目社会影响可能只涉及所在社区,并以群众参与法为主要分析法。因此,不同行业、不同类型的项目社会评价分析的内容方法各具特点,差异明显,具有多样性。

(六) 长期性

项目经济评价的计算期一般为 20～30 年,社会评价则要考虑近期和远期的社会发展目标,要考察项目对居民健康、寿命的影响,其时间可能是几十年,也可能是上百年,具有长期性的特点。

四、项目社会评价的范围

任何投资项目都与人和社会有密切联系,从理论上讲,项目社会评价适用于各类投资项目的评价。但是由于各类项目各具特点、功能各异,因而社会评价在各类项目中的内容、侧重点相距甚远。一般来说,社会评价的重点是当地人民受益型项目、对当地社区人民影响较大的项目以及易引起社会动荡的项目。具体来说,进行社会评价的项目包括以下几大类:

（一）农业、林业项目

农业项目的目的在于增加农业生产,其中包括品种改良、增加灌溉设施、改良土壤、加快农业科技的发展等,林业项目如植树造林、林业副产品加工等。这一类项目的运营直接涉及到项目所在地人民的生产与生活,项目引起的社会变化对社区各方面的影响较大,因此对这类项目要进行社会评价。

（二）水利项目

水利项目的建设具有发电、防洪、灌溉、养殖等多种效益,小型项目一般是当地人民直接受益,大中型项目一般是省、市甚至全国受益。水利项目对社会造成的影响较大,不仅促进当地经济的发展,而且移民及其安置所产生的社会影响直接关系到当地人民生活、生产方式,如果项目执行过程中由于移民安置未能做好,往往对项目的建设产生很大的副作用。因此,一般水利项目是进行社会评价的重点。

（三）社会事业项目

社会事业项目主要指教育、卫生、文化事业、体育事业项目等,除大型社会事业项目外,中小型项目以向当地人民提供社会服务为目的,其投资效益难以用经济指标衡量,在很大程度上是以当地居民的满意程度来衡量的。社会事业的建设和发展,直接关系到千家万户,如一个学校的选址、规模,势必受到人口密度、适龄人口总数等因素的约束,其效益的好坏直接关系到每个孩子的成长,涉及到千家万户学生家庭的安定。因此,对社会事业项目进行社会评价是此类项目发挥作用的基本保证。

（四）能源、交通、大中型工业项目

能源、交通、大中型工业项目主要是经济效益,但社会效益也不容忽视。能源、交通属于基础性项目,往往为国民经济和社会发展提供必要的条件,社会效益的评价涉及到土地征用、人口迁移等问题,对项目所在地人民的影响是直接的、长期的,对社区结构、社区发展,均有相当的影响。因此,对这类项目不仅要计算其经济效益,也要评价其社会影响。通过社会评价,可以有效地扩大项目的有利影响,减轻项目对当地产生的不利影响,以促进项目与当地社会的协调发展。

针对各行业各类项目的不同特点,应进行程度不同的社会评价,以利于对项目进行全面的分析评价。社会评价应贯穿于项目周期的始终,如项目立项,可行性研究,项目评估、实施和项目后评价的各个阶段之中,各类项目进行社会评价的侧重点、内容应有所不同,深度要求不一。在开展项目社会评价中,要按项目的类型、行业的特点和各个项目所处环境的具体情况,具体项目具体对待。

第二节 项目社会评价内容

一、项目社会评价的原则

对项目进行社会评价时应遵循以下基本原则:

(一)认真贯彻党和国家有关社会发展的方针、政策,遵循国家有关的法规

我国经济与社会发展的方针、政策、法律法规和条例是政府为实现经济和社会发展目标而制定的指导性文件,其中有关经济与社会发展的战略、计划、指南、规范、条例等,是社会与经济发展方向的准则。项目的建设涉及资源优化与分配、区域经济的协调发展等问题,因此在进行项目社会评价时要遵循国家的有关法规。

(二)以国民经济与社会发展目标为依据

我国的经济与社会发展目标和可持续发展战略是社会活动的指导方向,是项目社会评价的依据。进行项目社会评价时,一般以社会发展的近期目标为重点,兼顾远期目标,并考虑项目与当地社会环境的关系,尽可能全面反映该项目投资所引起的各项社会效益与影响。

(三)遵循客观规律,实事求是,坚持可比性原则

项目社会评价应从实际出发,实事求是,采用科学适用的评价方法。无论是定量分析还是定性分析,取用的时空跨度、计算深度等要保持在同一性的基础上,分析计算的数据和参数要具有可比性,保证社会评价成果可靠实用。

(四)根据目标的重要程度进行评价

每个项目按其功能都有主要目标和次要目标之分,项目对实现各项社会发展目标的重要程度也不同,这些主次目标及重要程度要依据项目的目标结合国家的政策而定。评价应根据其重要程度进行分类排序,以作为综合评价的基础。

二、项目社会评价的主要内容

项目社会评价的主要内容应包括项目提供的社会效益、项目的分配效益、项目与社会生态环境的协调程度。

(一)项目提供的社会效益

项目的社会效益是指在国民经济评价中没有反映出来的效益,对实现社会发展目标所作的贡献及影响。社会发展目标包括人口、生态环境、自然资源、科技进步、劳动就业、卫生保健、居民收入和消费、住房与生活服务、教育、文化生活以及社会保障等各个方面。一般社会效益指标包括项目的技术进步效益、项目节约时间的效益、促

进地区经济发展、促进各部门经济发展、促进国民经济发展等,有些指标可以定量计算,有些只能定性分析。

（二）项目的分配效益

项目社会评价还包括社会公平分配方面的评价指标,分析项目收益中国家财政、地方财政、部门经济、企业和个人的各自所得及分配比例,并分析是否有利于贯彻实现合理公平分配的原则。

（三）项目与社会环境的协调程度

项目与社会环境协调程度主要是对除经济发展目标以外的社会发展目标的贡献和影响分析。在一个地区的建设项目,特别是大型项目,既可以使该地区成为项目的受益者、生产者和消费者,也可能使该地区成为项目的受害者。项目所在地区的各种社会因素,如当地文化水平、风俗习惯、人口结构、卫生、生产的社会组织、劳动力状况、土地等种种资源的取得与控制等,对项目的设计与实施产生程度不同的影响。根据国际经验,项目社会评价的主要目标是使项目适应于所处的社会环境、生态环境,即与所在地区的社会、生态、环境相适应,并促使地区社会经济进步和发展,以适应该项目的生存发展。因此,社会评价的一个重要内容就是评价项目与社会、生态环境彼此相互适应、相互协调的程度。

第三节 项目社会评价的方法

一、项目社会评价的步骤

项目社会评价包括以下几个步骤：

（一）筹备和制定评价工作计划

与项目的经济评价、环境评价一样,进行社会评价首先要组成一个相对独立的评价小组,根据项目的具体情况制定社会评价工作计划。

（二）确定评价目标与范围

根据项目建设的主要目标、功能及国家(或地区)的社会发展目标,由评价人员对主要社会因素进行分析研究,找出项目对社会各方面可能产生的影响,选出项目应当评价的目标,确定主要目标和次要目标,分析各种影响可能波及的地区范围与边界以及时间范围、空间范围。空间范围一般是项目建设所在的社区、县及相邻的社区、县,时间范围一般是项目寿命期或预测可能影响的年限。

（三）选择评价指标

选择评价指标是社会评价中关键的一步,要根据国民经济和社会发展目标及国家有关政策,针对项目特点、评价目标及范围,选择评价指标,包括各种效益与影响的定量分析与定性分析指标。

(四) 调查预测,确定评价标准

采用各种必要的、有效的调查方法收集项目影响区域现有的社会经济、自然资源、自然与生态环境、社会人文情况及其它社会环境因素的资料作为评价的标准。

(五) 制定备选方案

根据项目的目标、不同的建设地点、厂址、不同资源、不同的工艺路线等提出若干可供选择的方案,并采取访问、座谈等方式征求项目影响区域范围内,特别是厂址周围地区政府和社会群众的意见。

(六) 进行预测评价

根据调查预测资料,对每一备选方案进行评价。首先对备选方案预测和计算各项社会效益与社会影响中能够定量的指标,对比有无项目的不同情况,计算各项定量指标的数值。对各种不能定量的影响因素进行定性分析,判断各因素对社会目标与当地社会环境相互影响的程度。其次分析各种指标的重要程度,进行各种效益与影响的计算,找出若干较重要的指标深入研究,制定必要的减轻不利影响的措施。最后采用多目标综合评价法或其他方法求得各方案的综合社会效益评价值。

(七) 选出最优方案

先将各方案的综合效益评价值进行比较,选出最优方案。在比较综合效益时,要注意比较社会效益或影响较大的指标,特别是重大的单项指标。然后对最优方案进行全面分析评价,对不利影响及存在的问题提出补救措施与解决办法,并估算各项补偿费用与措施费,作为社会费用,计入项目总投资中,得出评价结论。

(八) 专家论证

根据项目的具体情况,召开不同规模的专家论证会,将选出的最优方案提交专家论证,充分吸收专家的意见,必要时对方案予以修改、调整。

(九) 评价总结

将上述调查、预测、分析、比选方案、推荐最优方案的过程,分析论证情况,比选、论证的费用等,写成报告,提出项目社会评价的优劣和是否可行的评价结论,形成项目评价说明书,作为项目评价报告的重要组成部分。

二、项目社会评价指标

(一) 项目社会评价的定性指标

定性指标是指用文字描述说明事物的性质的指标。项目的建设对社会各方面产生影响,很多只能定性描述。在可能的情况下,应尽量采用直接或间接的数据,以便更准确地说明问题的性质或结论。如项目对人群健康的影响,可采用医生比例、病发率等指标表示。参考世界银行对项目进行社会动态评价的经验整理出下面一些定性分析的要点:

1. 对环境保护与生态平衡的影响;

2. 对提高国家、部门、地区科学技术水平的影响；
3. 对普及科学知识、提高人民科学水平的影响；
4. 对国防安全的影响；
5. 是否尊重当地的各民族习惯，对民族团结、和睦有无影响？
6. 对提高人民教育水平的影响；
7. 对丰富当地文化生活、提高人民生活水平的影响；
8. 对增进人民健康、延长寿命的影响；
9. 对增加绿地面积、美化环境、提高森林覆盖率的影响；
10. 项目的受益者是谁，多少人受益？
11. 有无项目受损者；受损者如何补偿？
12. 如果建设项目要求人们搬迁或移居异地，如何搬迁安置？
13. 项目是否影响当地土地使用上的变化，如何补偿原有土地的收入？

其他诸如项目对水资源、卫生、人口等方面的影响。

(二) 项目社会评价的定量指标

定量指标是指可以具体计算量化的因素，有统一的量纲、相应的计算公式与判别标准。一般来说，定量指标用数据描述，比较客观、科学。由于项目社会评价涉及大量的、复杂的社会因素，都要进行定量计算，难度很大，因此社会评价中的定量指标一般选取以下几方面：

1. 就业效益指标

就业效益指标是指项目单位投资所能提供的就业机会，就业人数越多，则就业效益越大，社会效益越大。就业效益指标可按单位投资就业人数计算。

单位投资就业人数 = 项目新增的就业人数(人) / 项目投资(万元)

项目新增就业人数包括直接就业人数和间接就业人数，直接就业人数是指本项目新增加的就业人数，是项目投入生产经营后正常年份新增的固定就业人数，项目建设期现场施工增加的临时就业人数不计入。如果项目投入生产经营后，主要是解决临时就业，例如林业项目，其临时就业人数可按劳动部门的有关标准折算为固定就业人数计算，并加以说明。间接就业人数指与本项目相关项目新增加的就业人数，一般是指项目直接相关的配套项目，如铁路专用线、港口及其他公用服务设施等未列入本项目投资的工程增加的就业人数。计算时应注意新增就业人数与投资的计算口径一致。项目投资包括直接投资和相关项目的投资。因此还可以用以下两个分指标表示：

单位投资直接就业人数 = 本项目新增的就业人数(人) / 本项目直接投资(万元)

单位投资间接就业人数 = 相关项目新增的就业人数(人) / 相关项目投资(万元)

由于项目创造的就业机会,往往与项目采用的技术和经济效益密切相关。劳动密集型企业与资金密集型企业,就业效益相差很大。前者创造就业机会多,后者增加就业人数少而技术经济效益高。行业不同,产品不同,单位投资创造的就业机会也相差悬殊。因此,在评价就业效益指标时,应根据项目的行业特点,分析企业属劳动密集型或资金、技术密集型企业;并结合地区劳动就业情况进行具体分析。一般来说,从社会就业角度考察,在待业率高的地区,特别是经济效益相同的情况下,就业效益大的项目应为优先项目。如果当地劳动力紧张,或拟建项目属高新技术产业,就业效益指标的权重就应减小,可以只作为次要的或供参考的评价指标。

2. 收入分配效益指标

从国家宏观经济层次分析来看,收入分配分析是指社会在一定时期内创造的价值即国民收入在社会集团或社会成员之间的分配效益分析。从项目的微观层次分析来看,收入分配分析指项目的净收益对社区居民的收入分配效益。收入分配效果指标是检验项目收益分配在国家、地方、企业、职工之间的分配比重是否合理。一般用以下指标表示:

$$国家收益比重 = 项目上交国家的税金/项目总收益 \times 100\%$$
$$地方收益比重 = 项目上交地方的税金/项目总收益 \times 100\%$$
$$企业收益比重 = 企业收益/项目总收益 \times 100\%$$
$$职工收益比重 = 职工收益/项目总收益 \times 100\%$$

企业收益为企业纯税后利润。

收入分配是否公平,不仅是个经济问题,更是社会是否公平的重要问题。包括贫富分配之间、地区分配之间是否公平的问题。我国项目社会评价方法设置了"贫困地区分配效益指标",以促进国家经济在地区间合理布局,并促进国家扶贫目标的实现。

贫困地区收益分配效益指标,按下列两步计算:

$$贫困地区收益分配系数\ D_i = \left(\frac{全国人均国民收入}{同时期当地人均国民收入}\right)^m$$

$$贫困地区收入分配效益 = \sum (CI - CO)_t D_i (1 + i_s)^{-t}$$

式中:D_i 为贫困地区 i(某省、市、自治区)的收入分配系数,m 为国家规定的扶贫参数,反映国家对贫困地区从投资资金分配上照顾倾向的价值判断,由国家制定。国家规定的 m 值愈高,贫困地区收入分配系数愈大。确定的 m 值系数对贫困地区算出的收入分配系数应大于 1。$\sum (CI - CO)_t D_i (1 + i_s)^{-t}$ 为国家规定的项目的年净现金流现值乘以 D_i 得到的项目的经济净现值增值,有利于在贫困地区建设的项目优先通过经济评价。

国家的扶贫参数 m,可由国家根据国内贫困地区与先进地区经济发展的差距,并考虑国家的扶贫政策,通过对各地的人均国民收入与全国人均国民收入的测算,研究确定。在国家未发布扶贫参数以前,可按 $m = 1 \sim 1.5$,由评价人员根据具体情况确定 m 值,并予以说明。

3. 节约自然资源指标

自然资源是指国家的土地、水资源、矿产资源、生物资源、海洋资源等直接从自然界获得的物质与能量,是人类赖以生存的基本物质条件,是投资项目最重要的物质来源。如固定资产投资项目一般要占用国家的土地(包括耕地),耗用水资源,以矿产为原料的项目还要耗用各种矿产资源,渔业项目耗用海洋资源,工业项目一般要分析评价节约能源,节约水资源,节约耕地等。水库建设要分析评价节约土地、少占耕地等问题;学校、医院等建设也要分析评价节约耕地的指标等。项目主要涉及哪种资源就分析评价哪种资源。

对于节约能源、节约耕地、节约水资源一般可采用以下公式计算:

(1) 节能指标 —— 项目的综合能耗

项目的综合能耗是项目在正常生产年度内每生产 1 单位净产值所消耗的能源。

项目的综合能耗 = 项目的年综合能耗 / 项目的净产值

项目的综合能耗指标要小于行业规定的定额。

(2) 单位投资占用耕地 = 项目占用耕地面积(亩) / 项目总投资(万元)

(3) 单位产品耗水量 = 项目年生产耗水 / 主要产品生产量

单位产品耗水量由主管部门按行业规定的定额考核,单位投资占用耕地根据同类项目的经验予以评定。

三、项目社会评价方法

项目社会评价的方法很多,下面主要讨论有无对比分析法、利益群体分析法及多目标综合评价法。

(一) 有无对比分析法

有无对比分析是指有项目情况与无项目情况的对比分析,这是项目社会评价中通常采用的分析评价方法,通过有无对比分析以确定拟建项目引起的社会变化,即各种效益与影响的性质与程度。在项目社会评价中,无项目情况,就是经过研究确定的基准线情况。有项目情况,即考虑拟建项目建设运营后引起各种社会经济变化的社会经济状况。有项目情况减去同一时刻的无项目情况,就是由项目引起的各种影响。例如,某项目的就业影响:无该项目时社区有 120 人就业,该项目实施后,社区就业人数增加到 200 人,即该项目引起的社区就业人数增加 80 人。采用有无对比分析,各种影响的性质与程度的确定比较复杂,因为有时基准线预测可能不准确,这一点在后评价时就会反映出来,特别是政策、体制的变化。因此,在进行后评价的社会评价时,可能需要对原来调查预测的基准线重新研究确定。

（二）利益群体分析法

项目利益群体是指与项目有直接或间接利害关系，并对项目的成功与否有直接或间接影响的所有有关各方，如项目的受益人，受害人，与项目有关的政府组织与非政府组织等。利益群体一般是由各群体与项目的关系、对项目的影响程度与性质或其受项目影响的程度与性质决定的。对一个具体项目的利益群体分析是一件相当复杂的事情。这里仅对利益群体分析的基本内容及分析步骤作一些介绍。

1. 关于利益群体的划分

项目利益群体一般划分为：（1）项目受益人；（2）项目受害人；（3）项目受影响人；（4）其他利益群体，如项目的建设单位，咨询单位，与项目有关的政府部门与非政府组织。

2. 利益群体分析法的基本步骤

项目利益群体分析法一般按下列步骤进行：

（1）制定项目利益群体一览表。识别项目所有潜在的利益群体，鉴别项目各利益群体的利益与项目所强调的问题及项目目标的关系，简要说明项目对各利益群体的各种利益的影响，提出能满足各利益群体利益的各种项目活动。

（2）评价各利益群体对项目成功与否所起作用的重要程度。针对现有的问题及项目的各种方案，考察各利益群体的利益会受到什么影响，就某些关键问题对项目的利益群体进行调查，以了解各利益群体期望得到什么，利益群体可能对项目作出什么承诺，项目各利益群体的既得利益是否会因项目的实施受到损害，各利益群体彼此间的关系如何等；分析项目各利益群体对项目的设计、实施方案的影响力或控制力，并作出评价。

（3）根据项目的目标，对项目各利益群体的重要性作出评价。

（4）根据以上各步的分析结果，提出在项目实施过程中对各种利益群体应采取的措施。

（三）多目标综合评价法

多目标综合评价就是对项目的多种影响因素进行总的评判。项目社会评价中，既有定性指标，又有定量指标，采用多目标综合评价法有利于综合考虑各个方面。多目标综合评价有多种方法，如德尔菲法、矩阵分析法、层次分析法、多层次模糊综合评价法等。评价人员可根据项目定量与定性分析指标的复杂程度，任选一种方法。各种多目标综合评价法一般都要组织若干专家，根据国家与地方有关社会发展的目标，结合项目的具体情况，对各分项指标进行分析、评分，确定其在评价中的重要程度并给出相应的权重，最后计算出项目的综合社会效益，得出评价结论。

在综合评价中引入模糊集理论，称为多目标模糊数学综合评价，因为对建设项目对社会产生的各种影响的判断往往带有一定的模糊性，采用模糊数学综合评价有利于得出比较客观的结论。

设指标集为 U，$U = \{U_1, U_2, \cdots, U_m\}$，$V$ 为评价集，即评价等级的集合，$V = \{V_1, V_2, V_3, \cdots, V_n\}$。

设 R 为由 m 个评价指标构成的总评价矩阵，$R = (r_{ij})_{m \times n}$，即

$$R = \begin{bmatrix} r_{11} & r_{12} & \cdots & r_{1n} \\ r_{21} & r_{22} & \cdots & r_{2n} \\ \vdots & \vdots & & \vdots \\ r_{m1} & r_{m2} & \cdots & r_{mn} \end{bmatrix}$$

其中，$R_i = r_{i1}, r_{i2}, \cdots, r_{in}(i = 1, 2, \cdots, m)$ 为相对于指标 U_i 的单因素模糊评价，它是评价集 V 上的模糊子集，r_{ij} 为相对于第 U_i 个指标给予评语 $V_j(j = 1, 2, \cdots, n)$ 的隶属度。

设权重集合为 $A = \{a_1, a_2, \cdots, a_m\}$，是指标集 U 上的模糊子集，它反映各项指标的重要程度，其中 a_i 为指标 U_i 的权值，有

$$\sum_{i=1}^{m} a_i = 1, a_i \geq 0$$

即各指标的权值应满足归一化的要求。

模糊综合评价 B 是评价集 V 上的模糊子集，有

$$B = A \cdot R = [a_1, a_2, \cdots, a_m] \begin{bmatrix} r_{11} & r_{12} & \cdots & r_{1n} \\ r_{21} & r_{22} & \cdots & r_{2n} \\ \vdots & \vdots & & \vdots \\ r_{m1} & r_{m2} & \cdots & r_{mn} \end{bmatrix} = [b_1, b_2, \cdots, b_n]$$

建设项目社会评价由于评价指标较多，分为不同的层次，因此需建立多层次模糊综合评价模型。

建立模型的基本步骤如下：

(1) 确定各指标的权重。指标权重反映各个指标的重要程度，可用层次分析法确定。首先建立递阶层次结构，将评价目标层次化；再构造两两比较判断矩阵，对同一层次指标进行两两比较；然后计算各指标的相对权重，进行归一化处理并通过一致性检验后，即可得出各级评价指标的权重 A。

(2) 进行单因素模糊评价。即从一个指标 (U_i) 出发进行评判，确定评价的项目或方案对评价集各元素的隶属程度。对于定性分析指标，采用模糊统计方法或逐级估量法确定其对评价集的隶属关系。模糊统计是请参与评价的各位专家，按划定的 n 个评价等级，给各评价指标确定等级，然后依次统计各指标评价等级 V_j 的频数 m_{ij}，计算各指标的隶属度 r_{ij}：

$$r_{ij} = \frac{m_{ij}}{n}$$

式中：m_{ij} 表示 U_iV_j 的次数；n 表示参与评价专家的人数。

可得相对于指标 U_i 的单因素模糊评价

$$R_i = [r_{i1}, r_{i2}, r_{i3}, \cdots, r_{in}]$$

对于可定量的指标，根据其具体性质确定指标的模糊分布函数，再根据实际指标值，对应指标隶属关系图，即可得出相应的隶属度，由此得出定量指标的单因素评价 R_i。

(3) 进行多层次模糊综合评价。从综合评价数学模型中可求出各方案的评价值 b_j，选择其中评价值最大的方案即为最优方案。如果针对某一个建设项目进行有项目与无项目的比较，那么，有项目方案的评价值 $b_{有}$ 必须大于无项目方案的评价值 $b_{无}$，即 $b_{有} > b_{无}$，一般 $b_{有} \geq 0.6 \sim 0.7$，否则，应进一步分析有项目方案评价值偏低的原因，能否采取措施予以改进，若不能，或代价过大，则认为有项目方案总体上不是一个好方案。

第四节 不同层次与不同阶段的项目社会评价

不同层次的项目社会评价是站在不同水平上分析项目的社会因素，可以分为国家宏观层次、地区中观层次和项目微观层次的社会评价。不同阶段的社会评价是指在项目周期的各个不同阶段对项目的社会因素进行的分析，在不同的阶段项目社会评价的要求也不同。

一、不同层次的项目社会评价

(一) 国家宏观层次的社会评价

国家宏观层次的项目社会评价一般在项目立项阶段进行，分析项目的实施对实现国家社会发展目标的贡献和影响。在评价内容上首先要明确一个国家社会发展目标的优先次序，了解项目所在地区的社会经济发展状况，其次确立与国家社会经济发展目标吻合程度较高的项目，最后研究如何使项目受益者的范围和国家经济发展目标的优先顺序相一致，从社会因素方面评价项目建设的必要性。

(二) 地区层次的项目社会评价

地区层次的项目社会评价一般也在项目的立项阶段进行，分析项目的实施对实现地区发展目标的贡献和影响。由于各个地区的社会经济发展状况不同，地区发展目标的优先次序也不同。一般情况下，地区的发展目标应与国家的总体发展目标相一致，但其优先次序可能是不同的。如扶贫可能是一个国家最优先考虑的问题，在地区层次上不同的地区有各自的重点，地区的优先发展目标往往要比国家层次的发展目标更加具体化。在评价内容上包括以下几方面：调查了解地区的社会经济发展状况；确定地区的优先发展次序；选定与地区优先发展次序吻合程度较高的投资项目。

(三)项目层次的社会评价

项目层次上的社会评价贯穿项目周期的各个阶段,不同阶段项目社会评价的内容与要求参看"不同阶段的项目社会评价"内容。

二、不同阶段的项目社会评价

按照我国项目建设程序可分为项目建议书阶段、可行性研究阶段、评估阶段、实施阶段及项目后评价几个阶段。不同阶段项目社会评价的内容和方法有各自的特点。

(一)项目建议书阶段的社会评价

投资项目经过初步的技术经济分析研究,然后提出项目建议书,经项目所属单位主管部门批准,即可完成项目的立项。在项目建议书阶段,社会评价人员就应对拟建中的项目进行初步的社会评价,配合项目初步的技术经济分析,对项目的技术、经济、社会诸因素进行初步的全面的评价,作为决策单位审批项目立项的依据。由于项目立项阶段分析研究时间很短,初步社会评价一般只能在较短时间内完成(一般约为两周),故只能进行快速社会评价。初步社会评价的主要任务包括:调查了解项目拟建地点的社会经济现状与有关社区的基本情况,明确项目的目标群体与受影响群体,预测、评价拟建项目可能产生的主要社会效益与影响,了解有关社区各群体的基本需要,主要受益群体的基本需求及其对拟建项目的态度,初步预测项目的社会影响、引起的社会问题的复杂程度和潜在的社会风险。提出项目从社会因素分析出发是否初步可行和是否批准项目建议书的意见。

(二)可行性研究和评估阶段的项目社会评价

在项目可行性研究阶段,要求全面深入地对项目的社会效益与影响及项目与社会的相互适应性进行分析研究,进行详细的社会评价,以增强项目的有利影响,减轻不利影响,避免社会风险。通过这一阶段的社会评价,将社会变量纳入项目方案(如厂址、技术的选择等)的设计过程中,并从社会因素的角度论证项目的可行性。

这一阶段的项目社会评价在初步社会评价的基础上,对项目影响区域和目标群体或当地社区受影响的群体的各子群体,进行详细、深入、系统的社会调查;将目标群体或当地社区直接受影响的群体的需求、迫切需要及其社会文化特征等因素,在项目方案设计中加以考虑,以优化项目设计方案;提出避免或减少风险的措施建议;如果项目对受影响的社区有不利影响时,提出减轻或消除这些不利影响的措施方案及对受损群体的补偿措施方案;在此基础上提出项目社会评价的结论,并进行分析论证。

这一阶段的社会评价是项目可行性研究的重要组成部分,因项目行业特点不同、项目目标侧重点不同,社会评价的内容、方法也不尽相同。以上只是这一阶段的社会评价的一般性方法,在实际工作中,应结合项目具体情况有选择地使用。

项目评估阶段的社会评价，主要是重新审查评议可行性研究阶段社会评价的可行性。核查项目实施安排及实现项目目标的可能性，从社会因素方面提出项目可行性研究的社会评价部分是否需要修改以及是否可予批准的意见。

(三)项目实施阶段的社会评价

项目实施阶段包括项目从设计、建设、运营到项目寿命终了的整个过程。由于涉及不同利益群体的相互协商、制约的作用以及一些不确定因素的介入，项目的实施往往是一个动态、变化的过程。通过项目执行机构内部的检测评价机构，项目管理人员不断地及时地了解项目的进展情况以及所遇到的问题，及时采取措施，解决实施过程中出现的一些新情况、新问题，保证项目尽量按计划顺利地实施。实施阶段社会评价人员通过参与监测评价机构的活动，从社会分析的角度，收集整理、分析有关资料信息，了解项目对受益者产生的实际影响，判断项目是否在按计划进展，实施过程中是否存在制约项目持续性与有效性的社会变量，从而为项目决策者及时发现问题和解决问题提供有力的依据。

(四)项目后评价阶段的社会评价

投资项目后评价是在项目完成后，对项目的决策、执行、效益、影响和管理的系统的总结性评价。项目后评价包括管理过程评价、财务经济效益评价、社会影响评价以及持续性评价。社会影响评价与持续性评价属于社会评价的内容。

项目后评价阶段的社会评价一般也称为影响评价或社会影响评价(包括持续性评价)，其内容、方法、步骤与可行性研究阶段的社会评价基本相同，但项目后评价主要是分析项目实施若干年后产生的实际影响，并在实际影响的基础上预测项目寿命期内影响的变化状况。

小　结

项目社会评价是指项目为实现社会发展目标所作的贡献和影响的一种评价方法。通过项目社会评价，提高投资项目的经济效益，保证国家社会发展目标顺利实现，加强投资的宏观管理与调控，进一步吸引外资，促进人类可持续发展。

项目社会评价与经济评价相比，具有多人文性、多层次性、多目标性、难量化性、多样性、长期性等特点。进行社会评价的项目一般是当地人民受益型项目、对当地社区人民影响较大的项目以及易引起社会动荡的项目，主要指农业、林业项目，水利项目，社会事业项目，能源、交通、大中型工业项目。

项目社会评价的内容很多，主要内容包括项目提供的社会效益、项目提供的分配效益、项目与社会环境的协调程度等方面。项目社会评价指标包括两大类：一类是只能定性描述的定性指标，另一类是能定量计算的定量指标，如就业指标、收入分配效益指标、节约自然资源指标。项目社会评价的方法主要有有无对比分析法、利益群体分析法及多目标综合评价法,多目标综合评价法又有很多,模糊综合评价法在实际中应用较多。

项目社会评价可以站在不同水平上分析项目的社会因素,包括国家宏观层次、地区中观层次和项目微观层次的社会评价。按照我国项目建设程序,项目建设周期可分为项目建议书、可行性研究、评估、实施及项目后评价几个阶段,不同阶段项目社会评价的内容和方法有各自的特点。

思考与练习

1. 论述项目社会评价的含义及重要性。
2. 分析项目社会评价的特点和项目范围。
3. 论述项目社会评价的原则及主要内容。
4. 分析项目社会评价的基本步骤。
5. 阐述项目社会评价的指标体系及评价方法。

第九章 公用事业项目经济评价

由于公用事业项目投资的目的不同于一般生产经营性项目,因此这类项目的收益与成本的识别和计量、经济效果的评价方法和标准,较一般生产经营性项目减少了规范性,增加了复杂性。本章就公用事业项目的含义、特点、收益与成本的识别及经济效果评价方法进行介绍。

第一节 公用事业项目概述

一、公用事业项目的含义与分类

所谓公用事业项目,就是由政府或以政府投资为主体的、与其他投资者共同出资兴建的,不以追求利润为基本目标,而以社会公众福利为投资根本目的的项目。

公用事业项目按其满足社会需要的不同,可分为:

1. 文化发展项目

包括教育、历史、传统和娱乐等项目,其目的在于提高整个民族的科学文化素质,使一些优良传统发扬光大。

2. 国防建设与社会安全项目

包括军事项目,城市消防和治安系统工程项目,军队安置、法院、检察院的建设等项目。

3. 社会服务基础项目

包括供电、供水、供气、邮政、通讯、交通运输、城市规划、房屋改造等项目。

4. 环境保护与灾害防治项目

包括防洪、防涝、水土保持、污染治理、野生资源保护、自然灾害控制等项目。

二、公用事业项目的特点

公用事业项目有其自身的特点,明显有别于一般生产经营性项目。具体表现为:

(一)投资主体多样化

公用事业项目投资主体比一般生产经营性项目更为复杂。一般来说,公用事业项目最主要的投资方为政府机构。他们基本上代表国家拥有整个项目的所有权,但是实际投资方范围十分广泛。比如在一个地方建设电厂,通常作为国家的代表中央政府拨一笔钱,地方政府也投资一部分,当地电力公司以及主要大企业也进行融资。正是投资主体的这种特殊性,造成了公用事业项目的收益与成本界定不清的问题,这将在下一节重点陈述。

(二)投资受益者的多元性

项目所提供的产品或服务可按其最终目的分为公用品和私用品,如此划分的根本依据就是该产品或服务的排他性。私有品具有很强的排他性。一旦所有权确立,使用权也就跟着转移,如果他人在未经同意的情况下使用,势必造成侵权;而想获得使用权,则必须支付费用。比如一个人的衣食等不能未经许可就被他人共享。相对来说,公用品则明显不具备排他性的特点,即一个人在使用时不排除其他人对物品或服务的享用,如高速公路和公园等可同时为多人服务。

正因为公用品具有公共性的特点,因此公用事业项目的受益者也表现出多元化的特点,而且往往不同的受益者受益的内容范围也大不相同。比如高速公路的建设,使司机减少了因交通不畅、堵车造成的时间浪费,从而获得收益。与此同时,公路两旁的居民也因为交通状况和城市面貌的改善对投资的促进和经济的繁荣而获利。

(三)公用事业项目的外部性

公用事业项目的外部性具体表现为外部收益和外部成本,外部收益是除了投资主体获得收益之外,由非投资主体免费获得的收益。外部成本是指落在项目投资、经营主体范围之外的成本,该成本不由该经营主体给予等价补偿,而是由外部团体或个人无偿或不等价承担。

(四)公用事业项目投资大

一般公用事业投资是巨大的,通常不能为私人所接受。比如水利工程项目的建造,几百亿元的投资势必决定了项目投资主体只能是国家。

(五)公用事业项目寿命期长

作为公用事业项目,其寿命期较长。比如建成一个水坝,通常寿命期有40~50年,可谓"前人栽树,后人乘凉"。一个好的项目可以造福于几代人,因此对公用事业项目投资必须慎重。

(六)公用事业项目收益慢

很多公用事业项目并不是一建成投产即可盈利,往往具备很长的投资回收期。此外,公用事业项目的潜在经济效益通常需要很长一段时间才能体现,比如自然保护区的设立。

(七)公用事业项目的风险性

由于公用事业项目的投资大,且收益慢,见效迟,所以投资公用事业项目风险很大。个人投资者没有充足的资金进行投资,而过长的建设期与缓慢的回报常常可以把私人企业拖垮,也只有政府才能作为该类项目的财力后盾,通过税收保证投资资金按时到位,使项目的公用利益能够充分发挥。

(八)公用事业项目评价的不确定性

公用事业项目在进行经济评价时,具有相对于一般生产经营项目更大的不确定性。一方面,由于公用事业项目收益、成本本身无法清晰界定,对于外部收益(成本)和内部收益(成本)的划分具有一定的主观性;另一方面,公用事业项目的有些经济指标无法用货币直接计量。这种收益(成本)通常并不经常直接表现为有形利益的获得,或成本的增加,而往往以无形的好处或坏处得以体现,从而更进一步增加了经济评估的难度。比如高速公路节省司机的时间,就很难准确评估其价值量。

综上所述,对公用事业项目进行经济评价时,需要立足于更宽广的范围,纵观较长的时间,准确界定各个概念,以保证评价的真实性,实现投资决策科学化。

三、公用事业项目评价考察的角度确定

在对于公用事业项目进行评价之前,必须确定考察对象的范围。它是项目进行经济评价的前提,考察的范围不同,所处的角度不同,那么所得出的评价结果也截然不同。对公用事业项目经济评价采用的角度,通常有以下几种观点:

1. 得到收益或受到损失的个人。
2. 特定的政府机构。
3. 城市、乡镇等地域。
4. 省等地区。
5. 整个国家。

从经济评价的角度来看,第一种观点显然是不能苟同的观点,但其所描述的问题客观存在,并在实际中产生了影响和作用,比如一条孤立的公路的建立,遥远地带的水域扩建或公共设施理想选址等方案被莫名其妙地否决,这往往是由决策者本人或团体意见所决定的,而他们出于自身收益或损失左右方案的选取。而这种对项目评价的个人主观意志是评价的公正性所不容的。评价者必须从公共利益出发,抛弃个人狭隘的利益,这样才能确保投资的成功。

后面的四种观点也应该引起评价者的关注。第二种观点是从特定的政府机构的角度出发进行经济评价,这类似于企业经济评价的角度。也就是说,仅仅将特定机构的收益和损失纳入考虑范围,这种思路也许违背了公用事业的初衷,但在一些特殊情况下也可能不完全错误。比如,一个公司为了减少废弃物排放遭受罚款的成本,决定对废弃物排放进行净化。有很多种方法可以实现这一目标。企业从自身角度出发,对净化的各技术方案进行比选,这种思路是合理的。因为每个方案都为了达到一个共同目标,即减小污染,因此从企业角度考虑最经济的方案同时也是公共利益最大化的方案。

第三种观点,出于城市乡镇的考虑,往往是普遍接受的观点,但公共项目的外溢

性导致了很多成本、收益不再局限于城市的边界之内。比如当地政府的投资所用的经费来源于国家税收的一部分,通过税收进行转移支付,于是这种负担不再由部分人或部分地方承担,而是由整个国家的国民共同负担。其实对于第四种观点同样也是这样,很多成本并不是由各省自己所承担的,而是间接地由国家承担。所以,上述两种观点也不是公用事业项目评价的正确角度。

因此,公用事业项目应该以国家的角度来进行方案选择。

四、合理确定公用事业项目评价的基准折现率

公用事业项目一般具有寿命长、见效迟、后期效益大等特点,由此构成的现金流量将会使公用事业项目的经济效益对基准折现率(最低期望收益率)的敏感性更加显著。因此,合理确定投资的基准折现率对于公用事业项目的经济评价也是至关重要的。基准折现率的确定与投资项目的资金来源有关,近年来我国公用事业建设投资的资金筹集方式主要有以下几种:

第一,税收和利润。政府把向企业和个人征收的所得税、营业税或利润的一部分,用于公用事业投资。

第二,政府发行债券或间接向国外政府或金融机构借款。

第三,引进外资,共同兴建。

第四,公用事业工程本身的经营服务收入。

应当如何确定公用事业项目的基准折现率,在西方国家中至今仍是一个有争议的问题,概括起来有以下几种常用的方法:

(一)以借款或债券利率作为基准折现率

政府为借款或发行债券支付的利率(即借贷资金的成本率)与借款期限长短、物价的变动、国家的经济状况以及金融信誉等直接相关。通常在通货膨胀严重、国家金融信誉不好、借款期长的情况下,取得借款需要支付较高的利率。因此,基准折现率也需适时加以调整。

(二)参考一般生产经营项目评价的折现率

这里又有两种意见。一种主张采用一般生产经营项目低的折现率,其理由是公用事业项目不以盈利为目的,过高的折现率将导致多数公用事业项目被轻易否决。另一种主张采用与一般生产经营项目同样高的折现率,并认为这样做有利于投资资金的优化配置,防止低效益公用事业项目轻易投建。

(三)将(一)、(二)综合起来确定基准折现率

第二节 公用事业项目的收益与成本

公用事业项目收益与成本的识别与计量,与一般生产经营项目比较,有许多不同

之处,一般生产经营项目的投资是以追求利润为基本目的,因而,其收益与成本的识别是以利润增减为原则,识别的基本方法是追踪项目的货币流动。公用事业项目投资的基本目的是追求社会利益,而非项目利润,收益与成本是指广泛的社会收益和社会成本,而且这些收益与成本又往往由于缺乏市场价格而难以用货币计量,这都使得公用事业项目的成本与收益的识别和计量相对复杂与困难。

一、公用事业项目收益与成本类别

(一)内部收益(成本)、外部收益(成本)

按照项目受益者的不同,可以将收益(成本)分为内部收益(成本)和外部收益(成本)。内部收益(成本)是由项目投资经营主体获得的收益(成本)。比如建立水电站发电获得的售电收益是项目内部收益,而对该水电站进行维修属于内部成本。与内部收益(成本)相对应的外部收益(成本)指落在项目之外的收益与成本。例如一个道路建设项目,完工后带来了交通事故损失减少,就是外部收益,而其在建设中给行人带来的不便就是一种外部成本,由于公用事业项目的特殊性决定了项目既有外部收益(成本),又有内部收益(成本),因此在评价过程中应分别识别与计量。

(二)直接收益(成本)、间接收益(成本)

按照项目收益(成本)的形式,可分为直接收益(成本)和间接收益(成本)。

直接收益(成本)是在项目的投资经营中直接产生的收益(成本)。例如,灌溉工程可直接提供灌溉用水,增加农作物产量;水污染治理项目可直接减少污水排放量,这些都是直接收益,而这些项目的投资与运营支出都是直接成本。

间接收益(成本)又称次级收益(成本),是由直接收益(成本)引发生成的。例如,灌溉工程除具有增加农田产出的直接收益外,可能还有助于改善当地人民的营养及体质,促进当地食品加工业发展;污水治理项目除了具有改善生态环境的直接收益外,它还可能由于生态环境的改善而降低沿河周围居民发病率,由此带来医药支出的节省和劳动收入增加的间接收益。

公用事业项目通常能同时带来直接的和间接的收益(成本),这是公用事业项目的一个基本属性。因此,在公用事业项目评价中,除了要考察直接收益(成本)外,有时还需要考察间接收益(成本),特别是在间接收益(成本)较大的时候就更是如此。

这里需要说明的是,公用事业项目的直接收益(成本)并不一定等同于内部收益(成本),间接收益(成本)也不一定等同于外部收益(成本),尽管它们之间在有些情况下可能重合,但并非所有的项目都能重合,二者之间在概念上的差异不能混淆。例如,一个公共消防项目,它所提供的减少或消除火灾损害的服务,具有公共品的免费服务特性,由它所获得的减少财产损失和人员伤亡的收益是一种直接收益,但这种收益却不是项目的内部收益而是消防部门以外的外部收益。一般而言,间接收益(成本)包含在外部收益(成本)之内,内部收益(成本)包含在直接收益(成本)之内。因此,在对项目的成本与收益进行分类识别和计量时,或者按"直接"和"间接"的方式分类,或者按"内部"和"外部"的方式分类,而不能交叉分类,以避免收益与成本的遗漏或重复。

(三)有形收益(成本)、无形收益(成本)

有形收益(成本)是指可以采用货币计量单位(价格)或实物计量单位予以计量的收益(成本)。由于公用事业项目评价是用经济分析方法对项目的社会经济效益状况进行评价的,所以,如果可能的话,应当尽量把项目的收益与成本予以货币化,使收益与成本具有同一经济价值量纲,可以直接比较。

无形收益(成本)是一些既不存在市场价格(难以用货币计量)又难以采用其他计量单位度量的收益(成本)。例如,建筑物的美学价值,保护古代遗产的文化价值,都是难以用货币或其他计量单位加以度量的。有的公用事业项目,其无形收益(成本)可能并不重要,可以对其忽略不计,但是有的项目,例如古代文物保护项目,无形收益很可能是其根本性收益,就不能够对其忽略不计。因此,对需要考察的无形收益与成本,如果无法货币化,也无法采用其他量纲计量,则应采用图片、音像、文字等各种形式予以描述和阐释。

二、公用事业项目收益、成本计算原则

在对公用事业项目的收益成本计算时,必须遵循以下原则:

(一)目标明确原则

目标的明确要基于考察角度的确定、收益成本界限的划分以及系统范围的明晰的基础上。公用事业项目往往具有多个目标,目标是分层次不均衡地实现的,从而使识别复杂化。往往一个项目不会同时使各个层次的目标同时达到最优,则首先要保证主要目标实现最优。因此在收益、成本计算时,根据实际情况,给目标赋予不同的权重。

(二)口径一致原则

对多方案比选时,在时间、空间范围上都应该保持一致性。

(三)非重复性原则

在收益成本计算时,应强调系统概念,严格区分内部收益(成本)、外部收益(成本),避免重复性计算。比如从国家角度讨论高速公路项目的经济效益时,一方面计算了司机交纳通行费,给公路收费站带来了收益;同时又计算了扩大就业、工资水平提高后的收益,无疑就进行了重复计算。因为汽车的过路费本身就有一部分是作为收费站有关人员的工资发放的。

(四)增量计算原则

比较经济效果时,项目的收益与成本,是相对于引入该项目时所增加的收益和成本。因此一定要分析由项目本身所带来的收益和成本,严格剔除那些与项目无关因素的影响所产生的收益和成本。例如,在对某灌溉项目进行分析时,就应该充分考虑到,即使没有该项目,但由于生产力提高,种子品种的改良,本身就会引起农作物产量的增加,这种增加并不是项目所带来的实际收益。因此如果把农作物产量的收益,全部归功于灌溉项目的实施,就不符合实际。所以,真正该计入项目收益的应该是农作物产量提高扣除因种子改良所引起的变化,计入只因灌溉水平提高,导致农作物产量的增加所带来的收益。

(五)最大限度货币化原则

最大限度地用货币单位度量收益与成本,这样便于用统一的标准衡量,进行比较。一般来说,公用事业项目的成本普遍表现为初始投资和后来的各种费用,由明确的货币形式衡量的账面体现;而对于收益来说,形式多样,很多时候缺乏市场价格不能用货币表示。对于存在不能直接采用货币表示的收益,应采用适当的方法进行定性描述。

三、合理分摊多功能公用事业项目的投资

有些公用事业工程项目具有多种功能。例如,水库工程项目具有防洪、灌溉、生活供水与发展养鱼业等多种用途。对于大型多功能公用事业项目,不仅要求评价其全部功能的总成本与总收益,而且要求评价其单项功能的成本与收益。所以,在项目经济评价中需对这类项目的投资进行分摊。

(一)投资分摊方法

1. 将项目的功能按主次进行分类,主要受益部门承担投资的大部分,次要受益部门承担投资的其余部分。

2. 按各受益部门获得同等效益时的最优替代方案的投资分摊。所谓最优替代方案是指各受益部门在单独投资条件下获得同综合工程提供的效益相等时的最优方案。

3. 按各受益部门对工程的利用率进行分摊。例如,各有关部门按用水量分摊水库工程的投资;按用电量分摊电站工程投资,按收入的比例分摊投资等。

(二)投资分摊合理性的检验

投资分摊得是否合理,可根据以下原则进行检验。

1. 任何一个部门或地区分摊的投资都不应大于本部门或本地区单独兴建等效最优替代工程方案的投资;

2. 各受益部门或地区分摊的投资都具有相应的效益;

3. 不论受益大小,各受益部门或地区至少应承担为该部门或地区服务的专用工程和配套工程的投资。

第三节 公用事业项目评价方法

一、成本收益分析法

成本收益分析法是货币化的收益与成本的比较分析,因而这种分析可以像一般生产经营项目的经济评价那样,使用净现值、净年值、内部收益率等评价指标。在公用事业项目的经济评价中,多直接将项目的收益与成本进行比较,来决定项目的取舍和优劣次序。

(一)评选标准的选择

公共事业项目由于在不同条件下追求目标的不同,造成了评选标准的差异。一般有五种评选目标。以下通过例子来说明。

例 9.1 某地区常发生洪涝灾害,为了避免灾害带来的经济损失,保障社会安定,提高人民生活水平,当地政府决定采取措施。备选方案有以下几种:

A_1:仍不采取措施;A_2:建造防洪堤;A_3:修建小型水库;A_4:修建大型水库。

把采取措施后避免洪涝灾害带来的经济损失作为各方案的收益,用 B 表示,把投资分摊到每年中,与年维修费用合计成年总成本,用 C 表示。各方案的收益、成本如表 9-1 所列,试对它们进行评价。

表 9-1　　　　　　　　　各方案收益、成本表　　　　　　　　　单位:万元

方　案	等值年成本	年洪灾损失	年收益
A_1	0	20	0
A_2	4	13	7
A_3	12	4	16
A_4	16	1	19

解:将表 9-1 中的数据进行处理,重新排列,如表 9-2 所示。

表 9-2　　　　　　　处理后各方案收益、成本表　　　　　　　单位:万元

备选方案	年收益 (B)	年成本 (C)	总量		增量			
			B/C	$B-C$	ΔB	ΔC	$\Delta B/\Delta C$	$\Delta B-\Delta C$
A_1	0	0	0	0				
A_2	7	4	1.75	3	7	4	1.75	3
A_3	16	12	1.33	4	9	8	1.125	1
A_4	19	16	1.19	3	3	4	0.75	-1

以下准则表明了不同的评选目标和产生的不同最优方案：

1. 投资成本 C 最小化：选择方案 A_1。如果政府资金紧缺，财政预算少，只能采取该种方案。
2. 收益 B 最大化：选择方案 A_4。当发生洪涝灾害时，修建大型水库可以使城市经济损失最小。
3. 效益成本比 B/C 最大化：选择方案 A_2，表明单位成本产生的效益最大。
4. 效益成本差 $B-C$ 最大化：选择方案 A_3，表示项目利润最大。
5. 增量比 $\Delta B/\Delta C$：选择方案 A_3，表示每多增加一个单位成本带来的收益。
6. 增量差 $\Delta B - \Delta C$：选择方案 A_3，表示增量投资带来的增量净收益。

在对多方案比选时，可以根据不同的目的，进行选择。准则 1 和 2 为单指标比较，通常运用于除该指标外其他经济指标一致，或者有特定的边界约束的时候。比如，如果若干方案带来的效益相等的时候，那么只需要比较成本大小；或者，如果政府不惜任何代价，一定要解决洪涝问题，则可以直接选择效益比较法。准则 3 表示每单位成本带来的收益，而准则 4 表示各方案利润大小，准则 4 一般偏向于投资大的方案。准则 3、准则 4 适合于公用事业项目的单方案比较（绝对效果评价），判别标准见表 9-3。

表 9-3　　　　　　　　　　B/C、$B-C$ 准则判别标准

B/C	$B-C$	结　　论
=1	=0	方案取舍临界点
>1	>0	方案可行
<1	<0	方案不可行

而实际多方案经济评价时，更倾向于用最后的两种评价准则，即增量法，保证每增加一单位的投资都带来最大的效益。

准则 5 和准则 6 的判别标准如表 9-4 所列。

表 9-4　　　　　　　　　　$\Delta B/\Delta C$、$\Delta B - \Delta C$ 准则判别标准

$\Delta B/\Delta C$	$\Delta B - \Delta C$	结　　论
=1	=0	增量投资与非增量投资等价
>1	>0	增量投资较优
<1	<0	非增量投资较优

所以在本例中，如果没有特别的要求诸如资金限制等，则可直接运用准则 5 和 6，

由于方案 A_4 的 $\Delta B/\Delta C < 1$,且 $\Delta B - \Delta C < 0$,所以给予排除,实际是只需在方案 A_2 和 A_3 中选择即可,方案 A_3 相对方案 A_2 来说更优,这是初步比较结果,再加入其他比较准则和一些经济要素,比如移民问题等的考虑,进一步完善决策,使其最优。

(二)评选的步骤

由上述例子可见,成本收益分析法的原理并不复杂,但是其准确性直接依赖于对备选方案的系统性分析,其评选步骤如下:

1. 定义项目主要目标。
2. 建立所有可行的、互斥的、待比较的公共事业可行性方案,对于那些明显不符合规定,达不到预期目标的,应该首先给予排除,从而简化整个比选过程,节约人力物力。
3. 在成本收益分析中,首先需要规定各方案进行比选的比较期,将方案比选的口径统一。
4. 确定受益范围和受益内容。分辨内部收益和外部收益。对收益进行分类,判断各种收益能否用货币进行直接测算,不能直接测算的能否通过其他方法间接测算。
5. 确定成本影响的范围及其内容,确定外部成本和内部成本,判断各种成本能否用货币进行直接测算,不能直接测算的能否通过其他方法间接测算出来。
6. 正确选用折现率。
7. 采用成本收益法比较待选方案。
8. 进行补充分析,最终确定最优方案。

(三)评价指标计算

1. 收益成本比与收益成本差指标

收益成本比是项目的收益现值与成本现值之比,其计算公式为

$$(B/C) = \frac{\sum_{t=0}^{n} B_t(1+i)^{-t}}{\sum_{t=0}^{n} C_t(1+i)^{-t}} \tag{9-1}$$

式中:(B/C)——项目的收益成本比;

B_t——项目第 t 年的收益(货币单位);

C_t——项目第 t 年的成本(货币单位);

i——基准折现率;

n——项目的寿命年限或计算年限。

在公用事业项目的经济评价中,收益成本比指标有时也用等额年收益与等额年成本之比来表达,即

$$(B/C) = \frac{AB}{AC} \tag{9-2}$$

式中:AB 为等额年收益,$AB = \left[\sum_{t=0}^{n} B_t(1+i)^{-t}\right](A/P, i, n)$

AC 为等额年成本，$AC = [\sum_{t=0}^{n} C_t(1+i)^{-t}](A/P,i,n)$

公式(9-2)与公式(9-1)是等价的。

收益成本差是项目的收益现值与成本现值之差，其计算公式为：

$$(B-C) = \sum_{t=0}^{n} B_t(1+i)^{-t} - \sum_{t=0}^{n} C_t(1+i)^{-t} \qquad (9-3)$$

式中：$(B-C)$——项目的收益成本差。

其他符号意义同(9-1)式。

2. 增量收益成本分析指标

增量收益成本比的计算公式为：

$$(\Delta B/\Delta C) = \frac{\sum_{t=0}^{n} B_{kt}(1+i)^{-t} - \sum_{t=0}^{n} B_{jt}(1+i)^{-t}}{\sum_{t=0}^{n} C_{kt}(1+i)^{-t} - \sum_{t=0}^{n} C_{jt}(1+i)^{-t}} \qquad (9-4)$$

式中：$(\Delta B/\Delta C)$——增量收益成本比；

B_{kt}，C_{kt}——第 k 方案第 t 年的收益和成本；

B_{jt}，C_{jt}——第 j 方案第 t 年的收益和成本；

$\Delta B = \sum_{t=0}^{n} B_{kt}(1+i) - \sum_{t=0}^{n} B_{jt}(1+i)^{-t}$——增量收益现值；

$\Delta C = \sum_{t=0}^{n} C_{kt}(1+i)^{-t} - \sum_{t=0}^{n} C_{jt}(1+i)^{-t}$——增量成本现值。

其他符号意义同(9-1)式。

增量收益成本差的计算公式为

$$(\Delta B - \Delta C) = [\sum_{t=0}^{n} B_{kt}(1+i)^{-t} - \sum_{t=0}^{n} B_{jt}(1+i)^{-t}]$$

$$- [\sum_{t=0}^{n} C_{kt}(1+i)^{-t} - \sum_{t=0}^{n} C_{jt}(1+i)^{-t}]$$

$$= (B_k - C_k) - (B_j - C_j) \qquad (9-5)$$

式中：B_k——第 k 方案收益现值；

B_j——第 j 方案收益现值；

C_k——第 k 方案成本现值；

C_j——第 j 方案成本现值；

其他符号意义同(9-4)式。

例 9.2 某市内有 A、B 两条公路在某处交叉，十字路口设有红绿信号灯控制系统，指挥车辆通行，此信号系统年运行成本为 1 000 元；此外，还有负责指挥的交通民警 1 人，每日值勤 2 小时，每小时工资 3 元。据统计，公路 A 日平均车辆通行数为 5 000辆，公路 B 为4 000辆，其中 20% 为商业性货车，80% 为普通客车。由于车辆通行量大，约有 50% 的车辆在十字路口要停车等候，每次停车于公路 A 为 1 分钟，于公路 B 为 1.2 分钟，如果将停车时间折算成金额，则货车停车每小时损失 5 元，客车停车每小时损失 2 元；车辆每起动一次的费用，货车为 0.06 元，客车为 0.04 元。另据前 4 年的统计资料，因车辆违反信号控制，发生死亡事故两件，每件付赔偿费用 50 000元，伤残事故 40 件，每件付赔偿费 1 500 元。现设想用立交公路桥取代原十字路口的信号控制系统，预计建设立交桥需投资 750 000 元，项目使用寿命为 25 年，年维修费为 2 500 元，残值为零。预计立交桥投入使用后，停车现象与交通事故可基本消除，但通行车辆的 15% 需增加行驶路程 0.25 公里，货车与客车每公里行驶成本分别为 0.25 元和 0.06 元。设投资的最低期望收益率 $i = 7\%$，试用成本收益分析法评价立交桥工程项目的经济效益。

解：项目受益者收入计算：

(1) 消除车辆等待时间所获节约额

公路 A 行驶车辆节约额

$= [(5 \times 20\% + 2 \times 80\%)(5\ 000 \times 365 \times 50\% \times 1/60)](P/A, 7\%, 25)$

$= 460\ 779.04 (元)$

公路 B 行驶车辆节约额

$= [(5 \times 20\% + 2 \times 80\%)(4\ 000 \times 365 \times 50\% \times 1.2/60)](P/A, 7\%, 25)$

$= 442\ 347.88 (元)$

(2) 减少车辆起动次数所获节约额

$= (0.06 \times 20\% + 0.04 \times 80\%)[(5\ 000 + 4\ 000) \times 365 \times 50\%](P/A, 7\%, 25)$

$= 842\ 162.31 (元)$

(3) 消除交通事故所获节约额

$= (2/4 \times 50\ 000 + 40/4 \times 1\ 500)(P/A, 7\%, 25)$

$= 466\ 120 (元)$

(4) 行驶路程延长导致车辆运行成本增加额

$= (0.25 \times 20\% + 0.06 \times 80\%)[(5\ 000 + 4\ 000) \times 365 \times 15\% \times 0.25](P/A, 7\%, 25)$

$= 140\ 679.39 (元)$

(5) 受益者总收入现值为 (1) + (2) + (3) − (4)

$= 460\ 779.04 + 442\ 347.88 + 842\ 162.31 + 466\ 120 − 140\ 679.39$

$= 2\ 070\ 729.84 (元)$

兴办者成本费用计算：

(1)投资额为750 000(元)

(2)立交桥维修费用支付额的现值

$= 2\ 500(P/A, 7\%, 25)$

$= 29\ 132.5(元)$

(3)取消信号系统与指挥交通民警节约额的现值

$= (1\ 000 + 3 \times 2 \times 365)(P/A, 7\%, 25)$

$= 37\ 173.07(元)$

(4)兴办者总成本费用现值为(1)+(2)-(3)

$= 750\ 000 + 29\ 132.5 - 37\ 173.07 = 741\ 959.43(元)$

$(B/C) = \dfrac{2\ 070\ 729.84}{741\ 959.43} = 2.79$

$(B - C) = 2\ 070\ 729.84 - 741\ 959.43$

$= 1\ 328\ 770.41(元)$

因为$(B/C) > 1$，$(B - C) > 0$，所以这项投资在经济上是可行的。

例9.3 某公路路面状况低劣，交通常常堵塞，行车大量时间浪费，安全没有保障，现要解决这一交通问题，有三个方案可供选择。A_1：进行全面修理和维护，耗资2 200 000元，表面重整需要每10年一次，重整需2 000 000元，设该方案每年维护费208 000元。A_2：修筑22里的高速公路，初始投资8 800 000元，并且路面需每10年维修一次，成本1 860 000元，年均维护费176 000元。A_3：同样修建一段高速但质量更好的长20.5里公路，初始投资为17 300 000元；同样每10年需要重整一次路面，花费1 800 000元。年均修护费317 750元。

考虑到公路寿命期为30年，各方案残值忽略不计。

本案例中主要收益来源于以下三个方面：(a)由于道路改造，对于道路使用者的运行成本(耗油量)减少等，这种公共运行成本与过去比较，其减少量可以看做是相对的收益。(b)一方面，由于道路畅通，堵车现象减少，使用者明显感觉到更加方便；另一方面，高速公路的建设使汽车可以高速行驶，极大地减少了时间的浪费。因此，通过年通行车流量预测和速度分析，可以根据不同方案测定公共时间成本，而其与过去比较的节省值也是一项收益。(c)由于路况的改善，交通事故也大为减少。根据往日交通事故的平均值和对未来的预测，以及周边类似路况事故发生频度的分析，可以预测不同方案的公共安全成本。而这种成本与过去比较相对减少，也同样是方案收益的体现。

上述三个方案的公共运行成本、公共时间成本及公共安全成本见表9-5所示。

表9-5　　　　各方案公共运行成本、时间成本和安全成本表　　　　单位:元/年

成本＼方案	A₁	A₂	A₃
公共运行成本	5 432 076	4 596 372	4 282 983
公共时间成本	4 475 665	3 395 486	3 163 975
公共安全成本	462 000	330 000	308 000
总公共成本	10 369 741	8 321 858	7 754 958

试比较选择方案(折现率取6%,当年国库券利率)。

解:采用增量等额年收益与增量等额年成本进行比选。

(1)计算各方案的等额年成本

$AC_1 = [2\,200\,000 + 2\,000\,000(P/F,6\%,10) + 2\,000\,000(P/F,6\%,20)](A/P,6\%,30) + 208\,000 = 494\,270$(元/年)

$AC_2 = [8\,800\,000 + 1\,860\,000(P/F,6\%,10) + 1\,860\,000(P/F,6\%,20)](A/P,6\%,30) + 176\,000 = 932\,909$(元/年)

$AC_3 = [17\,300\,000 + 1\,800\,000(P/F,6\%,10) + 1\,800\,000(P/F,6\%,20)](A/P,6\%,30) + 317\,750 = 1\,688\,391$(元/年)

(2)计算增量等额年成本和增量等额年收益:

$$\Delta AC_{21} = AC_2 - AC_1 = 932\,909 - 494\,270 = 438\,639 (元/年)$$

增量收益可通过计算公共成本的减少量来衡量,即

$\Delta AB_{21} = A_1$方案的总公共成本 $- A_2$方案的总公共成本 $= 10\,369\,741 - 8\,321\,858 = 2\,047\,883$(元/年)

其他的增量等额年成本、增量等额年收益见表9-6。

表9-6　　　　增量等额年收益、增量等额年成本及评价指标计算表

	A₂ − A₁	A₃ − A₁	A₃ − A₂
ΔAB(元/年)	2 047 883	2 614 783	566 900
ΔAC(元/年)	438 639	1 194 121	755 482
ΔAB/ΔAC	4.669	2.190	0.750
ΔAB − ΔAC(元/年)	1 609 244	1 720 828	−125 120

从表9-6可知,A₂方案为最优方案。

二、成本效用分析法

成本效用分析法,是评价公用事业项目的另一种方法。它同成本收益分析法的不同点是,成本收益分析法适用于方案效益可用货币计量时的评价;而成本效用分析法则适用于方案收益不能用货币计量时的评价,如投资项目的质量、可靠性、效能等的评价。成本效用分析法可作为成本收益分析法的补充。

(一)成本效用分析法应用的基本条件

1. 待评价的项目方案数目不少于两个,且所有方案都是相互排斥的方案。
2. 各方案具有共同的目标或目的,即各方案是为实现同一使命而设计的。
3. 各方案的成本采用货币单位计量,各方案的收益采用非货币的同一计量单位计量。

(二)成本效用分析法的应用步骤

1. 明确项目应实现的效用

进行成本效用分析时,首先要明确投资项目要求实现的效用。例如,交通信号指挥系统的效用目标是运行可靠;军事后勤运输系统的效用目标是在规定的时间内,将一定数量的人员和武器装备运到指定地点等。如果被评价的投资项目有多种效用目标时,可选择其主要效用目标作为成本效用分析的对象。

2. 确定反映效用水平的计量指标

明确了项目的效用目标之后,就要选择一定的能够度量效用大小或效用水平高低的计量指标,不同的效用需选择不同的指标来计量。例如,交通信号指挥系统的运行可靠性可采用可靠度指标,即用不发生错误信号的概率来度量;军用后勤运输系统的运载能力可用日运载吨位指标来度量等。

3. 提出具有预定效用的备选方案

备选方案的构想与提出,不仅取决于技术实现的可能性,而且也取决于相关人员的知识、经验和创造性思维的发挥。不要在项目的初始阶段就把方案的构思限制在一个狭窄的思路上,要尽可能地发挥创新精神,集思广益,多提可供选择的方案,然后再通过分析比较进行筛选。

4. 识别与计量各方案的成本与效用

由于不同的方案具有不同的效用,在效用计量单位的选择上,既要便于计算,又能切实度量达到目标的程度。成本的计量要采用统一的计量标准和原则。

5. 方案间的比较评价

采用成本效用分析法比选方案,其基本做法是计算各方案的效能成本比(B/C),并按效能成本比最大准则进行比选,即单位成本之效能越大者相对越优。

这一比较原理及准则,在不同的项目目标要求和约束条件下,可以有不同的表示方式,通常可在下述三种方式中选择其一:

(1) 最大效用成本比法

此法直接按效用成本比最大准则比选方案,即单位成本之效用最大的方案是最优方案。此法通常适用于各备选方案的目标要求和成本要求没有严格限制、允许有一定变动范围的情况。

(2) 固定成本法

此法是在各方案具有相同成本的基础上,按效用最大准则进行方案比选。此法是最大效用成本比法的变通方式,因为各方案若成本相同,效用最大的方案,其效用成本比必然最大。固定成本法通常适用于项目成本有严格限定的情况。

(3) 固定效用法

此法是在各方案具有相同效用的基础上,按成本最小准则进行方案比选。此法是最大效用成本比法的另一种变通方式,因为各方案若效用相同,成本最小的方案,其效用成本比必然最大。固定效用法通常适用于有固定目标要求的情况。

6. 进行敏感性分析或其他不确定性分析

在敏感性分析中,在对原有的基本假设作出修正的基础上,对因素变动下的评价指标值进行计算,由此确定各影响因素变动对项目目标的影响程度,对可以控制的因素制定控制措施,对无法独自控制的因素,寻找防范措施与对策。

7. 写出分析或研究报告

包括项目背景,问题与任务的提出;目标确定及依据;推荐方案与候选方案的技术特征与可行性;资源的可得性及资金来源与筹集;项目的组织与管理;成本、收益的识别与计量,及其有关假设与依据;不确定性分析的有关结论;比较评价分析,提出推荐方案,分析评述有关方案优点与缺点,供最终决策时参考。

(三) 效用分析

效用分析既有定性分析,也有定量分析。通过定性定量的研究与比较,全面地反映项目的效用目标。

所谓定性分析是对项目价值总体的抽象描述。一般包括总体评估和部门、行业的评估。总体评估是对项目给省市、地区乃至国家所带来的影响,比如对地域经济的作用,对就业收入分配状况的改善,对科技发展的促进等。对部门、行业的评估将根据该公用事业项目的性质具体分析。比如对于建立公立学校的项目,则需要考虑未来合格毕业生的培养状况,每个人所需要的投资、对个人全面发展的影响等;再如,公共卫生项目的总评估包括项目未来前景、投资效果及医疗业绩的分析等;而社会文化项目及体育项目都需要能有充分反映人们精神生活水平提高的指标。只有达到了这些指标的要求,才能说明该项目达到了预期的效果。

然而定性的评估过于抽象与主观,缺乏说服力,所以我们需要更具体、更有说服力的指标来体现,使得评价者能充分感受到项目的价值及其重要性。例如对体育项目的投资,我们需要考虑到体育设施使用率、体育场所设备完好率。再如,对公共卫生保健投资效果的评价,则需要考察传染病防治指标,劳保、营养卫生指标及保健指标等。只有通过这些具体的指标,才能真正体现项目的价值,便于项目方案间的比较和选择。

有的情况下,项目目标不是一个而是多个,且各目标的效用计量不具有同一量纲,无法使用同一计量单位度量。这种情况下,可在专家调查的基础上,对项目的不同目标进行标准化处理(参见项目综合评价有关内容),并赋予不同权重,将方案取得的各目标值分别乘以各目标权重后求和,得到方案预期获得的总效用。之后,就可进行方案间的效能成本评价。

(四)案例分析

例9.4 某城市消防车配置方案的经济评价

1. 概述

某城市近年来火灾事故呈增长趋势,火灾造成的财产损失和人员伤亡增加。为能有效控制火灾发生,减少火灾损失,当地政府除了加强火灾防范教育外,决定增强日益不足的消防能力,增加消防车及相应配备,为此提出了增强消防能力的几种备选方案。

A_1:对原有消防站,每站增加2辆消防车,增配相应设施、器材和人员。

A_2:在消防力量薄弱的两个市区增建两座新消防站,每站配备3辆消防车及相应设施、器材及人员;原有消防站每站增加2辆消防车,增添相应设施、器材及人员。

A_3:增建新的消防站,以改善消防站地理分布,每个新站配备2辆消防车及相应设施、器材和人员;原有各消防站维持不变。

2. 各方案成本的估算

各方案的成本,包括购置消防车、器材工具、车库及办公设施的扩建或新建、物料消耗及人员费用等如表9-7、表9-8、表9-9所示。

表9-7　　　　　　　　　　A_1方案成本估算表　　　　　　　　单位:万元

类别＼年	1	2~10	11
1. 购置消防车及其他设备器材	360		
2. 车库改扩建及其他设施费	120		
3. 物料损耗		48	48
4. 人员开支及其他支出	160	240	240
5. 资产净残值			96
6. 费用合计(1+2+3+4-5)	640	288	192

表9-8　　　　　　　　　　　A_2方案费用估算表　　　　　　　　　　单位:万元

年 类别	1	2~10	11
1. 购置消防车及其他设备器材	560		
2. 车库新建、改扩建及其他设施费	420		
3. 物料损耗		72	72
4. 人员开支及其他支出	400	560	560
5. 资产净残值			262
6. 费用合计(1+2+3+4-5)	1 380	632	370

表9-9　　　　　　　　　　　A_3方案成本估算表　　　　　　　　　　单位:万元

年 类别	1	2~10	11
1. 购置消防车及其他设备器材	420		
2. 新建车库及其他设施费	900		
3. 物料损耗		48	72
4. 人员开支及其他支出	300	500	560
5. 资产净残值			490
6. 费用合计(1+2+3+4-5)	1620	548	142

3. 进行效用分析与计量

从最终目的上讲,增加消防能力是为了减少火灾造成的生命与财产损失,这种损失的减少就是消防的效用。但是,若把生命财产损失的减少直接作为本案例方案的效用,则会产生计量上的困难,这是因为,一方面,财产可有货币价值,但人的生命价值却难以用金钱衡量;另一方面,不同的火灾损失各异,影响损失的因素极多,事先难以给出适当的估计。鉴于此,本案例为了便于效用计量,为各方案规定了一个减少火灾损失的间接目标——缩短消防车的回应时间,即从接到报警到赶到火灾现场的时间。回应时间缩短越多,方案的效用越大。各方案回应时间的有关预测结果如

表 9-10 所示。

表 9-10　　　　　　　　　各方案回应时间预测结果

方案	每次火灾平均回应时间缩短（分钟）	回应时间不超过 20 分钟的次数比率(%)
A_1 方案	3.2	11
A_2 方案	7.8	19
A_3 方案	12.6	26

注：回应时间缩短是相对于维持现有状况而言。

4. 评价指标的选定与计算

本案例的评价指标可以采用以下三个：

(1) 单位费用(成本)的回应时间缩短，即每次火灾的回应时间缩短/费用年值；

(2) 回应时间不超过 20 分钟的次数比率；

(3) 单位费用(成本)的回应时间不超过 20 分钟次数比率，即回应时间不超过 20 分钟的次数比率/费用年值，有关计算结果如表 9-11 所示。

表 9-11　　　　　　　　　　　指标计算表

指标 方案	费用年值（万元）	单位费用的回应时间缩短(分钟/万元)	回应时间不超过 20 分钟的次数率(%)	回应时间不超过 20 分钟次数率/费用年值
A_1	332	0.0096	11	0.033
A_2	723	0.0108	19	0.026
A_3	670	0.0188	26	0.039

其中：方案 A_1 的费用年值

$$AC_1 = [640(P/F,10\%,1) + 288(P/A,10\%,9)(P/F,10\%,1) \\ + 192(P/F,10\%,11)](A/P,10\%,11) = 332(万元)$$

同理计算 $AC_2 = 723$(万元)；$AC_3 = 670$(万元)

5. 评价结果分析

根据表 9-11 的计算结果，方案选择可从三个方面考虑：

如果特别重视平均回应时间缩短和资金利用效率，则可按指标(1)即回应时间缩短与费用年值比值最大准则选择。本例应选 A_3 方案。

如果资金方面没有太多限制,而且特别强调20分钟以内的回应率,则应按指标(2)最大准则进行选择。本例应选 A_3 方案。

如果重视20分钟以内的回应率,且重视资金效率,则应按指标(3)最大准则选择。本例应选 A_3 方案。

例9.5 某暖气公司扩建与改造的成本效能分析

1. 概述及背景介绍

某北方城市由于外来人口的增多,经济迅速发展,原城市供暖设备明显不足。有的地区无法得到充足暖气供应的保证,而另一些地区暖气质量明显下降。市政府提出两个方案:方案一,新建一个供暖公司。方案二,扩建原供暖公司,更新设备。两个方案预测均可达到同等效果,基本满足该市暖气需求量。

2. 效用分析

由于无论是原有公司的改造还是新公司的建设,都能保证暖气供应量和供应质量,而在其他方面无明显差异。因此就这单一目标而言,两方案完全相同,所以可视两方案效用完全一致,设定为一固定值,只需将分析重点放在成本的比较上即可。

3. 成本分析

建设期和计算期:改造方案建设期1年,运营期20年;新建方案建设期1年,经营期20年。

基准折现率为8%,等于同期国债利率;项目投资及经营维修费用如表9-12所示。

表9-12 两方案的投资估算与经营成本表 单位:万元

年 项目	扩建		新建	
	0	1~20	0	1~20
1. 土建工程	7 300		7 900	
2. 设备采购及安装	3 100		3 900	
3. 人员工资	1 800		2 000	
4. 增加流动资金	800		750	
5. 维修费用		560		430
总 计	13 000	560	14 550	430

4. 两方案比较评选

由于两方案效用相同,成本不同。因此固定效用,比较成本。本例采用费用现值法。

扩建方案费用现值为:

$$PC_{扩} = 13\,000 + 560(P/A,8\%,20) = 18\,498.08(万元)$$

新建方案费用现值为:

$$PC_{新} = 14\,550 + 430(P/A,8\%,20) = 18\,771.74(万元)$$

扩建方案费用现值小于新建方案费用现值,所以前者优于后者,应该选用扩建方案。

5. 敏感性分析

因为本案例中一些关键因素的变化,将直接影响方案比选的准确性,因此需要研究诸如折现率、使用年限、初始投资及经营成本的变动给方案最终效果的影响程度,确定它们在不影响最终结果的可变范围,并比较它们的敏感程度,从而确定项目的风险性。

(1) 基准折现率的敏感性分析

令两方案费用现值相等

$13\,000 + 560(P/A,i,20) = 14\,550 + 430(P/A,i,20)$ 解得 $i = 5.5\%$。

因此,只要基准折现率不低于5.5%,则扩建方案始终优于新建方案。

(2) 经营期限的敏感性分析

令 $13\,000 + 560(P/A,80\%,n) = 14\,550 + 430(P/A,80\%,n)$

解得:$n = 40$ 年

因此只要使用年限不超过40年,扩建的方案优于新建的方案。

(3) 投资额的敏感性分析

比如由于物价水平上涨等都会导致投资额的增大。假设两方案同幅度增大,增大比例为 a,则令 $13\,000(1+a) + 560(P/A,8\%,20) = 14\,550(1+a) + 430(P/A,8\%,20)$

经计算,$a = -17.66\%$

分析可知,如果物价水平下跌17.66%以上,则新建方案更优。

(4) 经营成本的敏感性分析

若两方案经营成本增加比例为 b,两方案费用现值仍相等,则有:

$13\,000 + 560(1+b)(P/A,8\%,20) = 14\,550 + 430(1+b)(P/A,8\%,20)$

计算可得 $b = 21.44\%$

所以如果两方案经营成本上涨超过21.44%,则新建方案更优。

综上所述,两方案经济指标影响程度都不太大,经营期限影响程度最小,其次是折现率和年经营成本,投资额影响略大一点。因此可知这个项目方案选用的风险性比较小。

6. 其他分析

由于原供暖设备使用时间不长，磨损、老化都不大，因此不存在任何安全问题；再加上新建供暖公司手续复杂，所以该市最终决定改造原供暖公司，以保证全市暖气供应。

小 结

公用事业项目是由政府单一或以政府投资为主体的，与其他投资者共同出资兴建的，不以追求经济利润为基本目标，而以公众福利作为投资根本目的的项目。公用事业项目的收益与成本指广泛的社会收益和社会成本，既包括直接收益与成本，又包括间接收益与成本；既有有形的收益与成本，又有无形的收益与成本。所以，在进行公用事业项目收益与成本的识别与计量时，要遵循：①目标明确化原则；②口径一致性原则；③非重复原则；④增量计算原则；⑤最大限度货币化原则。公用事业项目的评价方法主要有成本收益分析法和成本效用分析法。前者适合于公用事业项目的收益与成本能以货币计量的情况；后者适合于项目的效益不能用货币计量，待评价项目方案数目不少于两个的互斥方案，且各方案具有共同目的的方案评价。成本收益分析法主要的评价指标有：效益成本比(B/C)、效益成本差($B-C$)、增量效益成本比($\Delta B/\Delta C$)和增量效益成本差($\Delta B-\Delta C$)。前两种指标适合于公用事业项目的单方案评价(绝对效果评价)；后两种指标适合于多方案的评价(相对效果评价)。

思考与练习

一、思考

1. 公用事业项目与一般生产经营项目有什么区别？
2. 公用事业项目的成本与收益有哪些分类？在识别和计量时，应注意哪些事项？
3. 何谓成本收益分析法？何谓成本效用分析法？它们各自使用的条件是什么？

二、练习

1. 某市政府计划扩建植物园，增添硬件设施的成本为100万元，增加植物新品花费25万元，维修、看护每年花费15万元。植物园的使用年限为20年，届时残值为硬件设施成本的50%。假定利率为10%，预计每年有20万人参观该园。采用增量收益成本法，问：(1)新增的设施及植物应使游客的人均收益增加多少，扩建方案才合理？(2)假设市政府决定对门票提价，提价恰好为(1)中确定的人均收益的增加值，作为支付该植物园的扩建费用。具体分析这种逻辑是否合理？

2. 某水库工程有两个可供选择的方案，其现金流量如表1所示，若折现率为5%，试用成本收益分析法进行方案的评价与选择。

表1　　　　　　　　　　　方案Ⅰ、方案Ⅱ现金流量　　　　　　　　　　单位:元

方案 项目	Ⅰ	Ⅱ
投　　　资	2 800	5 000
水灾年损失减少额	140	260
水库灌溉年收入增加额	36	60
水库养殖业与旅游年收入	12	31
水库年运营费用	22	40
寿命(年)	50	50
残　　　值	0	0

注:项目建设周期为3年,每年投资比例为30%、50%、20%。水灾概率为每5年一次。

3. 某城市为改善交通秩序,提高车辆通行效率,拟建新交通自动信号控制系统,系统以可靠度为效用计量指标,可靠度用预定期限和条件下系统不发生失误的概率来表示。已知该项目的投资与运行费用的年限额为25万元,效用水平要求不低于97%,备选方案有4个,有关数据如表2所示,取折现率为5%,试用成本效用分析法进行方案选择。

表2

方案	初始投资(万元)	年运行费用(万元)	系统可靠性	寿命(年)
A_1	110	10	0.990	10
A_2	90	11	0.980	8
A_3	90	13	0.985	10
A_4	75	13	0.975	8

第十章 设备磨损的补偿及技术经济分析

设备是企业固定资产的重要组成部分,是企业生产和扩大再生产的重要手段。各种机器设备的质量和技术水平是衡量一个国家工业化技术水平的重要标志,是判断一个企业技术能力、开发能力和创新能力的重要标准,也是影响企业和国民经济各项技术指标的重要因素。本章主要介绍设备的磨损、设备的寿命、设备更新的决策方法、设备大修理和现代化改装的决策分析、设备租赁的经济分析等内容。

第一节 设备的磨损

设备在使用或者闲置过程中,由于物理作用(如冲击、弯曲、扭转、摩擦等)、化学作用(如腐蚀、氧化、电解)或者技术进步的影响,会出现继续使用该设备将不能维持良好的性能和取得预期效果,或者根本不能再使用,或者虽然能使用,但经济上已经不合理的情况,这个过程中设备逐渐发生的耗损或损坏称为设备的磨损。如何能使设备减少磨损,及时对设备的磨损采取补偿措施,使设备的性能不断提高,以维持其良好的性能,必将给企业带来良好的经济效益。因此,加强对设备磨损有关问题的研究具有重要的意义。

一、设备磨损的分类及度量

设备的磨损分为有形磨损和无形磨损两大类。

(一)设备的有形磨损

1. 设备有形磨损的概念及成因

机器设备在使用(或闲置)过程中所发生的实体的磨损称为有形磨损,亦称物质磨损。有形磨损按其成因的不同分为第Ⅰ种有形磨损和第Ⅱ种有形磨损。

第Ⅰ种有形磨损与设备的使用时间和使用强度有关,是由于在力的作用下,设备在运转过程中零件发生摩擦、震动和弹性疲劳等现象,致使机器设备的实体发生磨损。通常表现为:零部件原始尺寸的改变,甚至形状的改变;公差配合性质的改变和精度的降低;零件的损坏。

第Ⅱ种有形磨损与设备的闲置时间和闲置期间的维护状况有关。设备在闲置过程中,由于自然力的作用使设备生锈,或者由于管理不善和缺乏必要的维护而丧失精度和工作能力,产生的物质磨损属于第Ⅱ种有形磨损,如金属腐蚀、橡胶或塑料的老化等。

当设备的有形磨损达到一定程度时,就会使设备的生产率下降,动力、油脂及其他生产费用增加。有形磨损达到比较严重的程度时,设备就不能继续正常工作,甚至会发生事故,提前失去工作能力或者需要支付很大的修理费进行维修,造成经济上的损失。因此,有形磨损的技术后果是设备使用价值的降低甚至完全丧失,经济后果是设备原始价值的部分降低甚至完全贬值。

2. 设备有形磨损的度量

(1) 设备有形磨损的价值度量

设 R 为原样修复全部磨损零件所需的费用,则可以认为该设备现在的有形磨损价值为 R,若以 W_P 表示有形磨损的价值,则

$$W_P = R \tag{10-1}$$

(2) 设备有形磨损的程度度量

借用经济指标采用以下三种方法对设备的有形磨损程度进行度量。

① 根据零件的磨损程度 α_i,计算设备磨损的程度。

$$\alpha_p = \frac{\sum_{i=1}^{n} \alpha_{i \cdot k_i}}{\sum_{i=1}^{n} k_i} \tag{10-2}$$

式中:α_p——设备的有形磨损程度指标;

k_i——i 零件的价值;

n——磨损零件的总数。

② 根据设备已经使用的期限与有形磨损规定的服务年限之比来表示。

$$\alpha_p = \frac{T_U}{T_S} \tag{10-3}$$

式中:T_U——机器已经使用的年限;

T_S——有形磨损规定的服务年限。

③ 根据消除有形磨损所需要的修理费用来表示:

$$\alpha_p = \frac{R}{K_1} \tag{10-4}$$

式中:R——修复全部磨损零件所用的修理费用;

K_1——在确定磨损时该种设备的再生产价值。

(二) 设备的无形磨损

1. 设备无形磨损的概念及成因

无形磨损亦称经济磨损,是由于技术进步引起设备的贬值,它不是由于在生产过程中的使用或自然力的作用造成的,所以它不表现为设备实体的变化,而表现为设备原始价值的贬值。无形磨损按其成因的不同分为第Ⅰ种无形磨损和第Ⅱ种无形磨损。

第Ⅰ种无形磨损是由于设备制造工艺不断改进,劳动生产率不断提高,成本不断降低,生产同种机器设备所需的社会必要劳动减少了,因而机器设备的市场价格降低,这样就使原来购买的设备价值相应贬值。这种无形磨损后果虽然使生产领域中的现有设备部分贬值,但是设备本身的技术特性和功能不受影响,设备的使用价值并未降低,因此不会影响现有设备的使用。但是由于技术进步对生产部门的影响往往大于修理部门,使设备本身价值降低的速度比其修理费用降低的速度更快,从而有可能造成在尚未达到耐用年限之前,设备的修理费高于设备本身的再生产价值。

第Ⅱ种无形磨损是由于技术进步,社会上出现了结构更先进、技术更完善、生产效率更高、耗费原材料和能源更少的新型设备,从而使原有机器设备在技术上显得陈旧落后。这种磨损不仅使原设备的价值会相对降低,而且如果继续使用旧设备会使设备的生产效率大大低于社会平均生产效率,耗用的材料相对新设备更多,产品成本大大高于社会平均成本,即相对地降低了经济效果。这种经济效果的降低,实际上反映了原设备使用价值的局部或全部丧失,这就有可能出现新设备代替旧设备的情况,是否代替取决于现有设备的贬值程度和在生产中继续使用旧设备的经济效果下降的幅度。

2. 设备无形磨损的度量

设备无形磨损的度量可以用以下两种方法表示:

(1) 无形磨损的价值度量

由于技术进步使原有设备相对贬值,其贬值的价值部分,就是无形磨损的价值数量。设 W_I 为设备无形磨损的价值数量,可以表示为:

$$W_I = K_0 - K_1 \tag{10-5}$$

式中:K_0——设备的原始价值;

K_1——等效设备的再生产价值。

(2) 无形磨损的程度度量

无形磨损的程度度量可以采用以下方法进行计算:

$$\alpha_I = \frac{K_0 - K_1}{K_0} = 1 - \frac{K_1}{K_0} \tag{10-6}$$

式中:α_I——设备无形磨损程度;

K_0——设备的原始价值;

K_1——等效设备的再生产价值。

K_1可以用下式表示：

$$K_1 = K_n \left(\frac{q_0}{q_n}\right)^\alpha \cdot \left(\frac{C_n}{C_0}\right)^\beta \tag{10-7}$$

式中：K_n——新设备的价值；

q_0, q_n——使用旧设备与对应新设备的年生产率；

C_0, C_n——使用旧设备与对应新设备的单位产品耗费；

α, β——设备生产率提高指数和成本降低指数，$0<\alpha<1, 0<\beta<1$，α、β的值可以根据具体设备的实际数据确定。

在上式中，当 $q_0 = q_n, C_0 = C_n$，即新旧设备的劳动生产率与使用成本均相同时，$K_1 = K_n$ 表示只发生了第一种无形磨损。

只要上式出现了下列情况之一即表示发生了第二种无形磨损：

①$q_0 < q_n$、$C_0 = C_n$

②$q_0 = q_n$、$C_0 > C_n$

③$q_0 < q_n$、$C_0 > C_n$

(三) 设备的综合磨损

1. 设备综合磨损的概念及成因

设备的综合磨损是指设备在使用期内同时存在有形磨损和无形磨损。设备在运行或闲置中遭受的有形磨损不可避免，不同的只是具体设备在不同的条件下表现的有形磨损的程度不一样，同时由于科学技术的进步是连续无间断的，无法确定技术进步的起点和终点，因此，技术进步引起的设备磨损在任何情况下对任何设备都存在，只是不同设备的技术发展不平衡表现出的无形磨损的程度不同而已。因此对于任何特定的设备，两种磨损必然同时发生。

2. 设备综合磨损的度量

(1) 设备综合磨损的价值度量

设备的综合磨损包括有形磨损和无形磨损，前面已经介绍了两种磨损的价值度量公式，因此设备综合磨损的价值度量公式可表示为：

$$W = W_p + W_I = R + K_0 - K_1 \tag{10-8}$$

式中符号意义同前。

(2) 设备综合磨损程度的度量

设备综合磨损程度是指设备综合磨损价值数量与设备原始价值之比。常用两种方法计算：

①设备综合磨损的价值量与原始价值的比值

设 α 为设备综合磨损程度，则

$$\alpha = \frac{W}{K_0} = 1 - \frac{K_1 - R}{K_0} \qquad (10\text{-}9)$$

式中符号意义同前。

② 设备有形磨损程度与无形磨损程度的综合

根据前面的分析,α_p 表示设备有形磨损程度,α_I 表示设备无形磨损程度,则有:$1 - \alpha_p$ 表示设备只有有形磨损后的剩余程度;$1 - \alpha_I$ 表示设备只有无形磨损后的剩余程度。由于有形磨损和无形磨损同时发生,又相互独立,因此,设备综合磨损程度为

$$\alpha = 1 - (1 - \alpha_p)(1 - \alpha_I) \qquad (10\text{-}10)$$

(3) 设备综合磨损后的残值

设 L 为设备遭受综合磨损后的残余价值,则 L 可表示为:

$$L = K_0 - W = K_0 - (R + K_0 - K_1) = K_1 - R \qquad (10\text{-}11)$$

由上式可以看出,设备遭受磨损后的残值等于等效设备的再生产价值减去修理费用。

例 10.1 某工程公司的一台设备原始价值为 4 万元,现在已经遭受到各种磨损,据计算,通过大修消除有形磨损花费 1 万元,而设备此时的再生产价值为 2 万元。求该设备的有形磨损、无形磨损和综合磨损的价值、程度和残值。

解:(1) 设备有形磨损的价值为 $W_P = R = 1$ 万元

设备有形磨损的程度为 $\alpha_p = \dfrac{R}{K_1} = \dfrac{1}{2} = 0.5$

(2) 设备无形磨损的价值为 $W_I = K_0 - K_1 = 4 - 2 = 2(万元)$

设备无形磨损的程度为 $\alpha_I = \dfrac{K_0 - K_1}{K_0} = \dfrac{2}{4} = 0.5$

(3) 设备综合磨损的价值为 $W = W_P + W_I = 1 + 2 = 3(万元)$

设备综合磨损的程度为 $\alpha = \dfrac{W}{K_0} = \dfrac{3}{4} = 0.75$

设备综合磨损后的残值为 $L = K_0 - W = 4 - 3 = 1(万元)$

二、设备磨损的补偿

由于设备有形磨损和无形磨损的存在,对设备的使用价值产生不同程度的影响,为维持设备的正常工作需要的特性和功能,必须对已磨损的设备进行及时、合理的补偿。设备磨损的补偿有技术补偿和经济补偿两种。

(一) 设备磨损的技术补偿

根据设备磨损的程度、类型的不同,相应地就有修理、现代化改造和更新等几种技术补偿方式,其目的在于减轻设备的物质、技术劣化,保障设备良好的技术状态,防止设备故障停机等所造成的损失。

1. 设备修理

一台设备常常是由不同材质的众多零部件组成的,这些零部件在设备运行的过程中承担的功能不同,工作条件不同,受磨损的程度也不同。有的零件已经磨损必须更换,而有的则磨损较小,仍然可以继续使用。为了消除这些经常性的有形磨损和排除机器运行中遇到的各种故障,保证设备在其寿命期内维持必要的性能,通常需要进行设备的修理。按设备修理的经济内容可以把维修工作分为日常维护、小修、中修和大修。

日常维护是指与拆除和更换设备中被磨损的零部件无关的一些维修内容,诸如设备的润滑保洁、定期检查和调整等;小修是在设备使用过程中为保证其工作能力而进行的调整、修复或更换个别零件的修理工作;中修是进行设备部分解体的计划修理,主要是更换或修复不能用到下次计划修理的磨损零件,使规定修理的部分零件基本恢复到设备出厂时的功能水平;大修是在原有实物形态上的一种局部更新,它通过对设备全部解体,修理耐久的部分,更换全部损坏的零部件,全面消除缺陷,恢复设备的精度、零部件和整机的全部或接近全部的功能。

2. 现代化改装

设备的现代化改装是指利用现代的科技成果来改装现有的旧设备。通过改进旧设备的结构或给旧设备换上新的部件来提高现有设备的技术水平和效率,使其赶上技术进步的步伐。由于这种方法是在旧设备的基础上进行,所需要的费用显然少于新购设备,对于我国许多资金不足的老企业来说是一条改变技术落后状况的重要途径。

3. 设备更新

设备更新有两种形式:一种是用相同的设备去更换有形磨损严重、不能继续使用的旧设备。另一种是用技术更先进、效率更高、原料消耗更少的新设备来更换旧设备。

若设备使用价值的降低主要是由有形磨损引起的,磨损较轻,可通过修理进行补偿,若磨损太重无法修复,或虽能修复但精度不能保证,则通过更新进行补偿。

若设备使用价值的降低主要是由无形磨损引起的,则采取现代化改装或更新方式进行补偿。若设备虽遭受无形磨损但使用价值并没有改变,不必进行补偿。设备磨损与补偿方式的关系见图 10-1 所示。

(二)设备磨损的经济补偿

设备磨损的经济补偿是通过对设备提取折旧来实现的。设备的折旧是伴随设备损耗发生的价值转移。设备投入使用后,其实物形态逐渐磨损,对应的价值逐步转移到产品中,构成产品的成本,待产品销售后再将这部分价值收回。对设备提取的折旧主要用于设备的更新。

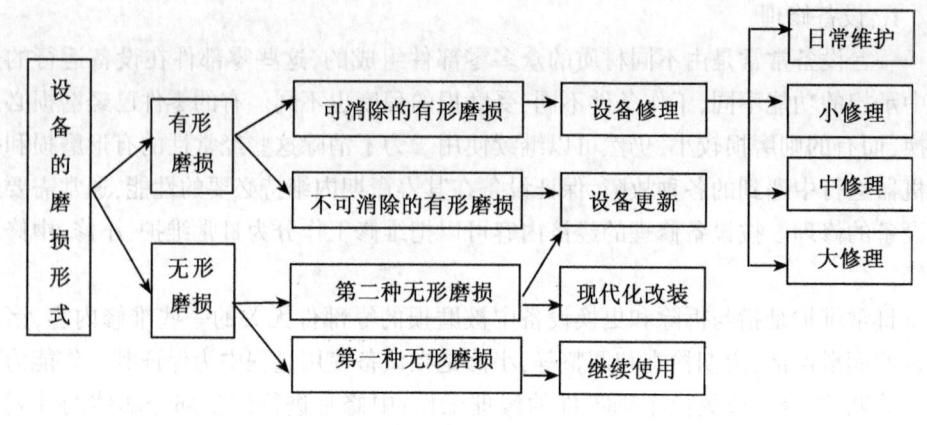

图 10-1　设备磨损形式与补偿方式的关系

第二节　设备的经济寿命

一、设备寿命的概念

设备的寿命在不同的情况下有不同的含义。

设备物理寿命又称自然寿命，指设备从投入使用起，在正常使用、维修保养条件下，经过磨损，直到技术性能不能按原有用途继续使用的全部时间。它是由设备的有形磨损决定的。

设备的经济寿命是从经济角度看设备最合理的使用期限，它是由有形磨损和无形磨损共同决定的。设备的经济寿命可以通过计算设备的年平均费用来确定。研究设备的经济寿命是为了确定设备的更新时间，为设备更新决策提供科学的依据。

设备的技术寿命是从技术的角度看设备最合理的使用期限，它是由无形磨损决定的。具体来说是指从设备开始使用到该设备因技术落后而被淘汰所延续的时间，它与技术进步的速度有关。

设备的折旧寿命是根据有关规定，按设备耐用年数每年进行折旧直到使设备净值为零的全过程。

设备更新的时机，一般取决于设备的技术寿命和经济寿命。

二、设备经济寿命的计算原理

设备的经济寿命是从经济角度分析设备使用的最合理期限。因此计算设备的经济寿命可以从设备运行过程中发生的费用入手，分析其变化规律。

我们知道，设备的年平均使用成本是由两部分组成的，一部分是设备购置费的年分摊额,随着设备使用年限的延长,设备的年分摊额会逐渐减少;另一部分是设备的年运行费用,它包括了设备的操作费、维修费、材料费及能源费用等,随着设备使用年限的延长,这部分的费用会逐渐增加。例如,某工厂购买了一台机器,随着使用年限的延长,每年的购置投资分摊额会减少,但每年支出的机器维修费、材料费、动力费和废品损失都会增加,因此投资分摊额的减少被年运行费用的增加所抵消,但随着使用时间的延长,抵消作用更加明显,最后导致年平均使用成本开始不断的增加。以上的分析表明设备的年平均使用成本是随着设备使用时间而变化的,在最适当的使用年限会出现年平均使用成本的最低值,这个能使平均使用成本达到最低的年数就是设备的经济寿命。

三、设备经济寿命的计算方法

设备经济寿命的计算方法很多,下面介绍几种常用的方法。

(一) 匀速劣化数值法

随着设备使用年限的延长,设备年运行费用会逐渐增加,这种运行成本每年递增的现象称为设备的劣化。该方法的前提条件就是假设每年运行成本的劣化增量是相等的,即匀速劣化,此时设备的运行成本呈线性增长。设每年运行成本的增加额(年劣化增加值)为 λ。若设备使用 T 年,则第 T 年时的运行费用为:

$$C_T = C_1 + (T-1)\lambda$$

式中:C_1——年运行费用的初始值,即第一年的运行费用;

T——设备使用年数。

那么 T 年内运行费用的年平均值为:

$$\bar{C}_T = C_1 + \frac{T-1}{2}\lambda$$

每年分摊设备购置费用为:

$$\frac{K_0 - V_L}{T}$$

式中:K_0——设备的原始价值;

V_L——设备处理时的残值。

则设备年均总费用为:

$$AC = \frac{K_0 - V_L}{T} + C_1 + \frac{T-1}{2}\lambda \tag{10-12}$$

设备年总费用、年运行费用、年分摊的设备购置费用的关系见图10-2所示。

设 V_L 为一常数,令

$$\frac{\mathrm{d}(AC)}{\mathrm{d}T} = 0$$

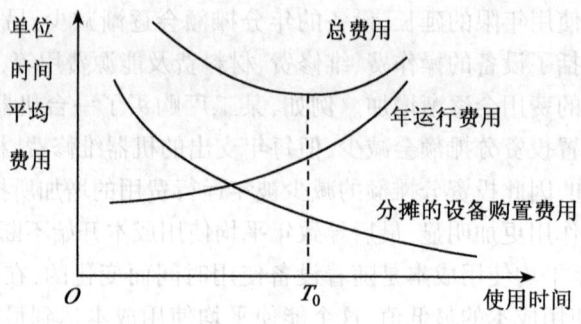

图 10-2 设备经济寿命示意图

则经济寿命：
$$T_0 = \sqrt{\frac{2(K_0 - V_L)}{\lambda}} \tag{10-13}$$

例 10.2 某工厂的一台设备的原始价值 K_0 为 10 000 元，预计残值 V_L 为零，运行成本初始值 C_1 为 800 元/年，年运行成本的劣化增加值 λ 为 800 元/年，$i = 10\%$，使用年限为 7 年，求该设备的经济寿命。

解：（1）不考虑资金的时间价值，可以直接套用公式（10-13），则设备的经济寿命为

$$T_0 = \sqrt{\frac{2(K_0 - V_L)}{\lambda}} = \sqrt{\frac{2(10\ 000 - 0)}{800}} = 5(年)$$

（2）考虑资金的时间价值，需要根据公式（10-12）列表计算，见表 10-1。

表 10-1　　　　　　　**折现率为 10% 的设备经济寿命计算表**

使用年限	运行成本劣化值	(P/F, i, n)	运行成本劣化值现值	劣化值现值累计	(A/P, i, n)	劣化值的年平均值	年均设备购置费用	运行成本初始值	年均总费用
1	0	0.9091	0	0	1.1000	0.00	11 000	800	11 800.00
2	800	0.8264	661.2	661.2	0.5762	380.96	5 762	800	6 942.96
3	1 600	0.7513	1 202.1	1 863.3	0.4021	749.22	4 021	800	5 570.22
4	2 400	0.6830	1 639.2	3 502.5	0.3155	1 105.04	3 155	800	5 060.04
5	3 200	0.6209	1 986.9	5 489.4	0.2638	1 448.11	2 638	800	4 886.11
6	4 000	0.5645	2 257.9	7 747.3	0.2296	1 778.79	2 296	800	4 874.79
7	4 800	0.5132	2 463.2	10 210.5	0.2054	2 097.24	2 054	800	4 951.24
8	5 600	0.4665	2 612.4	12 822.9	0.1874	2 403.02	1 874	800	5 077.02

注：年均总费用 = 年均设备购置费用 + 运行成本初始值 + 劣化值的年平均值

第 6 年的年均总费用最小,则该设备的经济寿命为 6 年。

(二) 费用平均法

设备使用过程中,每年的运行费用实际上不可能总是保持等额的增长,此时就可以采用年费用平均法来计算其经济寿命。年费用平均最低的年份就是该设备的经济寿命。

如果不考虑资金的时间价值,设备经济寿命的计算公式为:

$$AC_n = \frac{K_0 - L_n + \sum_{t=1}^{n} C_t}{n} \tag{10-14}$$

如果考虑资金的时间价值,设备经济寿命的计算公式为:

$$AC_n^* = K_0(A/P, i_0, n) - L_n(A/F, i_0, n) \\ + \left[\sum_{t=1}^{n} C_t(P/F, i_0, t)\right](A/P, i_0, n) \quad (n = 1, 2, \cdots, N) \tag{10-15}$$

式中:AC_n、AC_n^*——分别为不考虑和考虑资金时间价值时设备使用到第 n 年的年均总费用;

K_0——设备原始价值;

L_n——设备使用 n 年后的残余价值;

C_t——设备第 t 年的运行成本;

N——设备的物理寿命。

AC_n、AC_n^* $(n = 1, 2, \cdots, N)$——n 年中年均总费用最小者所使用的年限为该设备的经济寿命。

例 10.3 某设备购置费为 8 000 元,可使用 5 年,其各年有关数据如表 10-2 所示:(单位:元)

表 10-2

使用年限 n	1	2	3	4	5
年运行成本 C_t	1 000	1 200	1 500	1 800	2 200
年末残值 L_n	5 000	4 600	4 000	3 200	2 400

求该设备的经济寿命(不考虑资金时间价值)。

解:根据公式(10-14)列表计算如表 10-3。

表 10-3

T	$K_0 - L_n$	$\sum_{t=1}^{n} C_t$	TC	AC
1	3 000	1 000	4 000	4 000
2	3 400	2 200	5 600	2 800
3	4 000	3 700	7 700	*2 567
4	4 800	5 500	10 300	2 575
5	5 600	7 700	13 300	2 660

计算表明,该设备使用到第 3 年时年平均使用成本最低,即该设备的经济寿命为 3 年。

若要考虑资金的时间价值,列表方式同例 10.2。

第三节 设备更新的决策方法

上一节已经提到,设备更新是修理以外的另一种设备综合磨损的补偿方式。设备更新有两种形式:一种是用相同结构和效能的机器设备去更换有形磨损严重、不能继续使用的旧设备,这种更新不具有更新技术的性质,主要解决设备的损坏问题;另一种是用技术更先进、效率更高、原料消耗更少的新设备来替代技术上或经济上不能继续使用的旧设备,这种更新不仅能解决设备的损坏问题,还能解决设备技术落后的问题。在技术迅速进步的 21 世纪,设备更新主要采用后面一种形式。

在我国设备生产能力和自有资金还很有限的情况下,设备的更新应本着如下的原则:如果设备采用修理的方式比较合理的就不要急着更新,可以修中有改;改进工艺设备能满足要求的,也不要更新设备;只需要更新个别关键零部件或单台设备的,就不要更新整机或整条生产线。

对于设备更新决不能轻率从事,应根据情况具体的区别和对待,尤其在做更新决策时,关键是要确定一个设备的最优更新期限,应以技术经济分析作为依据。从理论上讲,设备合理的更新时间应等于其经济寿命,也就是说,设备到了经济寿命就应进行更新。但是应该指出的是我们研究设备的经济寿命的时候,只是从设备的年平均费用入手,忽略了技术进步和资金等因素对设备更新的影响和制约,所以,在研究设备经济寿命的基础上进一步研究设备的更新时机问题是很有必要的。

一、设备原型更新的决策方法

有些设备在使用时并不过时,也就是说在设备达到经济寿命年限前技术上仍然先进,不存在技术上提前报废的问题。当该设备到达经济寿命年限时,再继续使用,经济上已经不合算,于是可以用原型设备进行替换。这类原型设备更新的时机应以其经济寿命年限为佳。设备经济寿命年限的计算原理、方法和实际运用在上一节已经作了详细介绍,这里不再复述。

二、出现新设备条件下的设备更新的决策方法

上述设备经济寿命的计算是以同种设备以旧换新为前提,其实质是仅考虑设备使用过程中产生的有形磨损所引起的费用变化而没有考虑到设备无形磨损的问题。实际上由于科学技术的进步,很可能在设备的运行成本尚未升高到需用原型设备替代之前,就已经出现工作效率更高和经济效果更好的设备。这时就要比较继续使用旧设备和购置新设备哪一种更新方法在经济上更有利。

在有新型设备出现的情况下,常见的设备更新决策方法有年费用比较法和更新收益率法。

(一)年费用比较法

年费用比较法就是计算原有旧设备和备选新设备对应于各自的经济寿命期内的年均总费用,并进行比较,如果使用新型设备的年均总费用小于继续使用旧设备的平均总费用时,则应当立即进行更新,反之,则应继续使用旧设备。

1. 旧设备年总费用的计算

在决策年份,旧设备已运行多年,每年实际运行的费用,会超过该设备经济寿命期内的年平均总费用,而且在大多数情况下,旧设备的平均总费用将随着设备使用年限的延长而逐年增加,所以在进行设备更新决策时,旧设备再使用一年的总费用由下式求得:

$$AC_0 = V_{00} - V_{01} + \frac{V_{00} + V_{01}}{2}i + \Delta C \quad (10\text{-}16)$$

式中:AC_0——旧设备下一年运行的总费用;

V_{00}——旧设备在决策时可出售的价值;

V_{01}——旧设备一年后可出售的价值;

ΔC——旧设备继续使用一年在运行费用方面的损失(即使用新设备相对使用旧设备的运行成本的节约额和销售收入的增加额);

i——最低期望收益率;

$\frac{V_{00} + V_{01}}{2}i$——因继续使用旧设备而占用资金的时间价值损失,资金占用额取旧设备现在可售价值和一年后可出售的价值的平均值。

上述计算也可以用企业的统计数据列表进行计算,见表10-4所示。表中计算了再继续使用一年旧设备的运行损失和使用旧设备的设备费用。旧设备的年平均费用为这两项费用之和。

表 10-4

项目		下年度运行的有利性比较	
		新设备	旧设备
收入	产量增加收入	1 000	
	质量提高收入	600	
费用	直接工资的节约	1 500	
	间接工资的节约	2 000	
	材料损耗减少	1 000	
	维修费减少	2 500	
	动力费用节约		1 000
	设备占地面积节约	400	
	合计	9 000①	1 000②
	旧设备运行损失		8 000 ③ = ① - ②
	旧设备现在出售价值		7 000
	旧设备一年后出售价值		6 000
	下年旧设备出售价值减少额		1 000④
	资金时间价值损失($i=10\%$)		650⑤
	旧设备的设备费		1 650⑥ = ④ + ⑤
	旧设备年均总费用		9 650⑦ = ③ + ⑥

2. 新设备年平均总费用的计算

新设备平均总费用,主要包括以下几个方面:

第一,估计运行劣化损失。新设备随着使用时间的延长,同样也存在运行劣化的损失,这种劣化也将随着使用年数的增多而加大,但是劣化的程度将取决于设备的性质。为了简化计算,假定劣化值逐年按同等数额增加,如果使用年限为 T,T 年间劣化值的平均值可表示为:

$$\frac{\lambda(T-1)}{2}$$

其中,λ 为设备年劣化值增量。λ 值往往难以预先估计,一般可根据旧设备的耐用年数和运行费用劣化程度来估算新设备的年劣化值增量。

第二,估计设备的价值损耗。设备的价值损耗是指由于推迟卖掉新设备,而引起残值减少所造成的损失。假定每年均以同等的数额减少残值,则 T 年内每年的设备价值损耗可以表示为

$$\frac{K_n - V_L}{T}$$

其中 K_n 为新设备的原始值;V_L 为新设备使用 T 年后的残值。

第三,估计设备投资占用资金的时间价值损失。新设备在使用过程中,每年的平均资金占用额为:

$$\frac{K_n + V_L}{2}$$

则因使用新设备而占用资金的时间价值损失为:

$$\frac{(K_n + V_L)i}{2}$$

根据以上三项费用,得到新设备年均总费用:

$$AC_n = \frac{\lambda(T-1)}{2} + \frac{K_n - V_L}{T} + \frac{(K_n + V_L)i}{2} \tag{10-17}$$

要使新设备的年均总费用最小,只要对上式微分,并令 $\frac{d(AC_n)}{dT} = 0$,则得到:

$$T = \sqrt{\frac{2(K_n - V_L)}{\lambda}} \tag{10-18}$$

将 T 代入式(10-16)得到按经济寿命计算的新设备年均总费用:

$$AC_n = \sqrt{2(K_n - V_L)\lambda} + \frac{(K_n + V_L)i - \lambda}{2} \tag{10-19}$$

若残值 $V_L = 0$,则可以简化为:

$$AC_n = \sqrt{2K_n\lambda} + \frac{K_n i - \lambda}{2} \tag{10-20}$$

当年劣化值增量 λ 不易求得时,则根据经验决定新设备的预计使用年度 T,然后再求年劣化值增量 λ。

将(10-18)整理为

$$\lambda = \frac{2(K_n - V_L)}{T^2}$$

代入(10-17)式,整理得

$$AC_n = \frac{2(K_n - V_L)}{T} - \frac{K_n - V_L}{T^2} + \frac{(K_n + V_L)i}{2} \tag{10-21}$$

(二)更新收益率法

更新收益率法是通过计算更新与不更新两种方案的差额投资收益率判别是否应该进行设备更新。由于这种方法给出的是收益率指标,可以与其他各种投资方案进行比较以寻求最有利的方案,因此它有更广泛的适用性。

计算更新收益率的基本公式是:

$$i_p = \frac{\Delta R}{\Delta K} = \frac{B_r + B_e - \Delta T_a - \Delta K_n}{\Delta K} \tag{10-22}$$

式中：i_p——更新收益率；

ΔR——更新方案相对于不更新方案的增量收益；

ΔK——更新方案相对于不更新方案的增量投资；

B_r——运行性收益，即使用新设备相对于使用旧设备在第一年收益增加额和运行费用节约额的合计；

B_e——运行外收益，即因设备更新而在第一年避免的资产价值损失；

ΔT_a——使用新设备相对于使用旧设备在第一年缴纳税金的增加额；

ΔK_n——新设备使用一年的价值损失。

式(10-22)中

$$B_e = V_{L0-} - V_{L1} + m$$
$$\Delta T_a = (B_r - D)\gamma_T$$
$$\Delta K_n = \Delta K - K_1$$

式中：K_n——新设备的购置安装投资；

V_{L0-}——旧设备在更换年份的残值；

M——继续使用旧设备当年必须追加的投资；

V_{L1}——旧设备继续使用一年后的残值；

m——继续使用旧设备所需追加投资在第一年的分摊额；

D——新旧设备年折旧额的差额；

γ_T——所得税税率；

K_1——新设备第一年末的保留价值。

将 $\Delta K_n = \Delta K - K_1$ 代入式(10-22)得：

$$i_p = \frac{\Delta R}{\Delta K} = \frac{B_r + B_e - \Delta T_a - \Delta K\left(1 - \frac{K_1}{\Delta K}\right)}{\Delta K} \tag{10-23}$$

式中，$1 - \frac{K_1}{\Delta K}$ 称为新设备价值损耗系数，表示新设备在第一年的价值损耗占更新投资额的比例。计算更新收益率的关键在于求出这一系数。

用更新收益率进行设备更新的判别准则是：若 $i_p \geq i_0$，应立即进行设备更新；若 $i_p < i_0$，则不必立即更新设备。

在企业设备更新实践中，常常列表计算。表10-5中给出了设备更新投资收益分析表的基本格式，并通过一个例子说明了计算过程。

表 10-5　　　　　　　　　　**设备更新投资收益分析表**　　　　　　　　单位:元

		一、更新投资	
1	新设备投资额	20 000	
2	旧设备可售价值	300	
3	继续使用旧设备所需追加投资	4 500	
4	可回收和可以节约的投资(2+3)	4 800	
5	所需要的净投资额(1-4)	15 200	
	二、更新收益		
	(1)运行性收益		
6	预计设备运行率	3 400 小时/年	
	更新对收入的影响	增加(A)	减少(B)
7	因产品质量改变		
8	因产品产量改变		
9	合计		
	更新对运行费用的影响	增加(A)	减少(B)
10	直接劳务费		2 100
11	间接劳务费		
12	福利费		350
13	修理费		1 200
14	工具费		
15	消耗费		
16	废品损失及返工费		650
17	停工损失费		500
18	动力费		
19	设备占地面积费用		
20	委托加工费		
21	备品费		
22	安全费		
23	设备保险费	180	
24	其他费用		400
25	合计	180	5 200
26	收入净增加额(9A-9B)		0

27	运行费用净节约额(25B−25A)	5 020
28	下年度运行性收益(26+27)	5 020
(2)运行外的收益		
29	旧设备继续使用一年的价值损耗	
30	继续使用旧设备追加投资的年分摊额	460
31	下年度运行外收益(29+30)	460
(3)收益合计		
32	收益合计(28+31)	5 480
三、更新收益率的计算		
33	应纳税金①	1 245
34	扣除税金后的收益(32−33)	4 235
35	新设备第一年价值损耗(新设备投资×价值损耗系数②)	1 600
36	更新总收益(34−35)	2 635
37	更新收益率(36÷5)×100%	17.3%

说明：①应纳税金=(收益合计−新旧设备年折旧差额)×所得税率，所得税率25%，新旧设备年折旧差额500元/年

②价值损耗系数=0.08，新设备使用年限10年，期末残值20%，基准折现率10%

表中有关项目说明如下：

(1)更新投资：更新投资=新设备的投资额−旧设备可售价值−继续使用旧设备所需追加投资

其中：新设备的投资额=设备购置费+安装费(亦包括流动资金增减)

旧设备可售价值：若因购置新设备而出售尚有价值的旧设备，则这部分收入可视为对新设备投资的节约。

继续使用旧设备所需追加投资：假如旧设备不进行更新，通常需要大修或现代化改造，这部分费用的支出，应作为不更新方案的追加投资。如果更新，则这部分投资可视为更新方案的节约，应从新设备投资额中扣除。

(2)更新收益：更新收益=运行性收益+运行外收益

其中：运行性收益包括两个方面：一方面是新设备改善了原有的运行情况，使运行费用降低，最终导致成本的下降，从而引起收益增加；另一方面，设备完成了新的工作内

容或提高现有工作内容的质量,可能引起销售额的增加,最终导致收益的增加。

运行外收益是指设备更新后可免除的有关损失,如旧设备现在立即转让和晚一年转让的价值差额。显然,现在转让可避免再使用一年所引起的价值损失。此外还包括所节约的旧设备追加投资的分摊额。

(3)更新收益率的计算。表10-5中,第36项是汇总表中有关内容构成的更新总收益,用它除以所需要的净投资额(表中第5项),便可得出更新收益率。

如果把表10-5中的各项按式(10-22)的形式汇总,则:

$$更新收益率 = (① + ② - ③ - ④) \div ⑤ \tag{10-24}$$

其中:①——表中第28项,即下一年度的运行收益;

②——表中第31项,即下一年度的运行外收益;

③——表中第33项,即下一年度因收益增加而需要多纳的税金;

④——表中第35项,即新设备使用一年的价值损耗;

⑤——表中第5项,即更新的净投资额。

把表中数据代入公式(10-24),可以得出设备更新收益率:

$$更新收益率 = \frac{5\,020 + 460 - 1\,245 - 1\,600}{15\,200} = 17.3\%$$

这个比率说明更新投资能带来多大的收益,如果给定的基准折现率(即最低期望收益率)为10%,则更新收益率大于最低期望收益率,可以认为该更新方案在经济上是可行的。同时,也可根据这一比率的大小,对多个更新投资规划进行排序,结合拥有的资金数量进行设备更新方案选择。

第四节 设备大修和现代化改装的决策分析

一、设备大修理的经济评价

(一)设备大修理的概念

设备的大修是设备修理中的一种非常重要的方式,是维修工作中最大的一种计划修理,通过对设备的全部解体,修理耐久的部分,调整、修复或更换磨损的零部件,全面消除缺陷,恢复设备的精度,恢复零部件和整机的全部或接近全部的功能。设备大修能利用保留下来的零部件,从而节约了大量的原材料和加工工时,这一点与设备更新相比具有很大的优越性。在一般情况下,大修理比制造新设备快,因此它也是一种保持生产能力和延长设备使用期限的措施。但是,设备大修理规模大,花钱多,因此进行大修决策时必须和设备的更新以及其他再生产方式相比较。

在大修理决策时,要注意修理是有限度的,长期无休止的修理,会导致设备性能劣化的加深，使其根本恢复不到原有的性能水平，严重阻碍技术进步，有时还会形成一个庞大的修理队伍，使费用大幅度增加。图 10-3 中 OA 表示设备的标准性能水平，设备在使用过程中性能沿 AB_1 下降，如不修理继续使用，则寿命很短，若在 B_1 点处进行修理，设备的性能又恢复到 B 点。如此多次直到 G 点，设备就不能再修理了，其物理寿命宣告结束。图中 A、B、C、D、E、F、G 各点相连，就形成了设备使用过程中的性能劣化曲线。由图上可以看出大修后的设备无论从生产率、精确度、速度等方面，还是从使用中的技术故障频率、有效运行时间等方面，都比同类型的新设备逊色，其综合质量会有某种程度的降低。另外要注意的一点是大修理的间隔周期会随着设备使用时间的延长而越来越短。

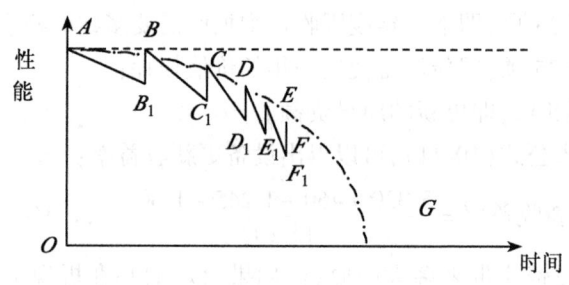

图 10-3　修理与设备性能劣化

(二) 确定设备大修理的经济界限

设备在寿命期满前所必需的大修费用总额可能是个相当可观的数字，有时甚至可能超过设备原值数倍。当一次大修理的费用加该时期设备的残值大于或等于新设备价值时，宁可买入新设备而不进行大修理，因此，进行大修理的最低经济界限为：

$$K_r \leqslant K_n - V_{0L} \tag{10-25}$$

式中：K_r——该次大修理费用；

K_n——同种设备的重置价格（即同一种新设备在大修理时刻的市场价格）；

V_{0L}——旧设备被替换时的残值。

但是，满足上述必要条件的大修理，在经济上仍有可能是不合理的。如果设备在大修后，生产技术特性与同种新设备没有区别的话，则 $K_r \leqslant K_n - V_{0L}$ 可以作为衡量大修理的经济性的必要和充分条件。但是，由于设备经过大修后，到下一次的大修理的间隔期缩短，而且修理后的设备与新设备相比技术故障多，设备停歇时间长，日常维护和小修理费用增加，因此修理的质量对单位产品成本高低有很大影响，有时用先进的新设备生产单位产品的成本会更低。于是，需要补充一个条件，使用经过大修理的设备生产的产品成本在任何情况下都不能超过相同的新设备生产的单位产品的成

本,即:

$$\frac{C_{z0}}{C_{zn}} \leq 1 \tag{10-26}$$

式中:C_{z0}——用大修理后的设备生产的单位产品成本;

C_{zn}——用具有相同用途的新设备生产的单位产品成本。

$$C_{z0} = (K_r + \Delta V_0)(A/P, i_0, T_0)/Q_A + C_g$$
$$C_{zn} = \Delta V_n (A/P, i_0, T_n)/Q_{An} + C_{gn} \tag{10-27}$$

式中:K_r——原设备大修理的费用现值;

ΔV_0——原设备下一个大修理周期内的价值损耗现值;

Q_A——原设备下一个大修理周期的年均产量;

C_g——原设备第 j 次大修理后生产单位产品的经营成本;

T_0——原设备本次大修理到下一次大修理的间隔年数;

ΔV_n——用新设备第 1 个大修理周期内的价值损耗现值;

Q_{An}——新设备第 1 个大修理周期的年均产量;

C_{gn}——用新设备生产单位产品的经营成本;

T_n——新设备投入使用到第一次大修理的间隔年数。

(三)设备大修理周期数的确定

设备在不同的大修理周期修理后生产的单位产品的成本可能是不等的,因此从经济角度确定一台设备究竟大修到第几个周期最为适宜,这是大修理工作必须解决的问题,也即设备大修理周期数的确定问题。

如果一台设备的经济寿命已经确定,而且设备每次大修理间隔期又是已知的,则设备大修理周期数应由下式得出:

$$\sum_{j=1}^{n} T_j = T_E \tag{10-28}$$

式中:T_E——设备的经济寿命;

T_j——第 $j-1$ 次到第 j 次大修理的间隔期,若 $j=1$,则表示新设备至第一次大修理的间隔期;

n——设备大修理的周期数。

下面我们进一步分析一下运行费用和修理间隔期间的关系。如图 10-4 所示,运行费用是随着修理间隔期长度和修理次数的增加而增加的,设备使用时间越长,大修理次数越多,运行费用逐渐升高,临近大修时达到最大值。经过大修后,各项技术经济指标会得到明显改善,运行费用显著降低。

确定大修理周期数的思路为:先求得各大修理间隔期内应生产的最佳产量 Q_j^* (生产单位产品的平均总费用最小);然后根据设备在该间隔期内的年生产能力(年

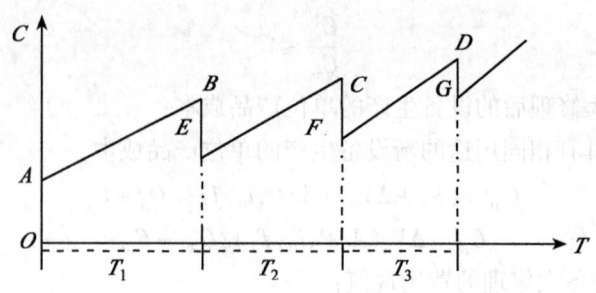

图 10-4 修理间隔期和运行费用的关系

产量)Q_0,求各次大修理的间隔期 $T_j\left[T_j=\dfrac{Q_j^*}{Q_0}(年)\right]$;最后用公式 $\sum\limits_{j=1}^{N}T_j=T_E$ 求出设备应该大修理的次数。

二、设备现代化改装及其技术经济分析

(一)设备现代化改装的概念和意义

设备改装分为简单改装和现代化改装两种形式,设备简单改装是通过改装扩大或改变设备的容量、功率、体积和形状,以满足产量或加工的要求。设备现代化改装是指应用现代的技术成就和先进经验,适应生产的需要,改变现有设备的结构,给旧设备装上新部件、新装置、新附件,以改善现有设备的技术性能,使之达到或局部达到新型设备的水平,即在消化吸收基础上的创新过程。设备现代化改装是克服现有设备的技术陈旧状态,消除第Ⅱ类无形磨损,促进技术进步和创新的方法之一,也是扩大设备生产能力,提高设备质量的重要途径。

现有设备通过现代化改装在技术上能够达到:提高设备所有技术特性使之达到现代化设备的水平;改善设备某些技术特性,使之局部达到现代化设备的水平;使设备的技术特性得到某些改善。在多数情况下,通过设备现代化改装,陈旧设备的性能能够达到需要的水平,所需投资往往比更换新设备少。在这种情况下,设备现代化改装在经济上有更大的优越性。

由于设备现代化改装具有很强的针对性和适应性,经过改装的设备更能适应具体的生产要求,有时甚至比新设备更能适应具体的生产条件,设备性能比新设备更好。所以,有时甚至会出现对新设备进行改装的情况。设备现代化改装对现有企业进行技术改造,提高老企业的经济效果,节约投资等都是非常有效的。因此不能把设备现代化改装仅仅看做是一项被迫的临时措施,而应把它看做是提高现有设备技术水平的重要的、经常性的手段。

影响设备现代化改装的主要因素有三个方面：

1. 改装后加工方法是否发生全新的变化？如果加工方法是全新的，而又有很大优越性，则不宜进行现代化改装。

2. 设备结构变动是否非常重大？如果设备结构变动重大，以致仅剩设备机座，则不宜进行现代化改装。

3. 设备役龄是否很大？如果设备役龄很大，则现代化改装从技术上讲，常常是非常困难的，所需费用也较高，故不宜进行现代化改装。

(二)设备现代化改装的技术经济分析

设备现代化改装可以看做广义设备更新的一种方式，因此，研究设备现代化改装的经济性应与设备更新的其他方法相比较。在设备更新的问题上能达到相同目的的方案如下：

①继续使用旧设备
②用相同结构的原型新设备更换旧设备
③用新型、高效的新设备更换旧设备
④对旧设备进行现代化改装
⑤对旧设备进行大修

决策的任务就在于从中选择总费用最小的方案。我们可以通过最低总费用法和追加投资回收期法来分析究竟用哪一种更为经济。

1. 最低总费用法

最低总费用法是通过分别计算各种方案在不同服务年限内的总费用，并加以比较，根据所需要的服务年限，按照总费用最低的原则，进行方案选择的一种方法。

（1）继续使用旧设备的总费用：

$$TC_0 = \frac{1}{\beta_0}\left[\sum_{j=1}^{n} C_{0j}r_j - V_{0L}r_n\right] \tag{10-29}$$

式中：TC_0——继续使用旧设备在年内的总费用；

β_0——继续使用旧设备的劳动生产率系数；

C_{0j}——继续使用旧设备在第 j 年的经营成本；

V_{0L}——旧设备使用到第 n 年的残值。

r_j,r_n——分别为第 j 年、第 n 年的现值系数即

$r_j = \dfrac{1}{(1+i_0)^j}, r_n = \dfrac{1}{(1+i_0)^n}$，其中 i_0 是折现率。

（2）用相同结构的原型设备更换旧设备的总费用：

$$TC_n = \frac{1}{\beta_n}\left[\left(K_n + \sum_{j=1}^{n} C_{nj}r_j\right) - V_{00} - V_{nL}r_n\right] \tag{10-30}$$

式中：TC_n——用相同结构的原型设备更换旧设备的总费用；
　　　β_n——用相同结构的原型设备更换旧设备后的劳动生产率；
　　　K_n——用相同结构的原型设备更换旧设备所需要的投资；
　　　C_{nj}——用相同结构的原型设备更换旧设备在第 j 年的经营成本；
　　　V_{00}——原有设备在决策年份的可售价值；
　　　V_{nL}——原型新设备 n 年后的残值。

（3）用新型高效的新设备更换旧设备的年总费用：

$$TC_h = \frac{1}{\beta_h}\left[\left(K_h + \sum_{j=1}^{n}C_{hj}r_j\right) - V_{00} - V_{hL}r_n\right] \qquad (10\text{-}31)$$

式中：β_h——用新型高效的新设备更换旧设备后的劳动生产率；
　　　K_h——用新型高效设备所需的投资；
　　　C_{hj}——用新型高效设备在第 j 年所需的经营成本；
　　　V_{hL}——用新型高效设备在 n 年后的残值。

（4）对旧设备进行现代化改装的总费用：

$$TC_m = \frac{1}{\beta_m}\left[\left(K_m + \sum_{j=1}^{n}C_{mj}r_j\right) - V_{mL}r_n\right] \qquad (10\text{-}32)$$

式中：TC_m——对旧设备进行现代化改装的总费用；
　　　β_m——对旧设备进行现代化改装后的劳动生产率；
　　　K_m——对旧设备进行现代化改装的投资；
　　　C_{mj}——对旧设备进行现代化改装后在第 j 年的经营成本；
　　　V_{mL}——对旧设备进行现代化改装后到第 n 年的残值。

（5）对旧设备进行大修所需的总费用：

$$TC_r = \frac{1}{\beta_r}\left[\left(K_r + \sum_{j=1}^{n}C_{rj}r_j\right) - V_{rL}r_n\right] \qquad (10\text{-}33)$$

式中：TC_r——对旧设备进行大修 n 年内的总费用；
　　　β_r——对旧设备进行大修等各种方案的劳动生产率；
　　　K_r——对旧设备进行大修所需的投资；
　　　C_{rj}——对旧设备进行大修在第 j 年的运行成本；
　　　V_{rL}——大修后的设备到第 n 年的残值。

例 10.4　假定各种更新方案分项费用的原始资料如表 10-6 所示，试选择最佳更新方案。

解： 根据前面的公式，依次计算出不同服务年限各方案的总费用，如表 10-7 所示。由表 10-7 可见，若为产品更新换代等原因，设备考虑只用两年，则最佳方案是继续使用旧设备，也不必大修，若打算使用 3～5 年，则最佳方案是对设备进行一次大修。如果估计设备将使用6～7年,则最佳方案是对原设备进行现代化改装。使用期若在8年以上,应采用高效率的新设备来进行更新。不管哪种情况,用相同结构的原型设备来替换都是不经济的。

表10-6 各种方案的原始数据（设 V_{00} =3 000元）

方案	投资(元) K_i	生产效率系数 β_i	年数	1	2	3	4	5	6	7	8	9	10
继续使用旧设备	0	0.7	a	1 400	1 800	2 200							
			b	1 200	600	300							
用原型新设备替换	16 000	1	a	450	550	650	750	850	950	1 050	1 150	1 250	1 350
			b	9 360	8 320	7 280	6 240	5 200	4 160	3 120	2 080	1 300	1 300
用新型设备替换	20 000	1.3	a	350	420	490	560	630	700	770	840	910	980
			b	11 520	10 240	8 600	7 250	5 700	4 700	4 000	3 000	2 000	2 000
旧设备现代化改装	11 000	1.2	a	550	680	810	940	1 070	1 200	1 330	1 460	1 590	1 720
			b	9 000	8 000	6 700	5 700	4 700	3 700	2 700	1 700	1 000	1 000
旧设备大修理	7 000	0.98	a	700	950	1 200	1 450	1 700	1 950	2 200	2 450	2 700	2 950
			b	6 400	5 800	5 200	4 700	3 800	3 000	2 200	1 400	700	700

表10-7 各种方案的逐年总费用(i=10%)

方案 总费用年限	继续使用旧设备 TC_0	用原型设备替换 TC_n	用新型设备替换 TC_h	旧设备现代化改装 TC_m	旧设备大修理 TC_r
1	259.7*	4 900	4 563.6	2 765.1	1 855.3
2	3 234.9*	6 987.6	6 135.0	4 542.0	3 702.1
3	5 982.6	8 882.4	7 715.1	6 363.9	5 526.7*
4		10 602.2	8 976.4	7 849.5	7 248.2*
5		12 163.2	10 179.0	9 215.5	9 193.4*

方案 \ 总费用 年限	继续使用旧设备 TC_0	用原型设备替换 TC_n	用新型设备替换 TC_h	旧设备现代化改装 TC_m	旧设备大修理 TC_r
6		13 580.1	11 033.1	10 471.5 *	10 996.2
7		14 866.0	11 696.5	11 626.1 *	12 724.2
8		16 033.2	12 393.6 *	12 687.4	14 376.0
9		16 982.4	13 018.3 *	13 556.8	15 908.0
10		17 553.0	13 321.6 *	14 141.5	17 096.1 *

* 表示该年份总费用最低的方案

2. 追加投资回收期法

设备现代化改装与更新、大修理的经济性比较还可以用计算投资回收期指标的方法来进行。

设大修理、现代化改造和更换这三种方案的基本投资分别为 K_r、K_m、K_n,相应的设备年生产率分别为 q_r、q_m、q_n,单位产品成本分别为 C_r、C_m、C_n,在多数情况下,设备现代化改装与更新、大修理之间的关系如下:

$$K_r < K_m < K_n$$
$$C_r > C_m > C_n$$
$$q_r < q_m < q_n$$

因此,在考虑设备更新方案时,可根据以下准则进行决策:

(1) 当 $K_r/q_r > K_m/q_m$,且 $C_r > C_m$ 时,应选择现代化改装方案。因为这种方案有较好的经济效果,不但节约经营成本,而且节约基本投资。

(2) 当 $K_r/q_r < K_m/q_m$,但 $C_r > C_m$,这时要考虑投资回收期 T:

$$T = \frac{K_m/q_m - K_r/q_r}{C_r - C_m} \tag{10-34}$$

如果 T 小于企业或部门规定的年数,则选择现代化改装的方案。

(3) $K_m/q_m > K_n/q_n$,且 $C_m > C_n$ 时,应选择设备更换的方案。

(4) $K_m/q_m < K_n/q_n$,但 $C_m > C_n$ 时,也用投资回收期进行判断:

$$T = \frac{K_n/q_n - K_m/q_m}{C_m - C_n} \tag{10-35}$$

如果 T 小于企业或部门规定的年数,则选择更换的方案;否则,应选择现代化改装的方案。

第五节　设备租赁的技术经济分析

一、设备租赁概述

(一)设备租赁的概念

租赁是设备投资的一种方式,是指设备的使用者向出租者按合同规定定期地支付一定的费用(租金)而取得设备使用权的一种方式。对于设备的使用单位而言,设备的租赁有如下优点:

1. 可减少购置设备的投资,改变"大而全"、"小而全"的不经济状况,提高设备的利用率。租赁特别适合于季节性或临时使用的设备,如农机设备、施工机械等,而且租赁还可以使企业在缺少资金的情况下仍然能正常使用设备。

2. 避免设备技术落后的风险。由于当代科技的迅猛发展,设备更新换代的速度明显加快,租赁就能使企业的设备始终保持比较先进的状态而无需投入太多初始资金。

3. 可以减少税金的支出。

4. 用户可以保证获得良好的技术服务。

(二)设备租赁的方式

1. 经营租赁(Operation Leasing)。任何一方可以随时通知对方在规定时间内取消或终止租约。临时使用的设备通常采用这种方式。

2. 融资租赁(Finance Leasing)。融资租赁是一种在实质上转移了与资产所有权有关的全部风险和报酬的租赁方式。租赁双方承担确认的租期和付费义务,不得任意终止和取消租约。我国企业利用租赁引进国外设备时常采用这种方式:企业(承租者)在与设备供应商商定了出租条件后,由出租人用银行提供的资金购买设备,并把设备长期租赁给企业使用,从而取得资金归还银行,其租赁期限一般在两年以上。

二、租赁决策分析

对于承租人而言,关键的问题在于决定租赁还是购买设备。在假设所得到设备收入、经营成本和日常维护费用相同的条件下,将租赁设备和购买设备产生的净现金流量进行比较(一般设备寿命期相同时用现值法,不同时可以用年值法)。

采用租赁设备的时候,租赁费直接计入成本,净现金流量为:

$$\text{净现金流量} = \text{销售收入} - \text{经营成本} - \text{租赁费} - \text{税率} \times (\text{销售收入} - \text{经营成本} - \text{租赁费})$$

在相同条件下购买设备的净现金流量为:

$$\text{净现金流量} = \text{销售收入} - \text{经营成本} - \text{设备购置费} - \text{税率} \times (\text{销售收入} - \text{经营成本} - \text{折旧})$$

从以上的两公式可以看出,若租赁费用的现值与设备购置费相等,区别仅仅是租金的大小。

当采用直线法折旧时,一般租赁费要高于折旧费,因此付税金较少,于企业有利。

例 10.5 某企业需要一台设备,设备的价格(包括运输费、保险费在内)为 22 000 元,使用寿命为 10 年,期末残值为 2 000 元。这种设备可以租到,每年租赁费为 2 500 元,年运行费用都是 1 200 元/年。政府给定所得税率为 33%,采用直线折旧法,设折现率为 10%,问企业采用哪种方式有利?

解:设备的年折旧费 = (22 000 - 2 000)/10 = 2 000(元)

所以租赁设备每年比购买设备少支付税金(2 500 - 2 000) × 25% = 125(元)

购买设备的年成本为 $AC_1 = 22\,000 \times (A/P, 0.1, 10) - 2\,000 \times (P/F, 0.1, 10) \times (A/P, 0.1, 10) + 1\,200 = 4\,655$(元)

租赁设备的年成本为 $AC_2 = 2\,500 + 1\,200 - 125 = 3\,575$(元)

显然应采用租赁方案。

小　结

设备磨损分为有形磨损和无形磨损,这两种磨损都引起设备原始价值的降低。有形磨损分为第Ⅰ种有形磨损和第Ⅱ种有形磨损,无形磨损也可以分为第Ⅰ种无形磨损和第Ⅱ种无形磨损。有形磨损和无形磨损的磨损程度分别可以用价值和程度两种方式表示。设备在使用期内同时存在有形磨损和无形磨损,表示为综合磨损。综合磨损是有形磨损和无形磨损的综合。

设备磨损的补偿分为技术补偿和经济补偿。设备有形磨损的补偿是修理和设备更新,设备无形磨损的补偿是设备更新、现代化改装,如果是第Ⅰ种无形磨损,原设备仍可以继续使用。设备磨损的经济补偿是通过提取设备的折旧来实现的。设备的寿命有自然寿命、技术寿命、经济寿命和折旧寿命四种,设备的经济寿命是设备更新的关键。设备经济寿命的计算方法有匀速劣化数值法和费用平均法。

设备更新能促使技术进步,又能提高经济效益,常用设备的合理更新期的确定方法有:年费用比较法、更新收益率法。

设备的大修是设备修理中的一种非常重要的方式,设备大修的经济评价就是要确定大修的经济界限及大修理的周期数。设备现代化改装是快速、经济、有效的设备改造方式,通过计算旧设备继续使用、原型设备更新、新型高效设备更新、设备大修理、设备现代化改装等方案的总费用,选取最小总费用最小的方案为最优方案。

设备租赁是设备投资的一种方式,按租赁方式可分为经营租赁和融资租赁。企业在选择是采用租赁方式还是购买方式获得设备时,必须详细分析两者净现金流量的情况,选择成本较小的方案作为最优方案。

思考与练习

一、思考

1. 简述设备有形磨损和无形磨损的特点,举例说明。对设备磨损的补偿方式有哪些?
2. 简述设备的自然寿命、技术寿命、经济寿命的概念。

二、练习

1. 由于不断出现技术上更加完善、经济上更加合理的设备,使原有设备显得陈旧落后,因此产生的磨损称为(　　)。

    A. 第Ⅰ种有形磨损　　B. 第Ⅱ种有形磨损
    C. 第Ⅰ种无形磨损　　D. 第Ⅱ种无形磨损

2. 通常,设备使用的时间越长,其(　　)。

    A. 年平均总费用越小　　B. 年分摊的购置费越少
    C. 年运行费用越高　　　D. 期末设备的残值越小
    E. 年平均总费用越大

3. 设备从开始使用到其年平均使用成本最低年份的延续时间,称为设备的(　　)。

    A. 经济寿命　　B. 物质寿命
    C. 技术寿命　　D. 折旧寿命

4. 设备的第Ⅰ种无形磨损使原设备的价值降低,从而影响设备的继续使用。(　　)

5. 设备的第Ⅱ种无形磨损使原设备的价值降低,但并不影响设备的继续使用。(　　)

6. 设备的经济寿命一般短于其自然寿命。(　　)

7. 若某设备原始价值为2万元,再生产价值为1万元,此时需要大修理费用5 000元,试分析该设备的磨损程度为多少?

8. 某设备原始价值为8 000元,可用5年,有关数据如表①所示,计算:①不考虑资金时间价值时的设备的经济寿命;②考虑资金时间价值时的经济寿命,折现率10%。

表1　　　　　　　　某设备各年发生的费用　　　　　　　　单位:元

设备使用年限	1	2	3	4	5
运行成本初始值	600	600	600	600	600
运行成本劣化值		200	400	600	800
年末残值	5 500	4 500	3 500	2 500	1 000

9. 某工厂拟更换一台新设备,新设备可使成本节约、产量增加。更新后第一年收入增加额为 2 500 元,直接工资的节约额为 9 800 元,间接工资的节约额为 1 500 元,材料损耗减少 300 元,维修费节约 420 元,新设备的动力消耗比旧设备多 350 元,新设备的使用年数为 15 年,使用过程中线性劣化,新设备价值为 80 000 元,估计 15 年后处理价为 3 000 元,旧设备现在出售价格为 2 800 元,旧设备一年后出售价格为 2 000 元,当年利率为 10%,试判断用新设备更换旧设备是否经济。

10. 某公司准备在计划年度内添置一台生产设备,需款 30 万元,使用寿命为 10 年,按直线法提取折旧,期满无残值。使用该设备每年增加销售收入 25 万元,经营成本增加 20 万元,所得税率 25%。该公司有两种方案供选择:一是向银行借款购买设备,年利率 10%,10 年到期还本付息;二是向租赁公司租用,每年支付租金 4 万元,租期 10 年。问该公司如何选择?

第十一章 项目后评价

项目后评价起源于20世纪30年代美国的"罗斯福新政时代",是项目周期中一个不可缺少的重要环节。项目后评价是针对项目全过程的评价,系统分析项目产生的财务、经济、社会、环境等各方面的效益和影响,为决策者和投资者提供服务,为新建项目的决策提供可靠的依据。

第一节 项目后评价概述

一、项目后评价的概念和特点

(一)项目后评价的概念

广义的项目后评价是对过去的活动或现在正在进行的活动进行回顾、审查,是对某项具体决策或一组决策的结果进行评价的活动。后评价包括宏观和微观两个层面,宏观层面是对整个国民经济、某一部门或经济活动中某一方面进行评价,微观层面是对某个项目或一组项目规划进行评价。

从微观层面分析,项目后评价指在项目建成投产运营一段时间后,对项目的立项决策、建设目标、设计施工、竣工验收、生产经营全过程所进行的系统综合分析及对项目产生的财务、经济、社会和环境等方面的效益和影响及其持续性进行的客观全面的再评价。通过项目后评价,全面总结投资项目的决策、实施和运营情况,分析项目的技术、经济、社会、环境影响,考察项目投资决策的正确性以及投资项目达到理想效果的程度,把后评价信息反馈到未来项目中去,为新的项目宏观导向、政策和管理程序反馈信息;同时分析项目在决策、实施、经营中出现的问题,总结经验教训,并提出改进意见与对策,从而达到提高投资效益的目的。

(二)项目后评价的特点

项目后评价与前评价相比,一般具有以下特点:

1. 广泛性。任何大中型投资项目一般综合性都比较强,如兴建一个电力企业,其投资领域极其广泛,按工作内容分,包括电力的生产、输送、分配等;按建设性质分,包括基础性建设、公益性建设、竞争性建设等。因此,后评价涉及的内容一般较多,范围较广,评价过程中运用的学科知识和方法也就极其广泛,对后评价人员的素质要求较高。

2. 特殊性。不同的投资项目,后评价的内容也各不相同,具有各自的特殊性。如电力企业以生产电力为主,大量的投资是用于电力工程新建、改造等项目,这类项目投资多、风险大,因而后评价必须有重点有针对地进行,才能起到监控投资决策、提高投资效益的目的。

3. 全面性。项目后评价需要对项目投资全过程和投产运营过程进行全面分析,从项目经济效益、社会效益和环境影响等诸多方面进行全面评价,所需的资料要收集齐全,包括设计任务书、计划任务书、前期论证、概(预)算、计划、项目施工情况的实际资料以及投产运营情况等资料。

4. 反馈性。项目后评价最主要的特点是具有反馈性。通过建立项目管理信息系统,对项目各个阶段的信息进行交流和反馈,为后评价提供资料,同时也把项目后评价的结果反馈到决策部门,作为新项目的立项和评估的基础,以及调整投资规划和政策的依据。

二、项目后评价的作用和评价原则

(一)项目后评价的作用

建设项目后评价的作用主要表现在以下几个方面:

1. 项目后评价是对投资活动的一切参与者进行监督、考核、增强其责任心的重要手段。由于项目后评价具有广泛性、全面性的特点,通过对建设项目投资活动成功和失误原因的分析,可以比较公正、客观地确定投资决策者、管理者、建设者以及咨询、监理人员工作中存在的不足,从而进一步提高他们工作的责任心和工作水平。对有严重决策失误、管理不善、有意无意造成严重经济损失和后果的,也可据此作进一步考核、审查使其承担相应的责任。

2. 项目后评价为投资决策提供服务。通过项目后评价提出的问题、建议的反馈,可以改善和调整相关方针、政策、管理程序,调整投资方向、投资结构,从而提高决策水平和投资效益。与此同时,项目后评价还可完善已建项目,调整在建项目。

3. 项目后评价是一个学习过程,通过项目后评价使项目决策者、管理者、建设者以及咨询部门的人员从项目实践中学到更为合理、科学的决策知识、管理方法,提高决策、管理、组织建设和咨询服务水平。

(二)项目后评价的原则

为了充分实现和发挥项目后评价的作用,进行项目后评价时必须遵循下列基本原则:

1. 公正性和独立性。项目后评价必须保证公正性和独立性,公正性标志着后评价及评价者的信誉,避免在发现问题、分析原因和做结论时避重就轻,作出不客观的评价。独立性标志着后评价的合法性,后评价要避免项目决策者和管理者自己评价自己,以免造成掩盖问题、夸大成绩、避重就轻,作出不客观的评价,这是后评价的一条重要原则。

2. 可信性。项目后评价的可信性取决于评价者的专业素质和经验水平,取决于采用方法的精确性和评价过程的透明度,取决于所用资料信息的可靠性和评价方法的适用性。可信性的一个重要标志是应同时反映出项目成功的经验和失败的教训,这就要求评价者具有广泛的阅历和丰富的经验,所收集的资料应准确、可靠、真实、齐全,评价者要有高度的责任感,项目执行者和管理者应参与后评价,以利于收集资料和查明情况。

3. 实用性。为了使项目后评价成果对建设项目决策者能真正产生作用,项目后评价报告必须具有可操作性和针对性,文字简练明确,突出重点,避免引用过多的专业术语。

4. 科学性。项目后评价工作必须具有科学的评价方法、工作程序和组织管理以及科学的评价结论,首先要求评价所依据的资料数据必须真实可靠,应以项目实施监测的实际资料为依据,建立全面系统的资料信息库,以保证资料的实时性;针对存在的问题所提出的改进意见要切实可行;评价的结论和总结的经验教训要经得起实践的检验和推敲,并有益于指导今后的项目决策和建设工作。

三、项目后评价的主体和客体的选择

(一)项目后评价主体的选择

项目后评价的主体即项目后评价工作的组织者,为了实现社会资源的优化配置,不断提高资源的利用效率,市场的主体都会在自身利益目标的驱动下对投资项目后评价工作提出不同的要求和需要。

1. 投资者要对项目进行后评价。随着投资体制的改革和政府职能的转换,形成了多元化的投资主体和分层次决策的管理模式,各级地方政府以及国有企业、集体企业、私营企业、外商投资企业等已逐步成为直接投资的主体,项目决策的集中审批制度也发生了重大变化,因此多元化的投资主体都要在利益最大化和财产最大化的目标驱使下,深入研究投资机会,确立准确的投资方向,同时不断总结投资项目建设与生产经验,及时发现问题并采取有效措施,保证已建项目的投资效益。

2. 投资中介机构要对投资项目进行后评价。在传统的经济体制下,没有明确的产权归属关系,各设计单位、评估公司只能按照企业的主观需要,进行"可行性研

究",于是各种"钓鱼"项目比比皆是。在这种情况下,根本不可能开展后评价工作。市场经济要求市场的主体必须进入市场,参与竞争。因此投资咨询公司、评估公司及设计部门等中介机构不仅对前期评价要实事求是,对投资项目的效益分析有充分的预见能力,确实能为投资者提供科学的决策依据,以赢得市场,而且要认真探讨、深入研究后评价的理论与方法,积极开展后评价工作,以便发现前期评价中存在的问题,及时总结经验,提高投资决策的预见性、可靠性,改进投资评价质量。同时也能为决策者提供有效措施,保证项目的预期目标得以顺利实现。

3. 商业银行等金融机构要对项目进行后评价。商业银行间接融资是竞争性项目融资的重要渠道,因此商业银行必须对投资项目进行认真的审查和充分的评价论证。对已贷款投产的项目,要作项目后评价,分析投资的效益与存在的风险,以指导改进未来的投资重点和投资方向,避免或减少投资风险。

4. 项目建设施工企业要对项目进行后评价。传统体制下施工建设企业的经费来源主要靠国家拨款,企业既不关心自身的管理和职工队伍素质的提高,也不关心施工建设质量,因此不可能进行后评价工作。在市场经济条件下,项目建设施工企业必须面向市场,公平竞争,通过项目后评价,进而发现建设过程中存在的问题,采取有效措施及时改进,并总结经验教训,不断提高建设施工质量和效益。

(二)项目后评价客体的选择

项目后评价客体是指进行后评价的投资项目。由于受经费、人力、评价目的等不同条件的约束,不可能对一切投资项目都进行后评价,这就面临着后评价项目的选择问题。一般来讲,应本着改进投资管理计划、政策,提高投资效益的目的,确定需要进行后评价的项目。主要包括以下几类:

1. 具有特殊性的项目。某地区、某行业的第一个项目,特别成功或特别不成功的项目,公众非常关心的项目、大型或特大型项目,特别复杂的项目,重大技术改造及技术实验性项目等,需要进行项目后评价。

2. 具有代表性的项目。有代表性的国家重点建设项目和大中型项目中有代表性的建设项目,需要进行项目后评价。

3. 具有可能性的项目。考虑到后评价人员和经费的可能性,以及综合考虑评价投入的代价与可获得的效益之间的权衡关系而选定的项目,需要进行后评价。

四、项目后评价与前评价的关系

项目前评价是指项目决策之前,在深入细致的调查研究、周密规划、设计、科学预测和技术经济论证的基础上,分析建设项目的建设条件、建设的必要性、技术的先进性、可靠性、经济的合理性及建设的可能性,其目的是为建设项目的决策服务。项目后评价与前评价的关系可以从以下两方面进行分析。

（一）项目后评价与前评价的相同点

项目后评价与前评价在以下方面是相同的：评价的目的相同，都是为了提高投资效益；评价的方法相同，都是采用定性分析与定量分析相结合并以定量分析为主、静态分析与动态分析相结合并以动态分析为主的方法；评价指标也基本相同。

（二）项目后评价与前评价的区别

由于项目前评价和后评价在项目建设的全过程中所处的工作阶段不同，因此两者的区别也是很明显的，具体表现在以下几方面：

1. 评价的主体不同。项目前评价主要由投资主体及其主管部门组织实施；项目后评价是以投资运行的监督管理机构或后评价权威机构组织主管部门会同计划、财政、审计、银行、设计、质量、司法等有关部门进行，按照项目单位自我评价、行业主管部门评价和国家评价三个层次组织实施，以确保后评价的公正性和客观性。

2. 评价的阶段不同。项目前评价是在项目决策前的前期工作阶段进行，其评价结果作为投资决策的依据；项目后评价则是在项目投产运营一段时间后，对项目全过程（包括建设期和生产期）的效益及影响进行评价。

3. 评价的内容不同。项目前评价主要是通过对项目建设的必要性、可能性、技术方案、建设条件进行分析以及对项目未来的经济效益和社会效益进行科学预测，论证项目是否可行；项目后评价除了对上述内容进行评价外，还要对项目立项决策、实施效率及实施运行状况进行评价。

4. 评价的性质不同。项目前评价主要是以定量指标为主，侧重于项目经济效益的评价，可以直接作为项目投资决策的重要依据；项目后评价要结合行政、法律、经济、社会、建设、生产、决策、实施等各方面进行综合性评价，它以实际事实为依据，以提高效益为目的，以法律为准绳，通过对项目实施结果的鉴定，为项目提供反馈信息，并间接作用于未来项目的投资决策。

5. 评价的依据不同。项目前评价主要以历史资料和经验性资料以及国家和部门颁发的政策、规定和参数等文件为依据；项目后评价主要依据建成投产后项目实施的实际资料，并把历史资料和现实资料结合起来进行对比分析，要求准确程度较高。

五、项目后评价在国内外的发展概况

项目后评价兴起于20世纪60年代，经过近40年的发展，得到各国越来越广泛的重视和采用，并已经成为西方发达国家以及一些发展中国家政府管理的必不可少的组成部分，成为政府投资决策和宏观管理的一种重要工具。

（一）我国项目后评价发展概况

我国的后评价工作起步于20世纪80年代，1988年国家计委正式委托中国国际工程咨询公司进行第一批国家重点建设项目的后评价,以后基本上是每两年进行一次。十多年来,中国的后评价事业有了长足的进步,初步形成了自己的评价体系。

1. 项目后评价基本情况。根据项目投资渠道及管理体制,我国进行后评价的项目可以分为以下几类:

(1)国家重点项目。这类项目由国家计委制订评价规则,编制评价计划,委托独立的咨询机构来完成。国家重点项目后评价有多种类型,包括项目后评价、项目效益调查、项目跟踪评价、行业专题研究等。十多年来中国国际工程咨询公司共完成了130多项国家重点建设项目的各类后评价,为国家计委投资决策提供了有益的反馈信息。

(2)国际金融组织贷款项目。国际金融组织贷款项目主要指世界银行和亚洲开发银行的贷款项目。国际金融组织贷款项目按其规定开展项目后评价,中方项目管理和执行机构主要收集资料,财政部和中国人民银行也积极参与项目后评价的指导和管理工作。多数国际金融组织贷款项目也是国家重点项目,对其中部分项目国家计委也要安排进行国内的后评价。

(3)国家大中型项目。1987年开始对国家投资的大中型项目由中国建设银行开展项目的效益调查和评价工作,已形成了自己的评价体系。随着1994年国家开发银行的成立,由国家开发银行对政策性投资实行统一管理,在后评价机构建设、人员配备和业务开发上取得了重大的进展。

(4)国家审计项目。随着20世纪80年代末国家审计署的建立,开始对国家投资和利用外资大中型项目进行正规审计工作,审计署主要进行项目开工、实施、竣工财务方面的审计以及项目后评价相关业务。

(5)行业部门和地方项目。行业部门和地方政府安排投资的项目一般由部门和地方安排后评价,目前项目后评价开展得比较好的有农业、能源、交通、卫生等部门。

2. 项目后评价发展过程。我国项目后评价过程经历了三个阶段:

第一阶段(1984年以前):这一阶段,项目后评价体系还没有形成,项目建成后,通过编写项目完成报告与项目设计方案比较,检验财务与技术完成情况,并将完成报告交主管计委批准后才进入运营阶段。在运营期间,国家计委或地方计委不定期派遣评价组检查项目的运行情况,尚未形成真正的项目后评价机制。

第二阶段(1984~1994年):1984年,国家计委提出实施项目影响评价或项目运行四年后进行后评价的问题,对重点项目、利用外资项目进行了项目后评价,并于1991年发布了《国家重点建设项目后评价方法条例》,在此期间,国家计委与中国国际工程咨询公司进行了大量的项目后评价工作。同年国家审计署发布了《外国贷款项目后评价方法》,从方法上讲,尽管国家审计署采用了某些经济与财务手段从事审计工作,但从后评价内容看,不仅涉及项目实施过程、投资与回收状况,还要考察各种微观和宏观因素以及它们对项目建设的影响,也是属于后评价的范畴。这一阶段,国家经贸委也开展了项目后评价工作,先后对已建成投产的 300 个项目进行了企业诊断,作出了评价结论。这些工作大大促进了项目后评价的发展。

第三阶段(1994 年至今):这一阶段,我国项目后评价的理论方法得到了极大发展,颁布了一系列项目后评价的办法,如《国家开发银行贷款项目后评价管理暂行办法》、《水利建设项目后评价规范》等,目前我国最高的后评价机构是国家开发银行后评价局和中国国际工程咨询公司后评价局,已对 100 多个重点工程做了后评价工作。除了上述国家一级机构从事后评价工作外,各部门都在不同程度上开展了后评价工作或制订了适合本部门的后评价实施办法。由于我国开展项目后评价起步晚,发展较慢,目前还存在许多问题和模糊认识,如后评价与中、前期评价的关系问题,如何选择切实可行的后评价方法,如何建立科学合理的后评价指标体系和规范的后评价管理体系等问题,所有这些问题都需要进一步深化认识,并在实践中加以解决。

(二)国外的项目后评价概况

从 20 世纪 30 年代美国政府第一次有目的地开始对项目进行后评价以来,项目的后评价已有约 70 多年的历史。但直到 20 世纪 70 年代中期,项目后评价才广泛的被许多国家和世界银行等国际组织应用,各国由于政治经济体制不同,后评价机构的设置不同,其功能也有所不同。

1. 发达国家的项目后评价。发达国家的项目后评价以对国家的预算、计划和规划的评价为主,包括使用国家预算的国内公共部门的大中型投资项目,如能源、交通、环保、文教卫生和其他社会福利项目,这些国家有明确的后评价法律依据,系统的管理机构和健全的评价程序和方法。美国是项目后评价工作做得比较好的国家之一。由于大部分发达国家在其国家预算中有一部分资金用于向第三世界投资,因此发达国家项目后评价的另外一个重要方面是其援外机构的项目后评价,一般发达国家的援外机构中都设有项目后评价机构,负责该国在海外开发投资项目的后评价工作,如美国的国际开发署(USAID)、英国的海外开发署(ODA)、加拿大的国际开发署(CIDA)等,负责项目后评价的政策、计划、执行、报告及反馈。

2. 发展中国家的项目后评价。发展中国家的项目后评价始于 20 世纪 80 年代,据联合国开发署 1992 年统计资料显示,已有 85 个发展中国家成立了项目后评价中央评价机构,这些机构大多属于政府的下属机构,相对独立的项目后评价机构和体系尚未真正形成。这些机构大多只是根据世界银行、亚洲开发银行等外部要求组织相关项目的后评价。部分发展中国家也开展了对本国投资项目的后评价,评价的任务和范围主要是国家预算内的项目、国家重点或重大项目等,但由于各种原因,后评价的反馈机制没有形成,反馈情况并不令人满意。

第二节 项目后评价的基本内容

项目后评价位于项目周期的末端,它又可视为另一个新项目周期的开端。项目后评价的作用主要表现在其反馈功能上,它一方面总结了项目全过程中的经验教训,另一方面又对在建和新建项目起着指导作用。

项目后评价的基本内容一般包括:目标评价、实施过程评价、效益评价、影响评价、持续性评价五个方面。

一、项目目标评价

评价项目立项时原来预定目标的实现程度,是项目后评价的主要任务之一。项目后评价要对照原定目标完成的主要指标,检查项目实际实现的程度,即对地区、行业或国民经济、社会发展的总体影响和作用。目标评价的另一任务是对项目原定决策目标的正确性、合理性和实践性进行分析,有些项目原定的目标不明确,或不符合实际情况,项目实施过程中可能会发生重大变化,如政策性变化或市场变化等,项目后评价要给予重新分析。

二、项目实施过程评价

过程评价一般应对照项目立项时所确定的目标和任务,分析和评价项目执行过程的实际情况,从中找出产生变化的原因,总结经验教训。其主要内容包括前期工作评价、建设实施评价、生产运行评价和项目管理评价。

(一)项目前期工作评价

项目前期工作评价是指对立项决策、项目建设内容与规模、勘察设计、准备工作和决策程序等的评价。立项决策评价主要是评价立项条件和决策依据是否正确,要根据评价时国内外市场的供求状况来论证项目前评价时所作的市场预测是否正确,包括分析该种产品、服务的市场容量,本项目的市场占有率,产品价格、质量、售后服务,产品或服务的市场综合竞争能力方面的变化,并作出新的趋势预测;项目建设内容与规模评价主要评价项目是否按照预定的建设内容和规模进行建设,分析与预定内容及规模发生偏差的原因以及当初预定的建设规模和能力的合理性;勘察设计评价是评价勘探设计的工作程序、依据,包括标准、定额、规范是否严格执行国家现行的有关法规、政策,引进的工艺和设备是否采用了国家现行标准或工业发达国家的先进标准;另外,前期工作评价还包括决策程序是否符合规定,设计方案的优化情况,技术上的先进性和可行性,经济上的合理性等。

(二) 项目建设实施评价

项目建设实施评价是指对设备采购、工程建设、竣工验收和生产准备等各个阶段工作的评价,具体包括对施工准备、招标投标、工程进度、工程质量、工程造价、工程监理以及各种合同执行情况及生产运行准备情况等的评价。

(三) 项目生产运行评价

项目生产运行评价是指对项目从正式投产到后评价期间项目的运行情况进行评价,主要包括对项目产品市场情况、原材料、燃料供应情况、生产条件情况等进行评价。项目产品市场情况评价是将项目产品的市场经营、竞争能力与项目评价时的市场预测数据和结论进行比较分析;原材料、燃料供应情况评价是将项目生产用原材料、燃料动力、辅助材料等来源、质量、消耗指标,与项目评价的相应内容进行比较分析;生产条件情况评价是将项目生产条件、配套能力及实际产销情况与项目评价的相应内容进行比较分析。

(四) 项目管理评价

项目管理评价是指对项目实施全过程中各阶段管理者的工作水平作出评价,主要分析和评价管理者是否能有效地管理项目的各项工作,是否与政策机构和其他组织建立了必要的联系;人才和资源是否使用得当;是否有较强的责任感等。从中总结出项目管理的经验教训,并对如何提高管理水平提出改进措施和建议。

三、项目效益评价

项目效益评价包括项目财务后评价和项目国民经济后评价两部分,目的是通过对项目财务评价指标和国民经济评价指标的重新计算来确定原来的测算结果是否符合实际,并找出发生变化的主要原因。

(一) 项目财务后评价

项目财务后评价是从企业角度对项目投产后的实际财务效益进行再评价,根据现行财务制度规定及项目建成投产后投入物和产出物的实际价格水平,重点分析总投资、产品成本、企业收益率、贷款偿还期与当初预测值之间的差距,剖析原因,并作出新的预测。

项目财务后评价指标体系包括三类:第一类是反映项目实际财务效果的指标,与前评价中的指标一致;第二类是反映项目后评价与前评价两者之间财务效果指标偏离程度的指标,如净现值变化率、内部收益率变化率、投资利润率变化率等;第三类是分析财务指标偏离原因的指标,包括:固定资产投资变化率、产品销售收入变化率、产品经营成本变化率等。

在项目后评价时,对已发生的现金流量要采用实际数值,并将不同时点的现金流量折算到评价当时的数值,扣除通货膨胀因素对现金流量、财务内部收益率、财务净现值等指标的影响,因为前评价时计算的财务指标是不含通货膨胀因素的,对后评价数据要采取同样的处理,使后评价的数据和评价指标与前评价具有可比性。对后评价以后的项目现金流量,采用按评价当时物价水平下的预测值。

(二)项目国民经济后评价

国民经济后评价是从宏观国民经济角度出发,采用影子价格、影子汇率、影子工资和社会折现率等参数,对项目投产后的国民经济效益进行再评价,重点分析项目的实际成本效益与预测成本效益之间的差别及产生的原因,包括投资的国民收入分析、直接外汇效益分析、调汇的经济分析、社会效益分析和环境效益评价等。项目后评价中的国民经济评价与前评价中的国民经济评价的方法与内容是一致的,效益与费用的计算要建立在数据资料同期性的基础上。

四、项目影响评价

项目影响评价是站在国家的宏观立场上,评价项目投产后对其周围经济、技术、环境和社会四方面所产生的作用和影响,重点分析项目与整个社会发展的关系。

(一)项目经济影响评价

项目经济影响评价主要分析和评价项目对所在地区及国家等外部经济环境发展的作用和影响,主要包括分析项目对国民经济结构的影响,对提高宏观经济效益以及对国民经济长远发展的影响;评价项目对国家、地方生产力布局、产业结构调整及产业结构合理化的影响;根据我国国情,分析项目效益在各利益主体(中央、地方、外商、公众、其他利益集团)之间的分配比例是否合理,其衡量方法是在财务评价基础上,将效益与费用分别按出资比例进行分配,评价指标为各利益主体分享的净现值比例。

(二)项目科技进步影响评价

项目科技进步影响评价主要用于衡量项目所选用的技术的先进性和实用性;项目对技术开发、技术创新、技术改造的作用,技术引进的合理性及消化吸收程度;项目对高新技术产业化、商品化和增强我国国际竞争力的作用,以及对推动国家、地区、行业技术进步的作用;对本部门、本地区技术进步的作用和取得的潜在效益。

(三)项目建设对环境的影响评价

项目建设对环境的影响评价主要是对照前评价时的环境影响报告,重新审查项目实施后对环境产生的实际影响,审查项目环境管理的决策、规定、规范和参数的可靠性和实际效果。环境影响评价主要包括项目的污染控制、区域的环境质量、自然资源的利用、区域的生态平衡和环境管理能力五个方面。

1. 污染控制。检查和评价项目的废气、废水、废渣和噪音是否在总量上和浓度上达到了国家和地方政府颁布的标准;考察选用的设备和装置在经济和环境治理效益上是否合理;项目的环保治理装置是否做到同时设计、同时施工、同时运转,并运转正常,环保管理和监督是否有效。

2. 区域的环境质量。分析对当地环境影响较大的 CO_2、SO_2、N_2O、NO、SO、CFC_{11} 等与当地环境之间的关系以及与项目"三废"排放的关系。

3. 自然资源的利用。包括对水体、海洋、土地、森林、草原、矿产、渔业、野生动植物等自然资源的合理开发、综合利用和再生殖能力的评价,重点是节能、节约和保护水资源、资源合理开采和综合利用程度。

4. 区域的生态平衡。分析项目实施后人类活动对动植物种群,珍稀、濒危野生动植物,重要水源涵养区,具有重要科教文化价值的地质构造的影响,可能引起或加剧自然灾害的影响。

5. 环境管理能力。包括对环境管理,环保法令和条例的执行,环保资金、设备和仪器的管理能力的评价。

(四)项目的社会影响评价

项目的社会影响评价主要是从社会发展的角度来分析项目对社会发展目标所作的贡献和产生的影响,包括有形的和无形的影响。评价的内容主要包括项目对当地的直接就业效果和间接就业效果;对居民生活质量(收入变化、人口、计划生育、住房、服务设施、教育、卫生、体育、文化、娱乐)的影响;受益者的范围及对该项目的反应,当地参与态度,对社区发展、妇女、民族、宗教信仰的影响等。社会影响评价采取定量分析与定性分析相结合的方法,在评价分析基础上,最后对项目的社会影响作出综合评价。有些项目的社会影响可能要在较长时间内才能显现出来,因此可在较晚的时候单独进行社会影响评价。

五、项目持续性评价

项目的持续性是指项目完成之后,项目的既定目标是否还可以持续,项目是否可以顺利地持续实施,项目业主是否愿意并可以依靠自己的能力持续实现既定的目标。项目的持续性评价就是根据政府的相关政策,从财务、技术、社会文化、环境和生态以及外部因素等各个方面来评价项目是否能持续发挥投资效益、企业的发展潜力及内涵性改造的前景,并提出项目持续发挥效益需具备的内外部条件和需要采取的措施。

项目持续性评价主要包括下面几个方面:

(一)政府政策因素

根据政府的政策,重点分析政府政策对项目效益、目标的影响。

(二)管理、组织与参与因素

根据项目各机构的管理能力、效率来分析项目的持续性,如管理人员的素质、能力、管理机构的制度、组织形式、人员培训、地方政府和群众的参与等各个方面。

(三)财务分析

在进行经济财务持续性分析时应把评价时点前的投资均视为沉没成本,项目是否持续的决策只能在对项目未来的收益、费用的合理预测及现有资产重估值的基础上进行,通过资产负债表计算项目的清偿能力、实际还贷能力,通过对项目未来的不确定性分析,确定项目持续性的条件。

(四)技术因素

技术持续性评价根据项目前评价中的技术因素分析,确定关键技术的内容和条件,从技术培训、当地对装备维修条件的实际情况等方面,分析项目是否满足所选技术装备的需要,分析技术选择与运行操作、配件费用与汇率变动的关系,分析新技术推广的潜力、新产品开发能力等。

(五)社会、文化、环境、生态持续性

社会、文化、环境、生态的持续性评价着重分析这几方面出现的负面作用与影响及值得以后借鉴的经验与教训。

第三节 项目后评价的程序与方法

一、项目后评价的工作程序

按照国家计委的要求,国家重点建设项目的后评价工作分三个层次进行。

(一)建设单位的自我评价

项目后评价的第一个层次是建设单位的自我评价,凡重点建设项目建成投产一段时间后(一般竣工验收两年后),均需由项目使用单位负责组织自我评价,写出评价报告报项目行业或地方主管部门,同时上报国家计委备案。

该层次后评价包括以下几个工作步骤:

1. 提出问题,明确后评价的任务。提出需要进行项目后评价的单位可以是国家计划部门、投资中介机构、商业银行等金融机构、各主管部门及项目建设施工企业,明确后评价的任务。

2. 建立后评价小组,筹划准备。项目后评价工作可以委托设计与工程咨询公司等经过资格审查的单位承担,也可以由项目业主自己组织实施。承办单位接受任务后即可组织后评价小组进行筹备工作,制定出项目后评价的实施计划,包括项目后评价人员的配备、组织机构、时间进度、内容范围、预算安排和评价方法等内容。

3. 深入调查、收集资料。根据项目后评价规定的任务要求,深入实际,收集实际基础资料。项目后评价资料应包括项目的立项、决策和建设实施、项目建成后的效益资料及其他有关资料。

4. 计算项目后评价结果。对实际资料数据的完整性和准确性进行核实、测算和审查,并依据核实后的资料数据进行对比分析研究和论证,采用定量和定性分析相结合的科学方法,合理评价项目的实际成果,找出存在的问题,总结经验教训,并提出今后的改进措施和建议。

5. 编制项目后评价报告。将分析研究的结果汇总,编制出项目后评价报告,提交委托单位和上级有关部门。

(二) 行业后评价

项目后评价的第二层次是行业后评价,按项目隶属关系由行业相应的管理部门负责组织项目后评价,数量不少于每年建成项目的 1/4,主要由主管部门对项目后评价报告和项目建设实际情况进行深入考察,结合行业和地方建设项目反映出来的共性问题、特点及经验,站在国家的立场,从行业或地方的角度出发,提出对项目后评价报告的初步审查意见,写出后评价报告报国家计委,并抄送有关部门和单位。

(三) 国家后评价

项目后评价的第三个层次是国家后评价,由国家计委选定后评价项目并下达年度计划,凡列入国家后评价计划的项目,均需在项目使用单位自我评价、行业初步评价的基础上,由国家计委组织有关方面人员或聘请专家对主管部门的项目后评价审查报告和项目建设单位自我评价的项目后评价报告进行复核审查。国家后评价是站在国家整体利益的立场上,从微观与宏观相结合的角度提出项目后评价复审报告,报国家计委,并抄送有关部门和单位。

二、项目后评价的方法

项目后评价的方法是进行后评价的手段和工具,没有切实可行的后评价方法,就无法开展后评价工作。后评价与前期评价在方法上都采用定量分析与定性分析相结合的方法。但是评价选用的参数及比较的对象不同,决定了后评价方法具有不同于前期评价的特殊性。

项目后评价最常用的方法主要有对比分析法、逻辑框架法、成功度评价法。

(一) 对比分析法

项目后评价采用的对比分析法有前后对比法、有无对比法及横向对比法。

1. 前后对比法。项目后评价中的前后对比法是指项目可行性研究和评估阶段所计算的项目的投入、产出、效益、费用和相应的评价指标与项目实施后的评价指标进行对比分析,用以发现前后变化的数量、变化的原因,以揭示计划、决策和实施的质量。

2. 有无对比法。有无对比法是在项目后评价的同一时点上,将有此项目时实际发生的情况与无此项目时可能发生的情况进行对比,以度量此项目的真实效益、影响和作用。这种对比一般用于对项目的效益评价和影响评价,是后评价的一个重要方法。有无对比的关键是要求投入费用与产出效果的口径一致,也就是说,所度量的效果真正是由该项目所产生的。采用有无对比法进行项目后评价,需要大量可靠的数据,最好有系统的项目监测资料,也可引用当地有效的统计资料。在进行对比分析时,先要确定评价内容和主要指标,选择可比的对象,通过建立对比表,用科学的方法收集资料。

3. 横向对比法。横向对比法在国外有关项目后评价的方法中很少提及,但实践中有时需要将项目实施后所达到的技术经济指标与国内同类项目的平均水平、先进水平、国际先进水平进行比较,尤其在世界经济一体化的年代里,这一点显得十分必要,也为项目持续性评价提供了更高的参考。运用横向对比法进行项目后评价时,必须注意可比性的问题,由于项目前评价、后评价的数据资料来自不同时间,受物价因素的影响,资料没有可比性,因此在比较时要把后评价的数据资料折算到前评价的同一时期,使项目前评价和后评价的价格基础保持同期性,同时也要保持费用、效益等计算口径相同。这既是技术经济效益分析的基本原则,也是项目后评价时必须遵循的原则。

(二)逻辑框架法

逻辑框架法(Logical Framework Approach,LFA)是美国国际开发署在1970年开发并使用的一种设计、计划和评价的工具。目前已有三分之二的国际组织把该方法应用于援助项目的计划管理和后评价。逻辑框架法不是一种机械的方法程序,而是一种综合、系统地研究和分析问题的思维框架,它将几个内容相关且必须同步考虑的动态因素组合起来,通过分析相互之间的关系,从设计、策划、目标等方面来评价项目。逻辑框架法的核心是分析项目营运、实施的因果关系,揭示结果与内外原因之间的关系。

逻辑框架法把目标及因果关系分为四个层次。

1. 目标。通常是指高层次的目标,即宏观计划、规划、政策和方针等,该目标可以由几个方面的因素来实现。目标一般超过项目范畴,是指国家、地区、部门或多边金融机构的整体目标。

2. 目的。目的是指建设项目的直接效果和作用,一般应考虑项目为受益群体带来的效果。

3. 产出物。产出物是指项目建成后提供的可直接计量的产品或服务。

4. 投入物和活动。这是指该项目实施过程中的资源投入量、项目建设的起止时间及工期。

逻辑框架法的模式一般可用矩阵表来表示，见表11-1。

表 11-1　　　　　　　　　　　逻辑框架法的矩阵表

项目结构	验证指标	验证方法	假设条件
目标	达到目标的测定	资料来源，采用方法	目标与目的间的条件
目的	项目的最终状况	资料来源，采用方法	产出与目的间的条件
产出	计划产出，完工期的具体范围	资料来源，采用方法	投入与产出间的条件
投入	投资，成本指标，投入时间，工期	资料来源	项目的原始条件

该矩阵表表示了逻辑框架法的结构模式，它是由 4×4 的模式组成。在垂直方向各横行代表项目目标层次，它按照因果关系，自下而上的列出项目的投入、产出、目的和目标四个层次，包括达到这些目标所需要的检验方法和指标，说明目标层次之间的因果关系和重要的假定条件及前提；在水平方向各竖行代表如何验证这些不同层次的目标，自左到右列出项目各目标层次的预期指标和实际达到的考核验证指标、信息资料和验证方法，以及相关的重要外部假设条件。采用专门的客观验证指标及其验证方法分析研究项目的资源消耗数量、质量和结果，对项目各个目标层次所得的结论进行专门分析和详细说明。整个逻辑框架分析的逻辑关系是由下至上的，就是从一个项目的投入在什么条件下能产出什么，有了这些产出在什么外部假设条件下又可以达到项目的直接目的，而达到这个目的后又在什么客观假设的必要或充分条件下最终达到项目的预期社会经济目标。

项目后评价通过逻辑框架法来分析项目原定的预期目标、各种目标的层次、目标实现的程度和原因，评价项目的效果、作用和影响，国际上很多组织把逻辑框架法作为项目后评价的方法论原则之一。

（三）成功度评价法

成功度评价法是一种综合评价方法，是根据逻辑框架法分析的项目目标的实现程度、经济效益分析的结论，以项目目标和效益为核心的综合评价的方法，得出项目成功程度的结论。

进行项目成功度分析首先必须明确项目成功的标准。一般来说，成功度可以分为五个等级，各个等级的标准如下：

1. 完全成功,表明项目各个目标都已经全面实现或超过,与成本相比,项目取得了巨大效益和影响。

2. 成功的,表明项目的大部分目标已经实现,与成本相比,项目达到了预期的效益和影响。

3. 部分成功的,表明项目实现了原定的部分目标,与成本相比,项目只取得了一定的效益和影响,未取得预期的效益。

4. 不成功的,表明项目实现的目标非常有限,主要目标没有达到,与成本相比,项目几乎没有产生什么效益和影响。

5. 失败的,表明项目的目标无法实现,即使建成后也无法正常营运,目标不得不终止。

项目的成功度评价是项目后评价中一项重要的工作,是项目评价专家组对项目后评价结论的集体定性。一个大型项目一般要对十几个重要的和次重要的综合评价因素指标进行定性分析,断定各项指标的等级。这些综合评价指标见表11-2。

表 11-2　　　　　　　　　　项目成功度评价指标

项目执行指标	相关重要性	成功度	项目执行指标	相关重要性	成功度
宏观经济影响			进度管理		
扩大或增加能力			预算内费用管理		
良好的管理			项目依托条件		
对扶贫的影响			成本与效益		
教育			财务内部收益率		
卫生与健康			经济内部收益率		
对妇女儿童的影响			财务持续性		
环境影响			机构的持续性		
社会影响			项目总持续能力		
对机构的影响			项目的总成功度		
技术进步					

项目成功度评价的程序是:首先确定评议专家,然后选定综合评估指标并确定其权重,专家个人打分,专业集体评议,进行数据处理,最后得出成功度评价的等级。在评定具体项目成功度时,并不一定要测定表中所有指标,评价人员应首先根据具体项目的类型和特点,确定表中指标与项目的相关程度,把它们分为重要、次重要、不重要

三类,只对重要、次重要两类指标进一步评级打分,确定单项指标的成功度。一般一个项目要进行单项指标打分的约 7~10 个。打分按成功度分为 A、B、C、D 四级,A 表示成功,B 表示部分成功,C 表示不成功,D 表示失败,然后根据综合评价技术确定项目成功度。

三、项目后评价报告的内容及格式

项目后评价报告是把后评价发现的事实和吸取的经验教训形成文件,是这些信息反馈的载体。一般建设项目后评价报告的内容主要包括:

1. 简述:对项目进行简单介绍,分析项目实施的经验、结果、吸取的教训、建议及将来运行的计划,这部分主要供决策者使用,应力求简练。

2. 目录

3. 主体

项目后评价的主体包括以下方面内容:

(1)项目背景及基本情况。项目背景包括项目的历史及地理位置;项目的实际执行情况,投入的人力、资金和成本,以及时间进度计划、预期结果和影响。

(2)概述。选择项目进行后评价的理由,后评价的范围和主要目的;后评价的执行方法和手段。

(3)前期工作评价。包括对立项决策、项目建设内容与规模、勘察设计、准备工作和决策程序等方面的评价。

(4)项目建设实施评价。包括对施工准备、招标投标、工程进度、工程质量、工程造价、工程监理、各种合同执行情况及生产运行准备情况等的评价。

(5)项目生产经营评价。包括对项目产品市场情况、原材料、燃料供应情况、生产条件情况等进行评价。

(6)项目管理水平评价。主要分析和评价项目管理者是否能有效地管理项目的各项工作,是否与政策机构和其他组织建立了必要的联系,人才和资源是否使用得当,是否有较强的责任感等。

(7)项目的效益评价。包括项目的财务评价、项目的国民经济评价。

(8)项目的影响评价。包括项目经济影响评价、科技进步影响评价、项目建设对环境的影响评价、项目的社会影响评价。

(9)项目持续能力评价。包括对政府政策、管理组织、社区群众的参与、财务、技术、社会文化、环境和生态以及外部因素等各个方面进行评价。

(10)项目后评价的结论和经验教训。通过以上分析,得出项目后评价的结论,结论应有分析和实证,要具有说服力,建议应与结论分开。若有必要,有些项目可以单独提出评价建议。

4. 信息收集表

项目后评价所采用的数据信息资料。

5. 附件

包括项目后评价任务书及备忘录,后评价单位名称,主要评价者姓名职务,项目自我评价报告,地方部门的审批意见书,项目竣工验收报告及其批准文件,项目可行性研究报告及评估报告,其他有关的文件和技术文件等。

小　结

项目后评价是指在项目建成投产运营一段时间后,对项目全过程进行的系统综合分析,对项目产生的财务、经济、社会和环境等方面的效益和影响及其持续性进行客观全面的再评价,具有广泛性、特殊性、全面性、反馈性的特点。

通过项目后评价可以对一切参加投资活动的人员进行监督、考核,增强其责任心,为投资决策提供服务;通过后评价使项目参与者从项目实践中学到更为合理、科学的决策知识、管理方法,提高决策、管理、组织建设和咨询服务水平。在项目后评价中要遵循以下原则:公正性和独立性、可信性、实用性、科学性。

项目后评价与前评价相比,评价的目的、评价的方法、评价的指标相同,但评价的主体、评价的阶段、评价的内容、评价的性质、评价的依据不同。

项目后评价的基本内容包括项目目标评价、实施过程评价、效益评价、影响评价及持续性评价五个方面。项目后评价时应遵循其基本程序,包括建设单位自评、行业后评价、国家后评价三个层次,项目后评价主要采用对比分析法、逻辑框架法、成功度评价法等方法。

思考与练习

1. 简述项目后评价的概念及特点。
2. 简述项目后评价与前评价的关系。
3. 简述项目后评价时必须遵循的基本原则有哪些。
4. 简述项目后评价的基本内容。
5. 项目后评价的基本方法有哪些?
6. 简述项目后评价中逻辑框架法的基本步骤。

第十二章 技术方案综合评价

对技术实践与经济活动进行分析、评价不只是谋求某一指标或几个指标的最优值,而应当把项目或方案的技术、经济、环境、政治及社会各方面等因素有机地联系起来,全面衡量,综合评价,使技术与经济、社会协调地发展,取得综合性的最佳效果。

本章将着重介绍综合评价的概念、特点、原则、程序、指标体系和评价方法。

第一节 综合评价概述

一、综合评价的概念与必要性

综合评价是借助现代科学手段和方法,把方案的社会、技术、经济、风险等因素有机联系起来,全面衡量,使技术经济、社会协调发展,取得综合性的最佳效果,为决策者选择最优方案提供依据。

技术方案不能仅仅谋求某一指标或几个指标的最优值,应谋求整体目标功能的最优。

综合评价的必要性在于,事物本身是复杂的,对各种方案,大多数不可能很容易就分清优劣,特别是存在多方案时,各种方案均有其优缺点,不能兼得。有时各种指标互相矛盾,如质量好但成本高,经济效益好但社会效果差等。这样,就要在充分调查研究,取得大量可靠数据的基础上,事前预测方案对各方面的影响,可能产生什么效果,综合评价利害得失,用尽可能少的社会劳动消耗,获得尽可能多的经济效益和社会效益,以求得到最可能满意的方案。

综合评价的必要性还在于,科学技术、经济和社会过程的一体化正在日益增长,从一项新的科学发现,到将新技术引入社会推广应用,它将产生的直接与间接经济、社会、环境等各方面的重大影响,都必须进行全面和系统的预测、描述和评价。通过评价,产生各种对策和方案,以期将负效果最大限度地减少,使正效果最大可能地发挥,并指引技术发展的方向,造福于人类。

特别是一些大型的技术项目,随着项目规模的扩大,影响范围的增大,涉及的因素越来越多。因此,在大型工程项目决策中,仅根据技术上可行、经济效益良好来选择方案就不够全面,有时甚至会造成许多没有料想到的不良后果。因此,为了保证方案选择的合理性和总体决策的正确性,为方案选择提供可靠的依据,我们必须对技术方案进行综合评价。

二、综合评价原则

综合评价应遵循下列原则：

(一) 科学性原则

项目综合评价的科学性主要体现在评价目标的确立、评价指标体系的建立、各指标值的测定以及指标的合理综合等关键环节上。为处理好这些环节，必须遵循系统观点，对评价对象作系统分析，包括评价对象的构成要素以及各构成要素之间的相互联系与作用。

(二) 客观性原则

客观性是项目综合评价的生命。离开了客观性，评价就失去了意义。实现客观性的难点是对那些模糊的、难以量化指标的处理，应切忌主观随意性。影响客观性的另一个难点是对系统逻辑结构、层次及因果关系的正确分析。逻辑关系搞错了，就失去了真实性。

(三) 可比性原则

项目综合评价通常是对若干备选方案作横向分析比较，因此，评价目标、评价指标体系、评价模型、指标价值的测定以及综合方法，都要具备可比性，只有这样，才能作出公平的评价结果。

(四) 可行性原则

即项目综合评价的一整套方法应具有可操作性。

三、综合评价程序

尽管评价对象种类繁多，特性、目标各异，但综合评价的程序大体上是一致的。

(一) 确定评价对象的评价目标

应对评价对象的总目标及分目标给予明确定义，使其内涵外延边界清晰并明确目标之间的主次和隶属关系。目标的确定通常要考虑到未来、效果、全局与可行性。若将目标选错，将影响整个方案的效果，甚至导致失败。目标的确定本身就是一项评价内容，要通过反复比较，权衡利弊后才能确定。

(二) 建立综合评价指标体系和标准

评价指标是目标内涵的体现及衡量测定的尺度。指标的设立，不仅与方案的目标、特点、类型、规模等有关，而且与其所处的级别(层次)有关。站在不同的角度，评价的侧重点也不同，有时还会得出相反的结论。指标的设立过程也是一个评价的过程。

选定评价指标后，应制定相应的评价标准。评价不能依靠主观直觉，要有共同的评价尺度。根据过去的实际经验和科学依据，制定出可行的标准。每一个评价指标，都应有详细的评价标准。其中的金额、人员、时间等指标，可进行定量的评价。对社会的精神、文化的影响等指标，可进行定性的评价。对各项评价标准做适当的说明，并规定计算的方法。

(三) 指标数据的标准化处理

指标数据的标准化处理有两项内容,一是将指标定义数量化;二是将指标值标准化。后面将作专门介绍。

(四) 确定指标权重

由于各指标对目标的相对重要程度不同,或者说各指标对目标的贡献不同,因此,对不同指标应赋予不同的权值。

(五) 选择综合评价方法

综合评价结果不是各指标值的简单加总,需要根据一定的数学方法进行处理,其数学方法亦称为评价模型。

(六) 综合评价结果排序

在明确的目标和范围内,根据建立的指标和判据,以及选择的方法,进行综合评价。这包括一系列的预测、分析、评定、协调、计算、模拟、综合等工作,而且是交叉地反复进行。如在既定的目标和范围内,预测某一方案对科学、技术、经济、社会所产生的影响、效果和发展趋势,分析其原因,评定它的程度,协调各种因素、各类指标的关系,计算其数值,模拟各种状态,最后对被评价的各个方案按综合评价结果进行排序,作出方案的选择和决策。

第二节 综合评价指标体系

评价指标体系是被评价对象的目标及衡量这些目标的指标按照其内在的因果和隶属关系构成的树状结构。指标的名称和指标值是指标质和量的规定。一般情况下,指标体系是一个递阶层次结构。

一、建立综合评价指标体系的原则

为了全面、真实反映被评价对象的价值的构成,并使评价指标体系便于操作运算,建立评价指标体系时应遵循下列原则:

(一) 系统性原则

综合评价的指标体系,一方面要尽可能完整、全面系统地反映投资项目的全貌;另一方面又要力求抓住主要因素,突出重点,不搞面面俱到。

(二) 科学性和实用性原则

指标体系应能正确反映评价对象各价值构成要素的因果、主辅、隶属关系及客观机制,在满足完备性要求的前提下,指标的设置应力求简练、含义明确和便于操作。

(三) 互斥性与有机结合原则

指标体系中应排除指标间的相容性,消除重复设置指标而造成评价结果失真的不合理现象。不应出现过多的信息包容、涵盖而使指标内涵重叠,但指标完全独立无关就构不成一个有机的整体,因此指标之间有逻辑关系。

(四) 动态与稳定性原则

为了进行综合的、历史的比较，指标设置应是静态、动态相结合，并具有相对稳定性，以便借助指标体系探索系统发展变化的规律。

(五) 可比性原则

综合评价的目的是要鉴别方案优劣，选择最优方案。因此，方案比较必须建立共同的比较基础和条件，符合可比性原则，主要包括满足需要的可比、消耗费用的可比、价格的可比和时间的可比等。

建立指标体系除应遵循上述原则外，还应遵循定量指标与定性指标相结合原则、绝对量指标与相对量指标相结合原则、直接效果指标与间接效益指标相结合原则。

二、综合评价指标体系的内容

技术方案的评价，特别是重大建设项目的评价，不仅是单纯的技术和经济评价问题，而且涉及到政治、社会、国防、环境和资源等许多方面，是综合性的评价问题，即对项目及其方案要进行全面、系统的整体性评价。因此，应设立综合评价内容。综合评价的内容，通常可归纳为四个方面，如表12-1所示。

有了综合评价内容，就可用来衡量每个方案的各项评价内容的满足程度。显然，不同方案对评价内容满足的程度是不同的，有的满足程度高，方案综合效益高；有的满足程度差，方案综合效益差。

综合评价，就是衡量和判断拟建项目及其方案对上述各个方面或其中几个主要方面的评价标准满足程度的大小。因此，这实质上是一个多目标的评价决策问题。

表 12-1　　　　　　　　　　综合评价指标内容

一级内容	二级内容
社会评价	1. 就业率；2. 生活水平；3. 卫生保健水平；4. 文化教育程度；5. 精神文明程度；6. 社会治安水平；7. 环境保护；8. 生态平衡；9. 防治污染；10. 保护资源；11. 开发资源；12. 合理利用资源等。
技术评价	1. 可行性；2. 可靠性；3. 先进性；4. 适用性；5. 科学技术进步意义；6. 学术水平；7. 技术情报等。
经济评价	1. 经济规律；2. 经济效益；3. 技术经济指标体系；4. 财务评价；5. 国民经济评价；6. 不确定性分析。
风险评价	1. 国家风险；2. 技术风险；3. 市场风险；4. 生产风险；5. 资金风险等。

(一) 社会评价

社会评价是技术方案对社会带来的利益和影响。社会评价的内容包括社会经济、自然资源利用、生态平衡与资源环境保护等。

(二) 技术评价

技术评价是以投资项目中所采用的技术措施为评价对象,如技术措施、工艺路线、生产设备、生产组织方式等。评价的目的是考虑技术措施能否实现系统的整体功能及实现的程度。评价的内容包括技术的先进性、可行性、适用性、可靠性、成功率、标准化、系列化、技术的负效应、实现技术措施的生产技术条件、协作条件及物资供应条件等。不同的技术方案有不同的技术评价内容,应结合专门技术进一步具体化。

(三) 经济评价

经济评价是以技术和其他投入要素对经济的发展与增长的作用为评价对象,并对一组经济指标作出定量描述。技术的先进性将直接表现在产品的功能、产量和结构工艺方面,最终将反映到产品的成本费用和收益上,即经济合理性上。

经济评价的内容包括企业经济评价(又称财务评价)、国民经济评价和不确定性分析等。

(四) 风险评价

风险是指由于某些随机因素引起的投资项目的总体实际效果与预测效果之间的差异以及这种差异的程度和出现这种差异的可能性大小。社会、市场千变万化及各类信息的不完备性和不准确性,必然导致项目投资带有不确定性和风险性。因此,在项目综合评价时,风险评价必不可少。只有充分认识与项目相关的各类风险的来源与本质特征,并进行科学的预测分析,采取必要的措施予以防范,才能使项目风险降到最小,并取得最大风险收益。

三、建立综合评价指标体系的方法

针对具体技术方案,建立一个具有科学性、完备性及实用性的综合评价指标体系,是一件复杂而又困难的工作。建立综合评价指标体系一般需经过三个阶段:初步拟定阶段、专家评议筛选阶段及确定阶段,可参考下列步骤进行。

(一) 系统分析

拟定综合评价指标体系时,必须首先对评价对象作深入的系统分析。从分析技术方案的结构、要素及各种因素的逻辑关系入手,以技术方案的功能系统、价值结构为核心,对技术方案作出条理清晰、层次分明的系统分析。

(二) 目标分解

在系统分析的基础上,对技术方案的目标按照其内在的因果、依存、隶属、主辅等逻辑关系进行分解,并形成符合技术方案价值构成关系的目标层次结构。这是拟定综合评价指标体系的关键工作。

对同一个技术方案,由于观察角度不同,价值标准不同,所构思的目标体系就不同。作为综合评价,应从整体最优原则出发,以局部服从整体、宏观与微观相结合、长远与近期相结合的原则,综合多种因素,确定投资项目的总目标。系统的总目标要通过一组子目标来体现。必要时,子目标还可进一步分解。分解的目的,是寻求系统完整的目标体系。图 12-1 是技术方案风险评价指标分解图。在目标分解的基础上,再将最低层次的子目标用若干属性指标来描述和测定,最后构成评价指标体系。

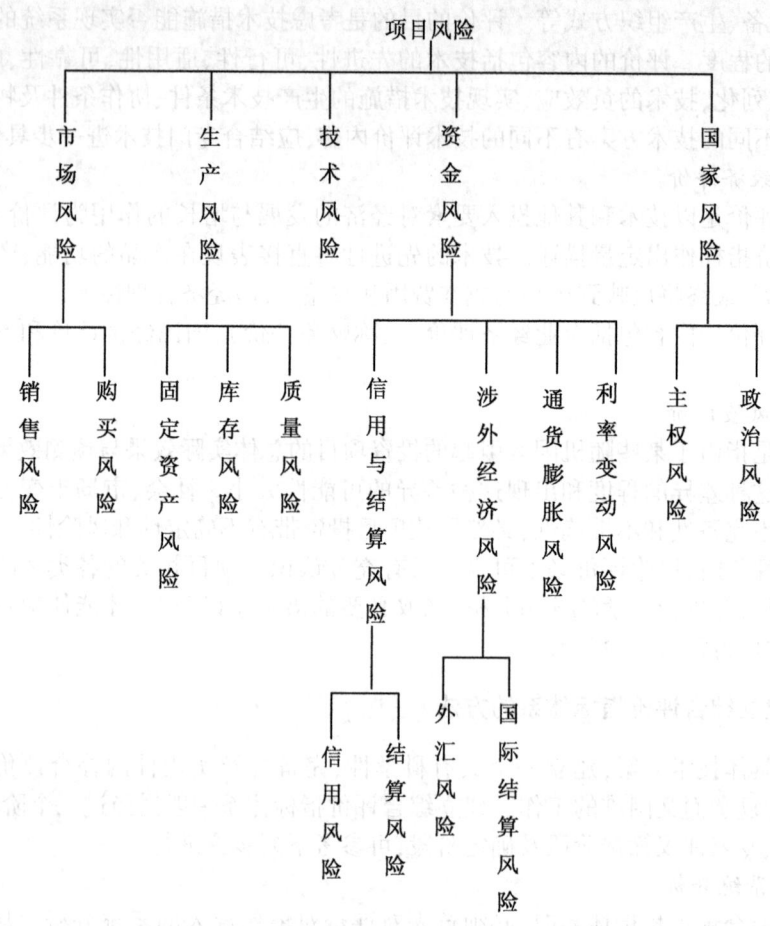

图 12-1　技术方案风险评价指标分解图

(三) 征询专家意见确定评价指标体系

通过系统分析,初步拟出评价指标体系之后,应进一步征询有关专家的意见,对指标体系进行筛选、修改和完善。常用德尔菲法,它是运用专家的知识、智慧、经验、信息和专家的价值观,对初步拟出的评价指标体系进行匿名评价,提出修改意见。

四、指标数据的标准化处理

(一) 指标数据标准化处理的必要性

由于指标体系中各指标可能存在很大差别,不便于进行综合评价,因此有必要进行指标数据标准化处理,其差异主要体现在以下几个方面。

1. 正逆不同。既有越大越好的正指标(如净现值,内部收益率,收益费用比率,净现值大于零的概率等);也有越小越好的逆指标(如投资回收期,盈亏平衡点等)。

2. 量纲不同。各指标的量纲既有货币量,也有实物量,还有百分数、时间等各种形式。

3. 量级不同。既有数量级很大的指标(如净现值的数量级可高达 10^9 以上),也有数量级很小的指标(如内部收益率可低到 10^{-2} 以下)。

4. 性质不同。既有定量的指标,也有定性的指标。

通过指标数据标准化处理后,将正逆不同的指标转化成正指标;使量纲不同的指标具有相同的量纲(一般可用分数表示);并把量级不同、性质不同的指标变成量级相同的定量指标。

(二)指标数据标准化处理方法

现假设:

(1)项目综合评价有 m 个决策方案 $A_i(1 \leq i \leq m)$;

(2)进行综合评价有 n 个评价指标 $f_j(1 \leq j \leq n)$;

(3) m 个决策方案、n 个评价指标所对应的指标特征值构成一个指标值矩阵,记为 $X = (x_{ij})_{m \times n}$,其中 x_{ij} 表示第 i 个方案 A_i、第 j 个指标 f_j 的指标值,显然 X 是一个 m 行、n 列的矩阵;

(4)指标值矩阵经过标准化处理后的矩阵为 $R = (R_{ij})_{m \times n}$。

1. 线性比例变换法

(1)对于效益指标,取 $x_j^* = \max\limits_{1 \leq i \leq m} x_{ij}(1 \leq j \leq n)$

则定义:
$$R_{ij} = \frac{x_{ij}}{x_j^*} \tag{12-1}$$

(2)对于成本指标,取 $x_j^\Delta = \min\limits_{1 \leq i \leq m} x_{ij}(1 \leq j \leq n)$

则定义:
$$R_{ij} = \frac{x_j^\Delta}{x_{ij}} \tag{12-2}$$

该变换的优点是:(1) $0 \leq R_{ij} \leq 1(1 \leq i \leq m, 1 \leq j \leq n)$;(2)计算方便;(3)保留了相对排序关系,$R_{ij}$ 的数值越大越好。

2. 极差交换法

(1)对于效益指标,记 $f_j^* = \max\limits_{1 \leq i \leq m}(x_{ij})$,$f_j^\Delta = \min\limits_{1 \leq i \leq m}(x_{ij})$

则
$$R_{ij} = \frac{x_{ij} - f_i^\Delta}{f_i^* - f_i^\Delta}(1 \leq i \leq m, 1 \leq j \leq n) \tag{12-3}$$

(2)对于成本指标,记 $f_j^* = \min\limits_{1 \leq i \leq m}(x_{ij})$,$f_j^\Delta = \max\limits_{1 \leq i \leq m}(x_{ij})$

则
$$R_{ij} = \frac{f_i^\Delta - x_{ij}}{f_i^\Delta - f_i^*} (1 \leq i \leq m, 1 \leq j \leq n) \tag{12-4}$$

极差变换的优点是:(1)$0 \leq R_{ij} \leq 1 (1 \leq i \leq m, 1 \leq j \leq n)$;(2)对于每一个评价指标 f_j,总是有最优值 $R_{ij}^* = 1$,最劣值 $R_{ij}^\Delta = 0$。

3. 模糊指标的定量方法

在多指标评价中,不少评价指标是模糊指标,只能定性地描述,例如:"质量很好"、"性能一般"、"外观美极了"、"服务态度很差"等,对于这些模糊指标,必须赋值,使其定量化。一般来说,对于指标最优值可赋值为 10.0,对于指标最劣值可赋值 0。见图 12-2。

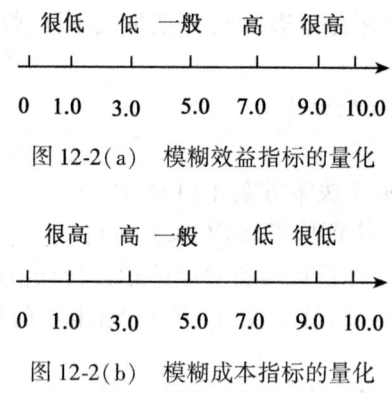

图 12-2(a) 模糊效益指标的量化

图 12-2(b) 模糊成本指标的量化

例 12.1 考虑一个购买战斗机的问题,有 4 种飞机可供选择,决策者根据战斗机的性能和费用,考虑了 6 个评价指标,有关资料如表 12-2 所示。

表 12-2 战斗机评价指标与数据

指标 方案 A_i	最大速度 (马赫)	飞行范围 (公里)	最大负载 (磅)	购买费用 (10^6 美元)	可靠性 (高—低)	灵敏度 (高—低)
A_1	2.0	1 500	20 000	5.5	一般	很高
A_2	2.5	2 700	18 000	6.5	低	一般
A_3	1.8	2 000	21 000	4.5	高	高
A_4	2.2	1 800	20 000	5.0	一般	一般

试对指标进行标准化处理。

解: 首先对第 5 个指标(可靠性)和第 6 个指标(灵敏度)的模糊指标进行量化处理,参考图 12-2 可得,量化后结果见表 12-3 所示。

表 12-3　　　　　　　　　　定性指标量化处理表

方案＼指标	可靠性(f_5)	灵敏度(f_6)
A_1	5	9
A_2	3	5
A_3	7	7
A_4	5	5

① 采用线性比例变换法利用公式(12-1)、(12-2)得到:

$$R = \begin{bmatrix} 0.80 & 0.56 & 0.95 & 0.82 & 0.71 & 1.00 \\ 1.00 & 1.00 & 0.86 & 0.69 & 0.43 & 0.56 \\ 0.72 & 0.74 & 1.00 & 1.00 & 1.00 & 0.78 \\ 0.88 & 0.67 & 0.95 & 0.90 & 0.71 & 0.56 \end{bmatrix} \begin{matrix} A_1 \\ A_2 \\ A_3 \\ A_4 \end{matrix}$$

② 采用极差变换法,利用公式(12-3)、(12-4)得到:

$$R = \begin{matrix} f_1 & f_2 & f_3 & f_4 & f_5 & f_6 \\ \begin{bmatrix} 0.283 & 0.000 & 0.670 & 0.500 & 0.500 & 1.000 \\ 1.000 & 1.000 & 0.000 & 0.000 & 0.000 & 0.000 \\ 0.000 & 0.420 & 1.000 & 1.000 & 1.000 & 0.500 \\ 0.571 & 0.250 & 0.670 & 0.250 & 0.500 & 0.000 \end{bmatrix} \end{matrix} \begin{matrix} A_1 \\ A_2 \\ A_3 \\ A_4 \end{matrix}$$

五、指标权重的确定方法

由于各个评价指标在综合评价指标体系中的重要程度有所不同,因此,必须通过加权予以修正。权重反映各指标的相对重要程度。指标越重要,其权重就越大;反之,则越小。权重一般要进行归一化处理,使之介于 0 与 1 之间,各指标权数之和等于 1。确定权重的方法,通常有以下方法。

(一) 经验确定法

所谓经验确定法,就是根据专家们的经验、智慧,利用集思广益的办法确定重要性权重的一种方法。这种根据经验判断和集思广益的具体做法主要有专家会议法和专家函询调查法。

1. 专家会议法

专家会议法，是召集有关方面的专家在一起开会，面对面地讨论、研究，根据经验分析、估计和测算确定重要性权重。由于是以开会的形式面对面地讨论和研究，因此能互相启发、补充和协商，当然也能反对和否定他人的估计和判断。这种方法的优点是时间短、效率高，当有条件将有关专家集中在一起时，可以采用这种形式。

专家会议法具体评定的方法有：

（1）多比例对比求和评分法。采用多对分值、按照两两比较得分和一定的原则，将某项指标同其他各项指标逐个比较、评分，评分之和即为该项指标的权重评分，最后经归一化处理后就是权重值。例如在表 12-4 中共运用了五对数值：1:9，2:8，3:7，4:6，5:5，两两得分和为 10。

表 12-4　　　　　　　　　多比例对比求和评分法

比较评分 评价指标＼评价指标	f_1	f_2	f_3	f_4	f_5	f_6	权重评分	权重值 W_j
f_1		9	6	7	8	9	39	0.26
f_2	1		2	3	4	6	16	0.11
f_3	4	8		6	7	9	34	0.23
f_4	3	7	4		6	8	28	0.19
f_5	2	6	3	4		7	22	0.15
f_6	1	4	1	2	3		11	0.07

（2）环比倍乘评分法。分三步进行。第一步，排序。为了分析方便，一般在评分前要进行粗略评估，使各指标大致按重要性程度上高下低的顺序排列，如表 12-5 所示。第二步，评定环比值。环比值 T_j 表示第 j 项指标的重要性程度是第 $j+1$ 项指标的 T_j 倍。如 f_2 与 f_3 相比，前者重要，其重要性程度几乎是后者的两倍，故 $T_2 = 2$。环比值评定到倒数第二项指标为止。第三步，计算各指标的权重评分。以最后一项指标为基准，任意给定一个数值作为其权重评分，再以此为基数从下至上累计倍乘环比值，则相应得到各指标的权重评分。最后经归一化处理的权值如表 12-5 所示。

表 12-5　　　　　　　　　　　环比倍乘评分法

序号 j	评价指标	环比值 T_j	权重评分	权重值 W_j
1	f_1	1	4.4	0.20
2	f_2	2	4.4	0.20
3	f_3	1	2.2	0.10
4	f_4	1	2.2	0.10
5	f_5	1	2.2	0.10
6	f_6	2	2.2	0.10
7	f_7	1	1.1	0.051
8	f_8	1	1.1	0.051
9	f_9	1.1	1.1	0.051
10	f_{10}	基准	1	0.047

2. 专家函询调查法

专家函询调查法,也称德尔菲法,是让专家们通过函询调查和问答的形式,背靠背的互不通气、互不协商、独立的作出判断和估计重要性权重。这种方法能克服专家会议法中代表性不充分,容易出现随大流的缺陷,权重评定比较准确,但所花的时间较长。其具体评定过程如下:

首先将拟定的综合评价指标体系及对指标的说明以信函形式发给各位专家,请专家根据自己对各指标相对重要性程度的判断,按规定的量值范围(一般取[0,1]区间的任意值)为各指标评定权值。专家意见返回后,组织者要作下列统计处理,检查各专家意见的集中分散程度,以便决定是否再进行下一轮调查。

(1)专家意见集中程度。用指标权值的均值表示。设指标体系同层次(或某一子指标集)共有 n 个指标,现请 P 位专家分别对 n 个指标赋权值,则对每一指标权重的均值为

$$\overline{W}_j = \frac{1}{P}\sum_{k=1}^{p} W_{jk} \qquad (12\text{-}5)$$

式中:$\overline{W}_j$——第 j 个指标所得权重的均值,

W_{jk}——第 k 位专家对第 j 个指标赋权值。

(2)专家意见离散程度。可用标准差表示

$$\delta_j = \sqrt{\frac{1}{P-1}\sum_{k=1}^{p}(W_{jk}-\overline{W})^2} \qquad (12\text{-}6)$$

一般当 $\delta_j > 0.63$ 时,表示专家意见分散,应征询下一轮意见,δ_j 越小,表明专家

意见越集中。

(3) 专家意见协调程度。用变异系数表示

$$V_j = \delta_j / \overline{W}_j \tag{12-7}$$

V_j 越小，专家意见协调越好。

由 $\overline{W}_j$、δ_j、V_j 综合分析决定是否进行第二轮咨询调查。若已通过，各指标的权值即取最后一轮的 $\overline{W}_j$。由于 $\sum_{j=1}^{n} \overline{W}_j$ 往往不等于1，违背了权值之和为1的条件，应将 $\overline{W}_j$ 作归一化处理，令 n 个指标的权重向量为

$$W = (W_1, W_2, \cdots, W_n)$$

现由专家评议的权重向量为

$$W^* = (\overline{W}_1, \overline{W}_2, \cdots, \overline{W}_n)$$

则由 W^* 计算 W 的公式为

$$\begin{aligned} W &= (\overline{W}_1 / \sum_{j=1}^{n} \overline{W}_j, \overline{W}_2 / \sum_{j=1}^{n} \overline{W}_j, \cdots, \overline{W}_n / \sum_{j=1}^{n} \overline{W}_j) \\ &= (W_1, W_2, \cdots, W_n) \end{aligned} \tag{12-8}$$

(二) 统计资料分析确定法

所谓统计资料分析确定法，就是根据以往同样事件或同类事物的历史统计资料经过分析、计算后，确定现在和未来一定时期的权重。也就是根据过去的统计资料，经过分析计算找出其变化规律，并认为这种规律性可以延续到现在和未来，即有延续性和外延性，从而把过去的某一影响因素的重要性权重，根据现在或将来的具体条件加以适当的修正后，即可作为现在或未来的这一影响因素的重要性权重。这种方法要使用有关预测方法，请读者参考其他教材。

(三) 熵值法

考虑 m 个方案、n 个指标的多指标评价问题。

设其指标矩阵为：

$$D = \begin{array}{c} \begin{array}{cccc} f_1 & f_2 & \cdots & f_n \end{array} \\ \begin{bmatrix} X_{11} & X_{12} & \cdots & X_{1n} \\ X_{21} & X_{22} & \cdots & X_{2n} \\ \vdots & \vdots & & \vdots \\ X_{m1} & X_{m2} & \cdots & X_{mn} \end{bmatrix} \begin{array}{c} A_1 \\ A_2 \\ \vdots \\ A_m \end{array} \end{array}$$

定义：

$$P_{ij} = \frac{X_{ij}}{\sum_{i=1}^{m} X_{ij}} \quad (1 \leq i \leq m, 1 \leq j \leq n) \tag{12-9}$$

根据信息论可知，指标 f_j 输出的熵 E_j 为：

$$E_j = -k\sum_{i=1}^{m} P_{ij} Ln(P_{ij}) \quad (1 \leq j \leq n) \tag{12-10}$$

式中：k 为常数，$k = [Ln(m)]^{-1}$

因为 $0 \leq P_{ij} \leq 1$

所以有：$0 \leq -\sum_{i=1}^{m} P_{ij} Ln P_{ij} \leq Lnm$

由此可知 $\quad 0 \leq E_j \leq 1 \quad (1 \leq j \leq n)$

定义偏差度 $\quad\quad\quad d_j = 1 - E_j (1 \leq j \leq n) \tag{12-11}$

如果评价者对于 n 个指标没有明显偏好，认为这 n 个指标具有相同的偏好。因此，指标 f_j 的权重 w_j 定义为：

$$w_j = \frac{d_j}{\sum_{j=1}^{n} d_j} \quad (1 \leq j \leq n) \tag{12-12}$$

如果评价者对于指标 f_j 有偏好 λ_j，那么可以利用 w_j 进一步修正权重，得到比较准确的估计。

$$\widetilde{w_j} = \frac{\lambda_j w_j}{\sum_{j=1}^{n} \lambda_j w_j} \quad (1 \leq j \leq n) \tag{12-13}$$

例 12.2 用熵值法确定例 12.1 指标的权重。

解：因为指标矩阵 D 为：

$$D = \begin{bmatrix} f_1 & f_2 & f_3 & f_4 & f_5 & f_6 \\ 2.0 & 1\,500 & 20\,000 & 5.5 & 5 & 9 \\ 2.5 & 2\,700 & 18\,000 & 6.5 & 3 & 5 \\ 1.8 & 2\,000 & 21\,000 & 4.5 & 7 & 7 \\ 2.2 & 1\,800 & 20\,000 & 5.0 & 5 & 5 \end{bmatrix} \begin{matrix} A_1 \\ A_2 \\ A_3 \\ A_4 \end{matrix}$$

由公式(12-9)得到

$$P = [P_{ij}]_{m \times n} = \begin{bmatrix} f_1 & f_2 & f_3 & f_4 & f_5 & f_6 \\ 0.2353 & 0.1875 & 0.2532 & 0.2558 & 0.2500 & 0.3462 \\ 0.2941 & 0.3375 & 0.2278 & 0.3023 & 0.1500 & 0.1923 \\ 0.2118 & 0.2500 & 0.2658 & 0.2093 & 0.3500 & 0.2692 \\ 0.2588 & 0.2250 & 0.2532 & 0.2326 & 0.2500 & 0.1923 \end{bmatrix} \begin{matrix} A_1 \\ A_2 \\ A_3 \\ A_4 \end{matrix}$$

根据公式(12-10)、(12-11)、(12-12)可以分别计算出每个指标 f_j 的熵值 E_j、偏差度 d_j 及权重 w_j，列于表 12-6。

表 12-6　　　　　　　　　　　　　$E_j 、 d_j 、 w_j$ 计算表

f_j 项目	f_1	f_2	f_3	f_4	f_5	f_6
E_j	0.9946	0.9829	0.9989	0.9931	0.9703	0.9773
d_j	0.0054	0.0171	0.0011	0.0069	0.0297	0.0230
w_j	0.0649	0.2055	0.0133	0.0829	0.3570	0.2764

即各指标权重排序为:$w_5 > w_6 > w_2 > w_4 > w_1 > w_3$。

如果评价者对 6 个指标已经有如下的优先权重:

$$\lambda = (0.2, 0.1, 0.1, 0.1, 0.2, 0.3)$$

那么根据公式(12-13)修正后,可得

$$\tilde{w} = (0.0657, 0.1041, 0.0067, 0.0420, 0.3616, 0.4199)$$

可见,经过修正,6 个指标的权重排序发生了变化。

新的排序为 $\tilde{w}_6 > \tilde{w}_5 > \tilde{w}_2 > \tilde{w}_1 > \tilde{w}_4 > \tilde{w}_3$。

(四)模糊分析法

设系统的指标集为 $f = (f_1, f_2, \cdots, f_n)$ 对指标集的"重要性"进行二元对比,若

(1) f_k 比 f_l 重要,令排序标度 $e_{kL} = 1, e_{Lk} = 0$;

(2) f_k 与 f_l 同样重要,令排序标度 $e_{kL} = 0.5, e_{Lk} = 0.5$;

(3) f_l 比 f_k 重要,令 $e_{kL} = 0, e_{Lk} = 1$。

可得指标集二元对比重要性排序标度矩阵

$$E = \begin{bmatrix} e_{11} & e_{12} & \cdots & e_{1n} \\ e_{21} & e_{22} & \cdots & e_{2n} \\ \vdots & \vdots & & \vdots \\ e_{n1} & e_{n2} & \cdots & e_{nn} \end{bmatrix} = (e_{kL}) \quad (12\text{-}14)$$

显然,有:① e_{kL} 仅在 0、0.5、1 中取值;② $e_{kL} + e_{Lk} = 1$;③ $e_{kk} = e_{LL} = 0.5, k = L$。

可以证明,指标集二元对比重要性排序标度矩阵 E 为排序一致性标度矩阵的必要且充分条件为:

①若 $e_{hk} > e_{hL}$,有 $e_{Lk} > e_{kL}$;

②若 $e_{hk} < e_{hL}$,有 $e_{Lk} < e_{kL}$;

③若 $e_{hk} = e_{hL}$,有 $e_{Lk} = e_{kL} = 0.5, h = 1, 2, \cdots, n$。

如果将矩阵 E 按各行和数由大到小重新排列,矩阵 E 中标度等于 0.5 的两个目标,其对应行的和数相等,排序相同,据此得到指标集关于重要性有序二元比较矩阵 β。

$$\beta = \begin{bmatrix} \beta_{11} & \beta_{12} & \cdots & \beta_{1n} \\ \beta_{21} & \beta_{22} & \cdots & \beta_{2n} \\ \vdots & \vdots & & \vdots \\ \beta_{n1} & \beta_{n2} & \cdots & \beta_{nn} \end{bmatrix} \quad (12\text{-}15)$$

β_{ij} 为目标 i 对 j 关于重要性作二元比较时,目标 i 对于 j 的重要性模糊标度。矩阵 β 的特点为 $n \times n$ 阶方阵,对角线的元素均为 0.5,它将矩阵分为上、下两个三角。上三角中的元素值从对角线元素值 0.5 开始,每行元素值自左向右递增,每列元素值自上向下递减。按此有:

$$\left. \begin{array}{l} 0.5 = \beta_{11} \leqslant \beta_{12} \leqslant \beta_{13} \leqslant \cdots \leqslant \beta_{1j} \leqslant \cdots \leqslant \beta_{1n} \leqslant 1 \\ 0.5 = \beta_{22} \leqslant \beta_{23} \leqslant \cdots \leqslant \beta_{2j} \leqslant \cdots \leqslant \beta_{2n} \leqslant 1 \\ 0.5 = \beta_{33} \cdots \leqslant \beta_{3j} \leqslant \cdots \leqslant \beta_{3n} \leqslant 1 \\ \cdots\cdots\cdots\cdots\cdots\cdots\cdots\cdots\cdots\cdots\cdots \\ 0.5 = \beta_{nn} \leqslant 1 \end{array} \right\} \quad (12\text{-}16)$$

$$\beta_{1j} > \beta_{2j} > \beta_{3j} > \cdots > \beta_{nj} \quad (12\text{-}17)$$

由式(12-16)可见,表示二元对比重要性程度的两个模糊标度边界值 0.5 与 1.0 对应着两个描写重要性程度的形容词:同样重要与无可比拟地重要。自然语言与文字中形容词的本质特点是模糊性,它是人们运用自己的经验知识对事物进行二元比较的重要手段。为此可以给出关于模糊概念——重要性的 10 个形容词级差,即 11 个形容词级别:同样、稍稍、略为、较为、明显、显著、十分、非常、极其、极端、无可比拟地重要,在比较中是逐步加强的。因此可以在同样重要的模糊标度 0.5 与无可比拟地重要的模糊标度 1.0 之间,以线性变化的模糊标度值分别与不同级别的形容词(语气算子)对应,列于表 12-7。

表 12-7　　**语气算子、模糊标度与隶属度值对应关系表**

语气算子	同样		稍稍		略为			较为
模糊标度	0.50	0.525	0.55	0.575	0.60	0.625	0.65	0.675
隶属度值	1.0	0.905	0.818	0.739	0.667	0.60	0.538	0.481
语气算子	明显		显著		十分		非常	
模糊标度	0.7	0.725	0.75	0.775	0.80	0.825	0.85	0.875
隶属度值	0.429	0.379	0.333	0.290	0.25	0.212	0.176	0.143
语气算子	极其			极端			无可比拟	
模糊标度		0.90		0.925		0.95	0.975	1.0
隶属度值		0.111		0.081		0.053	0.026	0

在比较中还可以在相邻两级语气算子中再插入模糊标度。

根据不等式(12-16)、(12-17),进行 $n(n-1)/2$ 次二元比较,可得满足一致性条件的上三角矩阵。按二元比较的互补偿性条件

$$\beta_{ij} = 1 - \beta_{ji} \tag{12-18}$$

要得下三角矩阵。由此得到有序二元比较矩阵 β,矩阵 β 每行模糊标度值的和(不含自身比较)

$$\beta_i = \sum_{j=1}^{n} \beta_{ij}, i \neq j, i = 1, 2, \cdots, n \tag{12-19}$$

表示了指标的相对重要性。对 β_i 进行归一化,得到指标权重向量。

$$\begin{aligned} w &= (w_1, w_2, \cdots, w_n) \\ &= (\beta_1 / \sum_{i=1}^{n} \beta_i, \beta_2 / \sum_{i=1}^{n} \beta_i, \cdots, \beta_n / \sum_{i=1}^{n} \beta_i) \\ &= (\beta_1 / \sum_{i=1}^{n} \sum_{j=1}^{n} \beta_{ij}, \beta_2 / \sum_{i=1}^{n} \sum_{j=1}^{n} \beta_{ij}, \cdots, \beta_n / \sum_{i=1}^{n} \sum_{j=1}^{n} \beta_{ij}), i \neq j \end{aligned} \tag{12-20}$$

当 $i \neq j$ 时,矩阵 β 之总和(不含对角线元素 0.5 时 β 之总和),根据指标集二元对比排序标度矩阵一致性的必要充分条件及进行 $n(n-1)/2$ 次二元比较应有

$$\sum_{i=1}^{n} \sum_{j=1}^{n} \beta_{ij} = n(n-1)/2, i \neq j \tag{12-21}$$

根据式(12-19)、(12-20)和(12-21)可得指标的权重公式为

$$w_j = 2 \sum_{j=1}^{n} \beta_{ij} / n(n-1), i \neq j \tag{12-22}$$

第三节　综合评价方法

一、综合评分法

技术方案的综合评价,不仅要进行深入的定性分析,而且还要尽可能地进行定量分析,也就是说,要对那些非定量的评价指标,采用量化的方法尽可能地进行定量计算和分析论证。

那么如何量化和进行定量分析呢? 目前主要是采用评分法把多指标评价问题转化为综合的单一目标评价值,然后再依据综合单目标评价值——即评分后的得分值的多少,判断各方案的优劣好坏、整体效益的高低,以及方案的可行与否。

评分的方法多种多样,即有多种多样的打分方法,如百分制、五级分制、0—1 分制、0—4 分制、百分比以及混合量化评分法等。

评分的原则,一般地讲,是按每个方案满足评价标准的程度的高低进行打分,满足程度高得分就多,满足程度低,得分就少。评分标准可参考表 12-8 的数据选用。

表 12-8　　　　　　　　　　　　　评分标准

得分　　满足程度 评分制	优	良	中	差	最差
百分制	100	80	60	40	0
0—4 分制	4	3	2	1	0
五级分制	5	4	3	2	1

评分标准除参考表 12-8 所列数据外，亦可根据需要另设其他评分标准，只要能分辨方案满足评价标准的程度高低即可。

各方案的综合单目标评价值的计算，通常可采用以下几种计算方法：

（一）加法评分方法

所谓加法评分方法，就是计算求出每个方案满足各项评价指标得分总平均值，以总平均值高者或者超过规定得分值的方案为最优方案。加法综合单目标评价平均值计算式为：

$$\overline{F}_i = \frac{1}{n}\sum_{j=1}^{n} R_{ij} \tag{12-23}$$

式中：$\widetilde{F}_i$——i 方案各评价指标得分总平均值；

R_{ij}——i 方案第 j 个指标标准化处理后的分值；

n——评价指标数目。

公式(12-23)是认为每项评价指标的重要程度都相同情况下的计算式。如果每项评价指标在评价中所处的重要程度不相同，其计算式就应有所不同。考虑重要程度后的综合单目标评价平均值的计算式为：

$$\overline{F} = \frac{1}{n}\sum_{j=1}^{n} w_j \cdot R_{ij} \tag{12-24}$$

式中：w_j——评价指标 f_j 的权重。

（二）乘法评分法

所谓乘法评分法，就是对每个方案满足各项评价指标的得分值互相连乘后再开方所得到的综合单目标评价值，其中最大者达到或超过规定值的方案，即是最优方案。乘法综合单目标评价值计算式为：

$$\widetilde{F}_i = \sqrt[n]{w_1 R_{i1} \cdot w_2 R_{i2} \cdot \cdots \cdot W_n R_{in}} \tag{12-25}$$

式中：$\overline{F}_i$——i 方案各指标得分几何平均值。

应当指出，加法和乘法都是常用的计算综合单目标评价值的方法，但它们各有优缺点。

加法评分法的优点：计算比较简单、直观，当评价指标的重要程度不同时，可以用权重加以明显的区别。

缺点：一是在评价打分中出现"0"分时，不能从公式的计算结果中立刻明显地加以否定。因为虽然有一项或二项评价指标的满足程度最差而得了"0"分，但总得分值还不是"0"，所以不能一下子就作出否定；二是不同评价指标得分高低的差距大小，在总平均值中不能明显的反映出来，即得分的离散程度不明显。

乘法评分法的优点：一是当评价指标中出现评分为"0"时，则公式计算所得的总分也是"0"，故对方案可立刻加以否定；二是不同评价指标得分高低之间的差距大小，可以在得分中得到较明显的反映，差距越大，得分就越小，反之差距越小，得分就越大，即对评分值离散程度的反映明显。

缺点：一是乘法计算比较复杂；二是各评价指标的重要程度不易明显的反映出来，即使给予不同的权重，也不能明显的在得分中反映出来。

（三）加法与乘法混合评分法

采取加法与乘法评分的混合计算，是为了克服单纯加法或单纯乘法的缺点。混合法综合单目标评价值的计算式为：

$$F_i = \overline{F}_i + \widetilde{F}_i \qquad (12\text{-}26)$$

式中：F_i——i 方案混合法计算求得的综合评分值。

例 12.3 假设有四个可供比较评价的方案，其中各项评价指标的评分值以及采用加法、乘法、加乘混合法求得的各方案的综合单目标评价值列于表 12-9，试用综合评价方法选择最优方案。

表 12-9　　　　　　　　　　　方案综合评价表

方案＼评价指标＼分值	政治	国防	社会	技术	经济	环境生态	自然资源	综合单目标评价值		
								加法平均 $\overline{F}_\text{平}$	乘法平均 $\widetilde{F}_\text{乘}$	加乘混合 F
A_1	100	100	80	80	80	80	80	86	85	171
A_2	100	100	80	60	60	60	60	74	72	146
A_3	100	80	80	60	40	60	80	71	69	140
A_4	100	80	60	60	60	40	60	66	63	129

由表 12-9 可以看出，在四个方案中，没有一个方案的某项评价指标评分为"0"的，也就是说每个方案对综合评价标准满足程度没有最差的。因此，可以认为这四个

方案都是可行的。但是其中方案1综合评价值最高,故方案1是最佳方案。

二、模糊优选模型

对于技术方案综合评价,有时要给出一个清晰的数量化形式的目标是不太可能的,因为有许多定性的因素,描述起来比较抽象,评价标准往往由决策者主观决定。所以,对于这类问题,采用多目标模糊决策方法比较合适,该方法主要是选用评价函数来定量描述在方案集合中选取不同的方案时,究竟能在多大程度上达到目标。由于技术方案综合评价由许多因素组成,各因素间是有关联的,为将这一复杂问题简化,可将各因素间的相互关联影响及隶属关系按不同层次聚集组合,形成一个多层次的分析结构模型,这即是层次分析法的基本思想。将以上两种方法相结合,就构成了项目综合评价数学模型,我们称之为多指标模糊综合评判方法模型。

设多目标决策问题的方案集为 $A = \{A_1, A_2, \cdots, A_m\}$,指标集为 $f = \{f_1, f_2, f_n\}$,方案 A_i 对指标 f_j 的属性值(指标值)记为 $X_{ij}(i = 1,2,\cdots,m; j = 1,2,\cdots,n)$,矩阵 $X = (X_{ij})_{m \times n}$ 表示方案集 A 对指标集 f_j 的"属性矩阵",也称"决策矩阵"。

将决策矩阵选用合适的标准化处理方法处理后得到相对优属度矩阵,记为 $R = \{R_{ij}\}_{m \times n}$。

定义:各评价指标的理想属性值为 $E = (E_1, E_2, \cdots, E_n)^T = (1,1,\cdots,1)^T$,或 $E = (E_1, E_2, \cdots, E_n)^T = (\max_{1 \leq i \leq m} R_{i1}, \max_{1 \leq i \leq m} R_{i2}, \cdots, \max_{1 \leq i \leq m} R_{in})^T$;各评价指标的非理想属性值为 $B = (B_1, B_2, \cdots, B_n) = (0,0,\cdots,0)^T$ 或 $B = (B_1, B_2, \cdots, B_m)^T = (\min_{1 \leq i \leq m} R_{i1}, \min_{1 \leq i \leq m} R_{i2}, \cdots, \min_{1 \leq i \leq m} R_{in})^T$。我们称由理想属性值构成的方案为优等方案;由非理想属性值构成的方案为劣等方案。

设系统中 n 个指标的权重不同,权向量为 $W = (W_1, W_2, \cdots, W_n)^T$,$\sum_{j=1}^{n} W_j = 1$。$W_j$ 为目标 j 的权重。

方案 i 的优属度向量为 $R_i = (R_{i1}, R_{i2}, \cdots, R_{in})^T$,它与优等方案的差异可用广义权距离

$$d_i^+ = \sqrt[P]{\sum_{j=1}^{n} [W_j(E_j - R_{ij})]^P} \qquad (12-27)$$

表示,简称距优距离。P 为距离参数,$P = 1$,为海明距离;$P = 2$,为欧氏距离。方案 i 与劣等方案的差异可用广义权距离

$$d_i^- = \sqrt[P]{\sum_{j=1}^{n} [W_j(R_{ij} - B_j)]^P} \qquad (12-28)$$

表示,简称距劣距离。

若以 u_i^+ 表示方案 i 对优等方案的相对隶属度,根据模糊集合的余集定义,则方案 i 对劣等方案的相对隶属度为 $u_i^- = 1 - u_i^+$。为了完善地表达方案 i 与优等方案的距离,距优距离 d_i^* 以 u_i^+ 作为权重。则有

$$S_i^+ = u_i^+ d_i^+ = u_i^+ \sqrt[P]{\sum_{j=1}^n [W_j(E_j - R_{ij})]^P} \tag{12-29}$$

S_i^+ 称为方案 i 加权距优距离。类似地,方案 i 加权距劣距离为

$$S_i^- = u_i^- d_i^- = (1 - u_i^+) \sqrt[P]{\sum_{j=1}^n [W_j(R_{ij} - B_j)]^P} \tag{12-30}$$

为了求解方案 i 相对优等方案的相对隶属度 u_i^+ 的最优值,建立如下的优化准则:方案 i 的加权距优距离平方与加权距劣距离平方之总和为最小,即目标函数为

$$\min\{Z(u_i^+)\} = (S_i^{+2} + S_i^{-2}) = (u_i^+)^2 \left\{\sum_{j=1}^n [W_j(E_j - R_{ij})]^P\right\}^{\frac{2}{P}}$$

$$+ (1 - u_i^+)^2 \left\{\sum_{j=1}^n [W_j(R_{ij} - B_j)]^P\right\}^{\frac{2}{P}} \tag{12-31}$$

求目标函数式(12-31)的导数,且令导数为零。

$$\frac{dZ(u_i^+)}{du_i^+} = 0$$

解得

$$u_i^+ = \cfrac{1}{1 + \left\{\cfrac{\sum_{j=1}^n [W_j(E_j - R_{ij})]^P}{\sum_{j=1}^n [W_j(R_{ij} - B_j)]^P}\right\}^{\frac{2}{P}}} \tag{12-32}$$

如将 $E_j = 1, B_j = 0$ 代入模型(12-32)得到方案 i 的相对优属度模型为

$$u_i^+ = \cfrac{1}{1 + \left\{\cfrac{\sum_{j=1}^n [W_j(1 - R_{ij})]^P}{\sum_{j=1}^n [(W_j R_{ij})]^P}\right\}^{\frac{2}{P}}} \tag{12-33}$$

式(12-32)、(12-33)称为多目标模糊优选模型。

为了加深对模型的理解,对式(12-32)作一分析,令距离参数 $P = 2$,式(12-32)可变为

$$u_i^+ = \cfrac{1}{1 + \left(\cfrac{d_i^+}{d_i^-}\right)^2} \tag{12-34}$$

由式(12-34)可知,若方案 i 的距优距离小于距劣距离,即 $d_i^+ < d_i^-$,则方案 i 的隶属于优等方案的相对隶属度 $u_i^+ > 0.5$,隶属于劣等方案的相对隶属度 $u_i^- < 0.5$;

若方案 i 的距优距离等于距劣距离,即 $d_i^+ = d_i^-$,则 $u_i^+ = u_i^-$;

若方案 i 的距优距离大于距劣距离,即 $d_i^+ > d_i^-$,则 $u_i^+ < 0.5, u_i^- > 0.5$;

若方案 i 的距优距离等于0,即方案 i 就是优等方案,可知 $u_i^+ = 1, u_i^- = 0$;

若方案 i 的距劣距离等于0,即方案 i 就是劣等方案,可知 $u_i^+ = 0, u_i^- = 1$。

根据以上分析可见,模糊优选模型具有清晰的数学、物理意义。

对所有备选方案,按式(12-32)或(12-33)计算,相对优属度 u_i^+ 最大的方案为最满意方案,方案的优劣排序按 u_i^+ 从大到小排列。

第四节 综合评价案例

某地区要改善一条河道的过河运输条件,为此要确定是否要建立桥梁或隧道以代替现有的轮渡。现有3个决策方案:

(1)桥梁 A_1;(2)隧道 A_2;(3)轮渡 A_3。试选择最优决策。

在综合评价时考虑过河的效益 E_1 与代价 E_2,因素为:经济的、社会的、环境的,系统层次结构如图12-3所示。

由图12-3可见系统共分为三层,第1层有6个基本单元系统,第2层有2个单元系统,第3层即最高层有且仅有1个单元系统。求解最优决策应从第1层开始,再进行第2层,最后到第3层可解得最优决策。

先确定第1层中3个效益基本单位 B_1、B_2、B_3。现以经济效益基本单元系统 B_1 为例作一说明。

B_1 考虑5个目标:节省时间 C_1,收入 C_2,岸间商业 C_3,当地商业 C_4,建筑就业 C_5。

先对 C_1 给出桥梁 A_1,隧道 A_2,轮渡 A_3 三个决策($m = 3$)关于模糊特性 β——优越性 $m \cdot (m-1)/2$ 次二元对比。对比结果为:对于节省时间这一目标,桥梁 A_1 决策比隧道 A_2 决策、轮渡 A_3 决策重要,而隧道 A_2 决策比轮渡 A_3 决策重要。则得指标集 C_1 二元对比重要性排序标度矩阵:

$$E_{C_1} = \begin{bmatrix} 0.5 & 1 & 1 & 2.5 \\ 0 & 0.5 & 1 & 1.5 \\ 0 & 0 & 0.5 & 0.5 \end{bmatrix}$$

可检验矩阵 E_{C_1} 为排序一致性矩阵。由此得到3个决策关于优越性的排序:A_1,A_2,A_3。就节省时间 C_1 而言,考虑到桥梁 A_1 比隧道 A_2 略为优越,查表12-7,可得隶属度值 $\Psi_{12} = 0.6$;对 C_1 来讲,桥梁 A_1 极其优越于轮渡 A_3,而得 $\Psi_{13} = 0.111, \Psi_{11} = 1$,

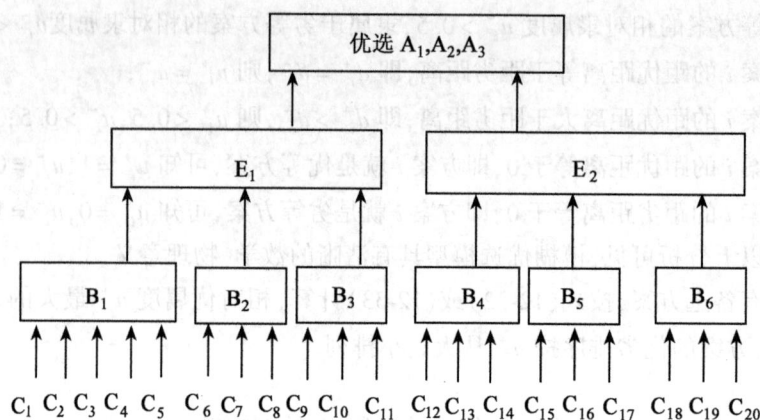

C_1—节省时间;C_2—收入;C_3—岸间商业;C_4—当地商业;C_5—建筑就业;C_6—安全可靠;C_7—交往沟通;C_8—自豪感;C_9—舒适;C_{10}—进出方便;C_{11}—美化;C_{12}—投入资金;C_{13}—操作维护;C_{14}—冲击渡船业;C_{15}—冲击生活方式;C_{16}—交通拥挤;C_{17}—居民搬迁;C_{18}—汽车排放物;C_{19}—对水的污染;C_{20}—对生态的破坏;B_1—经济效益;B_2—社会效益;B_3—环境效益;B_4—经济代价;B_5—社会代价;B_6—环境代价;E_1—过河效益;E_2—过河代价;A_1—桥梁;A_2—隧道;A_3—轮渡。

图 12-3 综合评价

故就节省时间目标 C_1 而言,A_1,A_2,A_3 三个决策对优的相对隶属度向量(Ψ_{ij} 相当于 r_{ij})为:

$$r_{C_1} = r_1 = (1, 0.6, 0.111)$$

对目标 C_2, C_3, C_4, C_5 进行类似的解算,分别得到:

$$r_{C_2} = r_2 = (0.6, 1, 0.081)$$
$$r_{C_3} = r_3 = (1, 0.379, 0.081)$$
$$r_{C_4} = r_4 = (1, 1, 0.176)$$
$$r_{C_5} = r_5 = (0.739, 1, 0.081)$$

则经济效益基本单元系统 B_1 的 3 个决策,5 个目标对优的相对隶属度矩阵为:

$$R_{B_1} = R_{ij} = \begin{bmatrix} 1 & 0.6 & 0.111 \\ 0.6 & 1 & 0.081 \\ 1 & 0.379 & 0.081 \\ 1 & 1 & 0.176 \\ 0.739 & 1 & 0.081 \end{bmatrix}$$

现在来确定 B_1 中 5 个目标的权向量。对 B_1 给出 $C_1, C_2, \cdots, C_5$ 5 个目标($n = 5$) 关于模糊性 β——重要性 $\frac{n(n-1)}{2} = 10$ 次二元对比,得标度矩阵:

$$E_{B_1} = \begin{bmatrix} 0.5 & 0 & 0 & 0 & 0 \\ 1 & 0.5 & 0 & 0 & 0 \\ 1 & 1 & 0.5 & 0 & 1 \\ 1 & 1 & 1 & 0.5 & 0 \\ 1 & 1 & 0 & 1 & 0.5 \end{bmatrix} \begin{matrix} 0.5 \\ 1.5 \\ 3.5 \\ 3.5 \\ 3.5 \end{matrix}$$

根据各行之和得不到目标关于重要性的排序,对上述矩阵进行一致性检查,易知在矩阵第 3 行给出的 $e_{34} = 0 < 1 = e_{35}$,而在第 4、5 行中却有 $e_{45} = 0 < 1 = e_{54}$,不满足矩阵 E 为排序一致性的第 2 个条件。为此对上述矩阵进行修正,即再考虑 e_{34}、e_{35}、e_{45} 的取值。经慎重考虑将 e_{34} 改为 1,得修正后的标度矩阵为:

$$E_{B_1} = \begin{bmatrix} 0.5 & 0 & 0 & 0 & 0 \\ 1 & 0.5 & 0 & 0 & 0 \\ 1 & 1 & 0.5 & 1 & 1 \\ 1 & 1 & 0 & 0.5 & 0 \\ 1 & 1 & 0 & 1 & 0.5 \end{bmatrix} \begin{matrix} 0.5 \\ 1.5 \\ 4.5 \\ 2.5 \\ 3.5 \end{matrix}$$

得到五个目标关于重要性的排序为:C_3, C_5, C_4, C_2, C_1。就经济效益 B_1 而言,考虑岸间商业目标 C_3 比建筑就业目标 C_5 明显地重要,C_3 比当地商业目标 C_4 较非常重要,C_3 比收入目标 C_2 非常重要,C_3 比节省时间目标 C_1 极端重要,根据表 12-3 查得 $\beta_{35} = 0.429, \beta_{34} = 0.212, \beta_{32} = 0.176, \beta_{31} = 0.053$,这里,模糊特性 β 指重要性,且 $\beta_{33} = 1$,故对 B_1 来说,C_1, C_2, C_3, C_4, C_5 5 个目标对重要性的相对隶属度向量为

$$\beta_{B_1} = (0.053, 0.176, 1.0, 0.212, 0.429)$$

对 β 进行归一化处理得到目标权向量:

$$W_{B_1} = (0.028, 0.094, 0.535, 0.113, 0.230)$$

将向量 W_{B_1} 与矩阵 R_{B_1} 中的有关数据及 $P = 1$ 代入多目标模糊优选模型(12-33)式,得到经济效益基本单元系统 B_1 的三个决策 A_1, A_2, A_3 对优的相对隶属度向量:

$$B_1: u_i^+ = (0.988, 0.786, 0.010)$$

类似地得到社会效益基本单元系统 B_2,环境效益基本单元系统 B_3 的三个决策方案 A_1, A_2, A_3 对优的相对隶属度向量

$$B_2: u_2^+ = (1, 0.771, 0.020)$$
$$B_3: u_3^+ = (0.999, 0.268, 0.031)$$

进行第 2 层效益单元系统 E_1 的解算。

令 $u_i = r_{ij}$ 得效益单元系统 E_1 的输入矩阵:

$$R_{E1} = \begin{bmatrix} 0.988 & 0.786 & 0.010 \\ 1 & 0.771 & 0.020 \\ 0.999 & 0.268 & 0.031 \end{bmatrix}$$

类似地确定 E_1 中,三个输入 B_1,B_2,B_3 的权向量为:

$$W_{E1} = (0.663, 0.221, 0.166)$$

将向量 W_{E1} 与矩阵 R_{E1} 中的数据及 $P=1$ 代入式(12-33)得效益单元系统 E_1 的三个决策 A_1, A_2, A_3 对优的相对隶属度向量:

$$E_1: u_1^+ = (1, 0.872, 0)$$

再确定第1层中三个代价基本单元系统的输入—目标对劣的相对隶属度(因代价与效益相反,代价越大的决策越劣)。与效益系统的解算相类似,得到代价单元系统 E_2 三个决策 A_1, A_2, A_3 对劣的相对隶属度向量:

$$E_2: u_2^- = (1, 0.376, 0)$$

根据余集定义,对优的相对隶属度向量为:

$$E_2: u_2^+ = (0, 0.624, 1)$$

对于第3层(最高层)决策优选单元系统求解。显然此单元系统的输入矩阵为:

$$R = \begin{pmatrix} 1 & 0.872 & 0 \\ 0 & 0.624 & 1 \end{pmatrix}$$

考虑效益、代价单元系统 E_1、E_2 的权重为:

$$W = (0.6, 0.4)$$

将 $P=1$ 和 R、W 矩阵中的有关数据代入(12-33)式得三个决策:桥梁 A_1,隧道 A_2,轮渡 A_3 对优的相对隶属度向量:

$$u_i^+ = (0.692, 0.921, 0.308)$$

根据对优的相对隶属度最大原则,三个决策的优劣排序:隧道 A_2,桥梁 A_1,轮渡 A_3,应选择建造隧道方案。

小 结

技术方案综合评价是一种系统分析方法,是从多角度、多方位、多层次来全面衡量方案的好坏。它是借助现代科学手段和方法,把方案的社会、技术、经济、风险等因素有机联系起来,全面衡量,综合评价,使技术与经济、社会协调地发展,取得综合性的最佳效果。综合评价的一般程序为:①确定评价对象的评价目标;②建立综合评价指标体系和标准;③指标数据的标准化处理;④指标权重的确定;⑤选择综合评价方法;⑥进行综合评价排序。在综合评价的各个步骤中,指标体系是前提,指标数据的标准化处理是基础,指标权重是关键,综合评价模型是核心。为了得到合理的结论,对每个步骤都必须进行认真研究和系统分析。

思考与练习

一、思考

1. 技术方案综合评价的内容主要有哪些?
2. 建立某方案经济评价指标分解图。

二、练习

1. 某建筑工程有关资料如表 12-10 所示,要求:

表 12-10　　　　　　某建筑工程有关资料表

评价标准 参数 方案	A_1	A_2	A_3
1. 结构合理性	中	优	良
2. 抗震能力(里氏级)	6.0	5.5	6.5
3. 造价(元/m²)	1 000	1 500	1 250
4. 造型美观程度	良	优	中

(1) 将定性指标量化处理。
(2) 用线性比例交换法,对指标进行标准化处理。
(3) 用极差交换法,对指标进行标准化处理。
(4) 用(2)所得结果,用熵值法确定权重。
(5) 若决策者对指标权重的偏好为 $\lambda=(0.4,0.3,0.2,0.1)^T$,计算权重修正值。

2. 某公司想购买一批出租用小汽车,现有三种牌号 A_1、A_2、A_3 可供选择,该公司决策者考虑了 6 个指标,原始决策矩阵如表 12-11 所示。

表 12-11

汽车	价格 (万元/辆)	功率 (千瓦)	经济性 (千瓦/升)	折旧值 (万元)	维修费 (万元/年)	外观 (等级)
A_1	30	88	5.0	12	2	3
A_2	34	104	5.5	14	3	4
A_3	36	96	6.0	18	2.5	5

这 6 个评价指标的含义如下:

指标 f_1：价格（万元/辆）→min

指标 f_2：功率（kW）→max

指标 f_3：经济性（每升汽油可行驶公里数）→max

指标 f_4：折旧值（从购买日开始计算，5年之内的转让价格）→max

指标 f_5：年维修费（万元/车）→min

指标 f_6：外观（以等级1~5表示，5最漂亮，1最不美观）→max

要求：(1) 用极差交换法对指标进行标准化处理。

(2) 利用模糊优选模型对方案进行优劣排序（假设各指标权重相等，取 $P=2$）。

第十三章 技术创新

技术创新是科学与经济结合的必由之路,通过技术创新推动技术进步,进而获得经济增长已逐渐成为人们的共识,也是技术经济学研究的重要内容。本章主要介绍技术创新的含义、分类、作用、影响因素、过程模型、战略选择及对经济增长质量的影响等内容。

第一节 技术创新的含义及类型

一、技术创新的含义

技术创新的理论观点首先是由美籍奥地利经济学家熊彼特于1912年在其著作《经济发展理论》中提出的。技术创新得以被普遍重视,则是20世纪70年代后期的事情,不少发达国家和发展中国家以及国际组织,都先后开展了对技术创新理论和政策的研究,并采取了许多促进和引导技术创新趋于深化的政策、法律和组织措施,以期通过技术创新,加速经济增长,提高经济增长质量。

对于技术创新的定义,至今有许多表述。一般认为,技术创新是企业家抓住市场的潜在盈利机会,以获取商业利益为目标,重新组织生产条件和要素,建立起效能更强、效率更高和费用更低的生产经营系统,从而推出新的产品,新的生产(工艺)方法,开辟新的市场,获得新的原材料或半成品供给来源或建立企业的新的组织,它是包括科技、组织、商业和金融等一系列活动的综合过程。

关于技术创新的定义需要强调的是:

(一)技术创新的主体是企业家

企业家的职能是利用一种新发明推出新商品或用新方法、新技术生产老商品,开辟原材料的新来源或产品的新销路,通过重组产业等来改革生产模式。这种职能主要不在于发明某些东西,或创造出得以开发利用的某些条件,而在于把事情付诸于实践。所以,企业家是具有创新意识和能力并进行创新的独立的商品经营者和生产者。这里所说的企业家在现代企业中更多地表现为群体,是由企业上层的若干领导人组成的群体。

企业家是主体,是因为他们是技术创新全过程的决策者与组织者。创新过程的每一个环节都需要企业家敏锐的目光、果断的决策与高效率的组织,都需要用其所掌握的生产要素作后盾。市场的需求与占有率和超额的利润前景始终是诱发企业家创新的动力。

为了实现技术创新,企业家必须了解科技,熟悉科技,掌握本行业内的科技发展动态和趋势,从而对创新作出正确判断和决策。

(二)技术创新的目的是获取超额潜在利润

没有技术创新的企业,最多只能获取行业的平均利润,而技术创新成功的企业,它的新产品、新技术在别人没有模仿、技术没有扩散前,往往可以垄断市场,在价格上采取高价策略,利润自然可以较大地超过平均利润。技术创新之所以能获取超额利润,在于它建立了一种新的生产函数,把最新的科学技术融入生产过程,提高了生产力的技术构成,从而大大提高了劳动生产率。

(三)技术创新始于研究开发而终于市场实现

任何技术创新都是从研究开发开始的,没有研究开发就谈不上进行技术创新,即使通过技术引进,但技术上新意不大,要把它们变成本企业自己能实现的商品,也需要做开发工作。至于一些重大的技术创新,则更需要有研究开发工作来支持。技术创新最后是以市场实现而完成的,它将通过营销环节,来实现技术创新的价值。营销环节的创新自然也包含在技术创新过程之中,它对开辟新市场和实现技术创新的价值有着重要的作用。

二、技术创新的类型

英国经济学家弗里曼把技术创新概括为四种类型:即渐进性创新、基本创新、技术体系的变革及技术—经济范式变革。

国内的研究则使技术创新的分类更具体化。清华大学傅家骥教授在他的《技术创新——中国企业发展之路》中就对技术创新作了具体分类。下面介绍五种分类方法。

(一)按创新的对象划分

1. 产品创新。凡是以开发新产品为目标或结果的技术创新活动称为产品创新。

2. 工艺创新。凡是导致产生新工艺的技术创新活动称为工艺创新。工艺创新有独立的工艺创新和伴随性工艺创新。独立的工艺创新是工艺的创新结果,并不改变产品的基本功能,它的变化只是降低生产成本,提高产品性能或者两者兼有。伴随性工艺创新是由于产品变化而导致的工艺创新。

3. 原材料创新。是指企业提高原材料的质量、开发替代的原材料、控制原材料的供应来源的创新活动。

4. 设备创新。是指企业针对其生产过程各环节所采用的设备而进行的技术创新活动。

5. 组织管理创新。是着眼于产生新的组织管理方式而进行的技术创新活动。它包括企业性质、领导制度、组织结构、人事制度、分配制度、管理方式等多方面内容。

(二) 按照创新技术发生变化的程度划分

1. 突变性创新。指在比较短的研究周期内,使某项技术有质的变化,或开发出某项技术从而使某一领域形成跳跃式发展。

2. 累进性创新。即弗里曼提出的渐进性创新。这种创新通常在一次创新中无质的突破,每一次创新都使技术得以改进,但是,当这种改进累积到某一点后,将会构成质的飞跃。在许多情况下,正是累进性创新引发大的技术革命或创新。

3. 根本性创新。类似于弗里曼提出的基本创新,是指技术上有重大突破。这种创新一旦实现,将开拓新的市场或者使现有产品或技术得到巨大改善。

(三) 按照创新的规模划分

1. 企业创新。是一个企业内部,对其产品、工艺过程、组织机构等方面开展的创新活动和取得的创新成果。

2. 产业创新。指某一项技术创新或形成一个新的产业,或对某一产业进行彻底改造。产业创新在许多情况下,并不是一个企业的创新行为或结果,而是一个企业群体的创新集合。

(四) 按照创新本身的经济价值划分

1. 基础性创新。这种创新本身不要求有重大的技术开发成果或技术上有重大的突破,但是却能够在某一方面给社会增加新的需求满足,或者使某一社会需求更好地得到满足。

2. 增值性创新。这种创新的引入,虽然不能引起某一项技术领域发生根本性变化,但却能够使原效益得到较大幅度的提高。

(五) 按照创新的最终效益划分

1. 资本节约型创新。这种创新的结果能够使某一行业或某一领域的资本有机构成中,物化劳动部分减少,从而导致商业价值构成中,物化劳动的价值减少。

2. 劳动节约型创新。这种创新结果可使某一行业或领域内的商品价值构成中活劳动的部分减少,从而形成资本密集型产业或产品。

3. 中性技术创新。这种创新结果使整个劳动生产效率提高,商品中的活劳动与物化劳动消耗大幅度减少,但商品价值构成中活劳动与物化劳动的比重并不发生很大变化。

第二节 技术创新的作用及影响因素

一、技术创新的作用

技术创新是人类财富之源,是经济增长的根本动力,其作用表现在以下几方面。

(一)技术创新与实现高质量经济增长

一国的经济增长,既有数量的扩大,又有经济系统质量的改善。这种质量的改善是通过技术创新实现的,主要表现为产品附加价值的提高和资源耗费的降低,即用等量的资源可创造更多的财富。工业发达国家的经济增长主要是靠技术创新,而我国的经济增长仍然主要是靠资金和人力的追加投入,资源浪费已构成抑制我国经济高质量增长的严重障碍。例如,目前我国每万元国内生产总值的能源耗费为美国的5.45倍,日本的14.33倍,德国的10.86倍,甚至是印度的2.86倍;每百万美元国内生产总值的钢耗日本为35吨,德国为43.7吨,而我国为127.8吨。显而易见,如果不用先进的设备更替陈旧落后的设备,提高员工的知识水平,不断地实施产品创新和工艺创新,提高企业的生产效率和资源利用效率,多数企业以至整个国家的经济将是没有前途的。可以说,技术创新是解决资源浪费的问题,实现高质量经济增长的惟一途径。

(二)技术创新与提高企业经济效益

多年来,我国的经济增长速度一般都不低于10%,但企业经济效益始终不高,相当多的国有大中型企业仍严重亏损。产生这一问题的主要原因之一是由于企业没有按市场需要进行产品创新。这是企业陷入困境和国有企业亏损面居高不下的源头。要使经济活跃,提高企业的经济效益,只有一条路,那就是通过技术创新来改善产品结构,提高产品附加价值,以适应市场的需求。

(三)技术创新与新产业的发展

任何一种产品的市场容量都是有限的,当一种产品的市场发展到一定程度,就会出现饱和或供大于求的情况。任何一种产品的市场都有其生命周期,不仅会趋于饱和而达到成熟化,而且还会走向衰老与死亡,最终被另一种新产品所替代。而这种替代会使企业的命运发生戏剧性的变化,现有产品技术领域的领先者未必会成为新技术领域的领先者。有些企业的失败可能是局部性的,有些企业的失败也可能会发展成全局性的,甚至会发生在整个产业。在这种情况下,竞争的胜利者,要通过持续的技术创新才能维持其优势;而被迫退出市场的失败者,也只有通过技术创新另谋生路。如果产品生命周期到了产品市场替代阶段,产业转移的过程就开始了,在这个过程中,任何等待观望都意味着放弃发展,坐以待毙。所有企业都必须通过技术创新寻求新的发展机会。

(四) 技术创新与提高企业竞争力

在市场经济中,产品是由用户来选择的,争夺顾客是竞争的焦点,在对外开放的条件下,这种竞争又具有国际性,它是围绕争夺世界市场而进行的,参加竞争的并非是政府,而是企业。竞争的结果是优胜劣汰,企业在竞争的压力下,必然要在更大的范围内和更高的层次上开展技术创新,以取得竞争优势。如果企业满足现状,不思创新,最终会被市场淘汰。没有竞争,便没有进步。竞争的实质是通过"制造差别化"来战胜竞争对手。企业可以利用自己研究开发的优势,在产品的品种、性能、质量等方面制造差别化;也可以利用先进的工艺设备,通过大规模生产降低产品成本,建立同等质量下的低价格优势;还可以利用流通领域的能力,通过优质的售后服务创造服务方面的差别化。不管哪一种差别化都可能获得竞争优势,而任何一种差别化都离不开技术创新。

二、技术创新的影响因素

技术创新的规模、方向及成就大小受许多复杂的社会因素的制约和影响。

(一) 政府的支持力度

政府的支持力度对技术创新的影响极大。特别是目前我国国有大中型企业自有资金仍然有限,技术开发与应用的科研单位在市场经济条件下还有一个适应过程,财力也十分有限。因此,如果政府的支持力度大,无疑能够为这些企业单位增强创新能力。政府的政策导向内容很多,包括政府对行业或产业各种优惠政策的倾斜,例如,税收、信贷政策等;产业调整政策;对技术创新成果的政策;对知识产权的支持政策等。这些无疑都会从正方向或反方向上起到鼓励或延缓技术创新的作用。

(二) 社会科学技术发明的成果状况

其影响主要表现在以下几方面:①技术创新实现的周期长短;②是在近期即可实现,还是在未来才能实现;③技术创新本身的实现难易程度;④技术创新成果的大小,大的创新会推动经济的大幅度推进和发展;小的创新对经济发展的作用无大影响,只会为企业带来效益。

(三) 社会资源的紧缺程度

它不仅影响技术创新成果大小,而且影响到技术创新的方向。例如,劳动力资源的紧张会使技术创新向劳动节约型迈进;基础资源的缺乏会使技术创新转向资本节约型。社会资源紧缺程度越大,供需矛盾越突出,技术创新的速度会越快。如果通过技术创新能够创造某种新的可以替代旧的重要资源,可能会引起社会经济的深刻变革。

(四) 市场结构与市场竞争的状况

市场结构与市场竞争的状况都直接影响到企业技术创新的积极性。市场竞争越激烈,企业的紧迫感就越强。这时企业若要生存和发展,需要在竞争中处于有利地位,而技术创新恰恰可以改善产品,降低消耗,为企业的有利竞争创造自身条件。所谓市场结构是指将市场划分为完全竞争市场、完全垄断市场、垄断竞争市场和寡头垄断市场。完全自由竞争的行业或产业往往创新意识强,但创新的力量分散,而且其创新成果不显著。由几个主导企业占居垄断地位的行业或产业,其创新的意识较完全自由竞争的产业或行业弱,但是力量集中、创新能力强,并且能够使技术创新获得尽快扩散且成果显著。

(五)企业的规模大小

这也是影响技术创新的一个重要因素,一般情况下,企业规模越大,技术创新能力越强。反之,则技术创新能力越弱。

第三节 技术创新过程模型及战略选择

一、技术创新过程模型分析

技术创新过程涉及创新构思产生、研究开发、技术管理与组织、工程设计与制造、用户参与及市场营销等一系列活动。在创新过程中,这些活动相互联系,有时要循环交叉或并行操作。按照技术创新动力机制,可将技术创新过程模型划分为以下几类:

(一)科技推动创新过程

该过程模型认为技术创新是由于科技推动的作用引起的,创新是从基础研究、应用研究到开发研究,得到的新成果要寻找市场出路,一旦与新需求相结合,成果就会商品化,从而完成了技术创新全过程。像合成纤维、半导体、电脑、激光等重大技术创新都是由科学技术的发展推动的。图 13-1 描述了这种创新的过程:

$$\boxed{基础研究} \longrightarrow \boxed{应用研究} \longrightarrow \boxed{开发研究} \longrightarrow \boxed{技术创新}$$

图 13-1 科技推动引发技术创新模式框图

然而,这种模型创新成果并不一定多,因为只强调基础研究的投入而忽视创新过程其他阶段的管理和市场导向,技术成果就可能没有商业价值,技术创新就无法实现。

(二)市场拉动创新过程

该过程模型认为,技术创新是由广义的需求引发的,包括市场需求、社会需求和政府需求。例如,人们对加快旅行速度的要求导致不断推动快速列车、高速列车、喷气式客机、超音速客机等的创新。很多技术创新,特别是积累性的或一般改进性的创新,多数是由市场需求拉动而引发的。图13-2描述了这种创新过程。

市场需求 ——→ 应用研究 ——→ 开发研究 ——→ 技术创新

图13-2 市场拉动引发技术创新模式框图

由于需求变化的有限性和需求变化测度的困难性,尽管市场需求可能会引发大量的技术创新,但这种创新大都属于渐进性创新。渐进性创新风险小,成本低,常常有重大的商业价值,能大大提高创新者的生产效率和竞争地位。所以,企业往往偏爱这些创新。然而,只考虑市场这一种因素,将企业所有资源全部投向单纯来自市场需求的创新项目,而不考虑潜在技术变化,也是不明智的,因为由市场拉动引发的创新不像由科技推动那样能引发根本性的创新。

(三)科技与需求联合推动的创新过程

这种创新过程模型强调创新全过程中科技与需求这两大创新要素的有机结合,认为技术创新是科技和需求交互作用共同引发的,科技推动和需求拉动在产品生命周期及创新过程的不同阶段有着不同的作用,单纯的科技推动和需求拉动创新过程模型只是科技和需求交互作用创新过程模型的特例。图13-3描述了该种模型创新过程。

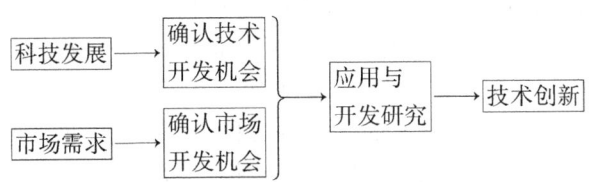

图13-3 科技与市场联合推动的创新模式框图

(四)一体化创新过程

这种创新模式不是将创新过程看做是从一个职能到另一个职能的序列性过程,而是将创新过程看做是同时涉及创新构思的产生、研究与开发、设计制造和市场营销的并行的过程,如图13-4所示。它强调研究开发部门、设计生产部门、供应商和用户之间的联系、沟通和密切合作。例如,波音公司在新型飞机的开发生产中采用了一体化创新方式,大大缩短了新型飞机的研制生产周期。

(五)系统集成网络创新过程

这种创新模式强调合作企业之间更密切的战略关系,更多地借助于专家系统进行研究开发,利用仿真模型替代实物原型,并采用创新过程一体化的计算机辅助设计

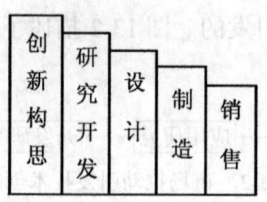

图 13-4　一体化技术创新模式框图

与计算机集成制造系统。它认为创新过程不仅是一体化的职能交叉过程,而且也是多机构系统集成网络联结的过程。

二、技术创新战略的选择

战略是指重大的带有全局性的一种谋划。技术创新战略的正确选择,从企业的角度讲决定着企业的生存和发展;从国家角度讲关系到国民经济增长的质量和发展的后劲。技术创新战略有自主创新、模仿创新和合作创新。

(一) 自主创新战略

所谓自主创新,是指企业主要依靠自身的技术力量进行研究开发,并在此基础上,实现科技成果的商品化,最终获得市场的承认。

自主创新必须具有率先性,率先性的技术一旦攻克就具有独占性的优势,就能使企业竞争优势极大增强,从而保证企业获得超额利润。例如美国杜邦公司从自主创新尼龙后充分利用形成的技术轨道,接连对合成纤维、合成橡胶、合成塑料三大合成材料进行自主创新,从而使自己在合成材料产业中始终保持着领先地位。

自主创新要求企业有着雄厚的研究力量和技术成果与创新经验的积累,要有领先的核心技术和雄厚的开发资金作后盾,特别是要能正确判断科技发展趋势和市场需求趋势,否则将事倍功半甚至前功尽弃。由于自主创新投资大,而且没有现成经验可借鉴,所以要冒较高的风险。

(二) 模仿创新战略

所谓模仿创新,是指在率先创新的示范影响和利益诱导之下,企业通过合法手段(如通过购买专有技术或专利许可的方式)引进技术,并在新技术的基础上进行改进的一种创新形式。模仿创新并不是原样仿造,而是有所发展、有所改善。

模仿创新是技术创新中的一个重要方式,只有通过模仿创新将率先创新进行扩散,创新才能在经济生活中产生巨大影响,才能形成新兴产业,促进经济高速增长。从企业角度来说,世界上绝大多数企业的创新活动都属于模仿创新。从国家来说,大多数国家都走模仿创新为主的模式。日本就是靠模仿创新起家而成为世界经济大国的,并且在很多领域已由模仿创新跨进了率先创新的行列。韩国也是通过模仿创新,迅速改变落后面貌，一跃进入新兴工业化国家行列的。对于发展中国家的企业来说，模仿创新是向自主创新过渡的必经阶段，过早地强调以自主创新为主是不现实的。企业只有在模仿创新的过程中，逐步培育出一支善于创新的人才队伍，不断增强自己的研究开发实力，并在模仿创新中不断增加自主创新的比重，最终才能过渡到以自主创新为主的阶段。

(三) 合作创新战略

所谓合作创新，是指以企业为主体，企业与企业，企业与研究院所或高等院校合作推动创新的创新组织方式。合作的成员之间，可以是供需关系，也可能是相互竞争的关系。一些较大规模的创新活动往往是一个单位难以独立实施的，多个单位进行合作创新，可以充分发挥各自优势，实现资源互补，从而缩短创新周期，降低创新风险，提高创新成功的可能性。合作创新的条件是合作各方共享成果，共同发展。借助合作创新，亦能把有激烈竞争关系和利益冲突的企业联合起来，使各方都从合作中获得更大的利益。

无论一个国家或者一个企业，在进行技术创新战略选择时总是要立足于自身的基础和实力。从国家角度讲，自主创新始终是我们的奋斗方向。自主创新需要有一个认识深化过程、规律掌握过程、实践积累过程，从某种意义上讲模仿创新是自主创新必不可少的准备，是一个不可逾越的阶段。目前我国绝大多数企业要根据自己的经济实力与技术实力，积累研究与开发的经验，缩小与国际上的大企业的差距，减少创新风险。

当前我国一方面科技人才与资源大量集中于高等院校与科研院所，而科技成果在生产上的转化率很低；另一方面旺盛的市场需求又得不到创新的支持。所以企业在创新时应充分利用社会的科技力量进行合作创新。当前合作创新的最大障碍是研究单位与企业的价值取向不同。前者注重研究的是理论成果，而后者需要的是物质成果，所以成果的转化就成为合作创新的"瓶颈"。随着市场经济的发展，这个"瓶颈"会在互利的基础上得到解决。合作创新的进一步发展可促使企业与研究单位合二为一。一部分研究所可直接进入企业成为企业的研究开发部门，直接参与创新的全过程。另一部分高校与科研单位自己创办科技性企业，参与市场竞争，如北大方正、清华同方等，由于这些企业的企业家又是研究与开发者，创新周期无疑将会缩短，提高创新效益。

第四节 技术创新与经济增长质量

技术创新与经济增长密不可分，技术创新的持续活跃，是经济高质量增长的最根本源泉。

一、经济增长及经济增长质量

经济增长既指一个社会物质财富增长的过程,又指一定时期社会物质财富增长的结果。具体地说经济增长是指一个国家或地区在一定时期内由于就业人数的增加、资金的积累和技术进步等原因,经济规模在数量上的扩大,在质量上的提高。

经济增长通常有两种类型。一类增长主要是靠持续地增加生产要素的投入实现的,生产要素的使用效率可能是提高的,也可能是降低的。即便生产要素的使用效率是提高的,其对增长的实现也不起主导作用。另一类增长主要是靠生产要素使用效率的提高实现的。当然,这其中不排除适当地增加生产要素的投入。

就经济增长质量而言,在前一类增长中,由于增长主要是靠持续地增加生产要素的投入实现的,所实现的经济增长更多的是价值的转移,即财富形态的变化,而很少有财富的实质性增加。因此,人民所得的福利不可能持续增加。这必然导致一种恶性的循环,要提高人民的福利水平,就要不断增加生产要素的投入,其结果是对于生产要素的使用必然是破坏性的;而一定时期可用的资源终究是有限的,这样,一个国家就不可能有持续的经济增长。这样的增长只有"量"的增长,即一定的增长速度,但不可能有"质"的增长,即没有实质性的财富增加和人民福利水平的提高。我们称这一类增长为低质量的经济增长。

在后一类经济增长中,由于增长主要是靠生产要素使用效率的提高实现的,因此,增长是社会物质财富的实质性增长,增长的效果是人民所得福利的持续增加。同时,由于对于生产要素的消耗不是破坏性的,在资源有限的条件下,也可能实现持续的经济增长。这一类增长既有"量"的增长,即一定的增长速度,又有"质"的增长,即实质性的财富增加和人民福利水平的提高,前一轮增长会增强后一轮增长的潜力。我们称这类增长为高质量的经济增长。

二、技术创新提高经济增长质量的途径

技术创新更多地和高质量的经济增长紧密相联。高质量的经济增长,虽然也需要适当增加生产要素的投入,但更多地是依赖于生产要素使用效率的提高。从若干工业化国家经济高质量增长的实践来看,生产要素的高效率使用更多的源于一个经济系统的"制度效率"和"学习机制"。只有当经济系统具有较高的制度效率,且形成了有效的学习机制时,该经济系统对于生产要素的使用才会有较高的效率。

(一)制度效率

所谓制度效率,主要是指经济系统中的制度安排允许企业以多高的效率从事生产经营活动,同时允许政府以多高的效率为企业提供服务。制度效率的提高依赖于制度创新。制度创新的动力可以是自下而上的,也可以是自上而下的。在我国,制度创新更多的是靠技术创新与制度创新的互动机制自下而上实现的,通常是企业推动

技术创新时遇到了某种障碍,才会迫使政府为提高服务的效率、改善企业创新的环境,一方面变革宏观的经济制度,另一方面允许企业变革内部微观的经济制度。

(二)学习机制

所谓学习机制,主要是指企业能够"自组织地"改善自己的生产经营活动,政府能够"自组织地"改善自己的服务功能。

学习机制主要是在技术创新过程中形成的。企业改善生产经营和政府改善宏观经济管理与服务的过程,实际上是对生产要素进行重新配置的过程。对生产要素进行更有效的配置,正是技术创新的内涵。只有在一系列的技术创新中,企业和政府才会通过一次又一次的行为改善和经验积累,逐渐地建立起有效的学习机制。

不难看出,在一定意义上,技术创新的实现过程,正是制度效率提高和学习机制形成的过程。技术创新对生产要素使用效率的提高、对经济增长的质量水平起着最终的决定作用。

三、技术创新对经济增长的实现

技术创新对高质量经济增长的决定作用,并不是通过孤立的创新个案实现的,而是通过创新植入增长的动态机理实现的。即通过"率先创新的出现,模仿创新的兴起,新一轮创新的继起,产业结构的优化"这一系统化过程实现的。

(一)率先创新的引擎作用

按照创新出现的时序,可以将技术创新分为率先创新和模仿创新。当一个经济系统中的经济活动陷入"低谷"时,假若此前此后没有新的创新出现,则该经济系统就不可能出现新的繁荣。换言之,只有出现新的创新,该经济系统才有可能出现新一轮的繁荣。这就是说,率先创新对于经济增长起着"引擎"的作用。

引擎作用的形成,在于率先创新使新的科技成果首次转化为现实的生产力。只有当人们将某一科技成果用于创造新的经济价值、谋取商业利润时,新的科技成果才可能由潜在的生产力转变成为现实的生产力。

率先创新得以实现的过程是市场整合的过程。率先创新的市场整合是在两个层次上进行的:一是创新者对于率先创新可能获得的超额利润的理性预期;二是市场对于率先创新的接纳,市场接纳率先创新的前提是创新符合现实的市场需求,或者是率先创新创造了新的市场需求。一项率先创新的市场整合周期就是其率先创新周期,它取决于特定创新的技术难度、创新中获得技术的方式、使用外部技术的比重、过程组织的有效程度、企业本身的规模特性以及创新中资源配置的费用——时间替代弹性。率先创新的市场整合过程,就是率先创新拉动或推动经济增长,发挥"引擎"作用的过程。

(二)模仿创新的扩张作用

就创新对经济总量增长的直接贡献而言,任何个案性的率先创新的作用都是微乎其微的。创新要真正对经济增长起到较大的作用,必须通过众多的企业对于率先创新的模仿。模仿创新对于经济增长具有扩张作用。

率先创新的信息扩散是模仿扩张的前提。它是率先创新通向模仿创新、进而形成模仿竞争的桥梁。创新信息的扩散,是率先创新的行为信息、技术信息和盈利信息外溢、传播和被其他企业获取的过程。众多尾随率先者的企业在获取创新信息之后,对率先创新加以模仿,并在此基础上进行再创新,就形成了创新的模仿扩张。

对于一个企业而言,模仿创新的经济效果如何,取决于能否做到对率先创新的适时模仿及能否在模仿的基础上进行再创新。对于一个经济系统而言,模仿创新促进经济高质量增长的效果如何,取决于能否做到模仿的适度扩张。在模仿竞争中,模仿规模扩张的轨迹呈 S 形曲线。模仿扩张的合理边界是 S 形曲线的渐近线,这条渐近线对应的是模仿扩张的饱和值。对于整个经济系统来说,当模仿扩张规模达到这个饱和值时,再扩张就成了过度模仿,模仿的边际效益就会低于边际费用,就会对经济增长产生负效果。

适度的模仿扩张对于经济增长具有三重效应,即乘数效应、增值效应和优化效应。首先,模仿的扩张对于经济增长具有乘数效应,即通过经济系统内部的经济技术联系链条的作用和模仿创新投资效益的再增值,使经济增长的幅度远大于模仿活动本身的效益额。其次,模仿创新对于经济增长会形成增值效应。现实中企业并不会只是进行简单的模仿,由于模仿竞争的作用,后进入的企业会不断提高模仿创新中的创新含量。当模仿基础上的创新程度达到某个阈值时,又会孕育出新的率先创新。最后,模仿扩张中的竞争对于经济增长会产生优化效应。优化是在三个层次上进行的。一是促使简单模仿转变为模仿创新,促使模仿创新转化为率先创新。二是通过市场竞争机制优化模仿创新的产品结构。三是促进资源的优化配置。

(三)创新继起的持续作用

任何创新的模仿扩张一旦接近饱和规模,则其对于经济增长的乘数效应、增值效应及优化效应就会衰减乃至消失。此时经济中就需要新的率先创新问世,为持续的经济增长提供新的引擎。在市场经济中,不断有新的创新继起,是推动经济的持续增长的必要前提。

创新的替代通常是集群式的。创新的集群现象有三类,即技术关联型创新集群、产业关联型创新集群和竞争关联型创新集群。在健康发展的经济中,除非经济系统对创新的激励不足,后一轮的创新集群规模通常大于前一轮的创新集群规模。因此,创新的流量通常是不断增大的。这就是在经济总量不断增大的情况下,以技术创新为核心特征的技术进步对于经济增长的贡献在世界范围内越来越大的重要原因。

(四)结构优化的集成作用

现代经济中,产业结构的状态及其变化决定着经济增长的速度和质量,产业结构状态对于经济增长的决定作用,很大程度上是通过技术创新与产业结构变化的互动机制实现的。这一互动机制可以描述为:产业结构的某些特征诱发技术创新——技术创新促使产业结构的优化——产业结构的优化产生集成效应,进一步提高创新效益并诱发新一轮创新。创新植入增长正是在这一互动过程中实现的。

小　　结

技术创新是企业家抓住市场的潜在盈利机会,以获取商业利益为目标,重新组织生产条件和要素,建立起效能更强、效率更高和费用更低的生产经营系统,从而推出新的产品、新的生产(工艺)方法,开辟新的市场,获得新的原材料或半成品供给来源或建立企业的新的组织,它是包括科技、组织、商业和金融等一系列活动的综合过程。技术创新对实现高质量经济增长,提高企业经济效益和企业竞争力,对新产业的继起和发展等有着重要的作用。技术创新过程模型有:科技推动创新过程模型、市场拉动创新过程模型、科技与需求联合推动创新过程模型、一体化创新过程模型和系统集成网络模型。技术创新的战略有自主创新战略、模仿创新战略和合作创新战略。自主创新指企业以自身的研究开发为基础,实现科技成果的商品化;模仿创新是指在率先创新的示范下,引进或破译率先者的核心技术,在此基础上进行改进;合作创新是指以企业为主体,企业间、企业与高校,研究所间合作推动的创新。技术创新是经济高质量增长的最根本源泉。

思考与练习

1. 说明技术创新的含义及特点。
2. 技术创新有哪些类型?
3. 举例说明各种技术创新过程模型。
4. 解释自主创新、模仿创新、合作创新,并举例说明。
5. 技术创新促进高质量增长是怎样实现的?

附录 思考与练习参考答案

第二章 现金流量的构成

一、思考

1~6. 略

二、练习

1.（A） 2.（ABD） 3.（ABCDE） 4.（A）

5.（×） 6.（√） 7.（×） 8.（×） 9.（×）

10. 用直线折旧法计算

年折旧额 =（固定资产原值 – 固定资产净残值）/ 折旧年限

$\qquad\quad$ =（20 – 1）/10

$\qquad\quad$ = 1.9（万元）

年折旧率 = 年折旧额/固定资产原值

$\qquad\quad$ = 1.9/20 × 100%

$\qquad\quad$ = 95%

月折旧额 = 95%/12 × 20 = 1.58（万元）

11. 年数总和法：5 + 4 + 3 + 2 + 1 = 15

第一年折旧额 =（60 000 – 5 000）/15 × 5 = 18 333.33（元）

第二年折旧额 =（60 000 – 5 000）/15 × 4 = 14 666.67（元）

第三年折旧额 =（60 000 – 5 000）/15 × 3 = 11 000（元）

第四年折旧额 =（60 000 – 5 000）/15 × 2 = 7 333.33（元）

第五年折旧额 =（60 000 – 5 000）/15 × 1 = 3 666.67（元）

双倍余额递减速法：

前 3 年的折旧率 = 2/5 × 100% = 40%

第一年折旧额 = 60 000 × 40% = 24 000（元）

第二年折旧额 =（60 000 – 24 000）× 40% = 14 400（元）

第三年折旧额 =（60 000 – 24 000 – 14 400）× 40% = 8 640（元）

最后两年年折旧额采用直线折旧法计算：

第四年折旧额 =（60 000 – 24 000 – 14 400 – 8 640）/2 = 6 480（元）

第五年折旧额 = 6 480(元)

第三章 资金时间价值与等值计算

1. (C) 2. (A) 3. (A) 4. (ABC)
5. (√) 6. (×) 7. (×) 8. (×) 9. (√)
10. $(1) P_2 = A_1(F/A,i,4) + A_2(P/A,i,5) - P_1(F/P,i,5)$
    $(2) A_2 = [P_1(F/P,i,10) + P_2(F/P,i,5) - A_1(F/A,i,4) \times (F/P,i,10)](A/F,i,5)$
    $(3) A_1 = [P_1 + P_2(P/F,i,5) - A_2(P/A,i,5) \times (P/F,i,5)](A/P,i,4)$
11. $10\,000 \times (1+8\%)^6 = 15\,870$(元)
12. $A = 50\,000 \times (P/F,i,5)(A/F,i,5) = 50\,000 \times i/(1+i)^5/[(1+i)^5 - 1] = 5\,802$(元)
13. $N = 7$ 年,至少 7 年以后才能达到此要求。
14. $A = 5\,000 \times (F/A,i,30)(A/P,i,15) = 40\,710$(元)
15. $550 \times (P/F,8\%,4) + 50 \times (P/A,8\%,4) = 583$(元)
16. $(1) 40 \times (F/A,6\%,7) = 335.8$(元)
    $(2) F = 40 \times (F/A,6\%,7)(F/P,6\%,1) = 355.9$(元)
17. $P = 5\,600/12\% = 46\,666.67$(万元)
18. $25 \times (P/A,20\%,5) + 25 \times (P/F,20\%,5) = 84.8$(万元),折现值小于 200 万元,故此项投资不合算。
19. $A = G \times (A/G,i,10) + 4\,000 = 500 \times 3.87 + 4\,000 = 5\,936$(元)
20. $300 \times (1+i) \times 9 = 525$,采用试算法计算出 $i = 6.4\%$。
21. $i = (1 + 12\%/2) \times 2 - 1 = 12.36\%$
    $F = 2\,000 \times (F/A,i,5) = 12\,796.8$(元)
22. $[50 \times 6 + 50 \times 5\%/12 \times (5+4+3+2+1)] \times (F/A,5\%/2,2) = 614$(元)
23. $1\,000\,000 \times (1+0.2)^3 \times \ln(1+0.2)/[(1+0.2)^3 - 1] = 432\,763$(元)
24. $F = A(F/A,r,n) = A \times (e^{0.06 \times 5} - 1)/(e^{0.06} - 1) = 11\,324$(元)
25. 此工程项目共贷进的资金折成终值:
    $F = 200 \times (F/A,8\%,5) + 100 \times (F/G,8\%,5) = 2\,251.525$(万元)
    则每个时点的贷款额 $A = F(A/F,8\%,5) = 2\,251.525 \times 0.170\,46 = 383.8$(万元)

第四章 经济效果评价方法

一、思考

1~3. 略

二、练习

1. (C) 2. (B) 3. (B) 4. (C)
5. (×) 6. (√) 7. (×) 8. (×) 9. (×)
10. 静态投资回收期为 $4+300/1\,200=4.25(年)$

    净现值为 $-1\,000-800/(1+i)+500\times(F/A,i,3)(P/F,i,4)+1\,200\times(P/F,i,5)=148.17(元)$

    净年值为 $148.17(A/P,i,5)=39.1(元)$

    净现值指数 $=148.17/[1\,000+800/(1+10\%)]=0.086$

    内部收益率用试算法计算 $i=18\%$, $NPV=-232$

    $\qquad\qquad\qquad i=10\%$, $NPV=148$

    计算出内部收益率为: $10\%+148/(148+232)\times(18\%-10\%)=13\%$

    动态投资回收期为: $4+596.9/(1\,200/1.15)=4.8(年)$

11. 净现值法: 方案 A 的 $NPV=-100+22\times(P/A,i,10)=35.19(万元)$

    方案 B 的 $NPV=-60+15\times(P/A,i,10)=32.18(万元)$

    方案 A、B 的净现值都大于零,所以经济性是合理的。

    内部收益率法: 用 $i=25\%$ 进行试算,得出方案 A 的净现值为 -21.46,方案 B 的净现值为 -6.44。

    计算两者的内部收益为

    $IRR_A=10\%+35.19/(35.19+21.46)\times(25\%-10\%)=19.21\%$

    $IRR_B=10\%+32.18/(32.18+6.44)\times(25\%-10\%)=22.5\%$

    方案 A 和方案 B 的内部收益率都大于 10%,因而在经济上两个方案都是合理的。

12. 用比较各自的净现值的方法:

    $NPV_A=-500+200\times(P/A,i,4)+250\times(P/F,i,5)=249.3(元)$

    $NPV_B=-160+180/(1+i)+180\times(P/A,i,4)(A/F,i,1)$
    $\qquad=167.4(元)$

    $NPV_C=-100+40\times(P/A,i,4)+60\times(P/F,i,5)=163.33(元)$

    三个方案的净现值为 $A>B>C$,因此 A 方案为最优。

13. 方案 A 有一个实数解是 $i=20\%$,是该方案的内部收益率。

    方案 B 有一个实数解,$i=10\%$ 是该方案的内部收益率。

    方案 C 无解。

    方案 D 有三个实数解,分别是 $0.5,0.2,1$。

    代入检验,三个都不符合项目内部收益率的内涵,因而无解。

14. 用费用现值方法进行比较:

    A 方案: $2\,500+900\times(P/A,i,5)-200\times(P/F,i,5)=5\,787(元)$

B 方案：$3\,500 + 700 \times (P/A, i, 5) - 350 \times (P/F, i, 5) = 5\,908(元)$
由于 A 方案的费用现值小于 B 方案，因而采用 A 方案更加合适。

15. 差额内部收益率法：
    A_1 与 A_2 比较：$\Delta NPV_1 = -5\,000 + 1\,100 \times (P/A, i, 10) = 0$
    求出 $i = 17.86\%$，$i > 15\%$，因而投资大的方案 A_1 更优。
    A_1 与 A_3 比较，$\Delta NPV_2 = -2\,000 + 6\,000 \times (P/A, i, 10) = 0$
    求出 $i = 28.12\%$，因而 A_1 方案为最佳方案。

16. (1) 采用方案重复法：
    $NPV_A = [-700/1.12 - 700/1.12^2 + 480(P/A, i, 7)(P/F, i, 2) + 600(P/F, i, 10)] \times [1 + (P/F, i, 10) + (P/F, i, 20)] = 1\,078.7$
    $NPV_B = [-1\,500/1.12 - 1\,700/1.12^2 - 800/1.12^3 + 900(A/P, i, 11)(P/F, i, 3) + 1\,400(P/F, i, 15)] \times [1 + (P/F, i, 15)] = 941$
    方案 A 的净现值大些，因而 A 方案更优。
    (2) 用年值法比较两个项目：
    $AC_A = [-700/1.12 - 700/1.12^2 + 480(P/A, i, 7)(P/F, i, 2) + 600(P/F, i, 10)] \times (A/P, i, 10) = 133.92$
    $AC_B = [-1\,500/1.12 - 1\,700/1.12^2 - 800/1.12^3 + 900(A/P, i, 11)(P/F, i, 3) + 1\,400(P/F, i, 15)] \times (A/P, i, 15) = 116.83$
    方案 B 的年值更小，因而 A 方案更优。

17. (1) 比较三个方案的净现值：
    A：$-2\,000 + 500(P/A, i, 7) = 434(元)$
    B：$-3\,000 + 900(P/A, i, 7) = 1\,381(元)$
    C：$-5\,000 + 1\,380(P/A, i, 7) = 1\,718(元)$
    比较三个方案，C 方案的净现值最大，因而 C 方案最佳。
    (2) 要使 B 方案最优，必须要：
    $-3\,000 + 900(P/A, i, 7) - [-2\,000 + 500(P/A, i, 7)] > 0$
    $-3\,000 + 900(P/A, i, 7) - [-5\,000 + 1\,380(P/A, i, 7)] > 0$
    解上述不等式，内部收益率在区间 (15.51%，35.56%) 内可使方案 B 为最优方案。

18. 采用年值法：
    方案 1：$2\,000 + 3\,000(A/P, i, 3) - 500(A/F, i, 3) = 3\,170(元)$
    方案 2：$1\,600 + 4\,000(A/P, i, 3) = 2\,793(元)$
    方案 1 的年值要大一些，因而方案 2 要优一些。

19. 计算三个方案的净现值：
    $NPV_A = -200 + 40(P/A, i, 7) + 50(P/F, i, 8) = 18.05(万元)$

$NPV_B = -300 + 60(P/A, i, 7) + 70(P/F, i, 8) = 24.74(万元)$

$NPV_C = -350 + 65(P/A, i, 7) + 70(P/F, i, 8) = -0.93(万元)$

在 600 万元资金预算的前提下,考虑互斥方案 B、A。

20. 在投资方向 I 中,$IRR_{A1} = 8\%$,因而淘汰 A_1。

    $IRR_{B1} = 12\%$,$\Delta IRR = 5.7\% (B_1 - C_1)$,即 B_1 方案优于 C_1 方案。

    在投资方向 II 中,$IRR_{A2} = 18\%$,$\Delta IRR(B_2 - A_2) = 10\% < 12\%$,因而 A_2 优于 B_2。

    在投资方向 III 中,$IRR_{A3} = 17.1\%$,$\Delta IRR(B_3 - A_3) = 16\% > 12\%$,因而 B_3 优于 A_3。

    在投资方向 IV 中,$IRR_{A4} = 18.03\%$。

    按照 ΔIRR 的排列,我们可以得出 (A_4, B_3, A_2, B_1) 这个组合为最佳的方案组合。

第五章 不确定性分析

一、思考

1~2. 略

二、练习

1. (C) 2. (A) 3. (B) 4. (B)

5. (√) 6. (√) 7. (×) 8. (×) 9. (√)

10. $Q^* = C_f/(P - C_v) = 4\,000/(20 - 12) = 500(万)$

    $E = Q^*/Q_0 = 500/1\,000 = 50\%$

    $P = B/Q_0 = 12 + 4\,000/1\,000 = 16(元/件)$,$C_v = P - C_f/Q_0 = 20 - 4\,000/1\,000 = 16$(元/件)

11. (1) 假设产量不超过 3 000 件,则 $Q = 50\,000/25 = 2\,000$(件),符合假设。

    假设产量超过 3 000 件,则 $Q = 75\,500/24.5 = 1\,980$(件) $< 3\,000$(件),不符合假设。

    因而盈亏平衡的产销量 2 000 件。

    (2) 生产 4 000 件利润为 $(30-1) \times 4\,000 - 50\,000 - 3\,000 \times 4 - (4\,000 - 3\,000) \times 4.5 = 49\,500$(元)

    (3) 假设产量不超过 3 000 件,$Q = 6\,000/16 = 3\,750 > 3\,000$(件),因而不符合。

    产量超过 3 000 件,$Q = 3\,774$ 件。

12. $Q^* = 19 \times 10^4/[150 - (52 + 20 + 8)] = 2\,715$(台)

    企业亏损 $= (150 - 80 \times 2\,000 - 19 \times 10^4) = -5 \times 10^4$(元)

    $(150 - 80) \times Q - 19 \times 10^4 = -3 \times 10^4$,$Q = 2\,300$(台)

    $10 \times 10^4 = 150Q - (19 \times 10^4 + 80Q)$,解得:$Q = 4\,143$(台)

    $W = 150 \times 5\,000 - (19 \times 10^4 + 80 \times 5\,000) = 16 \times 10^4$(元)

13. (1) 选用 B 比较有利,即要求

$400\,000 + 16Q(P/A,i,8) > 600\,000 + 12Q(P/A,i,8)$

解之得 $Q > 10\,064$ 件时,对工艺 B 比较有利。

(2) 选用工艺 A 有利,即要求:

$400\,000 + 16 \times 13\,000(P/A,i,8) < 600\,000 + 12 \times 13\,000(P/A,i,8)$

解不等式得到 $i > 19.92\%$ 时,对工艺 A 比较有利。

(3) $400\,000 + 16 \times 15\,000(P/A,i,n) > 600\,000 + 12 \times 15\,000(P/A,i,n)$

解不等式得到 $n > 4$,即在 4 年后选用工艺 B 都比较有利。

14. 列表如下:

单位:元

	-15%	10%	-5%	0	5%	10%	15%
设备使用寿命	6 031	8 298	10 522	12 708	14 844	16 943	19002
年收入	-2 269	2 722	7 713	12 708	17 695	22 686	27 676
年支出	19 292	17 096	14 900	12 708	10 508	8 312	6 116

从表中可以看出,年收入对方案净现值最敏感,其次是设备使用寿命,而年支出相对不是那么敏感。

15. 根据题目可以知道:

收入概率	$Q_{11} = 0.5$	$Q_{12} = 0.3$	$Q_{13} = 0.2$
收入	80	96	64
成本概率	$Q_{21} = 0.5$	$Q_{22} = 0.3$	$Q_{23} = 0.2$
成本	50	60	40

各种不同组合状态下净现值的计算:

序号	状态组合	发生概率	初始投资	销售收入	经营成本	净现值	累积概率
8	$Q_{13} \cap Q_{22}$	0.06	-140	64	-60	-119.058	0.06
7	$Q_{13} \cap Q_{21}$	0.1	-140	64	-50	-66.702	0.16
2	$Q_{11} \cap Q_{22}$	0.15	-140	80	-60	-35.289	0.31
9	$Q_{13} \cap Q_{23}$	0.04	-140	64	-40	-14.347	0.35
1	$Q_{11} \cap Q_{21}$	0.25	-140	80	-50	17.0652	0.6

续表

序号	状态组合	发生概率	初始投资	销售收入	经营成本	净现值	累积概率
5	$Q_{12} \cap Q_{22}$	0.09	-140	96	-60	48.478	0.69
3	$Q_{11} \cap Q_{23}$	0.1	-140	80	-40	69.420	0.79
4	$Q_{12} \cap Q_{21}$	0.15	-140	96	-50	100.833	0.94
6	$Q_{12} \cap Q_{23}$	0.06	-140	96	-40	153.188	1

净现值的期望值为净现值与累积概率的乘积,计算结果为 20.21 万元。

净现值的累积概率为 $1 - 0.35 = 0.65$。

16. 建大厂的期望值为：

$(0.9 \times 160 - 0.1 \times 40) \times 7 \times 0.7 + 160 \times 0.7 \times 3 + 1.0 \times (-40) \times 7 \times 0.3 + 0.3 \times 3 \times (-40) - 320 = 582(万)$

建小厂的期望值为：

$(0.9 \times 80 + 0.1 \times 20) \times 7 \times 0.7 + 1.0 \times 20 \times 7 \times 0.3 + 0.7 \times 80 \times 3 + 0.3 \times 20 \times 3 - 140 = 450.6(万)$

在扩建与否之间进行选择：

扩建后：$0.9 \times 160 \times 7 + 0.1 \times (-40) \times 7 - 200 = 780(万)$

不扩建：$0.9 \times 80 \times 7 + 0.1 \times 20 \times 7 = 518(万)$

故剔除不扩建的选择。

先小后大的损益期望值为：

$0.7 \times (80 \times 3 + 780) + 0.3 \times 20 \times 10 - 140 = 634(万)$

比较三个方案,应选择方案 A_3。

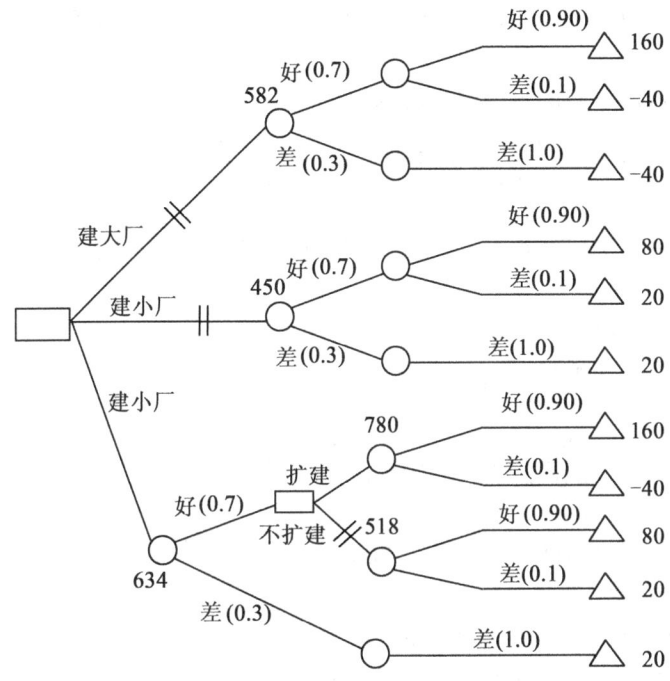

第六章 项目的财务评价

一、思考

1~5. 略

二、练习

1. （A） 2. （D） 3. （BCDE）

4. （×） 5. （×） 6. （√）

7. 第一步，计算甲方案的平均资金成本率 $K_{甲}$：

原有长期债券：$\omega_{B1} = \dfrac{600}{2\,000} = 30\%$，$K_{B1} = i\dfrac{1-T}{1-f} = \dfrac{9\% \times (1-33\%)}{1-0} = 6.03\%$

新增长期债券：$\omega_{B2} = \dfrac{400}{2\,000} = 20\%$，$K_{B2} = i\dfrac{1-T}{1-f} = \dfrac{10\% \times (1-33\%)}{1-3\%} = 6.91\%$

优先股：$\omega_{P} = \dfrac{200}{2\,000} = 10\%$，$K_{P} = 7\%$

普通股：$\omega_{c} = \dfrac{600}{2\,000} = 30\%$，$K_{c} = \dfrac{p}{p(1-f)} = \dfrac{25}{200} + 6\% = 18.5\%$

保留盈余：同普通股 $\omega_{R} = \dfrac{200}{2\,000} = 10\%$，$K_{R} = \dfrac{25}{200} + 6\% = 18.5\%$

综合资金成本率：

$K_{甲} = 30\% \times 6.03\% + 20\% \times 6.91\% + 10\% \times 7\% + 30\% \times 18.5\% + 10\% \times 18.5\%$
$= 11.29\%$

第二步，计算乙方案的平均资金成本率 K_Z：

原有长期债券：$\omega_{B1} = \dfrac{600}{2\,000} = 30\%, K_{B1} = i\dfrac{1-T}{1-f} = \dfrac{9\% \times (1-33\%)}{1-0} = 6.03\%$

新增长期债券：$\omega_{B2} = \dfrac{200}{2\,000} = 10\%, K_{B2} = i\dfrac{1-T}{1-f} = \dfrac{10\% \times (1-33\%)}{1-4\%} = 6.98\%$

优先股：$\omega_P = \dfrac{200}{2\,000} = 10\%, K_P = 7\%$

原有普通股：$\omega_c = \dfrac{600}{2\,000} = 30\%, K_c = \dfrac{p}{p(1-f)} = \dfrac{25}{200} + 5\% = 17.5\%$

新增普通股：$\omega_c = \dfrac{200}{2\,000} = 10\%, K_c = \dfrac{p}{p(1-f)} = \dfrac{25}{200(1-5\%)} + 5\% = 18.16\%$

保留盈余：$\omega_R = \dfrac{200}{2\,000} = 10\%, K_R = \dfrac{25}{200} + 5\% = 17.5\%$

综合资金成本率：

$K_Z = 30\% \times 6.03\% + 10\% \times 6.98\% + 10\% \times 7\% + 30\% \times 17.5\% + 10\%$
$\times 18.16\% + 10\% \times 17.5\% = 12.02\%$

从以上计算可看出，综合资金成本率 $K_Z > K_{甲}$，所以应该选择甲方案。

8. 以内部收益率作为评价指标，先分析方案的固有效率。由方程式：

$$-500 + 80(P/A, IRR_A, 20) = 0$$
$$-500 + 70(P/A, IRR_B, 20) = 0$$
$$-500 + 60(P/A, IRR_C, 20) = 0$$

解得 $IRR_A = 15\%, IRR_B = 12.7\%, IRR_C = 10.3\%$，从方案固有的效率来看，$IRR_A > i_0(12\%), IRR_B > i_0$，A、B 方案可以接受；而 $IRR_C < i_0$，C 方案不可接受。

但是，从自有资金的角度看，决定项目选择的标准主要看自有资金的效率，此时，A 方案的 IRR 没有变化。对 B 方案，500 万元投资中 250 万元是无息贷款，到期末只需还本金，所以 B 方案的自有资金的 IRR 由下式求得：

$$-250 - 250(P/F, IRR_B, 20) + 70(P/A, IRR_B, 20) = 0$$
$$IRR_B = 27.6\%$$

对于 C 方案，400 万元的低息贷款，每年等值的还本付息为：

$$400 \times (A/P, 4\%, 20) = 29.43(万元)$$
$$-100 + (60 - 29.43)(P/A, IRR_c, 20) = 0$$
$$IRR_c = 30.4\%$$

因此，从自有资金的角度看，三个方案的 IRR 均大于 i_0，都可以接受。如果企业资金困难,当资金约束为 100 万元时,只能选择 C 方案;当资金约束为 250 万元时,优先选择 B 方案;当资金约束为 350 万元时,可以同时选择 B 方案和 C 方案;当自有资金超过 850 万元时,三个方案同时可做。

9. (1) 自有资金利润 $=100$ 万元,$R=100/600\ 100\%=16.7\%$

(2) 自有资金 450 万元,$R_0=R+\dfrac{K_L}{K_0}(R-R_L)=\dfrac{1}{6}+\dfrac{1}{3}\times(\dfrac{1}{6}-10\%)=18.9\%$

自有资金利润 $=450\times R_0=85$(万元)

(3) 自有资金 $=300$ 万元,$R_0=\dfrac{1}{6}+\dfrac{1}{1}\times(\dfrac{1}{6}-17\%)=16.3\%$,自有资金利润 $=300\times R_0=49$(万元)

10. (1) 借款还本付息表

单位:万元

年份 项目	1	2	3	4	5	6	7	8	9	10
本年借款		2000	300	300						
建设投资借款偿还本金			250	250	250	250	250	250	250	250
自有流动资金偿还本金										600
本年应还本金			250	250	250	250	250	250	250	850
建设投资借款利息		100	200	175	150	125	100	75	50	25
自有流动资金借款利息			24	48	48	48	48	48	48	48
本年支付利息		100	224	223	198	173	148	123	98	73
还款折旧费			360	360	360	360	360	360	360	360
还款摊销费			62.5	62.5	62.5	62.5	62.5	62.5	62.5	62.5
其他										

(2) 成本表

单位:万元

序号	年份 项目	1	2	3	4	5	6	7	8	9	10
1	年产(销)量(万件)			60	90	120	120	120	120	120	120
2	生产成本			422.5	422.5	422.5	422.5	422.5	422.5	422.5	422.5

续表

序号	项目＼年份	1	2	3	4	5	6	7	8	9	10
2.1	折旧费			360	360	360	360	360	360	360	360
2.2	摊销费			62.5	62.5	62.5	62.5	62.5	62.5	62.5	62.5
3	财务费用		100	224	223	198	173	148	123	98	73
	其中:利息		100	224	223	198	173	148	123	98	73
4	经营成本			1 682	2 360	3 230	3 230	3 230	3 230	3 230	3 230
5	总成本			2 328.5	3 005.5	3 526.5	3 825.5	3 800.5	3 775.5	3 750.5	3 725.5

(3) 损益表

单位:万元

序号	项目＼年份	3	4	5	6	7	8	9	10
1	销售收入(万元)	2 400	3 600	4 800	4 800	4 800	4 800	4 800	4 800
1.1	销售量(万件)	60	90	120	120	120	120	120	120
1.2	产品价格(元/件)	40	40	40	40	40	40	40	40
2	销售税金及附加	120	180	240	240	240	240	240	240
3	总成本费用	2 328.5	3 005.5	3 526.5	3 825.5	3 800.5	3 775.5	3 750.5	3 725.5
4	所得税	118.14	290.4	399.3	399.3	399.3	399.3	399.3	399.3

(4) 全投资现金流量表,见(6)

计算所得: $T_P = 7 + \dfrac{418.44}{930.7} = 7.45 (年)$

$T_P^* = 9 + \dfrac{589.05}{647.45} = 9.9 (年)$

$NPV = 58.39 (万元)$

$IRR = 12\% + \dfrac{58.39}{58.39 + 216.99}(14\% - 12\%) = 12.85\%$

(5) 自有资金现金流量表,见(7)

$NPV_自 = 117.43 (万元)$

计算得出: $IRR_自 = 12\% + \dfrac{117.43}{117.43 + 45.99}(14\% - 12\%) = 13.44\%$

(6) 现金流量表（全）

单位：万元

序号	项目 \ 年份	1	2	3	4	5	6	7	8	9	10
一	现金流入	0	0	2 400	3 600	4 800	4 800	4 800	4 800	4 800	5 880
1	销售收入			2 400	3 600	4 800	4 800	4 800	4 800	4 800	4 800
2	回收流动资金										960
3	回收固定资产余值										120
4	其他										
二	现金流出	1200	2300	2 400.14	3 310.4	3 869.3	3 869.3	3 869.3	3 869.3	3 869.3	3 869.3
1	固定资产投资	1200	2300								
2	流动资金投资			480	480						
3	经营成本			1 682	2 360	3 230	3 230	3 230	3 230	3 230	3 230
4	销售税金			120	180	240	240	240	240	240	240
5	所得税			118.14	290.4	399.3	399.3	399.3	399.3	399.3	399.3
6	其他										
三	净现金流量	-1 200	-2 300	-0.14	289.6	930.7	930.7	930.7	930.7	930.7	2 010.7
四	累计净现金流量	-1 200	-3 500	-3 500.14	-3 210.54	-2 279.84	-1 349.14	-418.44	512.26	1 442.96	2 373.66
五	净现金流量现值	-1 071.48	-1 833.56	-0.10	184.04	528.08	471.49	420.96	375.91	335.61	647.45
六	累计净现金流量现值	-1 071.48	-2 905.04	-2 905.14	-2 721.10	-2 193.02	-1 721.53	-1 300.57	-924.66	-589.05	58.39

(7) 现金流量表（自有资金）

单位：万元

序号	项目	年份 1	2	3	4	5	6	7	8	9	10
一	现金流入	0	0	2 400	3 600	4 800	4 800	4 800	4 800	4 800	5 880
1	销售收入			2 400	3 600	4 800	4 800	4 800	4 800	4 800	4 800
2	回收流动资金										960
3	回收固定资产余值										120
4	其他										
二	现金流出	1 200	400	2 574.14	3 483.4	4 317.3	4 292.3	4 267.3	4 242.3	4 217.3	4 792.3
1	建设投资中自有资金	1 200	300	180	180						
2	流动资金中自有资金										
3	经营成本			1 682	2 360	3 230	3 230	3 230	3 230	3 230	3 230
4	建设投资借款本金偿还			250	250	250	250	250	250	250	250
5	流动资金借款本金偿还										600
6	借款利息偿还		100	224	223	198	173	148	123	98	73
7	销售税金			120	180	240	240	240	240	240	240
8	所得税			118.14	290.4	399.3	399.3	399.3	399.3	399.3	399.3
9	其他										
三	净现金流量	-1 200	-400	-174.14	116.6	482.7	507.7	532.7	557.7	582.7	1 087.7
四	累计净现金流量	-1 200.00	-1 600.00	-1 774.14	-1 657.54	-1 174.84	-667.14	-134.44	423.26	1 005.96	350.24
五	净现金流量现值	-1 071.48	-318.88	-123.95	74.10	273.88	257.20	240.94	225.26	210.12	350.24
六	累计净现金流量现值	-1 071.48	-1 390.36	-1 514.31	-1 440.21	-1 166.33	-909.13	-668.19	-442.93	-232.81	117.43

第七章 项目的国民经济评价

一、思考

1~8. 略

二、练习

1. (C)   2. (ABE)   3. (D)   4. (×)   5. (×)   6. (√)

7. 外汇流入 = 6 210(万美元),外汇流出 = 2 543 + 35 + 82 + 42 + 16 = 2 718(万美元)
   净外汇流量 = 6 210 - 2 718 = 3 492(万美元)

8. $ENPV = -400(P/F,12\%,1) - 180(P/F,12\%,2) + 100(P/F,12\%,3) + 200(P/F,12\%,7)(P/F,12\%,3) + 300(P/F,12\%,11) = 435.48$(万元)
   $i = 15\%, ENPV = -304.29$(万元)
   所以,$EIRR = 12\% + \dfrac{435.48}{435.48 + 304.29}(15\% - 12\%) = 13.7\%$

第九章 公用事业项目经济评价

一、思考

1~3. 略

二、练习

1. (a) 初始投资 = 100 + 25 = 125(万元)
   每年增加的维护费现值 = $15 \times (P/A,10\%,20) = 127.71$(万元)
   期末残值的现值 = $100 \times 50\% \times (P/F,10\%,20) = 7.43$(万元)
   要使扩建合理,则应满足 $\Delta(B-C) \geq 0$
   增加的收益现值 + 7.43 ≥ 127.71 + 125
   增加的收益现值 ≥ 245.28(万元)
   人均游客增加收益 $\times 200\ 000 \times (P/A,10\%,20) \geq 2\ 452\ 800$(元)
   人均游客增加收益 ≥ 1.44(元)
   所以新增的设施及观赏品应使游客的人均收益增加不少于 1.44 元,扩建方案才合理。

   (b) 这种逻辑不合理,因为公共项目投资的决策依据是公共利益的最大化,门票价格提高虽然使内部支出减少,却也减少了外部公共利益,所以并没有起到效果。

2. 将水库带来的水灾减少损失和收入增加记为收益 B,将投资方的投资和运营费用记为成本 C。
   方案 I:
   $B_1 = 140 + 36 + 12 = 188$(元)

$$C_1 = [2\,800 \times 30\% + 2\,800 \times 50\% (P/F, 5\%, 1) + 2\,800 \times 20\% (P/F, 5\%, 2)](A/P, 5\%, 50) + 22 = 168.87(元)$$

方案 II：

$$B_2 = 260 + 60 + 31 = 351(元)$$

$$C_2 = [5\,000 \times 30\% + 5\,000 \times 50\% (P/F, 5\%, 1) + 5\,000 \times 20\% (P/F, 5\%, 2)](A/P, 5\%, 50) + 40 = 302.27(元)$$

计算列出两方案的收益、成本表如下：

单位：元

备选方案	年收益	年成本	总量		增量			
	(B)	(C)	B/C	B−C	ΔB	ΔC	ΔB/ΔC	ΔB−ΔC
I	188	168.87	1.11	19.13	—	—	—	—
II	351	302.27	1.16	48.73	163	133.4	1.22	29.6

按投资成本 C 最小化：选择方案 I；

按收益 B 最大化：选择方案 II；

按效益成本比 B/C 以及效益成本差 $B-C$ 最大化：选择方案 II；

按增量比 $\Delta B/\Delta C$ 或增量差 $\Delta B - \Delta C$：选择方案 II。

3. 计算结果如下表所示：

	费用年值(万元)	单位费用的系统可靠性
A_1	24.245	0.0408
A_2	24.923	0.0393
A_3	24.655	0.0400
A_4	24.603	0.0396

因为四个方案都满足目标成本的限制条件，而且 $\left(\dfrac{B}{C}\right)_1 > \left(\dfrac{B}{C}\right)_3 > \left(\dfrac{B}{C}\right)_4 > \left(\dfrac{B}{C}\right)_2$，所以选用方案 1 最佳。

第十章 设备磨损的补偿及技术经济分析

一、思考

1~2. 略

二、练习

1.（D） 2.（BCD） 3.（A） 4.（×） 5.（×） 6.（√）

7. 已知 $K_0 = 20\,000(元), K_1 = 10\,000(元), R = 5\,000(元)$：

设备的有形磨损程度 $\alpha_p = \dfrac{R}{K_1} = \dfrac{5\,000}{10\,000} = 50\%$

设备的无形磨损程度 $\alpha_1 = 1 - \dfrac{K_0}{K_1} = 1 - \dfrac{10\,000}{20\,000} = 50\%$

设备的综合磨损程度 $\alpha = 1 - \dfrac{K_1 - R}{K_0} = 1 - \dfrac{10\,000 - 5\,000}{20\,000} = 75\%$

8.（1）不考虑时间因素

单位：元

使用年限	设备原始价值	运行成本初始值	运行成本劣化值	年运行费用	年运行费用的平均值	年末残值	年均设备购置费用	设备年均总费用
1	8 000	600		600	600	5 500	2 500	3 100
2	8 000	600	200	800	700	4 500	1 750	2 450
3	8 000	600	400	1 000	800	3 500	1 500	2 300
4	8 000	600	600	1 200	900	2 500	1 375	2 275
5	8 000	600	800	1 400	1 000	1 000	1 400	2 400

从表格计算可以看出，不考虑时间因素的设备经济寿命为4年。

340　技术经济学

(2) 考虑时间因素

单位：元

使用年限	运行成本初始值	运行成本劣化值	$(P/F, i, n)$	运行成本劣化值现值	劣化值现值累计	$(A/P, i, n)$	劣化值的年平均值	设备原始价值	年末残值	设备年磨损值	$(P/F, i, n)$	年磨损值现值	磨损值现值累计	$(A/P, i, n)$	年均设备购置费用	年均总费用
1	600	—	0.9091	—	—	1.1000	—	8 000	5 500	2 500	0.9091	2 272.75	2 272.75	1.1000	2 500	3 100
2	600	200	0.8264	165.28	165.28	0.5762	95.23	8 000	4 500	1 000	0.8264	826.4	3 099.15	0.5762	1 785.73	2 480.96
3	600	400	0.7513	300.52	465.8	0.4021	187.30	8 000	3 500	1 000	0.7513	751.3	3 850.45	0.4021	1 548.27	2 335.57
4	600	600	0.6830	409.8	875.6	0.3155	276.25	8 000	2 500	1 000	0.6830	683	4 533.45	0.3155	1 430.30	2 306.55
5	600	800	0.6209	496.72	1372.32	0.2638	362.02	8 000	1 000	1 500	0.6209	931.35	5 464.8	0.2638	1 441.61	2 403.63

年均总费用＝运行成本初始值＋劣化值的年平均值＋年均设备购置费用

可见，该设备的经济寿命为 4 年。

9. 用年费比较法计算:

新设备的年均总费用由已知 $K_n = 80\,000(元), V_L = 3\,000(元), T = 15\,年, i = 10\%$

可得 $AC_n = \dfrac{2(K_n - V_L)}{T} - \dfrac{K_n - V_L}{T^2} + \dfrac{(K_n + V_L)i}{2} = 14\,074.44(元)$

旧设备年平均费用通过以下表格计算:

	项目	下年度运行的有利性比较	
		新设备	旧设备
收入	收入增加额	2 500	
费用	直接工资的节约	9 800	
	间接工资的节约	1 500	
	材料耗损减少	300	
	维修费减少	420	
	动力费用节约		350
合计		14 520	350
	旧设备运行损失	14 170 = 14 520 − 350	
	旧设备现售价值	2 800	
	旧设备一年后出售价值	2 000	
	下年旧设备出售价值减少额	800	
	资金的时间价值损失($i = 10\%$)	240	
	旧设备的设备费	1 040 = 800 + 240	
	旧设备年均总费用	15 210 = 14 170 + 1 040	

因为旧设备年均总费用(15 215 元) > 新设备年均总费用(14 074 元),所以更新设备更经济。

10. 该设备的年折旧费 = 30/10 = 3(万元)

租赁该设备每年少付税金 = (4 − 3) × 25% = 0.25(万元)

购买设备的年成本 $AC_1 = 30 \times (1 + 10\%)^{10} (A/F, 10\%, 10) = 4.88(万元)$

租赁设备的年成本 $AC_2 = 4 - 0.25 = 3.75(万元)$

所以应选择租赁该设备比较经济。

第十二章　技术方案综合评价

一、思考

1~2. 略

二、练习

1. (1) 采用量化的方法,矩阵表式为:
$$A = \begin{bmatrix} 5 & 10 & 8 \\ 6 & 5.5 & 6.5 \\ 1\,000 & 1\,500 & 1\,250 \\ 8 & 10 & 5 \end{bmatrix}$$

(2) 用线性比例变换法,结果如下:
$$R = \begin{bmatrix} 0.5 & 1.0 & 0.8 \\ 0.92 & 0.85 & 1.0 \\ 1.0 & 0.67 & 0.8 \\ 0.8 & 1.0 & 0.5 \end{bmatrix}$$

(3) 采用极差变换法进行标准处理以后的结果如下:
$$R = \begin{bmatrix} 0 & 1.0 & 0.6 \\ 0.5 & 0 & 1.0 \\ 1.0 & 0 & 0.5 \\ 0.6 & 1.0 & 0 \end{bmatrix}$$

(4) 用熵值法确定:
$$\begin{bmatrix} 0.22 & 0.43 & 0.35 \\ 0.33 & 0.31 & 0.36 \\ 0.27 & 0.4 & 0.33 \\ 0.35 & 0.43 & 0.22 \end{bmatrix}$$

$E_j = \begin{bmatrix} 0.97 & 0.99 & 0.99 & 0.97 \end{bmatrix}$

$D_j = 1 - E_j = \begin{bmatrix} 0.034 & 0.002 & 0.012 & 0.034 \end{bmatrix}$

$W_j = d_j / \Sigma d_j = \begin{bmatrix} 0.41 & 0.03 & 0.15 & 0.41 \end{bmatrix}$

从而得到权重为 $W_1 = W_4 > W_3 > W_2$

(5) 根据已经有的权重进行修正后,可得:

$W = \begin{bmatrix} 0.41 & 0.026 & 0.15 & 0.41 \end{bmatrix}$

新的排序为 $W_1 > W_4 > W_3 > W_2$

	结构	抗震	造价	造型	加法平均	乘法平均	加乘混合
方案 A_1	50	92	100	80	80.5	78	79
方案 A_2	100	84	67	100	87.75	86	87
方案 A_3	80	100	80	50	77.5	75	76

2. (1) 利用公式(12-3),(12-4)可以得到:

$$R = \begin{bmatrix} 1 & 0 & 0 & 0 & 1 & 0 \\ 0.333 & 1 & 0.5 & 0.333 & 0 & 0.5 \\ 0 & 0.5 & 1 & 1 & 0.5 & 1 \end{bmatrix}$$

(2) 利用公式计算各方案的相对隶属度:

$U_1^+ = 0.745; U_2^+ = 0.266; U_3^+ = 0.265$

由此可以得出方案 A_1 为最佳投资方案。

附录 复利系数表

复利系数表

($i=2\%$)

年份 n	一次支付终值系数 $(F/P,i,n)$	一次支付现值系数 $(P/F,i,n)$	等额分付终值系数 $(F/A,i,n)$	偿债基金系数 $(A/F,i,n)$	等额分付现值系数 $(P/A,i,n)$	资金回收系数 $(A/P,i,n)$
1	1.020	0.9804	1.000	1.0000	0.980	1.0200
2	1.040	0.9612	2.020	0.4950	1.942	0.5150
3	1.061	0.9423	3.060	0.3268	2.884	0.3468
4	1.082	0.9238	4.122	0.2426	3.808	0.2626
5	1.104	0.9057	5.204	0.1922	4.713	0.2122
6	1.126	0.8880	6.308	0.1585	5.601	0.1785
7	1.149	0.8706	7.434	0.1345	6.472	0.1545
8	1.172	0.8535	8.583	0.1165	7.325	0.1365
9	1.195	0.8368	9.755	0.1025	8.162	0.1225
10	1.219	0.8203	10.950	0.0913	8.983	0.1113
11	1.243	0.8043	12.169	0.0822	9.787	0.1022
12	1.268	0.7885	13.412	0.0746	10.575	0.0946
13	1.294	0.7730	14.680	0.0681	11.348	0.0881
14	1.319	0.7579	15.974	0.0626	12.106	0.0826
15	1.346	0.7430	17.293	0.0578	12.849	0.0778
16	1.373	0.7284	18.639	0.0537	13.578	0.0737
17	1.400	0.7142	20.012	0.0500	14.292	0.0700
18	1.428	0.7002	21.412	0.0467	14.992	0.0667
19	1.457	0.6864	22.841	0.0438	15.678	0.0638
20	1.486	0.6730	24.297	0.0412	16.351	0.0612
21	1.516	0.6598	25.783	0.0388	17.011	0.0588
22	1.546	0.6468	27.299	0.0366	17.658	0.0566
23	1.577	0.6342	28.845	0.0347	18.292	0.0547
24	1.608	0.6217	30.422	0.0329	18.914	0.0529
25	1.641	0.6095	32.030	0.0312	19.523	0.0512
26	1.673	0.5976	33.671	0.0297	20.121	0.0497
27	1.707	0.5859	35.344	0.0283	20.707	0.0483
28	1.741	0.5744	37.051	0.0270	21.281	0.0470
29	1.776	0.5631	38.792	0.0258	21.844	0.0458
30	1.811	0.5521	40.568	0.0246	22.396	0.0446

复利系数表
($i=3\%$)

年份	一次支付终值系数	一次支付现值系数	等额分付终值系数	偿债基金系数	等额分付现值系数	资金回收系数
n	$(F/P,i,n)$	$(P/F,i,n)$	$(F/A,i,n)$	$(A/F,i,n)$	$(P/A,i,n)$	$(A/P,i,n)$
1	1.030	0.9709	1.000	1.0000	0.971	1.0300
2	1.061	0.9426	2.030	0.4926	1.913	0.5226
3	1.093	0.9151	3.091	0.3235	2.829	0.3535
4	1.126	0.8885	4.184	0.2390	3.717	0.2690
5	1.159	0.8626	5.309	0.1884	4.580	0.2184
6	1.194	0.8375	6.468	0.1546	5.417	0.1846
7	1.230	0.8131	7.662	0.1305	6.230	0.1605
8	1.267	0.7894	8.892	0.1125	7.020	0.1425
9	1.305	0.7664	10.159	0.0984	7.786	0.1284
10	1.344	0.7441	11.464	0.0872	8.530	0.1172
11	1.384	0.7224	12.808	0.0781	9.253	0.1081
12	1.426	0.7014	14.192	0.0705	9.954	0.1005
13	1.469	0.6810	15.618	0.0640	10.635	0.0940
14	1.513	0.6611	17.086	0.0585	11.296	0.0885
15	1.558	0.6419	18.599	0.0538	11.938	0.0838
16	1.605	0.6232	20.157	0.0496	12.561	0.0796
17	1.653	0.6050	21.762	0.0460	13.166	0.0760
18	1.702	0.5874	23.414	0.0427	13.754	0.0727
19	1.754	0.5703	25.117	0.0398	14.324	0.0698
20	1.806	0.5537	26.870	0.0372	14.877	0.0672
21	1.860	0.5375	28.676	0.0349	15.415	0.0649
22	1.916	0.5219	30.537	0.0327	15.937	0.0627
23	1.974	0.5067	32.453	0.0308	16.444	0.0608
24	2.033	0.4919	34.426	0.0290	16.936	0.0590
25	2.094	0.4776	36.459	0.0274	17.413	0.0574
26	2.157	0.4637	38.553	0.0259	17.877	0.0559
27	2.221	0.4502	40.710	0.0246	18.327	0.0546
28	2.288	0.4371	42.931	0.0233	18.764	0.0533
29	2.357	0.4243	45.219	0.0221	19.188	0.0521
30	2.427	0.4120	47.575	0.0210	19.600	0.0510

复利系数表

($i = 4\%$)

年份 n	一次支付终值系数 $(F/P,i,n)$	一次支付现值系数 $(P/F,i,n)$	等额分付终值系数 $(F/A,i,n)$	偿债基金系数 $(A/F,i,n)$	等额分付现值系数 $(P/A,i,n)$	资金回收系数 $(A/P,i,n)$
1	1.040	0.9615	1.000	1.0000	0.962	1.0400
2	1.082	0.9246	2.040	0.4902	1.886	0.5302
3	1.125	0.8890	3.122	0.3203	2.775	0.3603
4	1.170	0.8548	4.246	0.2355	3.630	0.2755
5	1.217	0.8219	5.416	0.1846	4.452	0.2246
6	1.265	0.7903	6.633	0.1508	5.242	0.1908
7	1.316	0.7599	7.898	0.1266	6.002	0.1666
8	1.369	0.7307	9.214	0.1085	6.733	0.1485
9	1.423	0.7026	10.583	0.0945	7.435	0.1345
10	1.480	0.6756	12.006	0.0833	8.111	0.1233
11	1.539	0.6496	13.486	0.0741	8.760	0.1141
12	1.601	0.6246	15.026	0.0666	9.385	0.1066
13	1.665	0.6006	16.627	0.0601	9.986	0.1001
14	1.732	0.5775	18.292	0.0547	10.563	0.0947
15	1.801	0.5553	20.024	0.0499	11.118	0.0899
16	1.873	0.5339	21.825	0.0458	11.652	0.0858
17	1.948	0.5134	23.698	0.0422	12.166	0.0822
18	2.026	0.4936	25.645	0.0390	12.659	0.0790
19	2.107	0.4746	27.671	0.0361	13.134	0.0761
20	2.191	0.4564	29.778	0.0336	13.590	0.0736
21	2.279	0.4388	31.969	0.0313	14.029	0.0713
22	2.370	0.4220	34.248	0.0292	14.451	0.0692
23	2.465	0.4057	36.618	0.0273	14.857	0.0673
24	2.563	0.3901	39.083	0.0256	15.247	0.0656
25	2.666	0.3751	41.646	0.0240	15.622	0.0640
26	2.772	0.3607	44.312	0.0226	15.983	0.0626
27	2.883	0.3468	47.084	0.0212	16.330	0.0612
28	2.999	0.3335	49.968	0.0200	16.663	0.0600
29	3.119	0.3207	52.966	0.0189	16.984	0.0589
30	3.243	0.3083	56.085	0.0178	17.292	0.0578

复利系数表

($i = 5\%$)

年份 n	一次支付终值系数 $(F/P,i,n)$	一次支付现值系数 $(P/F,i,n)$	等额分付终值系数 $(F/A,i,n)$	偿债基金系数 $(A/F,i,n)$	等额分付现值系数 $(P/A,i,n)$	资金回收系数 $(A/P,i,n)$
1	1.050	0.9524	1.000	1.0000	0.952	1.0500
2	1.103	0.9070	2.050	0.4878	1.859	0.5378
3	1.158	0.8638	3.153	0.3172	2.723	0.3672
4	1.216	0.8227	4.310	0.2320	3.546	0.2820
5	1.276	0.7835	5.526	0.1810	4.329	0.2310
6	1.340	0.7462	6.802	0.1470	5.076	0.1970
7	1.407	0.7107	8.142	0.1228	5.786	0.1728
8	1.477	0.6768	9.549	0.1047	6.463	0.1547
9	1.551	0.6446	11.027	0.0907	7.108	0.1407
10	1.629	0.6139	12.578	0.0795	7.722	0.1295
11	1.710	0.5847	14.207	0.0704	8.306	0.1204
12	1.796	0.5568	15.917	0.0628	8.863	0.1128
13	1.886	0.5303	17.713	0.0565	9.394	0.1065
14	1.980	0.5051	19.599	0.0510	9.899	0.1010
15	2.079	0.4810	21.579	0.0463	10.380	0.0963
16	2.183	0.4581	23.657	0.0423	10.838	0.0923
17	2.292	0.4363	25.840	0.0387	11.274	0.0887
18	2.407	0.4155	28.132	0.0355	11.690	0.0855
19	2.527	0.3957	30.539	0.0327	12.085	0.0827
20	2.653	0.3769	33.066	0.0302	12.462	0.0802
21	2.786	0.3589	35.719	0.0280	12.821	0.0780
22	2.925	0.3418	38.505	0.0260	13.163	0.0760
23	3.072	0.3256	41.430	0.0241	13.489	0.0741
24	3.225	0.3101	44.502	0.0225	13.799	0.0725
25	3.386	0.2953	47.727	0.0210	14.094	0.0710
26	3.556	0.2812	51.113	0.0196	14.375	0.0696
27	3.733	0.2678	54.669	0.0183	14.643	0.0683
28	3.920	0.2551	58.403	0.0171	14.898	0.0671
29	4.116	0.2429	62.323	0.0160	15.141	0.0660
30	4.322	0.2314	66.439	0.0151	15.372	0.0651

复利系数表

($i=6\%$)

年份 n	一次支付终值系数 $(F/P,i,n)$	一次支付现值系数 $(P/F,i,n)$	等额分付终值系数 $(F/A,i,n)$	偿债基金系数 $(A/F,i,n)$	等额分付现值系数 $(P/A,i,n)$	资金回收系数 $(A/P,i,n)$
1	1.060	0.9434	1.000	1.0000	0.943	1.0600
2	1.124	0.8900	2.060	0.4854	1.833	0.5454
3	1.191	0.8396	3.184	0.3141	2.673	0.3741
4	1.262	0.7921	4.375	0.2286	3.465	0.2886
5	1.338	0.7473	5.637	0.1774	4.212	0.2374
6	1.419	0.7050	6.975	0.1434	4.917	0.2034
7	1.504	0.6651	8.394	0.1191	5.582	0.1791
8	1.594	0.6274	9.897	0.1010	6.210	0.1610
9	1.689	0.5919	11.491	0.0870	6.802	0.1470
10	1.791	0.5584	13.181	0.0759	7.360	0.1359
11	1.898	0.5268	14.972	0.0668	7.887	0.1268
12	2.012	0.4970	16.870	0.0593	8.384	0.1193
13	2.133	0.4688	18.882	0.0530	8.853	0.1130
14	2.261	0.4423	21.015	0.0476	9.295	0.1076
15	2.397	0.4173	23.276	0.0430	9.712	0.1030
16	2.540	0.3936	25.673	0.0390	10.106	0.0990
17	2.693	0.3714	28.213	0.0354	10.477	0.0954
18	2.854	0.3503	30.906	0.0324	10.828	0.0924
19	3.026	0.3305	33.760	0.0296	11.158	0.0896
20	3.207	0.3118	36.786	0.0272	11.470	0.0872
21	3.400	0.2942	39.993	0.0250	11.764	0.0850
22	3.604	0.2775	43.392	0.0230	12.042	0.0830
23	3.820	0.2618	46.996	0.0213	12.303	0.0813
24	4.049	0.2470	50.816	0.0197	12.550	0.0797
25	4.292	0.2330	54.865	0.0182	12.783	0.0782
26	4.549	0.2198	59.156	0.0169	13.003	0.0769
27	4.822	0.2074	63.706	0.0157	13.211	0.0757
28	5.112	0.1956	68.528	0.0146	13.406	0.0746
29	5.418	0.1846	73.640	0.0136	13.591	0.0736
30	5.743	0.1741	79.058	0.0126	13.765	0.0726

复利系数表

($i = 7\%$)

年份 n	一次支付终值系数 $(F/P,i,n)$	一次支付现值系数 $(P/F,i,n)$	等额分付终值系数 $(F/A,i,n)$	偿债基金系数 $(A/F,i,n)$	等额分付现值系数 $(P/A,i,n)$	资金回收系数 $(A/P,i,n)$
1	1.070	0.9346	1.000	1.0000	0.935	1.0700
2	1.145	0.8734	2.070	0.4831	1.808	0.5531
3	1.225	0.8163	3.215	0.3111	2.624	0.3811
4	1.311	0.7629	4.440	0.2252	3.387	0.2952
5	1.403	0.7130	5.751	0.1739	4.100	0.2439
6	1.501	0.6663	7.153	0.1398	4.767	0.2098
7	1.606	0.6227	8.654	0.1156	5.389	0.1856
8	1.718	0.5820	10.260	0.0975	5.971	0.1675
9	1.838	0.5439	11.978	0.0835	6.515	0.1535
10	1.967	0.5083	13.816	0.0724	7.024	0.1424
11	2.105	0.4751	15.784	0.0634	7.499	0.1334
12	2.252	0.4440	17.888	0.0559	7.943	0.1259
13	2.410	0.4150	20.141	0.0497	8.358	0.1197
14	2.579	0.3878	22.550	0.0443	8.745	0.1143
15	2.759	0.3624	25.129	0.0398	9.108	0.1098
16	2.952	0.3387	27.888	0.0359	9.447	0.1059
17	3.159	0.3166	30.840	0.0324	9.763	0.1024
18	3.380	0.2959	33.999	0.0294	10.059	0.0994
19	3.617	0.2765	37.379	0.0268	10.336	0.0968
20	3.870	0.2584	40.995	0.0244	10.594	0.0944
21	4.141	0.2415	44.865	0.0223	10.836	0.0923
22	4.430	0.2257	49.006	0.0204	11.061	0.0904
23	4.741	0.2109	53.436	0.0187	11.272	0.0887
24	5.072	0.1971	58.177	0.0172	11.469	0.0872
25	5.427	0.1842	63.249	0.0158	11.654	0.0858
26	5.807	0.1722	68.676	0.0146	11.826	0.0846
27	6.214	0.1609	74.484	0.0134	11.987	0.0834
28	6.649	0.1504	80.698	0.0124	12.137	0.0824
29	7.114	0.1406	87.347	0.0114	12.278	0.0814
30	7.612	0.1314	94.461	0.0106	12.409	0.0806

复利系数表
($i = 8\%$)

年份 n	一次支付终值系数 $(F/P,i,n)$	一次支付现值系数 $(P/F,i,n)$	等额分付终值系数 $(F/A,i,n)$	偿债基金系数 $(A/F,i,n)$	等额分付现值系数 $(P/A,i,n)$	资金回收系数 $(A/P,i,n)$
1	1.080	0.9259	1.000	1.0000	0.926	1.0800
2	1.166	0.8573	2.080	0.4808	1.783	0.5608
3	1.260	0.7938	3.246	0.3080	2.577	0.3880
4	1.360	0.7350	4.506	0.2219	3.312	0.3019
5	1.469	0.6806	5.867	0.1705	3.993	0.2505
6	1.587	0.6302	7.336	0.1363	4.623	0.2163
7	1.714	0.5835	8.923	0.1121	5.206	0.1921
8	1.851	0.5403	10.637	0.0940	5.747	0.1740
9	1.999	0.5002	12.488	0.0801	6.247	0.1601
10	2.159	0.4632	14.487	0.0690	6.710	0.1490
11	2.332	0.4289	16.645	0.0601	7.139	0.1401
12	2.518	0.3971	18.977	0.0527	7.536	0.1327
13	2.720	0.3677	21.495	0.0465	7.904	0.1265
14	2.937	0.3405	24.215	0.0413	8.244	0.1213
15	3.172	0.3152	27.152	0.0368	8.559	0.1168
16	3.426	0.2919	30.324	0.0330	8.851	0.1130
17	3.700	0.2703	33.750	0.0296	9.122	0.1096
18	3.996	0.2502	37.450	0.0267	9.372	0.1067
19	4.316	0.2317	41.446	0.0241	9.604	0.1041
20	4.661	0.2145	45.762	0.0219	9.818	0.1019
21	5.034	0.1987	50.423	0.0198	10.017	0.0998
22	5.437	0.1839	55.457	0.0180	10.201	0.0980
23	5.871	0.1703	60.893	0.0164	10.371	0.0964
24	6.341	0.1577	66.765	0.0150	10.529	0.0950
25	6.848	0.1460	73.106	0.0137	10.675	0.0937
26	7.396	0.1352	79.954	0.0125	10.810	0.0925
27	7.988	0.1252	87.351	0.0114	10.935	0.0914
28	8.627	0.1159	95.339	0.0105	11.051	0.0905
29	9.317	0.1073	103.966	0.0096	11.158	0.0896
30	10.063	0.0994	113.283	0.0088	11.258	0.0888

复利系数表

($i=9\%$)

年份 n	一次支付终值系数 $(F/P,i,n)$	一次支付现值系数 $(P/F,i,n)$	等额分付终值系数 $(F/A,i,n)$	偿债基金系数 $(A/F,i,n)$	等额分付现值系数 $(P/A,i,n)$	资金回收系数 $(A/P,i,n)$
1	1.090	0.9174	1.000	1.0000	0.917	1.0900
2	1.188	0.8417	2.090	0.4785	1.759	0.5685
3	1.295	0.7722	3.278	0.3051	2.531	0.3951
4	1.412	0.7084	4.573	0.2187	3.240	0.3087
5	1.539	0.6499	5.985	0.1671	3.890	0.2571
6	1.677	0.5963	7.523	0.1329	4.486	0.2229
7	1.828	0.5470	9.200	0.1087	5.033	0.1987
8	1.993	0.5019	11.028	0.0907	5.535	0.1807
9	2.172	0.4604	13.021	0.0768	5.995	0.1668
10	2.367	0.4224	15.193	0.0658	6.418	0.1558
11	2.580	0.3875	17.560	0.0569	6.805	0.1469
12	2.813	0.3555	20.141	0.0497	7.161	0.1397
13	3.066	0.3262	22.953	0.0436	7.487	0.1336
14	3.342	0.2992	26.019	0.0384	7.786	0.1284
15	3.642	0.2745	29.361	0.0341	8.061	0.1241
16	3.970	0.2519	33.003	0.0303	8.313	0.1203
17	4.328	0.2311	36.974	0.0270	8.544	0.1170
18	4.717	0.2120	41.301	0.0242	8.756	0.1142
19	5.142	0.1945	46.018	0.0217	8.950	0.1117
20	5.604	0.1784	51.160	0.0195	9.129	0.1095
21	6.109	0.1637	56.765	0.0176	9.292	0.1076
22	6.659	0.1502	62.873	0.0159	9.442	0.1059
23	7.258	0.1378	69.532	0.0144	9.580	0.1044
24	7.911	0.1264	76.790	0.0130	9.707	0.1030
25	8.623	0.1160	84.701	0.0118	9.823	0.1018
26	9.399	0.1064	93.324	0.0107	9.929	0.1007
27	10.245	0.0976	102.723	0.0097	10.027	0.0997
28	11.167	0.0895	112.968	0.0089	10.116	0.0989
29	12.172	0.0822	124.135	0.0081	10.198	0.0981
30	13.268	0.0754	136.308	0.0073	10.274	0.0973

复利系数表
($i = 10\%$)

年份 n	一次支付终值系数 $(F/P,i,n)$	一次支付现值系数 $(P/F,i,n)$	等额分付终值系数 $(F/A,i,n)$	偿债基金系数 $(A/F,i,n)$	等额分付现值系数 $(P/A,i,n)$	资金回收系数 $(A/P,i,n)$
1	1.100	0.9091	1.000	1.0000	0.909	1.1000
2	1.210	0.8264	2.100	0.4762	1.736	0.5762
3	1.331	0.7513	3.310	0.3021	2.487	0.4021
4	1.464	0.6830	4.641	0.2155	3.170	0.3155
5	1.611	0.6209	6.105	0.1638	3.791	0.2638
6	1.772	0.5645	7.716	0.1296	4.355	0.2296
7	1.949	0.5132	9.487	0.1054	4.868	0.2054
8	2.144	0.4665	11.436	0.0874	5.335	0.1874
9	2.358	0.4241	13.579	0.0736	5.759	0.1736
10	2.594	0.3855	15.937	0.0627	6.145	0.1627
11	2.853	0.3505	18.531	0.0540	6.495	0.1540
12	3.138	0.3186	21.384	0.0468	6.814	0.1468
13	3.452	0.2897	24.523	0.0408	7.103	0.1408
14	3.797	0.2633	27.975	0.0357	7.367	0.1357
15	4.177	0.2394	31.772	0.0315	7.606	0.1315
16	4.595	0.2176	35.950	0.0278	7.824	0.1278
17	5.054	0.1978	40.545	0.0247	8.022	0.1247
18	5.560	0.1799	45.599	0.0219	8.201	0.1219
19	6.116	0.1635	51.159	0.0195	8.365	0.1195
20	6.727	0.1486	57.275	0.0175	8.514	0.1175
21	7.400	0.1351	64.002	0.0156	8.649	0.1156
22	8.140	0.1228	71.403	0.0140	8.772	0.1140
23	8.954	0.1117	79.543	0.0126	8.883	0.1126
24	9.850	0.1015	88.497	0.0113	8.985	0.1113
25	10.835	0.0923	98.347	0.0102	9.077	0.1102
26	11.918	0.0839	109.182	0.0092	9.161	0.1092
27	13.110	0.0763	121.100	0.0083	9.237	0.1083
28	14.421	0.0693	134.210	0.0075	9.307	0.1075
29	15.863	0.0630	148.631	0.0067	9.370	0.1067
30	17.449	0.0573	164.494	0.0061	9.427	0.1061

复利系数表

($i = 12\%$)

年份 n	一次支付终值系数 $(F/P,i,n)$	一次支付现值系数 $(P/F,i,n)$	等额分付终值系数 $(F/A,i,n)$	偿债基金系数 $(A/F,i,n)$	等额分付现值系数 $(P/A,i,n)$	资金回收系数 $(A/P,i,n)$
1	1.120	0.8929	1.000	1.0000	0.893	1.1200
2	1.254	0.7972	2.120	0.4717	1.690	0.5917
3	1.405	0.7118	3.374	0.2963	2.402	0.4163
4	1.574	0.6355	4.779	0.2092	3.037	0.3292
5	1.762	0.5674	6.353	0.1574	3.605	0.2774
6	1.974	0.5066	8.115	0.1232	4.111	0.2432
7	2.211	0.4523	10.089	0.0991	4.564	0.2191
8	2.476	0.4039	12.300	0.0813	4.968	0.2013
9	2.773	0.3606	14.776	0.0677	5.328	0.1877
10	3.106	0.3220	17.549	0.0570	5.650	0.1770
11	3.479	0.2875	20.655	0.0484	5.938	0.1684
12	3.896	0.2567	24.133	0.0414	6.194	0.1614
13	4.363	0.2292	28.029	0.0357	6.424	0.1557
14	4.887	0.2046	32.393	0.0309	6.628	0.1509
15	5.474	0.1827	37.280	0.0268	6.811	0.1468
16	6.130	0.1631	42.753	0.0234	6.974	0.1434
17	6.866	0.1456	48.884	0.0205	7.120	0.1405
18	7.690	0.1300	55.750	0.0179	7.250	0.1379
19	8.613	0.1161	63.440	0.0158	7.366	0.1358
20	9.646	0.1037	72.052	0.0139	7.469	0.1339
21	10.804	0.0926	81.699	0.0122	7.562	0.1322
22	12.100	0.0826	92.503	0.0108	7.645	0.1308
23	13.552	0.0738	104.603	0.0096	7.718	0.1296
24	15.179	0.0659	118.155	0.0085	7.784	0.1285
25	17.000	0.0588	133.334	0.0075	7.843	0.1275
26	19.040	0.0525	150.334	0.0067	7.896	0.1267
27	21.325	0.0469	169.374	0.0059	7.943	0.1259
28	23.884	0.0419	190.699	0.0052	7.984	0.1252
29	26.750	0.0374	214.583	0.0047	8.022	0.1247
30	29.960	0.0334	241.333	0.0041	8.055	0.1241

复利系数表
($i=14\%$)

年份 n	一次支付终值系数 $(F/P,i,n)$	一次支付现值系数 $(P/F,i,n)$	等额分付终值系数 $(F/A,i,n)$	偿债基金系数 $(A/F,i,n)$	等额分付现值系数 $(P/A,i,n)$	资金回收系数 $(A/P,i,n)$
1	1.140	0.8772	1.000	1.0000	0.877	1.1400
2	1.300	0.7695	2.140	0.4673	1.647	0.6073
3	1.482	0.6750	3.440	0.2907	2.322	0.4307
4	1.689	0.5921	4.921	0.2032	2.914	0.3432
5	1.925	0.5194	6.610	0.1513	3.433	0.2913
6	2.195	0.4556	8.536	0.1172	3.889	0.2572
7	2.502	0.3996	10.730	0.0932	4.288	0.2332
8	2.853	0.3506	13.233	0.0756	4.639	0.2156
9	3.252	0.3075	16.085	0.0622	4.946	0.2022
10	3.707	0.2697	19.337	0.0517	5.216	0.1917
11	4.226	0.2366	23.045	0.0434	5.453	0.1834
12	4.818	0.2076	27.271	0.0367	5.660	0.1767
13	5.492	0.1821	32.089	0.0312	5.842	0.1712
14	6.261	0.1597	37.581	0.0266	6.002	0.1666
15	7.138	0.1401	43.842	0.0228	6.142	0.1628
16	8.137	0.1229	50.980	0.0196	6.265	0.1596
17	9.276	0.1078	59.118	0.0169	6.373	0.1569
18	10.575	0.0946	68.394	0.0146	6.467	0.1546
19	12.056	0.0829	78.969	0.0127	6.550	0.1527
20	13.743	0.0728	91.025	0.0110	6.623	0.1510
21	15.668	0.0638	104.768	0.0095	6.687	0.1495
22	17.861	0.0560	120.436	0.0083	6.743	0.1483
23	20.362	0.0491	138.297	0.0072	6.792	0.1472
24	23.212	0.0431	158.659	0.0063	6.835	0.1463
25	26.462	0.0378	181.871	0.0055	6.873	0.1455
26	30.167	0.0331	208.333	0.0048	6.906	0.1448
27	34.390	0.0291	238.499	0.0042	6.935	0.1442
28	39.204	0.0255	272.889	0.0037	6.961	0.1437
29	44.693	0.0224	312.094	0.0032	6.983	0.1432
30	50.950	0.0196	356.787	0.0028	7.003	0.1428

复利系数表

($i = 15\%$)

年份 n	一次支付终值系数 $(F/P,i,n)$	一次支付现值系数 $(P/F,i,n)$	等额分付终值系数 $(F/A,i,n)$	偿债基金系数 $(A/F,i,n)$	等额分付现值系数 $(P/A,i,n)$	资金回收系数 $(A/P,i,n)$
1	1.150	0.8696	1.000	1.0000	0.870	1.1500
2	1.323	0.7561	2.150	0.4651	1.626	0.6151
3	1.521	0.6575	3.473	0.2880	2.283	0.4380
4	1.749	0.5718	4.993	0.2003	2.855	0.3503
5	2.011	0.4972	6.742	0.1483	3.352	0.2983
6	2.313	0.4323	8.754	0.1142	3.784	0.2642
7	2.660	0.3759	11.067	0.0904	4.160	0.2404
8	3.059	0.3269	13.727	0.0729	4.487	0.2229
9	3.518	0.2843	16.786	0.0596	4.772	0.2096
10	4.046	0.2472	20.304	0.0493	5.019	0.1993
11	4.652	0.2149	24.349	0.0411	5.234	0.1911
12	5.350	0.1869	29.002	0.0345	5.421	0.1845
13	6.153	0.1625	34.352	0.0291	5.583	0.1791
14	7.076	0.1413	40.505	0.0247	5.724	0.1747
15	8.137	0.1229	47.580	0.0210	5.847	0.1710
16	9.358	0.1069	55.717	0.0179	5.954	0.1679
17	10.761	0.0929	65.075	0.0154	6.047	0.1654
18	12.375	0.0808	75.836	0.0132	6.128	0.1632
19	14.232	0.0703	88.212	0.0113	6.198	0.1613
20	16.367	0.0611	102.444	0.0098	6.259	0.1598
21	18.822	0.0531	118.810	0.0084	6.312	0.1584
22	21.645	0.0462	137.632	0.0073	6.359	0.1573
23	24.891	0.0402	159.276	0.0063	6.399	0.1563
24	28.625	0.0349	184.168	0.0054	6.434	0.1554
25	32.919	0.0304	212.793	0.0047	6.464	0.1547
26	37.857	0.0264	245.712	0.0041	6.491	0.1541
27	43.535	0.0230	283.569	0.0035	6.514	0.1535
28	50.066	0.0200	327.104	0.0031	6.534	0.1531
29	57.575	0.0174	377.170	0.0027	6.551	0.1527
30	66.212	0.0151	434.745	0.0023	6.566	0.1523

复利系数表

($i = 18\%$)

年份 n	一次支付终值系数 $(F/P,i,n)$	一次支付现值系数 $(P/F,i,n)$	等额分付终值系数 $(F/A,i,n)$	偿债基金系数 $(A/F,i,n)$	等额分付现值系数 $(P/A,i,n)$	资金回收系数 $(A/P,i,n)$
1	1.180	0.8475	1.000	1.0000	0.847	1.1800
2	1.392	0.7182	2.180	0.4587	1.566	0.6387
3	1.643	0.6086	3.572	0.2799	2.174	0.4599
4	1.939	0.5158	5.215	0.1917	2.690	0.3717
5	2.288	0.4371	7.154	0.1398	3.127	0.3198
6	2.700	0.3704	9.442	0.1059	3.498	0.2859
7	3.185	0.3139	12.142	0.0824	3.812	0.2624
8	3.759	0.2660	15.327	0.0652	4.078	0.2452
9	4.435	0.2255	19.086	0.0524	4.303	0.2324
10	5.234	0.1911	23.521	0.0425	4.494	0.2225
11	6.176	0.1619	28.755	0.0348	4.656	0.2148
12	7.288	0.1372	34.931	0.0286	4.793	0.2086
13	8.599	0.1163	42.219	0.0237	4.910	0.2037
14	10.147	0.0985	50.818	0.0197	5.008	0.1997
15	11.974	0.0835	60.965	0.0164	5.092	0.1964
16	14.129	0.0708	72.939	0.0137	5.162	0.1937
17	16.672	0.0600	87.068	0.0115	5.222	0.1915
18	19.673	0.0508	103.740	0.0096	5.273	0.1896
19	23.214	0.0431	123.414	0.0081	5.316	0.1881
20	27.393	0.0365	146.628	0.0068	5.353	0.1868
21	32.324	0.0309	174.021	0.0057	5.384	0.1857
22	38.142	0.0262	206.345	0.0048	5.410	0.1848
23	45.008	0.0222	244.487	0.0041	5.432	0.1841
24	53.109	0.0188	289.494	0.0035	5.451	0.1835
25	62.669	0.0160	342.603	0.0029	5.467	0.1829
26	73.949	0.0135	405.272	0.0025	5.480	0.1825
27	87.260	0.0115	479.221	0.0021	5.492	0.1821
28	102.967	0.0097	566.481	0.0018	5.502	0.1818
29	121.501	0.0082	669.447	0.0015	5.510	0.1815
30	143.371	0.0070	790.948	0.0013	5.517	0.1813

复利系数表

($i = 20\%$)

年份 n	一次支付终值系数 $(F/P, i, n)$	一次支付现值系数 $(P/F, i, n)$	等额分付终值系数 $(F/A, i, n)$	偿债基金系数 $(A/F, i, n)$	等额分付现值系数 $(P/A, i, n)$	资金回收系数 $(A/P, i, n)$
1	1.200	0.8333	1.000	1.0000	0.833	1.2000
2	1.440	0.6944	2.200	0.4545	1.528	0.6545
3	1.728	0.5787	3.640	0.2747	2.106	0.4747
4	2.074	0.4823	5.368	0.1863	2.589	0.3863
5	2.488	0.4019	7.442	0.1344	2.991	0.3344
6	2.986	0.3349	9.930	0.1007	3.326	0.3007
7	3.583	0.2791	12.916	0.0774	3.605	0.2774
8	4.300	0.2326	16.499	0.0606	3.837	0.2606
9	5.160	0.1938	20.799	0.0481	4.031	0.2481
10	6.192	0.1615	25.959	0.0385	4.192	0.2385
11	7.430	0.1346	32.150	0.0311	4.327	0.2311
12	8.916	0.1122	39.581	0.0253	4.439	0.2253
13	10.699	0.0935	48.497	0.0206	4.533	0.2206
14	12.839	0.0779	59.196	0.0169	4.611	0.2169
15	15.407	0.0649	72.035	0.0139	4.675	0.2139
16	18.488	0.0541	87.442	0.0114	4.730	0.2114
17	22.186	0.0451	105.931	0.0094	4.775	0.2094
18	26.623	0.0376	128.117	0.0078	4.812	0.2078
19	31.948	0.0313	154.740	0.0065	4.843	0.2065
20	38.338	0.0261	186.688	0.0054	4.870	0.2054
21	46.005	0.0217	225.026	0.0044	4.891	0.2044
22	55.206	0.0181	271.031	0.0037	4.909	0.2037
23	66.247	0.0151	326.237	0.0031	4.925	0.2031
24	79.497	0.0126	392.484	0.0025	4.937	0.2025
25	95.396	0.0105	471.981	0.0021	4.948	0.2021
26	114.475	0.0087	567.377	0.0018	4.956	0.2018
27	137.371	0.0073	681.853	0.0015	4.964	0.2015
28	164.845	0.0061	819.223	0.0012	4.970	0.2012
29	197.814	0.0051	984.068	0.0010	4.975	0.2010
30	237.376	0.0042	1181.882	0.0008	4.979	0.2008

复利系数表

($i=25\%$)

年份 n	一次支付终值系数 $(F/P,i,n)$	一次支付现值系数 $(P/F,i,n)$	等额分付终值系数 $(F/A,i,n)$	偿债基金系数 $(A/F,i,n)$	等额分付现值系数 $(P/A,i,n)$	资金回收系数 $(A/P,i,n)$
1	1.250	0.8000	1.000	1.0000	0.800	1.2500
2	1.563	0.6400	2.250	0.4444	1.440	0.6944
3	1.953	0.5120	3.813	0.2623	1.952	0.5123
4	2.441	0.4096	5.766	0.1734	2.362	0.4234
5	3.052	0.3277	8.207	0.1218	2.689	0.3718
6	3.815	0.2621	11.259	0.0888	2.951	0.3388
7	4.768	0.2097	15.073	0.0663	3.161	0.3163
8	5.960	0.1678	19.842	0.0504	3.329	0.3004
9	7.451	0.1342	25.802	0.0388	3.463	0.2888
10	9.313	0.1074	33.253	0.0301	3.571	0.2801
11	11.642	0.0859	42.566	0.0235	3.656	0.2735
12	14.552	0.0687	54.208	0.0184	3.725	0.2684
13	18.190	0.0550	68.760	0.0145	3.780	0.2645
14	22.737	0.0440	86.949	0.0115	3.824	0.2615
15	28.422	0.0352	109.687	0.0091	3.859	0.2591
16	35.527	0.0281	138.109	0.0072	3.887	0.2572
17	44.409	0.0225	173.636	0.0058	3.910	0.2558
18	55.511	0.0180	218.045	0.0046	3.928	0.2546
19	69.389	0.0144	273.556	0.0037	3.942	0.2537
20	86.736	0.0115	342.945	0.0029	3.954	0.2529
21	108.420	0.0092	429.681	0.0023	3.963	0.2523
22	135.525	0.0074	538.101	0.0019	3.970	0.2519
23	169.407	0.0059	673.626	0.0015	3.976	0.2515
24	211.758	0.0047	843.033	0.0012	3.981	0.2512
25	264.698	0.0038	1054.791	0.0009	3.985	0.2509
26	330.872	0.0030	1319.489	0.0008	3.988	0.2508
27	413.590	0.0024	1650.361	0.0006	3.990	0.2506
28	516.988	0.0019	2063.952	0.0005	3.992	0.2505
29	646.235	0.0015	2580.939	0.0004	3.994	0.2504
30	807.794	0.0012	3227.174	0.0003	3.995	0.2503

复利系数表

($i = 30\%$)

年份 n	一次支付终值系数 $(F/P,i,n)$	一次支付现值系数 $(P/F,i,n)$	等额分付终值系数 $(F/A,i,n)$	偿债基金系数 $(A/F,i,n)$	等额分付现值系数 $(P/A,i,n)$	资金回收系数 $(A/P,i,n)$
1	1.300	0.7692	1.000	1.0000	0.769	1.3000
2	1.690	0.5917	2.300	0.4348	1.361	0.7348
3	2.197	0.4552	3.990	0.2506	1.816	0.5506
4	2.856	0.3501	6.187	0.1616	2.166	0.4616
5	3.713	0.2693	9.043	0.1106	2.436	0.4106
6	4.827	0.2072	12.756	0.0784	2.643	0.3784
7	6.275	0.1594	17.583	0.0569	2.802	0.3569
8	8.157	0.1226	23.858	0.0419	2.925	0.3419
9	10.604	0.0943	32.015	0.0312	3.019	0.3312
10	13.786	0.0725	42.619	0.0235	3.092	0.3235
11	17.922	0.0558	56.405	0.0177	3.147	0.3177
12	23.298	0.0429	74.327	0.0135	3.190	0.3135
13	30.288	0.0330	97.625	0.0102	3.223	0.3102
14	39.374	0.0254	127.913	0.0078	3.249	0.3078
15	51.186	0.0195	167.286	0.0060	3.268	0.3060
16	66.542	0.0150	218.472	0.0046	3.283	0.3046
17	86.504	0.0116	285.014	0.0035	3.295	0.3035
18	112.455	0.0089	371.518	0.0027	3.304	0.3027
19	146.192	0.0068	483.973	0.0021	3.311	0.3021
20	190.050	0.0053	630.165	0.0016	3.316	0.3016
21	247.065	0.0040	820.215	0.0012	3.320	0.3012
22	321.184	0.0031	1067.280	0.0009	3.323	0.3009
23	417.539	0.0024	1388.464	0.0007	3.325	0.3007
24	542.801	0.0018	1806.003	0.0006	3.327	0.3006
25	705.641	0.0014	2348.803	0.0004	3.329	0.3004
26	917.333	0.0011	3054.444	0.0003	3.330	0.3003
27	1192.533	0.0008	3971.778	0.0003	3.331	0.3003
28	1550.293	0.0006	5164.311	0.0002	3.331	0.3002
29	2015.381	0.0005	6714.604	0.0001	3.332	0.3001
30	2619.996	0.0004	8729.985	0.0001	3.332	0.3001

复利系数表

($i = 35\%$)

年份 n	一次支付终值系数 $(F/P,i,n)$	一次支付现值系数 $(P/F,i,n)$	等额分付终值系数 $(F/A,i,n)$	偿债基金系数 $(A/F,i,n)$	等额分付现值系数 $(P/A,i,n)$	资金回收系数 $(A/P,i,n)$
1	1.350	0.7407	1.000	1.0000	0.741	1.3500
2	1.823	0.5487	2.350	0.4255	1.289	0.7755
3	2.460	0.4064	4.173	0.2397	1.696	0.5897
4	3.322	0.3011	6.633	0.1508	1.997	0.5008
5	4.484	0.2230	9.954	0.1005	2.220	0.4505
6	6.053	0.1652	14.438	0.0693	2.385	0.4193
7	8.172	0.1224	20.492	0.0488	2.508	0.3988
8	11.032	0.0906	28.664	0.0349	2.598	0.3849
9	14.894	0.0671	39.696	0.0252	2.665	0.3752
10	20.107	0.0497	54.590	0.0183	2.715	0.3683
11	27.144	0.0368	74.697	0.0134	2.752	0.3634
12	36.644	0.0273	101.841	0.0098	2.779	0.3598
13	49.470	0.0202	138.485	0.0072	2.799	0.3572
14	66.784	0.0150	187.954	0.0053	2.814	0.3553
15	90.158	0.0111	254.738	0.0039	2.825	0.3539
16	121.714	0.0082	344.897	0.0029	2.834	0.3529
17	164.314	0.0061	466.611	0.0021	2.840	0.3521
18	221.824	0.0045	630.925	0.0016	2.844	0.3516
19	299.462	0.0033	852.748	0.0012	2.848	0.3512
20	404.274	0.0025	1152.210	0.0009	2.850	0.3509
21	545.769	0.0018	1556.484	0.0006	2.852	0.3506
22	736.789	0.0014	2102.253	0.0005	2.853	0.3505
23	994.665	0.0010	2839.042	0.0004	2.854	0.3504
24	1342.797	0.0007	3833.706	0.0003	2.855	0.3503
25	1812.776	0.0006	5176.504	0.0002	2.856	0.3502

复利系数表

($i = 40\%$)

年份 n	一次支付终值系数 $(F/P,i,n)$	一次支付现值系数 $(P/F,i,n)$	等额分付终值系数 $(F/A,i,n)$	偿债基金系数 $(A/F,i,n)$	等额分付现值系数 $(P/A,i,n)$	资金回收系数 $(A/P,i,n)$
1	1.400	0.7143	1.000	1.0000	0.714	1.4000
2	1.960	0.5102	2.400	0.4167	1.224	0.8167
3	2.744	0.3644	4.360	0.2294	1.589	0.6294
4	3.842	0.2603	7.104	0.1408	1.849	0.5408
5	5.378	0.1859	10.946	0.0914	2.035	0.4914
6	7.530	0.1328	16.324	0.0613	2.168	0.4613
7	10.541	0.0949	23.853	0.0419	2.263	0.4419
8	14.758	0.0678	34.395	0.0291	2.331	0.4291
9	20.661	0.0484	49.153	0.0203	2.379	0.4203
10	28.925	0.0346	69.814	0.0143	2.414	0.4143
11	40.496	0.0247	98.739	0.0101	2.438	0.4101
12	56.694	0.0176	139.235	0.0072	2.456	0.4072
13	79.371	0.0126	195.929	0.0051	2.469	0.4051
14	111.120	0.0090	275.300	0.0036	2.478	0.4036
15	155.568	0.0064	386.420	0.0026	2.484	0.4026
16	217.795	0.0046	541.988	0.0018	2.489	0.4018
17	304.913	0.0033	759.784	0.0013	2.492	0.4013
18	426.879	0.0023	1064.697	0.0009	2.494	0.4009
19	597.630	0.0017	1491.576	0.0007	2.496	0.4007
20	836.683	0.0012	2089.206	0.0005	2.497	0.4005
21	1171.356	0.0009	2925.889	0.0003	2.498	0.4003
22	1639.898	0.0006	4097.245	0.0002	2.498	0.4002
23	2295.857	0.0004	5737.142	0.0002	2.499	0.4002
24	3214.200	0.0003	8032.999	0.0001	2.499	0.4001
25	4499.880	0.0002	11247.199	0.0001	2.499	0.4001

$(A/G, i, n)$

年份 n	利率(i)										
	2%	4%	6%	8%	10%	15%	20%	25%	30%	40%	50%
1	0.000	0.000	0.000	0.000	0.000	0.000	0.000	0.000	0.000	0.000	0.000
2	0.495	0.490	0.485	0.481	0.476	0.465	0.455	0.444	0.435	0.417	0.400
3	0.987	0.974	0.961	0.949	0.937	0.907	0.879	0.852	0.827	0.780	0.737
4	1.475	1.451	1.427	1.404	1.381	1.326	1.274	1.225	1.178	1.092	1.015
5	1.960	1.922	1.884	1.846	1.810	1.723	1.641	1.563	1.490	1.358	1.242
6	2.442	2.386	2.330	2.276	2.224	2.097	1.979	1.868	1.765	1.581	1.423
7	2.921	2.843	2.768	2.694	2.622	2.450	2.290	2.142	2.006	1.766	1.565
8	3.396	3.294	3.195	3.099	3.004	2.781	2.576	2.387	2.216	1.919	1.675
9	3.868	3.739	3.613	3.491	3.372	3.092	2.836	2.605	2.396	2.042	1.760
10	4.337	4.177	4.022	3.871	3.725	3.383	3.074	2.797	2.551	2.142	1.824
11	4.802	4.609	4.421	4.240	4.064	3.655	3.289	2.966	2.683	2.221	1.871
12	5.264	5.034	4.811	4.596	4.388	3.908	3.484	3.115	2.795	2.285	1.907
13	5.723	5.453	5.192	4.940	4.699	4.144	3.660	3.244	2.889	2.334	1.933
14	6.179	5.866	5.564	5.273	4.996	4.362	3.817	3.356	2.969	2.373	1.952
15	6.631	6.272	5.926	5.594	5.279	4.565	3.959	3.453	3.034	2.403	1.966
16	7.080	6.672	6.279	5.905	5.549	4.752	4.085	3.537	3.089	2.426	1.976
17	7.526	7.066	6.624	6.204	5.807	4.925	4.198	3.608	3.135	2.444	1.983
18	7.968	7.453	6.960	6.492	6.053	5.084	4.298	3.670	3.172	2.458	1.988
19	8.407	7.834	7.287	6.770	6.286	5.231	4.386	3.722	3.202	2.468	1.991
20	8.843	8.209	7.605	7.037	6.508	5.365	4.464	3.767	3.228	2.476	1.994
21	9.276	8.578	7.915	7.294	6.719	5.488	4.533	3.805	3.248	2.482	1.996
22	9.705	8.941	8.217	7.541	6.919	5.601	4.594	3.836	3.265	2.487	1.997
23	10.132	9.297	8.510	7.779	7.108	5.704	4.647	3.863	3.278	2.490	1.998
24	10.555	9.648	8.795	8.007	7.288	5.798	4.694	3.886	3.289	2.493	1.999
25	10.974	9.993	9.072	8.225	7.458	5.883	4.735	3.905	3.298	2.494	1.999
26	11.391	10.331	9.341	8.435	7.619	5.961	4.771	3.921	3.305	2.496	1.999
27	11.804	10.664	9.603	8.636	7.770	6.032	4.802	3.935	3.311	2.497	2.000
28	12.214	10.991	9.857	8.829	7.914	6.096	4.829	3.946	3.315	2.498	2.000
29	12.621	11.312	10.103	9.013	8.049	6.154	4.853	3.955	3.319	2.498	2.000
30	13.025	11.627	10.342	9.190	8.176	6.207	4.873	3.963	3.322	2.499	2.000

主要参考文献

1. 徐莉,王红岩,陆菊春主编.工程项目评估与决策.北京:科学出版社,2006
2. 吴添祖,冯勤,欧阳仲健主编.技术经济学.北京:清华大学出版社,2004
3. 陈立文,陈敬武主编.技术经济学概论.北京:机械工业出版社,2006
4. 王克强主编.工程经济学.上海:上海财经大学出版社,2004
5. 李南主编.工程经济学(第二版).北京:科学出版社,2004
6. 黄有亮等编著.工程经济学.南京:东南大学出版社,2002
7. 肖跃军,周东明,赵利等编著.工程经济学.北京:高等教育出版社,2004
8. 赵建华,高风彦编著.技术经济学(第二版).北京:科学出版社,2005
9. 徐莉,赖一飞,程鸿群编著.项目管理学.武汉:武汉大学出版社,2002
10. 蒋太才编著.技术经济学基础.北京:清华大学出版社,2006
11. 高百宁,王凤科,郭新宝编.技术经济学:方法、技术与应用.北京:北京理工大学出版社,2006
12. 武春友,张米尔编著.技术经济学(第二版).大连:大连理工大学出版社,2004
13. 傅家骥,雷家骕,程源著.技术经济学前沿问题.北京:经济科学出版社,2003
14. 周惠珍编著.投资项目评估事例分析.大连:东北财经大学出版社,2000
15. 王立国,王红岩,宋维佳编著.工程项目可行性研究.北京:人民邮电出版社,2002
16. 赵国杰主编.投资项目可行性研究.天津:天津大学出版社,2003
17. 于守法等组编.投资项目可行性研究报告编写范例.北京:中国电力出版社,2003
18. 简德三编著.项目评估与可行性研究.上海:上海财经大学出版社,2004
19. 建设部标准定额研究所编.建设项目经济评价参数研究.北京:中国计划出版社,2004
20. 国家发展改革委建设部发布.建设项目经济评价方法与参数.北京:中国计划出版社,2006
21. 傅家骥主编.技术创新学.北京:清华大学出版社,2001
22. 庄卫民,龚仰军主编.产业技术创新.上海:东方出版中心,2005

23. 冯勤,池仁勇,欧阳仲健编著. 工业技术创新管理. 北京:中国水利水电出版社, 2005
24. 亨利·马尔科姆·斯坦纳著,张芳等译. 工程经济学原理. 北京:经济科学出版社,2000
25. Thuesen G. j., Farycky W. J., *Engineering economy*(9th ed.),北京:清华大学出版社,2005
26. Park C. S., *Fundamentals Of engineering economics*,北京:中国人民大学出版社,2004
27. Sullivan W. G., Wicks E. M., *Engineering economy*, Upper Saddle River, NJ: Prentice Hall,2003
28. Blank T., Tarquin J., *Engineering economy*(5th ed.), Boston: McGraw-Hill,2002
29. Sullivan W. G., Bontadelli A., *Instructor's manual for Engineering economy*(11th ed.), Prentice Hall,2000

图书在版编目(CIP)数据

技术经济学/徐莉主编;陆菊春,张清副主编.—2版.—武汉:武汉大学出版社,2007.8(2024.7重印)
普通高等教育"十一五"国家级规划教材
21世纪经济学管理学系列教材
ISBN 978-7-307-05685-5

Ⅰ.技… Ⅱ.①徐… ②陆… ③张… Ⅲ.技术经济学—高等学校—教材 Ⅳ.F062.4

中国版本图书馆CIP数据核字(2007)第090065号

责任编辑:范绪泉　　责任校对:刘　欣　　版式设计:支　笛

出版发行:**武汉大学出版社**　(430072　武昌　珞珈山)
　　　　　(电子邮箱:cbs22@whu.edu.cn　网址:www.wdp.com.cn)
印刷:武汉邮科印务有限公司
开本:720×1000　1/16　印张:23.75　字数:454千字　插表:6
版次:2003年9月第1版　　2007年8月第2版
　　2024年7月第2版第13次印刷
ISBN 978-7-307-05685-5/F·1061　　定价:49.00元

版权所有,不得翻印;凡购我社的图书,如有质量问题,请与当地图书销售部门联系调换。

21世纪经济学管理学系列教材

- 政治经济学概论
- 政治经济学（社会主义部分）
- 技术经济学
- 财政学
- 计量经济学
- 统计学
- 经济预测与决策技术
- 会计学
- 人力资源管理
- 物流管理学
- 管理运筹学
- 经济法
- 消费者行为学
- 管理学
- 生产与运营管理
- 战略管理
- 国际企业管理